A sociologia e o mundo moderno

Octavio Ianni

A sociologia e o mundo moderno

2ª edição

CIVILIZAÇÃO BRASILEIRA

Rio de Janeiro
2025

Copyright © herdeiros de Octavio Ianni, 2011

CAPA
Ricardo Hippert

PROJETO GRÁFICO DE MIOLO
Evelyn Grumach e João de Souza Leite

DIAGRAMAÇÃO
Abreu's System

CIP-BRASIL. CATALOGAÇÃO-NA-FONTE
SINDICATO NACIONAL DOS EDITORES DE LIVROS, RJ

I17s
2. ed.
Ianni, Octavio, 1926-2004
  A sociologia e o mundo moderno / Octávio Ianni. - 2. ed. - Rio de Janeiro : Civilização Brasileira, 2025.
  406p. : il.

Inclui bibliografia
ISBN 978-85-200-0906-2

1. Sociologia. 2. Civilização moderna - Séc. XX. I. Título.

11-4897   CDD: 301
                                CDU: 316

EDITORA AFILIADA

Todos os direitos reservados. É proibido reproduzir, armazenar ou transmitir partes deste livro, através de quaisquer meios, sem prévia autorização por escrito.

Texto revisado segundo o Acordo Ortográfico da Língua Portuguesa de 1990.

Direitos desta edição adquiridos pela
EDITORA CIVILIZAÇÃO BRASILEIRA
Um selo da
EDITORA JOSÉ OLYMPIO LTDA.
Rua Argentina 171 – Rio de Janeiro, RJ – 20921-380 – Tel.: 2585-2000

Seja um leitor preferencial Record.
Cadastre-se e receba informações sobre nossos lançamentos e nossas promoções.

Atendimento e venda direta ao leitor:
sac@record.com.br

Impresso no Brasil
2025

Sumário

NOTA INTRODUTÓRIA 7

CAPÍTULO I   A formação da sociologia 9

CAPÍTULO II   A tentação metodológica 35

CAPÍTULO III   Problemas de explicação 51

CAPÍTULO IV   A unidade das ciências 73

CAPÍTULO V   Positivismo e dialética 99

CAPÍTULO VI   Razão e história 121

CAPÍTULO VII   Dialética e ciências sociais 135

CAPÍTULO VIII   Ciência e arte 153

CAPÍTULO IX   Sociologia e história 173

CAPÍTULO X   A vocação política das ciências sociais 191

CAPÍTULO XI   O novo mapa do mundo 209

CAPÍTULO XII   A política mudou de lugar 223

CAPÍTULO XIII   As ciências sociais e a sociedade mundial 237

CAPÍTULO XIV   A internacionalização da sociologia 259

CAPÍTULO XV   Formas sociais do tempo 283

CAPÍTULO XVI   Estilo de pensamento 307

CAPÍTULO XVII   Perspectivas da história 327

CAPÍTULO XVIII	Sociologia do futuro	*341*
CAPÍTULO XIX	Ciência e utopia	*361*
CAPÍTULO XX	Utopia e alegoria	*371*
CAPÍTULO XXI	O reencantamento do mundo	*389*

Nota introdutória

Esta obra (póstuma) compõe-se de um conjunto de ensaios, artigos, estudos e pesquisas que Octavio Ianni transformou em livro e por razões diversas não havia sido ainda publicado no Brasil. Muitos dos capítulos ou parte deles haviam sido apresentados em conferências, congressos, seminários, aulas ou foram produtos de disciplinas ministradas em universidades, no país ou no exterior — além de publicados em periódicos científicos ou acadêmicos, nacionais e internacionais, em momentos diversos, ainda que de forma preliminar. Reelaborados, desenvolvidos e revisados, foram, dispostos pelo autor em uma sequência lógico-histórica e concatenada no sentido de constituírem um conjunto articulado. Para sua edição, acrescentamos dois capítulos ("A unidade das ciências" e "Ciência e arte") que o autor elaborou após a conclusão do livro, os quais, entendemos, complementam os demais e enriquecem o todo. Muitos dos temas, reflexões, citações e questões são enunciados e retomados ao longo dos diversos capítulos. Procuramos não eliminá-los, mantendo, inclusive, algumas repetições — entendemos que essa reiteração constante contribui para demarcar e enfatizar a visão do autor sobre o processo histórico-social e a perspectiva teórica que informa e se elabora neste livro.

Ao longo dos capítulos, a Sociologia é exposta e analisada historicamente, desde seu nascimento e desenvolvimento até suas configurações mais recentes — como expressão e, ao mesmo tempo, parte e elemento indissociável e constituinte da modernidade. Foi concebida e elaborada em condições históricas determinadas: as revoluções burguesas e a expansão capitalista, acompanhando seus movimentos e conformações, crises e contradições. Aparece, não raramente, amalgamada com a antropologia, a ciência política, a geografia, a história, a economia política e as ciências sociais de maneira geral. Para o autor, a sociologia pode ser vista como uma forma de autoconsciência científica da moderna sociedade burguesa, contribuindo decisivamente para seu desvendamento, esclarecimento e desencantamento — tem papel importante e mesmo fundamental para sua explicação e compreensão. E se, por um lado, é utilizada e mobilizada com frequência para justificar e manter ordem, por outro, tem fornecido contribuições críticas relevantes e notáveis para a criação de pressupostos e possibilidades para sua ultrapassagem ou superação. Ao analisar dessa forma a sociologia no mundo moderno, aborda questões e ideias, concepções e vertentes, configurações intelectuais e tendências histórico-sociais, de uma vasta gama de problemas pretéritos e presentes da sociedade capitalista.

Antonio Ianni Segatto
José Antonio Segatto

Octavio Ianni (1926-2004), sociólogo, foi professor da FFLCH da USP de 1956-1969, quando foi afastado pelo AI-5 com Florestan Fernandes, Fernando Henrique Cardoso e muitos outros. No ano seguinte, participou da organização da Cebrap. Em 1977 passou a lecionar na PUC-SP e em 1986 transferiu-se para a Unicamp. Como professor visitante ou convidado lecionou em diversas universidades no exterior: Columbia e Dartmouth, nos Estados Unidos, Universidade Autônoma do México, Oxford, na Inglaterra, e Complutense, na Espanha. Publicou cerca de quarenta de livros, muitos deles traduzidos para o espanhol, inglês, italiano e japonês.

CAPÍTULO I   A formação da sociologia

A sociologia nasce e desenvolve-se com o mundo moderno. Reflete as suas principais épocas e transformações. Em certos casos, parece apenas a sua crônica, mas em outros desvenda alguns dos seus dilemas fundamentais. Volta-se principalmente para o presente, procurando reminiscências do passado, anunciando ilusões do futuro. Os impasses e as perspectivas desse mundo tanto percorrem a sociologia como ela percorre o mundo. Se nos debruçamos sobre os temas clássicos da sociologia, bem como sobre as suas contribuições teóricas, logo nos deparamos com as mais diversas expressões desse mundo. Sob diversos aspectos, ela nasce e desenvolve-se com ele. Mais do que isso, o mundo moderno depende da sociologia para ser explicado, para compreender-se. Talvez se possa dizer que sem ela esse mundo seria mais confuso, incógnito.

A sociologia não nasce do nada. Surge em um dado momento da história do mundo moderno. Mais precisamente, em meados do século XIX, quando ele está em franco desenvolvimento, realizando-se. Essa é uma época em que já se revelam mais abertamente as forças sociais, as configurações de vida, as originalidades e os impasses da sociedade civil, urbano-industrial, burguesa ou capitalista. Os personagens mais característicos estão ganhando seus perfis e movimentos: grupos, classes, movimentos sociais e partidos políticos; burgueses, operários, camponeses, intelectuais, artistas e políticos; mercado, mercadoria, capital, tecnologia, força de trabalho, lucro, acumulação de capital e mais-valia; sociedade, Estado e nação; divisão internacional do trabalho e colonialismo; revolução e contrarrevolução.

Um dos seus principais símbolos, o capital, parece estabelecer os limites e as sombras que demarcam as relações e as distâncias entre o presente e o passado, a superstição e a ilustração, o trabalho e a preguiça, a nação e a província, a tradição e a modernidade. Em suas conotações sociais,

OCTAVIO IANNI

políticas e culturais, além das econômicas, o capital parece exercer uma espécie de "missão" civilizatória, em cada país e continente, no mundo.

É claro que se podem reconhecer antecedentes ou prenúncios da sociologia em ideias, filosofias e correntes de pensamento de outras épocas. São comuns as referências a Montesquieu, Vico e Rousseau, entre outros. Mas cabe lembrar que esses e outros percursores foram "inventados" pelos fundadores da sociologia. Os quadros intelectuais e a problemática social desta, quando estabelecidos, tornam possível descobrir, localizar, criar ou recriar precursores. E isto é tanto mais fácil quando se constata que os antecessores realmente estavam buscando compreender as manifestações iniciais, menos desenvolvidas, mas já assinaladas, do mundo moderno.

É possível dizer que a sociologia é uma espécie de fruto muito peculiar desse mundo. No que ela tem de original e criativa, bem como de insólita e estranha, em toda as suas principais características, como forma de pensamento, é um singular produto e ingrediente desse mundo.

O pensamento filosófico do século XVIII e do início do XIX compreende um conjunto de contribuições da maior importância para as ciências sociais em geral e a sociologia em particular. Liberalismo, iluminismo, jacobinismo, conservantismo, romantismo e evolucionismo são algumas das principais manifestações do pensamento europeu desse tempo. São expressões da revolução cultural simbolizada nas obras de filósofos, cientistas e artistas como Rousseau, Kant e Hegel, Goethe, Beethoven e Schiller, Adam Smith, Ricardo, Herder e Condorcet, entre outros.

A despeito da multiplicidade dessas correntes de pensamento, bem como das suas divergências, é inegável que no conjunto elas instituem algumas das condições epistemológicas do desenvolvimento das ciências sociais em geral e da sociologia em particular.

Por um lado, tratava-se de transferir ou traduzir para o campo da sociedade, cultura e história os procedimentos que já se haviam elaborado e continuavam a elaborar-se nas ciências físicas e naturais. Por isso é que em trabalhos de sociologia, passados e presentes, ressoam perspectivas organicistas, evolucionistas, funcionalistas e outras, oriundas daquelas ciências. Os paradigmas das ciências físicas e naturais influenciaram e continuam a influenciar a reflexão de sociólogos. Nesse sentido é que as sugestões epistemológicas que se buscaram em Bacon, Galileu, Descartes e Kant, entre outros, ressoam nos procedimentos de pesquisa e explicação de uma parte da sociologia passada e presente.

A SOCIOLOGIA E O MUNDO MODERNO

Por outro lado, tratava-se de criar outros procedimentos de reflexão, de modo a fazer face às originalidades dos fatos, acontecimentos e dilemas que caracterizam a vida social no mundo moderno. A emergência da sociedade civil, urbano-industrial, burguesa ou capitalista, passava a desafiar o pensamento em uma forma nova, pouco comum. Nesse sentido é que as sugestões epistemológicas apresentadas por Vico, os enciclopedistas, Herder, Rousseau, Hegel e outros representam contribuições fundamentais para o surgimento de novos procedimentos de reflexão. O pensamento se torna capaz de dar conta da originalidade dos fatos, acontecimentos e dilemas mais característicos das sociedades que se formam com o mundo moderno.

Nos dois casos, no entanto, encontram-se influências da maior importância para a formação e o desenvolvimento da sociologia. No conjunto, as sugestões epistemológicas de uns e outros permitem que a sociologia se preocupe tanto com a realidade social quanto com o processo de conhecimento. Estes são alguns momentos lógicos bastante frequentes na reflexão sociológica: dado e significado, quantidade e qualidade, parte e todo, aparência e essência, singular e universal, causa e sentido, negatividade e contradição, sincrônico e diacrônico. Devido ao seu contínuo diálogo com a filosofia, a sociologia guarda a peculiaridade de pensar-se continuamente, a par e par com a reflexão sobre a realidade social.

É claro que a sociologia se divide em tendências, escolas, teorias, interpretações. Compreende produções que se poderiam classificar em termos tais como os seguintes: evolucionismo, organicismo, positivismo, formalismo, funcionalismo, estruturalismo, estrutural-funcionalismo, fenomenologia, historicismo e outros. Há grandes teorias e teorias de alcance médio. Umas privilegiam o pequeno grupo social, o cotidiano, as situações micro. Outras, a sociedade como um todo, em seus movimentos gerais e particulares, em suas diversidades, disparidades e contradições. Compreendem relações, processos e estruturas de dominação política e apropriação econômica.

Umas mantêm compromissos mais abertos com as sugestões epistemológicas das ciências físicas e naturais. Privilegiam a indução quantitativa, a construção de variáveis, índices, indicadores, modelos, sistemas. Outras fundamentam-se nas sugestões epistemológicas das ciências históricas, ou do espírito. Privilegiam o enfoque qualitativo, a descoberta de relações, processos e estruturas responsáveis pelos movimentos da sociedade. E há aquelas que privilegiam a intuição, a circunstância, o cotidiano, o efêmero, o singular, como revelam algumas produções inspiradas na fenomenologia existencialista.

Mas é possível que as várias tendências, escolas, teorias e interpretações se reduzam, em essência, a três polarizações fundamentais. Umas e outras têm como base, em última instância, um dos três princípios explicativos: causação funcional, conexão de sentido e contradição. Esses são os princípios explicativos principais, nos quais se sintetizam os fundamentos das mais diversas tendências, teorias, escolas ou interpretações. O princípio da causação funcional está presente em Spencer, Comte, Durkheim, Parsons, Merton, Touraine e outros. O da conexão de sentido inspira Dilthey, Rickert, Weber, Toennies, Nisbet e outros. E o da contradição fundamenta as contribuições de Marx, Engels, Lenin, Trotski, Rosa Luxemburgo, Lukács, Gramsci, Goldmann e outros.

É claro que as produções sociológicas desses e outros autores não se inspiram nesses princípios de uma forma exclusiva, fechada. Há variações e combinações nos seus modos de pensar, compreender, explicar. Pode-se, inclusive, imaginar que mesmo autores clássicos como Marx, Weber e Durkheim, reconhecidos como fundadores, não se preocuparam demasiadamente com esse problema. Aliás, em suas obras substantivas encontram-se reflexões que "fogem" às suas anotações metodológicas.

É claro que há intentos de inovar que poderiam e podem ser registrados. E há inovações reais. São notáveis algumas contribuições teóricas de sociólogos trabalhando depois dos clássicos, na mesma senda ou em outros caminhos. Houve inclusive propostas que não vingaram, mas que nem por isso deixaram de ajudar na retomada e no aperfeiçoamento da reflexão científica na sociologia. Entre vários encontram-se nomes como os seguintes: Gurvitch, Sorokin, Parsons, Lazarsfeld, Merton, Boudon, Bourdieu, Giddens e muitos outros. Uma análise cuidadosa, no entanto, pode indicar que todos tendem a ser, em alguma medida, caudatários daqueles princípios explicativos clássicos.

Estes são os princípios explicativos para os quais tendem as contribuições da maioria dos sociólogos nos séculos XIX e XX: causação funcional, conexão de sentido e contradição. Por meio deles a sociologia tem dado conta dos movimentos e impasses, das épocas e transformações característicos das sociedades formadas com o mundo moderno. Pode-se dizer que esses princípios compreendem diferentes estilos de pensamen-

A SOCIOLOGIA E O MUNDO MODERNO

to, distintas visões da sociedade, do mundo. Cada um a seu modo, segundo as suas possibilidades descritivas e interpretativas, segundo a sua sensibilidade quanto a uns e outros momentos lógicos da reflexão, apanha os movimentos e as modulações da sociedade moderna. São formas de explicação e fabulação sobre essa sociedade. Entendendo-se que a fabulação também pode ser um modo de apanhar o espírito do tempo.

As transformações e crises provocadas pela emergência e o desenvolvimento da sociedade civil, urbano-industrial, burguesa ou capitalista constituem outra matriz da sociologia. O modo de vida e trabalho na comunidade feudal vem abaixo com a formação da sociedade civil, a organização do Estado nacional. Havia uma vasta, complexa e contraditória revolução social na Europa, transbordando para outros continentes. O mercantilismo, ou a acumulação originária, iniciava um amplo processo de europeização do mundo. Simultaneamente, a Europa sentia que se transformava, em sua fisionomia social, econômica, política e cultural. Estava em marcha a revolução burguesa, atravessando países e continentes, sempre acompanhada de surtos de contrarrevolução. No meio da revolução e contrarrevolução, combinando e opondo diferentes setores sociais, grupos e classes, províncias e regiões, interesses emergentes e estabelecidos, emergiam burgueses, trabalhadores assalariados diversos, camponeses, setores médios urbanos, intelectuais, burocracia pública e privada. À medida que se desenvolve e consolida a ordem social burguesa, impondo-se ao antigo regime, multiplicam-se as lutas sociais urbanas e rurais. Depois da revolução burguesa ocorrida na Inglaterra no século XVII e da Revolução Francesa iniciada em 1789, o século XIX assiste às revoltas populares no campo e nos centros urbano-industriais. O cartismo na Inglaterra, desde 1835, e a Revolução de 1848-49, na França e em outros países europeus, assinalam a emergência do operariado como figura histórica. Em outros termos, e sob diferentes condições, algumas linhas dessa história manifestam-se na Alemanha, na Itália, nos países que compõem o Império Austro-Húngaro, na Rússia, na Espanha e outros. O século XIX nasce também sob o signo dos movimentos de protesto, greve, revolta e revolução. Aí estão alguns traços da sociedade burguesa, com tintas de modernidade.

É evidente que o tema da revolução social está no horizonte de alguns dos principais fundadores e continuadores da sociologia. Estão preocupados em compreender, explicar ou exorcizar as revoluções que ocorrem na Europa e em países de outros continentes. É verdade que algumas revoluções preocuparam mais diretamente os fundadores. Dentre essas destacam-se as francesas e europeias de 1789, 1848-49 e 1871. Mas logo não só os fundadores, mas também outros, passaram a interessar-se pelas revoluções que haviam ocorrido e iam ocorrendo nas Américas e na Ásia. Alguns livros fundamentais denotam essa preocupação: Tocqueville, *O Antigo Regime e a revolução*; Marx, *As lutas de classes na França*; Engels, *A situação da classe trabalhadora na Inglaterra*; Lenin, *Estado e revolução*; Hannah Arendt, *Sobre a revolução*; Barrington Moore Jr., *As origens sociais da ditadura e democracia*; Karl Polanyi, *A grande transformação*; Joseph A. Schumpeter, *Capitalismo, socialismo e democracia*; Theda Skoopol, *Estados e revoluções sociais*.

Naturalmente, estão em causa várias formas da revolução social. Em um primeiro momento, o que sobressai é o empenho em explicar a revolução burguesa, que pode ser democrática, autoritária, prussiana, passiva. Em outro, a ênfase recai na revolução popular, operária, camponesa, operário-camponesa ou socialista. Mas também há interesse em analisar o contraponto revolução e contrarrevolução. Em vários casos, de permeio a essas preocupações, coloca-se o desafio da revolução permanente. Isto é, as condições das continuidades e descontinuidades entre a revolução burguesa e socialista, em escala nacional e internacional.

A rigor, a análise da revolução social é um modo de conhecer a sociedade, as forças sociais que governam os movimentos da sociedade nacional tomada como um todo. Essa manifestação "extrema" da vida social parece revelar mais abertamente as relações, os processos e as estruturas, compreendendo dominação política e apropriação econômica, que organizam e movimentam a sociedade moderna. Como um todo, em seus grupos e classes, movimentos sociais e partidos políticos, as relações entre a sociedade civil e o Estado revelam-se mais nítidas nas rupturas revolucionárias. A revolução social pode ser vista como uma situação extrema, um experimento crucial, um evento heurístico, quando se revelam mais desenvolvidas as diversidades e disparidades, os desencontros e antagonismos, que governam os movimentos fundamentais da sociedade.

Estava em curso o desenvolvimento da sociedade nacional, urbano-industrial, burguesa, de classes. Com a dissolução, lenta ou rápida, da comunidade feudal, emergia a sociedade civil. Essa ampla transformação concretiza-se em processos sociais de âmbito estrutural, tais como: industrialização, urbanização, divisão do trabalho social, secularização da cultura e do comportamento, individuação, pauperismo, lumpenização e outros. Esse é o palco do trabalhador livre, formado com a sociedade moderna.

Esse é o vasto cenário histórico que se constitui na matéria-prima da sociologia. Ela surge como uma forma de autoconsciência científica da realidade social. Essa é a realidade que alimenta boa parte dos escritos de Saint-Simon, Bonald, Maistre, Tocqueville, Comte, Burke, Spencer, Feuerbach, Marx e outros. É claro que esses pensadores alimentam-se dos ensinamentos filosóficos de Hobbes, Locke, Montesquieu, Vico, Herder, Rousseau, Kant e Hegel, além dos enciclopedistas e outros. Mas é inegável que todos estão tratando de compreender, explicar e responder às transformações e crises manifestas em processos sociais estruturais, em movimentos de protesto, greve, revolta e revolução.

A sociologia posterior dá continuidade a esse empenho de compreender, explicar, responder às transformações e crises sociais. Os escritos de Durkheim, Mauss, Halbwachs, Weber, Simmel, Toennies, Goldmann, Znaniecki, Mannheim, Gurvitch, Sorokin, Myrdal, Park, C.W. Mills, Nerton, Parsons, Lazarefeld, Bourdieu, Nisbet, Gouldner, Barrington Moore Jr., Schutz, Adorno e outros dão continuidade a esse empenho. É claro que são diversas e desiguais as contribuições de uns e outros, tanto do ponto de vista teórico como no que se refere às suas implicações políticas. No plano teórico, além das sugestões relativas ao hiperempirismo e à fenomenologia, como nos casos de Gurvitch e Schutz, outros revelam-se ecléticos e alguns ortodoxos. No plano político também revelam todo um leque de posicionamentos, dentre os quais destacam-se liberais, conservadores e radicais. Mas talvez se possa dizer que todos buscam compreender, explicar, controlar, dinamizar ou exorcizar as condições das transformações e crises.

Em outros termos, em outros países e continentes a sociologia continua a desenvolver-se desafiada pelos dilemas da sociedade moderna mais ou menos desenvolvida. Na América Latina, na África e na Ásia tanto ressoam as ideias e teorias como os temas e explicações. Há contribuições que parecem anacrônicas, exóticas ou ecléticas, pelo que ressoam das sociologias europeias e norte-americanas. Mas também há criações originais, inovações. Colocam-se novos temas e outras explicações. Surpreendem e desafiam, pela originalidade, força e invenção.

A rigor, esses continentes e países são, em certa medida, criações do mundo moderno, desdobramentos das forças sociais que movimentam a sociedade moderna. Desenvolvem-se e transformam-se com os desenvolvimentos e as transformações que ocorrem na Europa e nos Estados Unidos. Colonialismo, imperialismo, nacionalismo, cosmopolitismo e internacionalismo podem ser vistos como produtos e condições de um amplo processo de europeização do mundo. Em distintas formas e ocasiões, países e continentes atrelam-se desigual e contraditoriamente ao que parece ser a força civilizatória do capital.

Revolucionam-se os modos de vida e as culturas nativas nas mais longínquas regiões. Os "bárbaros" são obrigados a civilizar-se, assumindo a barbárie do capital. Os povos "fetichistas", "panteístas", "sem história", que vivem mergulhados no "estado de natureza", são obrigados a assimilar o monoteísmo bíblico, a diligência do trabalho que produz mercadoria e lucro, a disciplina exigida pela criação da mais-valia, a "religião" do capital. Está em marcha a revolução burguesa em escala mundial. Ao mesmo tempo, por dentro e por fora dessa revolução, desenvolvem-se revoluções nativistas, nacionalistas, sociais, populares, socialistas. Uma espécie de revolta desesperada contra a "missão" civilizatória do capital.

Esse é o amplo cenário no qual o pensamento sociológico originário da Europa e dos Estados Unidos tanto se difunde como entra em relação e confronto com outras ideias, teorias, temas, explicações. As obras de Frantz Fanon, José Carlos Mariátegui e Florestan Fernandes, para citar apenas esses exemplos, expressam e simbolizam uma parte importante dessa história. Mostram em quê e como se modernizam os países e continentes que estão além da Europa e dos Estados Unidos. Ressoam contribuições europeias recriadas em face de outros temas, dilemas. Mostram como se dá a revolução burguesa em outras partes do mundo. E como nascem as condições do socialismo, no contraponto com a "barbárie". No começo e na travessia, a revolução social parece sempre presente no horizonte da sociologia.

Vista em perspectiva ampla, observa-se que a sociologia formula e desenvolve alguns temas da maior importância para a compreensão do mundo moderno. Eles dizem respeito às transformações e crises, às épocas e dilemas desse mundo. São recorrentes em diversas abordagens teóricas, distintos países, diferentes períodos da história. Podem ser considerados

A SOCIOLOGIA E O MUNDO MODERNO

temas clássicos, inclusive porque polarizam contribuições e controvérsias fundamentais de sociologia.

Estes certamente são alguns dos temas clássicos que essa história nos revela: sociedade civil e Estado nacional, multidão, massa e povo, classe social e revolução, ordem e progresso, normal e patológico, racional e irracional, anomia e alienação, sagrado e profano, ideologia e utopia, comunidade e sociedade, passado e presente, tradição e modernidade. É claro que esses e outros temas são tratados diferentemente por umas e outras abordagens teóricas. Não há dúvida de que são trabalhados em distintas perspectivas, conforme o princípio explicativo adotado. Mas é inegável que todos dizem respeito ao empenho da sociologia em compreender e explicar o mundo moderno. A despeito das suas condições muito particulares de organização, funcionamento e transformação, é inegável que também as sociedades latino-americanas, asiáticas e africanas — além das europeias e da norte-americana — ressoam uns e outros daqueles temas, dilemas.

Algumas observações breves sobre um ou outro desses temas podem ajudar a clarear o que está sendo sugerido. Sugerir como o pensamento sociológico e a sociedade moderna são contemporâneos, nos seus contrapontos e desencontros.

Comunidade e sociedade é talvez o tema mais recorrente no pensamento sociológico. Está em praticamente todas as obras fundamentais. Desafia as diversas abordagens teóricas. Os filósofos do século XVIII estavam interessados nele. Mais que isso, os autores das utopias que assinalam os tempos da Renascença e os primórdios da sociedade civil, burguesa, já revelaram o fascínio da comunidade, ou esboçaram a cerimônia do adeus, ao mesmo tempo que se maravilharam e se espantaram diante da sociedade. Mesmo os que se debruçam apenas sobre a sociedade, em países e tempos do século XX, mesmo esses podem estar fascinados ou espantados com essa maravilhosa e diabólica fábrica.

Estes são alguns livros nos quais o contraponto comunidade e sociedade está presente, a despeito da ênfase em um ou outro polo, em aspectos gerais ou muito particulares: *O contrato social* de Rousseau, *O segundo tratado sobre o governo*, de Locke, *O Antigo Regime e a revolução*, de Tocqueville; *A ideologia alemã*, de Marx e Engels; *A divisão do trabalho social*, de Durkheim; *Economia e sociedade*, de Weber; *Comunidade e sociedade*, de Toennies; *Comunidade*, de Maciver; *A busca*

19

OCTAVIO IANNI

da comunidade, de Nisbet. A comunidade diz respeito à preeminência de grupos primários, relações sociais face a face, prestação pessoal, contato entre personalidades plenas, predomínio da produção de valor de uso, e assim por diante. E a sociedade diz respeito à preeminência de grupos secundários, à dissociação entre o público e o privado, às relações sociais entre personalidades-*status*, à organização contratual na maioria dos círculos de relações sociais, ao predomínio da produção de valor de troca; e assim por diante.

É possível encontrar frequentes ressonâncias dessa problemática no pensamento sociológico, bem como em reflexões de filósofos e produções de artistas. Uma parte importante do debate sobre passado e presente, reforma e revolução, anomia e alienação, ideologia e utopia passa por ela. As ideias de liberdade e solidão, de medo da liberdade e multidão solitária passam por aí. A despeito das mais diversas revelações sobre a sociedade moderna, de massas, aldeia global, modernidade, subsiste e recria-se continuamente a ilusão da comunidade presente, pretérita ou futura.

Ordem e progresso é o lema que sintetiza a sociologia de Auguste Comte. Mas influencia uma ampla produção sociológica no século XIX e entrando pelo XX, além da Europa e dos Estados Unidos. No Brasil e no México, entre outros países latino-americanos, a sociologia positivista fez muitos adeptos. Tornou-se uma corrente de pensamento, influenciou a organização do Estado nacional. Assinala uma época importante da história das ideias.

Acontece que as expressões ordem e progresso sintetizam uma perspectiva de interpretação da sociedade urbano-industrial, de classes, em sua formação e transformação. A ideia de progresso identifica-se com a da sociedade urbano-industrial, burguesa, capitalista. Sociedade essa vista como uma forma superior, aperfeiçoada, da história social. Aí o Estado deve ser forte, dirigente, para que as diversidades e desigualdades entre grupos, classes, regiões, nacionalidades etc. não afetem a harmonia e o funcionamento do todo. O progresso econômico, industrial, capitalista depende da ordem, harmonia, entre si. A ordem social é uma exigência dos interesses representados ou simbolizados no governo, regime, Estado. Segundo essa orientação, nada melhor do que o Estado forte para pôr a sociedade em ordem, conforme a religião da paz social.

É possível dizer que a ideia de ordem e progresso nunca foi abandonada pela sociologia, da mesma forma que pelas sociedades forma-

A SOCIOLOGIA E O MUNDO MODERNO

das com o mundo moderno. Tanto assim que ela está presente tanto em Comte, Spencer e Durkheim como em Parsons, Bourdieu e Touraine. No passado e no presente a reflexão sociológica busca compreender, explicar e influenciar as transformações e crises sociais. Apresenta-se como uma forma de conhecer e ordenar a vida social, de modo a aperfeiçoar o *status quo*.

Não é fácil dizer, e demonstrar, qual é o núcleo da sociologia, o seu tema principal, sua essência. Se aceitamos que o pensamento sociológico se forma e transforma com o mundo moderno, cabe-nos reconhecer que temas como comunidade e sociedade, ordem e progresso, ideologia e utopia, tradição e modernização, anomia e alienação, revolução e contrarrevolução expressam dimensões sociais e teóricas básicas da sociologia. Talvez seja possível afirmar que esses e alguns outros temas expressam o núcleo dessa forma de pensamento.

Mas é possível sugerir que um aspecto essencial da sociologia aparece no seu empenho em compreender, explicar e controlar a *multidão*. A multidão surge na sociedade civil, urbano-industrial, burguesa, capitalista. Aparece nas manifestações de camponeses, operários, populares, desempregados, miseráveis, famélicos. Desde os primórdios da sociedade nacional, quando se rompem as relações, os processos e as estruturas que organizam o feudo, o grêmio, o convento, a aldeia, o vilarejo, a multidão irrompe na sociedade, com a sociedade. Nos campos e nas cidades, nas casas de negócios e nas fábricas, nas ruas e nas praças, ela se torna uma realidade viva, forte, surpreendente, assustadora, deslumbrante.

Desde o século XVI multiplicam-se os protestos, as revoltas e as revoluções populares. As guerras camponesas na Alemanha são uma amostra e um símbolo dessa história. Os camponeses estão em luta contra as obrigações feudais (dízimos e prestações para os senhores e a igreja), querem melhorar suas condições de vida, aumentar sua participação no produto do próprio trabalho, ampliar seu horizonte social e cultural, conquistar alguma liberdade. Mas essa luta assusta os senhores, príncipes e bispos do passado, bem como os burgueses do presente. São muitos os laços que se rompem; e incertos os horizontes que se abrem. Os grupos dominantes, pretéritos e presentes, juntam-se para evitar transformações mais drásticas, rápidas. No empenho de evitar o rompimento das estruturas sociais prevalecentes, Lutero adota posições semelhantes às do Vaticano. Reforma, sim, mas nem tanto.

Em vários países, em diferentes épocas, desde o século XVI ao XX, a multidão se manifesta, protesta ou se revolta, ao mesmo tempo que atemoriza ou entusiasma. Na Revolução Francesa iniciada em 1789, nas revoluções europeias de 1848-49, na Comuna de Paris, em 1871, em várias épocas e situações, a multidão se transforma em um tema frequente, reiterado, obsessivo do pensamento sociológico. São muitos os estudos que registram, descrevem ou interpretam os acontecimentos: protestos, greves, revoltas e revoluções; banditismo social e messianismo; movimentos sociais e partidos políticos; jacobinismo, blanquismo, anarquismo, socialismo e comunismo. Todos estão atravessados pela presença de multidão, plebe, turba, malta, patuleia, ralé, massas trabalhadoras, classes populares, coletividades em busca de cidadania, povo em luta pela conquista de direitos políticos e sociais. Alguns escritos antigos e recentes entram nessa corrente: *Manifesto do Partido Comunista*, de Marx e Engels; *As guerras camponesas na Alemanha*, de Engels; *A guerra civil na França*, de Marx; *O povo*, de Michelet; *Psicologia das massas*, de Le Bon; *A multidão criminosa*, de Sighele; *Psicologia das massas*, de Freud; *A rebelião das massas*, de Ortega y Gasset; *Massa e poder*, de Canetti; *O grande medo de 1789*, de Georges Lefebvre; *Classes trabalhadoras e classes perigosas*, de Louis Chevalier; *A multidão solitária*, de Riesman; *A política da sociedade de massas*, de Kornhauser; *Rebeldes primitivos*, de Hobsbawm; *A multidão na história*, de George Rudé; *Guerras camponesas do século XX*, de Eric Wolf; *O poderio das multidões*, de Jacques Beauchard.

O que está em causa, fundamentalmente, é a *questão social* que irrompe no horizonte da sociedade moderna, seus governantes, os que detêm os meios materiais e espirituais de controle das instituições sociais. As mais diversas manifestações populares, na cidade e no campo, revelam aspectos sociais, econômicos, políticos, religiosos, culturais e outros da questão nacional.

Uma parte significativa da reflexão sociológica, desde os seus primeiros tempos, relaciona-se a essa problemática, influenciando as reflexões sobre sociedade civil e Estado nacional, ordem e progresso, racional e irracional, anomia e alienação, ideologia e utopia, revolução e contrarrevolução, comunidade e sociedade. Trata-se de compreender, explicar, orientar, controlar ou expressar a força e o significado da multidão. Nesse sentido é que se pode dizer que a sociologia realiza uma complexa metamorfose da multidão. Cada corrente de pensamento sociológico parece

A SOCIOLOGIA E O MUNDO MODERNO

oferecer uma solução própria para o surgimento, as transformações e as tendências da multidão. Procuram dar uma solução teórica e prática para um fenômeno que impressiona, desafia, assusta ou entusiasma.

Uma primeira corrente da sociologia lida com a ideia de *massa*. Para muitos, o conceito de massa é suficiente, claro, explicativo. A massa é naturalmente composta de trabalhadores assalariados, empregados e desempregados, na cidade e no campo. É uma coletividade forte, impressionante, mas que depende de instituições, regras, objetivos e meios para organizar-se, manifestar-se. Caso contrário transborda dos limites do razoável, da conveniência, da ordem. Por isso, depende da *elite*. Esta é que pode lhe oferecer referências, norte, sentido. O contraponto necessário da massa é a elite que dirige, comanda, organiza, governa, manda. Pareto é um autor clássico desse ponto de vista. Mas houve outros; e há.

A segunda corrente da sociologia lida com a ideia de *povo*. O povo é visto como uma coletividade de *cidadãos*. Supõe a possibilidade de que a multidão pode ser organizada em movimentos sociais e partidos políticos que a expressam, organizam, educam. A multidão adquire os traços jurídico-políticos convenientes, adequados, quando se organiza como povo, no sentido de coletividade de cidadãos. Cidadãos que se caracterizam pela faculdade de votar e ser votados. No limite, todo e qualquer cidadão pode exercer cargos no Legislativo, no Executivo e no Judiciário, desde que preencha os requisitos jurídico-políticos estabelecidos na Constituição liberal democrático. Tocqueville é um autor que pode situar-se nesse ponto de vista. Outro é Stuart Mill. Mas cabe lembrar que ambos eram moderados, no que se refere à participação do povo no processo político. Cada um a seu modo, julgavam que o exercício do poder político da maioria poderia provocar a tirania. Isto é, o exercício do poder pelo povo carrega consigo a tirania da maioria. Tocqueville e Stuart Mill podem ter sido os primeiros, mas houve outros; e há.

E há uma terceira corrente da sociologia lida com a ideia de *classe social*. A classe é vista como uma categoria que expressa as diversidades e desigualdades que se acham na base das manifestações da multidão, da massa, do povo. Em última instância, o que funda o movimento social, protesto, greve, revolta, revolução é o modo pelo qual se produz e reparte a riqueza social. A expropriação do trabalhador, produtor de mercadoria, valor, lucro, mais-valia está na base do pauperismo, desemprego, carência. Tanto as revoltas camponesas na Alemanha do século XVI como a revolução popular na França, na Alemanha e em outros países da Europa em 1848-49 são manifestações de trabalhadores "livres" em busca de melhores condições de vida, de outra forma de organização social da vida e trabalho. Assim, em lugar de ser anômalos, excepcionais, perigosos, os movimentos sociais, protestos, greves, revoltas e revoluções exprimem as desigualdades contra as quais lutam os trabalhadores do campo e da cidade, desde os começos da sociedade moderna. Marx é o autor clássico dessa análise. Mostra como a classe social se acha na base, no centro, dos movimentos, lutas e impasses que aparecem como se fossem da multidão, da massa, do povo. Além de Marx e Engels, houve outros; e há.

Em várias épocas, assim como em diferentes perspectivas, está em curso o empenho do pensamento sociológico em explicar, controlar, dinamizar ou exorcizar a presença de multidão, massa, povo ou classe social nos movimentos da sociedade moderna. Talvez seja possível dizer que essa problemática está influenciando também as reflexões sobre sociedade civil e Estado nacional, comunidade e sociedade, ordem e progresso, racional e irracional, anomia e alienação, ideologia e utopia, revolução e contrarrevolução, entre outros temas clássicos da sociologia, entre outros dilemas clássicos das sociedades formadas com o mundo moderno.

A ideia da sociologia é contemporânea à de modernidade. Ambas nascem na cidade. Formam-se principalmente em Paris, capital do século XIX, em meados desse século. Aí decantavam-se as mais novas e típicas realizações materiais e espirituais da sociedade moderna.

Desde que a sociologia se debruçou sobre as relações, os processos e as estruturas que constituem a sociabilidade humana na sociedade moderna, logo se colocaram aspectos fundamentais da emergência da pessoa, do indivíduo, do cidadão como um ser social singular, autônomo, surpreendente, que se sintetiza na liberdade; ou na solidão. Ele aparece como a mais recente e original realização social do mundo moderno, lado a lado com a mercadoria. É a célula da sociedade, um átomo. Pode pensar-se singular, independente, solitário, anônimo, livre, niilista.

A crescente intelectualização dos indivíduos e a contínua racionalização das organizações pareciam "despojar de magia o mundo", desencantá-lo. O homem e a sociedade pareciam conquistar o controle de seus atos, do seu presente, emancipados do passado. O mundo iluminava-se de outras cores. As ciências conferiam a muitos a ilusão do progresso, da resolução dos problemas materiais e espirituais. Em 1837 Macaulay dizia

A SOCIOLOGIA E O MUNDO MODERNO

que a ciência "abrandou o sofrimento, venceu as doenças, aumentou a fertilidade do solo", deu "novas armas ao guerreiro", "iluminou a noite com o esplendor do dia, ampliou o alcance do olho humano", "acelerou o movimento, reduziu as distâncias", "facilitou as comunicações", "a condução dos negócios", e assim por diante. A ciência é incansável. "A sua lei é o progresso."[1]

Está em curso o "desencantamento do mundo", de que fala Weber, retomando as sugestões de Schiller. Desde o século XVIII, e em forma acentuada e generalizada no XIX, os progressos da ciência pareciam reduzir os espaços da tradição, superstição, religião. Iniciava-se um amplo processo de afirmação do presente, rompimento com o passado. A razão parecia vencer e apagar a fé. Os homens ficam órfãos de Deus. São obrigados a assumir o próprio destino.

Um dos segredos da modernidade está em que o homem se defronta com um destino trágico. Tanto pensa, reflete, compreende e explica, que pode prescindir de Deus. Basta-se a si próprio, por sua inteligência e ciência, razão e invenção. Dá-se ao requinte de assassinar Deus. "Não seremos forçados a tornarmo-nos deuses para parecermos, pelo menos, dignos de deuses? Jamais houve ação tão grandiosa, e aqueles que poderão nascer depois de nós pertencerão por esta ação a uma história mais alta que o foi até aqui qualquer história."[2]

Na sociedade moderna, o homem abandonou a tradição e a religião, Deus e o Diabo. Intelectualiza-se de tal maneira que desencanta o mundo de visões e fantasmas. Afugenta, confina ou domina a incerteza, o desconhecido, o incógnito. Considera-se senhor do próprio destino. Substitui a tradição e a religião pela razão. A razão pode captar, compreender, explicar e ordenar o mundo. Mais que isso, confere forma e sentido ao mundo, retirando-o do limbo — limpo. "O que é racional é real e o que é real é racional", diz Hegel, inaugurando uma face do mundo moderno, da modernidade."[3]

É a razão que descobre, nomeia, explica e exorciza visões e fantasmas. Descobre que eles não estão no além, mas aqui, agora, à luz do dia, transparentes, razoáveis. São fetiches, criados pelo próprio homem, aos quais ele se submete, imaginando-os autônomos, dissociados do homem, independentes, naturalizados. O fetichismo é uma fabulação do dia-a-dia da vida de todos e de cada um. Ele se cria e recria na trama das relações sociais, descolado, naturalizado, reificado. Parece uma inesperada fabulação das atividades humanas, que fascina e assusta. O halo místico abandona os deuses e os sonhos, as visões e os fantasmas. Põe-se coroando os produtos mais prosaicos do cotidiano presente, conferindo-lhes solenidade. Tanto governo, bandeira, hino, heróis, santos, vitórias, tradições, monumentos e ruínas quanto mercadoria, dinheiro, juro, renda, salário e lucro, tudo se deixa impregnar daquela inesperada fantasia, criando a ilusão do halo que fascina e assusta.

As coisas criadas pelos homens projetam-se diante deles como seres sociais, dotados de vida própria, relacionando-se entre si e com os homens, autônomas, naturalizadas, reificadas, ideologizadas. O criador submete-se à criatura, em deleite e espanto. Agora as visões e os fantasmas não se encontram mais lá fora, forçando para entrar, vigiados por Deus, estimulados pelo Diabo. Os fetiches são criados e recriados cotidianamente, à luz do dia, à sombra da razão.

É aí que se instaura o sentido trágico também presente na modernidade. Agora o homem tudo sabe, sobre este e o outro mundo. Tem tanta razão que desvenda os fetiches que ele próprio cria e recria, no cotidiano do dia a dia. Mas se reconhece aquém e além dessa razão. Descobre que o seu entendimento não o emancipa de si, do que é como fabulação. Com o fetichismo das suas relações sociais, entroniza visões e fantasmas, nos quais se conhece e desconhece, que o alegram e o assustam.

Um aspecto essencial desse clima é registrado por Baudelaire, quando descobre que o indivíduo da cidade está solto e perdido no meio da multidão, "do grande deserto de homens". É aí que se revela o que há de breve, fugaz, aleatório no modo de vida presente. "A modernidade é o transitório, efêmero, contingente."[4]

Estão em curso a secularização da cultura e do comportamento, a industrialização e a urbanização, a divisão do trabalho social e a mercantilização. A marcha da revolução burguesa, lenta e rápida, parcial e drástica, quebra, subordina ou destrói tradições, regionalismos e provincianismos materiais e espirituais. O trabalho produtivo se impõe à preguiça, o proprietário à terra, o capital ao trabalho, a fábrica ao grêmio, o mercado à economia doméstica, a mais-valia à mercadoria.

> A burguesia despiu todas as atividades até aqui veneráveis e estimadas com piedosa reverência da sua aparência sagrada. Transformou o médico, o jurista, o padre, o poeta, o homem de ciência em trabalhadores assala-

A SOCIOLOGIA E O MUNDO MODERNO

riados pagos por ela. (...) Todas as relações fixas e enferrujadas, com o seu cortejo de vetustas representações e concepções, são dissolvidas, todas as recém-formadas envelhecem antes de poderem ossificar-se. Tudo o que era dos estados (ou ordens sociais) e estável se volatiliza, tudo o que era sagrado é profano, e os homens são por fim obrigados a encarar com os olhos bem abertos a sua posição na vida e as suas relações recíprocas.[5]

A sociologia e a modernidade surgem na mesma época, na mesma idade. Talvez se possa dizer que a revolução popular de 1848 despertou o mundo para algo novo, que não havia sido ainda plenamente percebido. A multidão aparecia no primeiro plano, no horizonte da história. E aparecia como multidão, massa, povo e classe. A revolução de 1848 em Paris repercutiu em toda a França, na Europa e em muitas partes do mundo. Via-se que a multidão tornava-se classe revolucionária em conjunturas críticas. A metamorfose pode ser brusca, inesperada, assustadora, fascinante. Na Paris de 1848 viviam, trabalhavam, produziam e lutavam Tocqueville, Proudhon, Comte, Marx, Blanqui e Baudelaire. Na capital do século XIX, quando se revelam os primeiros sinais de que a sociedade burguesa também é histórica, transitória, nasciam a sociologia e a modernidade.

Já é evidente que a ciência não se traduz necessariamente em progresso, que o desenvolvimento material não se traduz em desenvolvimento social e espiritual. Pode inclusive ocorrer que os usos da ciência agravem a questão social, desumanizem as relações entre os homens, transformados em objetos das suas criaturas.

> Vemos que as máquinas, dotadas da propriedade maravilhosa de reduzir e tornar mais frutífero o trabalho humano, provocam a fome e o esgotamento do trabalhador. As fontes de riqueza recém-descobertas se convertem, por artes de um estranho malefício, em fontes de privações. Os triunfos da arte parecem adquiridos ao preço de qualidades morais; mas, ao mesmo tempo, o homem se transforma em escravo de outros homens ou da sua própria infâmia. Até a pura luz da ciência parece só poder brilhar sobre o fundo tenebroso da ignorância.[6]

Acontece que o indivíduo autônomo, anônimo, independente, livre, senhor do próprio destino, foi uma ilusão. Nem no século XIX nem no XX o cidadão chegou a conformar-se como uma realidade social, política, espiritual. Formou-se a ideia da cidadania, da liberdade, muito mais como quimera. Sob a aparência da autonomia da liberdade, escondia-se a solidão niilista. Como relembra Adorno, a ideia de que "o indivíduo tenha sido liquidado por completo, eis aí um pensamento demasiado otimista."[7] No século XX, redescobrem-se os antigos e os novos limites da cidadania. Mas subsiste a ilusão da liberdade.

É daí que nasce o herói solitário e triste de Chaplin. Numa das mais avançadas expressões da modernidade que é o cinema surge o lúmpen olhando espantado para os outros, as coisas, o mundo. Carlitos é um herói trágico. Solitário e triste, vaga perdido no meio da cidade, um deserto povoado pela multidão. Farrapo coberto de farrapos. Fragmento de um todo no qual não se encontra; desencontra-se. Caminha perdido e só, no meio da estrada sem fim. Parece ele e outro, outros e muitos, todos os que formam e conformam a multidão gerada pela sociedade moderna. Um momento excepcional da épica da modernidade.

Essa é uma das mais extremas e cruéis sátiras sobre o mundo moderno. Carlitos revela a poética da vida e do mundo a partir da visão paródica do lúmpen que olha a vida e o mundo a partir dos farrapos, da extrema carência, de baixo para cima, de ponta-cabeça.

São diversas as faces da modernidade que se revelam nas obras de cientistas, filósofos e artistas. Cada um a seu modo, muitos estão percebendo o que há de novo e singular no mundo moderno. O presente parece romper-se do passado, o homem se pensa senhor do seu destino, o futuro talvez esteja ao alcance da mão. Esse é o mundo produzido por uma ampla e intensa transformação material e espiritual, quando as ilusões do progresso naufragam nas lutas sociais, ao mesmo tempo que a utopia do futuro germina das mesmas lutas sociais. A sociedade e o indivíduo são atravessados por realidades desconhecidas, assustadoras, fascinantes. Realidades que se expressam em novas ideias, categorias, teorias, ilusões, visões do mundo. Muitos defrontam-se com o singular contraponto por meio do qual se desenha o labirinto da modernidade: anomia e alienação, racional e irracional, ideologia e utopia, liberdade e solidão.

Nesse ambiente, a sociologia encontra elementos essenciais da sua formação, do seu estilo de pensamento. A despeito das diversidades de perspectivas, das peculiaridades dos princípios explicativos, é inegável que a sociologia nasce e desenvolve-se com as realizações e os dilemas da modernidade. Tanto assim que ela não abandona essa problemática primordial.

A SOCIOLOGIA E O MUNDO MODERNO

Ao contrário, torna e retorna frequentemente a ela. No presente, como no passado, a sociologia está empenhada em desvendar o modo pelo qual o homem, Deus e o Diabo se encontram no meio do redemoinho.

A sociologia revela e constitui dimensões essenciais do mundo moderno. As expressões sociedade civil e Estado nacional, comunidade e sociedade, ordem e progresso, racional e irracional, anomia e alienação, ideologia e utopia, revolução e contrarrevolução, entre outras, explicam e constituem muito desse mundo. Essa problemática denota o empenho do pensamento sociológico em compreender, interpretar, taquigrafar, ordenar, controlar, dinamizar ou exorcizar esse mundo. Algumas das suas dimensões essenciais mostram-se mais claras, acentuadas ou surpreendentes nas explicações e fabulações que constituem grande parte do pensamento sociológico. Nesse sentido é que se pode imaginar que sem a sociologia o mundo moderno seria mais obscuro, incógnito. Estaria um pouco mais no limbo.

O vulto do desafio, da empresa e da realização lança a sociologia também no plano artístico. É claro que o compromisso com a reconstrução da realidade, compreendendo relações, processos e estruturas sociais, organiza-se basicamente em moldes descritivos e interpretativos. O significado científico do escrito predomina no modo pelo qual se reconstrói e explica a realidade social. O escrito impõe-se à escritura. Mas a escritura pode adquirir também conotação artística. Além dos compromissos científicos e das implicações filosóficas, ela pode revelar entonações dramáticas e épicas.

É possível constatar que algumas das principais obras da sociologia possuem também conotação artística, seja dramática, seja épica, ou mesmo mesclando ambas. O modo pelo qual recriam, compreendem, explicam e fabulam as realidades sociais, em seus movimentos e impasses, encontros e desencontros, sugerem algo nesse sentido. Sim, uma parte da sociologia apanha o mundo moderno como espetáculo. E o homem desse mundo como personagem singular e coletivo, figura e figuração.

Há livros nos quais a narrativa está atravessada por algo que parece uma força maior, que arrasta as pessoas e as coisas, uma espécie de *páthos* assustador e fascinante. Não é mais o destino da épica grega que atravessa a vida do indivíduo e da sociedade, comandando os homens um a um e todos, em suas relações entre si, com a natureza e os deuses. No mundo moderno, o que comanda a vida da coletividade e do indivíduo, no campo e na cidade, pode ser o poder, a ordem, o progresso, o racional, o irracional, a anomia, a alienação, a ideologia, a utopia, a revolução, a contrarrevolução. Todos e cada um são levados por algo que parece ser a força das coisas.

É claro que não se podem esquecer relações, processos e estruturas presentes no âmbito da economia, política, religião, ciência, cultura etc. Não há dúvidas de que a tecnologia, o capital, a força de trabalho, a divisão do trabalho social e outros componentes da vida social são poderosas forças que se impõem sobre uns e outros. Também é óbvio que a luta pelo poder, político, econômico ou qualquer outro, galvaniza uns e outros, muitos, todos. As relações entre dominantes e dominados, governantes e governados, dirigentes e subalternos, estão atravessadas por forças que carregam os indivíduos, grupos e classes sociais além de seus desígnios, ideais, ilusões. Às vezes atingem as pessoas, grupos, classes, movimentos sociais, partidos políticos, amplos setores sociais ou mesmo a sociedade como um todo, como se fosse um tufão, um terremoto. Talvez isto estivesse no espírito de Hegel quando ele se preocupou em lembrar o seguinte: "Napoleão disse uma vez, diante de Goethe, que nas tragédias do nosso tempo a política substituiu o destino das tragédias antigas."[8] Na comunidade grega, os deuses comandam o destino dos homens, incutindo-lhes o mistério do *páthos*. Na sociedade burguesa, a luta pelo poder comanda o destino dos homens, incutindo-lhes o mistério do *páthos*. É o que está em causa, quando a sociologia procura apanhar as transformações e crises, épocas e impasses do mundo moderno, da modernidade. Uma força que atravessa coletividade, indivíduo, grupo, classe, movimento, partido, protesto, revolta, revolução, cidade. É o que confere aos escritos sobre a sociedade moderna uma inflexão artística.

Nessa perspectiva é que se situam algumas das obras fundamentais da sociologia, dentre as quais lembramos agora as seguintes: *O Antigo Regime e a revolução*, de Tocqueville; *Manifesto do Partido Comunista*, de Marx e Engels; *A divisão do trabalho social*, de Durkheim; *A ética protestante e o espírito do capitalismo*, de Weber; *Comunidade e sociedade*, de Toennies; *Ideologia e utopia*, de Mannheim; *A personalidade autoritária*, de Adorno e outros; *O homem unidimensional*, de Marcuse; *Guerras camponesas do século XX*, de Eric Wolf; *As origens sociais da ditadura e democracia*, de Barrington Moore Jr.; *7 ensaios de interpretação da realidade peruana*, de José Carlos Mariátegui; *A revolução burguesa no Brasil*, de Florestan Fernandes; *Os condenados da terra*, de Frantz Fanon. A história contada nesses escritos não terminou. Continua viva, presente, decisiva. A inteligência da sociedade não garante a sua emancipação. O

A SOCIOLOGIA E O MUNDO MODERNO

mesmo homem que explica não se emancipa. Debate-se como indivíduo e coletividade, pessoa e personagem, figura e figuração. Pode, principalmente, refazer a esperança, a utopia. Canta e desencanta a inflexão dramática ou épica, impregnando os movimentos da sociedade.

Alguns sociólogos traduzem de forma particularmente nítida a dimensão épica do mundo moderno. Mostram como a razão luta para compreender, explicar, taquigrafar, glorificar ou exorcizar a realidade social. Procuram os limites e as sombras que distinguem e confundem comunidade e sociedade, ordem e progresso, racional e irracional, anomia e alienação, ideologia e utopia, revolução e contrarrevolução. Procuram o lugar da razão no jogo das relações, processos e estruturas que se expressam em transformações e impasses, épocas e crises. Parecem demiurgos, lidando com as imensas forças sociais, econômicas, políticas, religiosas e outras; tratando de explicar o mundo, compreendê-lo, conhecer os seus movimentos e as suas possibilidades; procurando conferir-lhe outro destino; querendo reinventar a vida.

Weber e Marx são dois sociólogos em cujas obras encontramos alguns elementos essenciais da épica. Não querem apenas conhecer a sociedade moderna, burguesa, capitalista. Querem explicar como ela se forma e transforma, de onde vem e para onde vai. Procuram explicar o que pode ser a humanidade criada com o capitalismo. E como se transforma, preserva, transtorna. São dois estilos de pensamento, duas interpretações da sociedade moderna, duas visões do mundo.

Max Weber é uma das figuras notáveis dessa épica. Grande parte da sua sociologia revela um debate desesperado sobre o racional e o irracional. Mostra como indivíduo, grupo, classe, instituição, sociedade, Estado se formam e conformam-se, todo o tempo, à beira da razão, sem-razão. A tradição e o carisma, o despotismo e a demagogia parecem rondar continuamente as pessoas, as coisas e as ideias, o real e o imaginário. A graça da vocação se revela no castigo da profissão, do ganho, do lucro, da acumulação. A recompensa pelo ascetismo se mostra na obediência do indivíduo e da sociedade aos desígnios das coisas, de forças que escapam ao controle tanto do indivíduo como da sociedade. Todos parecem vagar extraviados, perdidos, solitários no labirinto do mundo moderno. Mundo esse no qual Weber pode ser visto como um Prometeu acorrentado.

Karl Marx é uma das figuras mais fortes dessa épica. A sua obra é toda ela um vasto mural do mundo moderno. Todas as principais linhas, figuras e cores, todos os principais movimentos e sons desse mundo estão as-

OCTAVIO IANNI

sinalados nos seus escritos, vibrando na sua escritura. A narrativa de Marx ressoa sempre esse tempo presente, no qual se lembra o passado e ressoa o futuro. Um tempo que contém os muitos andamentos dos indivíduos, grupos e classes, movimentos sociais e partidos políticos, diversidades e desigualdades, contradições e rupturas, revoluções e contrarrevoluções. Assim se revela a historicidade da sociedade moderna, do mundo moderno. Apenas um momento da história, e não o apogeu e coroamento de todas as outras idades. Em seu interior germinam as forças e as relações que abalam o presente, resgatam fragmentos do passado, podem construir o futuro. A história da sociedade burguesa é uma história de lutas sociais. Mas o segredo mais recôndito dessas lutas está em que elas produzirão a sociedade futura, livre das desigualdades escondidas nas diversidades entre indivíduos, grupos, classes, regiões. Nesse momento, o homem estará livre da propriedade privada capitalista, entendida como fato jurídico-político, como realidade social e como princípio organizatório universal da vida material e espiritual. Aí então os sentidos físicos e espirituais do homem estarão livres para expressar-se, revelar-se. Assim começa a apagar-se o componente de barbárie que acompanha a modernidade. Livres da tirania desse princípio, que os organiza, ordena e subordina, os sentidos físicos e espirituais poderão descobrir e inventar formas, cores, sons, movimentos, imagens, figuras, ideias e outras dimensões escondidas na máquina do mundo. Assim, desse modo, afixado no vasto mural do mundo moderno, Marx pode ser visto como um profeta iluminado.

NOTAS

1. Macaulay, *Ensaio sobre Bacon*, citado por George Steiner, *Dans Le Château de Barbe-Bleue* (Notes pour une redefinition de la culture), trad. Lucienne Lotringer, Paris, Gallimard, 1973, p. 18.

2. Nietzsche, *A Gaia ciência*, trad. Márcio Pugliesi, Edson Bini e Norberto de Paula Lima, São Paulo Hemus Livraria Editora Ltda., 1976, p. 134, citação do item nº 125.

3. Hegel, *Princípios da filosofia do direito*, trad. Orlando Vitorino, Lisboa, Guimarães Editores, 1959, p. 13, citação do prefácio.

4. Baudelaire, *A modernidade de Baudelaire*, textos selecionados por Teixeira Coelho, trad. Suely Cassal, Rio de Janeiro, Editora Paz e Terra, 1988, p. 173-4.

A SOCIOLOGIA E O MUNDO MODERNO

5. Marx e Engels, *Manifesto do Partido Comunista*, trad. Alvaro Pina, notas de Vasco Magalhães-Vilhena, São Paulo, Editora Novos Rumos, 1986, p. 84-5.

6. Marx, "Discurso pronunciado no festa de aniversário do "People's e Paper", conforme Marx e Engels, *Textos*, 3 vols., São Paulo, Edições Sociais, 1977, vol. III, p. 298-9.

7. Adorno, *Minima Moralia*, trad. Norberto Silvetti Paz, Monte Avila Editores, Caracas, 1975, p. 153-4. Consultar também Jurgen Habermas, *Problemas de Legitimación en el Capitalismo Tardío*, trad. José Luis Etcheverry, Buenos Aires, Amorrortu Editores, 1975, p. 142-55, item intitulado "El final del individuo?".

8. Hegel, *Lecciones sobre La Filosofía de la Historia Universal*, trad. José Gaos, 4ª edição, *Revista de Occidente*, Madri, 1974, p. 499.

CAPÍTULO II   A tentação metodológica

No século XX, as ciências sociais estão atravessadas por uma espécie de tentação metodológica. As controvérsias epistemológicas e ontológicas estão sempre presentes e, muitas vezes, tendem a predominar sobre a produção científica original.

É claro que se produz muito, muitíssimo, no que se refere ao estudo da realidade. Produz-se cada vez mais, em todos os campos, compreendendo a história, sociologia, antropologia, política, linguística, psicologia, economia, geografia, demografia e outras. Multiplicam-se os livros e artigos, compreendendo ensaios, monografias, relatórios, diagnósticos e prognósticos. Já se produziram e continuam a produzir-se obras importantes, pelas interpretações originais que apresentam e as reinterpretações que realizam.

Mas a produção de cunho metodológico parece sobressair, pela originalidade do que propõe ou pelo ruído que provoca. As controvérsias sobre teorias e paradigmas, epistemologias e ontologias absorvem boa porção das energias intelectuais, dando a impressão de que pouco resta à produção original, se pensamos naquela que se mostra realmente inovadora.

Aliás, o debate metodológico também está presente nas melhores produções originais, novas interpretações e reinterpretações da realidade. Isto pode ser observado nos escritos de Piaget, Keynes, Braudel, Lévi-Strauss, Lukács, Adorno, Sartre, Foucault, Barrington Moore Jr., Perry Anderson, Habermas e outros. Mesmo autores que trabalham com os ensinamentos dos clássicos sentem-se obrigados a dialogar com as novas propostas de teorias e paradigmas. E os que se apoiam em novas teorias e paradigmas dedicam alguma atenção ao diálogo com os clássicos. Sob vários aspectos, o debate metodológico atravessa boa parte da produção das ciências sociais contemporâneas.

Em certos casos, no entanto, a obsessão metodológica pode afastar o pensamento da realidade, ou levá-lo a debruçar-se sobre aspectos da realidade que parecem conformar-se às exigências do método. "O método ameaça tanto fetichizar seu objeto como ele próprio degenerar em fetiche. Não é por acaso que nas discussões sobre a pesquisa social empírica (...) predominam as questões de método sobre as de conteúdo."[1]

Essa tentação metodológica, na expressão de Ludovico Geymonat, é bastante forte também na filosofia. Aliás, talvez se possa mesmo afirmar que, em parte, ela é importada da filosofia; ao mesmo tempo que esta é desafiada por dilemas originários das ciências sociais. Em certos casos, a tentação é fecunda, suscita novas ideias, permite repensar o que se imaginava sabido, abre outros horizontes. Mas há casos em que significa apenas metodologia.

> A redução de toda filosofia à metodologia termina por correr um véu de neblina nada clarificador sobre alguns dos mais importantes problemas do pensamento filosófico; principalmente sobre o relativo à elaboração de uma imagem — coerente, se bem que não absoluta — do Universo. (...) Esta convicção baseia-se na bem conhecida necessidade de fazer referência a dada imagem unitária do mundo, sempre que se pretenda programar uma ação meramente setorial sobre a realidade. A prova disso é o fato de que quando falta uma imagem coerente do mundo, elaborada a partir das mais válidas conquistas da ciência, ainda hoje a maioria dos homens (incluindo até alguns cientistas) segue entretendo-se com fábulas que faz tempo perderam seu sentido.[2]

Alguns dos temas bastante presentes na produção científica contemporânea são bem expressivos desse clima: positivismo e dialética, fenomenologia e marxismo, marxismo clássico e analítico, estruturalismo e hermenêutica, linguística e ciências sociais, holismo e individualismo, sincronia e diacronia, sujeito e objeto do conhecimento, razão e modernidade, modernidade e pós-modernidade.

Na década de 1920 formaram-se a Escola de Frankfurt e o Círculo de Viena, que iriam exercer crescente influência nas décadas posteriores, inclusive ressoando em muitos debates. A rigor, boa parte das controvérsias metodológicas contemporâneas remetem às contribuições e influências de ambos. Vários problemas epistemológicos e ontológicos em debate

A SOCIOLOGIA E O MUNDO MODERNO

nas ciências sociais são equacionados, resolvidos ou recriados em linguagens formuladas pela Escola ou pelo Círculo.

As produções da Escola de Frankfurt e dos seus continuadores têm sempre alguma relação com o pensamento de Hegel, Marx, Nietzsche, Husserl e Freud. No início, foram estimuladas pelas ideias de Ernst Bloch, impressas em *Espírito da utopia*, de Georg Lukács, com *História e consciência de classe*, e de Karl Korsch, em *Marxismo e filosofia*. Vale a pena lembrar que em 1927 publicou-se *O futuro de uma ilusão*, de Sigmund Freud, obra na qual se explicitam algumas teses sobre cultura e repressão. E é também nesse ano que se publicam os *Manuscritos econômico-filosóficos*, de Karl Marx. Depois, naturalmente, os membros da Escola passaram a expressar ideias cada vez mais próprias, originais. Aos poucos, afastaram-se de alguns compromissos iniciais com as teses de Marx, relativas à classe operária e à historicidade do capitalismo. Tanto assim que Horkheimer distingue "a teoria crítica de ontem e hoje", para assinalar diferenças e distâncias. Mas não se abandonou o compromisso com a dialética hegeliana e marxista, com a razão objetiva, crítica. E sempre está em causa a distinção entre as ciências históricas, sociais, humanas ou do espírito, por um lado, e as físicas e naturais, por outro. No limite, a dialética, hegeliana e marxista, diz respeito ao mundo histórico, à sociedade como uma realidade que se pensa, constitui-se no processo de pensar-se.

Os escritos do Círculo de Viena e dos seus continuadores têm sempre alguma relação com o pensamento de Hume, Kant, Comte, Stuart Mill, Poincaré, Russell, Whitehead e Wittgenstein, entre outros. Alimentam-se principalmente das produções e dos problemas metodológicos das ciências físicas e naturais. Estão empenhados em libertar a ciência de resquícios ou ingerências metafísicas. O *Tractatus logico-philosophicus*, de Ludwig Wittgenstein, publicado inicialmente em 1921, exerce influência crescente nos escritos do Círculo e continuadores. No conjunto, as produções do neopositivismo, inaugurado com o Círculo de Viena, representam uma influência cada vez mais forte nas ciências sociais. Orientam boa parte das pesquisas sobre a realidade e influenciam debates metodológicos. Fundamentam as propostas relativas à unidade da ciência, compreendendo as físicas e naturais tanto quanto as sociais, humanas, históricas ou do espírito — a partir das conquistas metodológicas daquelas. Essa presença do neopositivismo, bem como do positivismo clássico, nas ciências sociais está sintetizada em alguns livros conhecidos: George A.

OCTAVIO IANNI

Lundberg, *Fundamentos da sociologia*, publicado em 1939; A.R. Radcliffe-Brown, *Uma ciência natural da sociedade*, de 1948; Gilles-Gaston Granger, *Pensamento formal e ciências do homem*, de 1960; e Paul Lazarsfeld, *Filosofia das ciências sociais*, de 1970. Aliás, muito do que tem sido a "pesquisa administrativa" inspira-se em ensinamentos do neopositivismo, traduzidos por esses e outros autores para as ciências sociais.

Na década de 1930, os debates metodológicos desenvolvem-se, especificam-se. Alguns problemas básicos, que haviam sido apenas esboçados ou intuídos anteriormente, tornam-se bem mais explícitos. Os escritos de Gaston Bachelard abrem a discussão sobre ruptura epistemológica, epistemologia integral e epistemologia regional. Karl Mannheim, um dos fundadores da sociologia do conhecimento, compreendendo o científico, discute as implicações epistemológicas dessa sociologia. Retoma e desenvolve, de forma sistemática, a discussão sobre as configurações histórico-sociais de vida e as condições do conhecimento. Nesse mesmo espírito, Gunnar Myrdal examina a presença e influência do elemento político na teoria econômica. Em outro nível, ao discutir *Teoria tradicional e teoria crítica*, Max Horkheimer está estabelecendo as bases mais gerais do contraponto razão crítica e razão instrumental, no âmbito da reflexão sobre razão e história. Cabe lembrar que em 1930 Freud havia publicado *O mal-estar na civilização*, no qual torna ainda mais explícitas suas teses sobre cultura e repressão. Contemporaneamente, Karl R. Popper está levando adiante as suas reflexões sobre *A lógica da pesquisa científica*, inaugurando sua proposta sobre a "falseabilidade" como o teste por excelência da explicação científica. No âmbito dessas e outras contribuições sobre problemas epistemológicos e ontológicos, Edmund Husserl formula suas reflexões sobre a crise das ciências europeias. Retoma o difícil problema do significado das ciências para a existência humana e reelabora suas propostas sobre a fenomenologia transcendental do mundo da vida. Nessa esteira é que se situa a contribuição de Alfred Schutz, relativa ao *Problema da racionalidade no mundo social*. Aliás, a propósito da influência da fenomenologia nas ciências sociais, cabe lembrar aqui dois livros de cunho metodológico. Hans Freyer, em *A sociologia ciência da realidade*, de 1930, procura estabelecer os novos fundamentos lógicos da sociologia. Aproveita as sugestões de Dilthey, Simmel, Weber e outros, a partir do ponto de vista fenomenológico. E assim reelabora as noções de sociedade, Estado, classe, estamento e, principalmente, comunidade e sociedade. E

Felix Kaufmann, em *A metodologia das ciências sociais*, de 1936, realiza um balanço crítico de alguns temas presentes na polêmica sobre métodos em ciências sociais: o problema dos valores, o histórico nas ciências sociais, tipos ideais e leis sociais, ciências da natureza e ciências sociais.

Foi nas décadas de 1920 e 1930 que se lançaram as bases de algumas tendências fundamentais do pensamento contemporâneo, nas ciências sociais, filosofia e artes. Inspirados nos debates que se desenvolviam desde a passagem do século XIX para o XX e provocados pelos desenvolvimentos e impasses da chamada civilização ocidental (crises econômicas, guerras e revoluções, lutas de classes etc.), muitos se lançaram por novas estradas. Esse é o contexto em que emergem o neopositivismo, a teoria crítica, o marxismo ocidental, o expressionismo, o surrealismo e outras tendências e experiências.

Na década de 1940 alguns dilemas do pensamento científico e filosófico parecem ter "amadurecido". Muito do que se havia esboçado ou intuído anteriormente adquire maior nitidez. Verifica-se um debate aberto sobre racionalismo e irracionalismo, holismo e individualismo metodológico, razão crítica e razão instrumental. Karl R. Popper, em *A sociedade aberta e os seus inimigos*, realiza uma vasta resenha do pensamento filosófico, procurando os inimigos da sociedade aberta, democrática. Considera que o historicismo e o holismo, presentes em Platão, Hegel, Marx e outros, seriam responsáveis pelo profetismo que prejudica a ciência e a sociedade aberta. Nessa esteira é que se colocam as reflexões de F.A. Hayek. Com base nos princípios do neopositivismo, desenvolve a teoria do individualismo metodológico, também presente nos escritos de Popper.

Contemporaneamente a essas reflexões, Herbert Marcuse escreve sobre *Razão e revolução*, resgatando o pensamento de Hegel e Marx das simplificações e mutilações envolvidas na positivização da dialética. E Georg Lukács, em *O assalto à razão*, faz a crítica do irracionalismo vigente no pensamento filosófico e científico europeu nos séculos XIX e XX. Para ele, a razão tem sofrido "assaltos" diversos ao longo dessa história, quando a filosofia e as ciências sociais estariam preparando uma parte do clima irracionalista em que floresce o nazismo. Nessa mesma época Max Horkheimer e T.W. Adorno estão mostrando que *A dialética do iluminismo* leva consigo não só o descortino da razão, mas a sua tirania. A rigor, já avançou muito a reflexão sobre a cultura, em sentido lato, como técnica de poder. Está em curso uma reflexão fundamental sobre "a tragédia da cultura", iniciada por Simmel e continuada por Freud, Cassirer, Marcuse, Hannah Arendt e outros. Esse é o clima em que Walter Benjamin formula as suas "teses sobre a filosofia da história", em que ressoa o desencantamento do mundo. Esse o contexto no qual Jean-Paul Sartre formula a sua ontologia fenomenológica, na esteira de Heidegger, Husserl e Hegel. Busca a identidade difícil, e o projeto do eu no contraponto com o outro, em busca da liberdade e responsabilidade, de permeio com a opressão e o desespero, ser e nada.

Em alguns casos, há paralelismos que merecem registro. O livro de Popper *A sociedade aberta e os seus inimigos* foi publicado pela primeira vez em 1944, e o de Lukács, *O assalto à razão*, em 1953, apesar de ter sido iniciado durante a Segunda Guerra Mundial e terminado em 1952. Mas não há indícios de que Lukács tivesse conhecimento do livro de Popper. Entretanto, há vários paralelismos entre eles. Um realiza a defesa do neopositivismo, condenando o historicismo e o holismo, portadores do profetismo, algo estranho à ciência. O outro realiza a defesa da dialética marxista, compreendendo a visão histórica e globalizante, ao mesmo tempo que critica o subjetivismo, o intuicionismo, a fenomenologia e outras expressões do que considera irracionalismo. Há vários paralelismos entre eles, inclusive nos exageros e absurdos filosóficos e científicos. Além das diferenças de posições filosóficas e políticas, que explicam uma parte das implicâncias, é muito provável que ambos tenham sido vítimas do clima de loucura criado com o nazismo, o stalinismo e a Segunda Guerra Mundial. Tudo isso representando uma espécie de trágico epílogo das ilusões formadas ao longo dos séculos XVIII e XIX.

Na década de 1950 e nas seguintes continuam a desenvolver-se as controvérsias metodológicas. Logo de início, Jean Piaget publica sua *Introdução à epistemologia genética*, compreendendo as ciências físicas, naturais, biológicas e sociais. Sua proposta mais geral diz respeito a uma noção estrutura genética, invisível, inconsciente, uma estrutura que ressoará no estruturalismo de Claude Lévi-Strauss, com reminiscências kantianas. A fenomenologia adquire traços marxistas na *Crítica da razão dialética*, de Sartre. E a mesma fenomenologia adquire conotações hermenêuticas nas reflexões que Hans Georg Gadamer desenvolve em *Verdade e método*. Essa é também a época da arqueologia das epistemes das ciências sociais, quando Michel Foucault, em *As palavras e as coisas*, rebusca e

A SOCIOLOGIA E O MUNDO MODERNO

imagina estruturas e genealogias. Em um ensaio sobre critérios científicos nas ciências sociais e humanas, Lévi-Strauss observa que estas ainda não são ciências, ao passo que as exatas e naturais, sim. Apenas a linguística e a etnologia estariam adquirindo a categoria de ciência. Estariam libertas das cumplicidades sujeito-objeto do conhecimento e teriam alcançado o rigor formal que garante a possibilidade da previsão.

Contemporaneamente, as ciências sociais começam a ser desafiadas pelas sugestões que alguns estão retirando da análise realizada por Thomas S. Kuhn, em *A estrutura das revoluções científicas*. De repente, alguns cientistas sociais são levados a reconhecer os efeitos das descobertas científicas no abandono de tradições e na adoção de novas linguagens. O caráter acumulativo do conhecimento científico parece vir abaixo, quando a ciência é apresentada como uma sucessão descontínua de revoluções que inauguram paradigmas, uns alheios aos outros. Entre os que se impressionaram com as sugestões de Kuhn, nem todos se deram conta de que Bachelard e Mannheim haviam formulado alguns dos seus problemas em horizontes mais fecundos. Em lugar de uma visão principalmente institucional da ciência, haviam colocado as bases de uma reflexão mais sistemática sobre paralelismos e desencontros entre razão e história.

Ao mesmo tempo, o pensamento de Wittgenstein está influenciando o debate metodológico nas ciências sociais. Se é verdade que o *Tractatus logico-philosophicus* é levado em conta pelo neopositivismo, as *Investigações filosóficas* têm algo a ver com a hermenêutica, as possibilidades da compreensão, de captação dos sentidos das vivências, atividades e relações humanas. Nesta direção é que se insere o livro de Peter Winch, sobre *A ideia de ciência social*. Aí são apresentadas sugestões novas sobre as possibilidades de compreensão de outras culturas, formas de sociabilidade, imaginários.

Mas o que sobressai na década de 1960, repercutindo nas seguintes, é a polêmica entre Adorno e Popper sobre dialética e positivismo. Em *O debate sobre o positivismo na sociologia alemã*, colocam-se vários problemas metodológicos relevantes para as ciências sociais contemporâneas. Simultaneamente, retomam-se controvérsias passadas, próximas e remotas: individualismo e holismo, objetividade e neutralidade, empirismo e historicismo, sujeito e objeto do conhecimento, profetismo e irracionalismo. Essa polêmica desdobra-se em escritos de Hans Albert e Jurgen Habermas, entre outros, suscitando ainda novos problemas.

OCTAVIO IANNI

Alguns debates mais recentes mostram que as controvérsias metodológicas continuam ativas, predominantes. Estão polarizadas em torno da hermenêutica, do marxismo analítico, do individualismo metodológico, da escolha racional e da ação comunicativa, bem como em termos dos impasses do estruturalismo, da crise do marxismo ocidental. Mas continuam as discussões sobre a natureza, sociedade, cultura e história; compreensão e explicação; sujeito e objeto do conhecimento; identidade, alteridade, diversidade; teoria e paradigma; razão e modernidade. Em boa parte, esses temas estão focalizados nos escritos de Habermas, sobre a lógica das ciências sociais; de Hans Lenk, sobre a epistemologia das ciências sociais; de Paul Mattick Jr., sobre a natureza e os limites do conhecimento nas ciências sociais; e de Lukács, em um tratado sobre a ontologia do ser social, inspirado em Hegel e Marx.

Como se depreende dessa breve história, é inegável o empenho de inovar. De fato, na história da economia política, da sociologia, da antropologia, da psicologia, da linguística, da história e de outras ciências sociais são evidentes as inovações. Algumas são específicas desta ou daquela ciência, ao passo que outras inovações compreendem várias ou todas as ciências. A fenomenologia passou a influenciar a metodologia e a pesquisa na psicologia, na sociologia, na antropologia e na história. O estruturalismo atravessa praticamente todas as ciências sociais, ainda que se possa falar em vários e diferentes estruturalismos: Lévi-Strauss, Althusser, Lacan, Foucault, Bourdieu e outros. O marxismo ocidental não só abre novos temas, como retoma desafios originários das reflexões de Hegel e Marx, também relevando-se presente em várias ciências sociais. O marxismo analítico, no qual alguns temas de Marx são tratados em moldes neopositivistas, corresponde a outra inovação. O neopositivismo, em diversas variantes, penetra de forma ampla em praticamente todas as ciências sociais. Mas também cabe lembrar as inovações neoevolucionistas e neofuncionalistas. A nova hermenêutica, com inspiração na fenomenologia e na linguística, já é uma presença evidente nos debates metodológicos e nas pesquisas. É claro que essas e outras inovações adquirem conotações muito especiais em cada ciência social. O individualismo metodológico e a escolha racional são propostas teóricas presentes na economia, na política e na sociologia. Já há uma hermenêutica muito ativa na antropologia e na psicanálise, além da sua vigência na literatura e em outras linguagens artísticas.

A SOCIOLOGIA E O MUNDO MODERNO

Neste ponto, cabe uma digressão sobre o marxismo. São principalmente três os marxismos presentes nas ciências sociais e na filosofia contemporâneas: o marxismo ocidental, o marxismo analítico e a teoria crítica. Podem ser tomados como tendências distintas, pelos problemas científicos e filosóficos que suscitam. Refletem o empenho de inovar, no que se refere ao pensamento de Marx. Também desenvolvem as controvérsias internas, envolvidas nas leituras e releituras de Marx por alguns dos seus continuadores. E aparecem com frequência nos diálogos com outras correntes de pensamento, como a fenomenologia, o existencialismo, o estruturalismo, o neopositivismo, a hermenêutica, a psicanálise, a filosofia da linguagem e a semiótica, entre outras.

Essas tendências do marxismo merecem destaque, em face de outras que poderiam ser mencionadas, pelo fato de que expressam aspectos importantes da crise do marxismo clássico. Uma crise que envolve vários problemas.

Primeiro, até a década de 1920 o pensamento de Marx teve poucos desenvolvimentos teóricos realmente originais. Em certos casos, suas realizações científicas e filosóficas foram empobrecidas, ideologizadas, mutiladas. Algo mais significativo ocorreu no âmbito da análise de configurações históricas, como se pode verificar em alguns escritos de Lenin, Trotski, Rosa Luxemburgo, Gramsci e outros.

Segundo, a vitória da Revolução Soviética, em 1917, na Rússia tzarista, foi saudada, simultaneamente, como uma conquista e uma grave interrogação para o marxismo. A revolução havia ocorrido em um país em que o capitalismo não só estava pouco desenvolvido, mas no qual os traços feudais e também tribais eram fortes. Isso contrariava o pensamento de Marx, para o qual a revolução correspondia a um momento superior do desenvolvimento do capitalismo (forças produtivas e relações de produção). A Revolução Soviética teria sido prematura. Tanto assim que Gramsci foi levado a expressar as inquietações de muitos, quando escreveu o artigo intitulado "A Revolução contra *O Capital*". E a revolução que se esperava fosse ocorrer na Alemanha, na Itália e na França, pelas condições sociais mais desenvolvidas em que se encontravam, não ocorreu. Justamente nos países mais maduros para que a revolução ocorresse, ela não ocorre. Muitos ficaram traumatizados pela derrota da revolução que havia amadurecido na Europa, sem a qual a soviética iria deformar-se. Também estão atônitos com os novos desenvolvimentos do capitalismo,

OCTAVIO IANNI

que não entrou em colapso final com a crise iniciada em 1929. Depois de ser ricardiano e marshalliano, o capitalismo estava se tornando keynesiano, surpreendendo a teoria com a sua capacidade de renovar-se. O fascismo e o nazismo, que mobilizaram também setores operários, revelaram-se formas surpreendentes, enlouquecidas, da capacidade das classes dominantes, na estrada da contrarrevolução permanente.

Terceiro, os desenvolvimentos da ciência e da filosofia no século XX estavam criando e continuaram a criar outros desafios para o pensamento marxista. Algo que já ocorria em fins do século XIX, continuou a verificar-se em escala acentuada no século XX: o marxismo poucas vezes se deu conta das inovações, às vezes revolucionárias, que estavam ocorrendo no âmbito da filosofia e da ciência. Seria enganoso não levar em conta as questões epistemológicas e ontológicas que estavam e continuam a ser propostas pela fenomenologia, pelo existencialismo, o estruturalismo, o neopositivismo, pela hermenêutica, a psicanálise, a filosofia da linguagem e a semiótica, entre outros.

Esse, em forma breve, é o contexto da crise do marxismo em que emergem as três tendências. O marxismo ocidental tem suas bases teóricas principais nos escritos de Lukács, Korsch, Gramsci e Goldmann. Desenvolveu toda uma teoria da cultura e tem uma contribuição fundamental nas suas reflexões sobre a reificação. A teoria crítica está sintetizada nos escritos de Horkheimer, Adorno e Marcuse. Desvendou os ardis e meandros da razão instrumental impregnando crescentemente as formas de pensamento e as organizações em que o indivíduo descobre a sua solidão alienada. E o marxismo analítico incute no pensamento marxista clássico, fundado na razão crítica, os artifícios neopositivistas da razão instrumental. Mais uma comprovação da tese de Horkheimer de que a razão subjetiva, técnica ou instrumental invade amplamente as ciências sociais em detrimento da razão objetiva, crítica.[3]

Nas ciências sociais, conforme elas se desenvolvem no século XX, criam-se e recriam-se teorias, paradigmas, linguagens. A mesma tentação metodológica que atravessa esse tempo, produz e reproduz inovações diversas: originais, ecléticas, reiterativas, inócuas. Além do resgate de heranças clássicas, no todo ou em parte, formulam-se propostas novas. Algumas, realmente inovadoras, abrindo outros horizontes para a teoria e a pesquisa. Outras, reaproveitando fragmentos das contribuições dos clássicos. E aquelas que, por enquanto, parecem exercícios abstratos.

À medida que corre o tempo, multiplicam-se as formulações inovadoras. Proliferam os esquemas explicativos e as abordagens compreensivas. Destinam-se a dar conta das novas realidades, ainda não contempladas pelo pensamento; ou realidades que haviam sido esquecidas pelos clássicos. Mas também propõem a redefinição do objeto das ciências sociais e a adoção de novas linguagens. Por exemplo, em lugar de "sociedade" coloca-se o "indivíduo", em vez da "explicação", a "compreensão", para substituir a perspectiva "diacrônica" adota-se a "sincrônica", abandona-se o "holismo" e institui-se o "individualismo". Conforme a teoria, ou paradigma, que se inaugura, pode alterar-se a relação sujeito-objeto do conhecimento, a implicação teoria e prática desse conhecimento, e assim por diante. Desde o início do século, e de uma forma exacerbada nas décadas posteriores à Segunda Guerra Mundial, historiadores, economistas, cientistas políticos, sociólogos, antropólogos e linguistas mostram-se empenhados em buscar novos caminhos para a explicação e a compreensão da realidade.

Uma simples relação de teorias logo dá uma ideia da heterogeneidade das propostas que se multiplicam. Podem ser vistas como alternativas, exclusivas ou complementares, assim como inovadoras, reiterativas, provocativas, equívocas ou inócuas. Estas são algumas das mais evidentes: fenomenologia, interacionismo simbólico, etnometodologia, teoria da ação social, teoria da troca, teoria sistêmica, teoria do campo social, individualismo metodológico, escolha racional, relativismo cultural, neoevolucionismo, neofuncionalismo, marxismo analítico, teoria crítica, marxismo ocidental, estruturalismo, método genealógico, hermenêutica, teoria da ação comunicativa e outras. Sendo que algumas se subdividem, ou multiplicam. Tanto assim que se pode falar em vários estruturalismos, distintos marxismos, diversas hermenêuticas.

Logo fica evidente que algumas das novas teorias têm origem nas contribuições de filósofos, ou no diálogo entre cientistas sociais e filósofos. Há casos em que o cientista social é ele mesmo filósofo, e vice-versa. No século XX, as ciências sociais continuam comprometidas com a filosofia. Isto é evidente nas reflexões de Alfred Schutz, Claude Lévi-Strauss, Theodor W. Adorno, Max Horkheimer, Lucien Goldmann, Alvin W. Gouldner, Peter Winch, Jurgen Habermas e outros. Ocorre que tem havido um empenho acentuado no sentido de aproveitar as contribuições de Husserl, Heidegger, Wittgenstein, Popper, Kuhn, Bachelard, Gadamer e outros, além do empenho em refazer o diálogo com a filosofia do Iluminismo e os seus continuadores no século XIX, pelo lado de Kant ou de Hegel.

É esse, portanto, o ambiente filosófico e científico em que se criam e recriam teorias, paradigmas, linguagens. No bojo da mesma tentação metodológica que atravessa as ciências sociais no século XX, envolvendo a crítica ou rejeição pura e simples das explicações abrangentes, teorias globalizantes, grandes relatos, emergem os esquemas e as abordagens destinados a fundamentar explicações abrangentes, teorias globalizantes, grandes relatos. Em geral, no entanto, não fazem concessão à história, porque contentam-se com as formulações a-históricas, ou supra-históricas, imaginando que a historicidade do real é impossível de ser surpreendida, que no máximo pode ser taquigrafada no momento da sincronia.

A multiplicidade de teorias, combinada com as controvérsias metodológicas em que se mesclam, entre si e com os clássicos, logo evidenciam o emaranhado de problemas que povoam as ciências sociais.

> Nas ciências sociais competem diversas posições teóricas, que não se distinguem apenas pelos problemas específicos que abordam e pelas estratégias de pesquisa de que fazem uso, mas por questões de princípio. Refiro-me às diferenças na escolha do esquema categorial e na conceptualização do âmbito do objeto. Em tais diferenças de estratégia conceitual expressam-se conflitos profundos: concepções distintas de ciência e interesses cognoscitivos diversos.[4]

São várias ondas e diferentes tendências que se encontram, confluem e opõem. Alguns autores se colocam em posições iconoclastas, propondo linguagens, teorias ou paradigmas tão inovadores ou bombásticos que supõem o total rechaço de tudo o que se havia feito anteriormente. Combatem as teorias abrangentes, as explicações históricas, os grandes relatos, propondo metodologias às vezes totalmente diversas, novas ou renovadas. E implicando, ou mesmo tornando explícito, outro objeto de reflexão; mais frequentemente, algum fragmento do que era, uma nesga da sociedade, da história, da configuração social de vida.

Em certos casos, o combate às grandes teorias acaba abrindo espaço para outras grandes teorias. São polêmicas metodológicas por meio das quais se abrem espaços para novas linguagens, explicações abrangentes, grandes relatos.

> Ainda que tenham dado razões para repudiar a atividade totalizadora, ao mesmo tempo se viram imersos, evidentemente, na teorização. Não se pode

A SOCIOLOGIA E O MUNDO MODERNO

negar que Foucault formulou uma opinião geral acerca da natureza do conhecimento; que Wittgenstein nos deixou uma relação abstrata entre significado e entendimento; que Feyerabend tem um método preferido, e quase popperiano, para julgar as hipóteses científicas; e que Derrida pressupõe a possibilidade de construir interpretações quando nos diz que nossa próxima tarefa deve ser a de desconstruí-las. (...) Devemos reconhecer que durante as duas últimas décadas tem havido também um desavergonhado retorno à construção deliberada de precisamente essas grandes teorias da natureza e conduta humanas... A obra destrutiva dos céticos tem servido para limpar o terreno sobre o qual se levantam as grandes estruturas teóricas.[5]

Sob vários aspectos, a tentação metodológica é um elemento permanente nas ciências sociais contemporâneas. Uma tentação fecunda, quando implica novos temas e novas questões teóricas. Também muito positiva, quando permite repensar criticamente os clássicos, em suas contribuições ontológicas e epistemológicas. Mas, em certos casos, enganosa, quando parece exercício abstrato, metodologismo carente de sentido de realidade, "fábulas que faz tempo perderam seu sentido".

NOTAS

1. Theodor W. Adorno, "Sociología e Investigación Empírica", publicado por Theodor W. Adorno y otros, *La Disputa Del Positivismo en La Sociología Alemana*, trad. de Jacobo Muñoz, Barcelona, Ediciones Grijalbo, 1973, p. 81-99, citação da p. 83.
2. Ludovico Geymonat, *Historia Del Pensamiento Filosófico y Científico* (Siglo XX), 3 vols., trad. de Juana Bignozzi, Juan Andrés Iglesias e Carlos Peralta, Barcelona, Editorial Ariel, 1984, vol. I, p. 17.
3. Estes são alguns dos autores situados na linha do marxismo analítico: G.A. Cohen, J. Roemer, R. Brenner, J. Elster, E.O. Wright e A. Przeworski.
4. Jurgen Habermas, *Teoría de la Acción Comunicativa: Complementos y Estudios Previos*, trad. de Manuel Jiménez Redondo, Madri, Ediciones Cátedra, 1989, p. 19.
5. Quentin Skinner, *El Retorno de La Gran Teoría em las Ciencias Humanas*, trad. de Consuelo Vázquez de Parga, Madri, Alianza Editorial, 1988, p. 23-4.

CAPÍTULO III   Problemas de explicação

A crise da sociologia pode ser real ou imaginária, mas não há dúvida de que tem sido proclamada por muitos. Em diversas escolas de pensamento, em diferentes países, uns e outros colocam-se o problema da crise de teorias, modelos ou paradigmas. Desde o término da Segunda Guerra Mundial, e em escala crescente nas décadas posteriores, esse é um problema cada vez mais central nos debates. Além dos êxitos reais ou aparentes, das modas que se sucedem, dos desenvolvimentos efetivos do ensino e da pesquisa, da produção de ensaios e monografias, manuais e tratados, subsiste a controvérsia sobre a crise da explicação na sociologia.

Fala-se na decomposição dos modelos clássicos e na obsolescência de noções como as de sociedade, comunidade, capitalismo, divisão do trabalho social, consciência coletiva, classe social, consciência de classe, nação, revolução. Critica-se a abordagem histórica, globalizante ou holística e preconiza-se a sistêmica, estrutural, neofuncionalista, fenomenológica, etnometodológica, hermenêutica, do individualismo metodológico e outras. Considera-se que os conceitos formulados pelos clássicos já não respondem às novas realidades. Agora, o objeto da sociologia deveria ser o indivíduo, ator social, ação social, movimento social, identidade, diferença, cotidiano, escolha racional.

Em 1946, na aula inaugural pronunciada na London School of Economics and Political Sciences, T.H. Marshall se mostrou preocupado com a "encruzilhada" na qual se encontrava a sociologia. As tarefas práticas eram urgentes e os recursos teóricos pareciam inadequados. As interpretações herdadas dos clássicos seriam insuficientes para fazer face às urgências da reconstrução social. Em lugar das teorias globalizantes, caberia formular "pontos de apoio intermediário", de modo a atender aos desafios imediatos, localizados, setoriais, cotidianos, de normalização e ordenamento dos problemas sociais.

OCTAVIO IANNI

Os sociólogos não deviam despender todas as suas energias na procura de generalizações amplas, leis universais e uma compreensão total da sociedade humana como tal. Talvez cheguem lá mais tarde se souberem esperar. Nem recomendo o caminho arenoso das profundezas do turbilhão dos fatos, que enchem os olhos e ouvidos até que nada possa ser visto ou ouvido claramente. Mas acredito que haja um meio-termo que se localiza em chão firme. Conduz a uma região cujas características não são nem gargantuanas nem liliputianas, onde a sociologia pode escolher unidades de estudo de um escopo manejável, não a sociedade, o progresso, a moral e a civilização, mas estruturas sociais específicas nas quais as funções e os processos básicos têm significados determinados.[1]

Seja em termos de "pontos de apoio intermediário", conforme Marshall, de *principia media*", segundo Mannheim, ou "teorias de alcance médio", na versão de Merton, o que está em curso é o debate sobre a insuficiência ou obsolescência das teorias clássicas.[2] Debate no qual aos poucos se propõem outros temas e metodologias. A problemática sociológica é posta em causa por representantes de diferentes escolas de pensamento, em diversos países.

Essa controvérsia prossegue e generaliza-se. Torna-se uma onda. Em 1975, Bourricaud critica o "sociologismo", o "hiperfuncionalismo" e o "realismo totalitário". Afirma, entre outras observações semelhantes, que "o realismo totalitário continua a constituir o modo de interpretação ao qual, espontânea e implicitamente, recorre a maioria dos sociólogos radicais".[3] Para superar essas limitações, preconiza a recriação do "individualismo atomístico" herdado do liberalismo e do marginalismo, conforme as contribuições de Mancur Olson, Albert Hirschman e outros. Propõe o conceito de "neoindividualismo", no qual se admite a existência de "grupos", "classes" e "sociedades", entre aspas. Está a caminho das teorias do "individualismo metodológico" e da "escolha racional", vistas como aspectos básicos de um novo paradigma sociológico, posto sobre os escombros dos clássicos.

Em 1984, Touraine dá continuidade à crítica dos "modelos clássicos". Alega que se acham em "decomposição", já que se baseiam em conceitos insatisfatórios, tais como "funcionalismo", "modernização", "sociedade" e outros.

Na realidade, o que esta sociologia denomina sociedade não é senão a confusão de uma atividade social, definível em termos gerais — como a produção industrial ou o mercado — e de um Estado nacional. A unidade da sociedade é aquela que lhe dá e impõe um poder legítimo. Suas fronteiras não são teóricas, mas reais: as dos postos da aduana. A sociedade é o pseudônimo da pátria.[4]

Os conceitos elaborados pelos clássicos parecem não deixar espaço para os indivíduos, os atores sociais. "Um dos aspectos mais importantes da sociologia clássica é que, ao criar grandes conjuntos históricos portadores de sentidos em si mesmo, reduzem a análise da ação social à pesquisa da posição do ator no sistema."[5] Cabe eleger como objeto da sociologia a ação social, o ator social, o movimento social. E abandonar o sistema, os grandes conjuntos, os conceitos abrangentes, a visão macro da sociedade. Mesmo porque essas noções corresponderiam a uma realidade social passada, superada, que já não mais se constitui como objeto da sociologia. "A sociologia da ação recusa esta explicação do ator pelo sistema. Ao contrário, vê em toda situação o resultado das relações entre atores, definidos tanto por suas orientações culturais como por seus conflitos sociais."[6] Nesses termos é que Touraine desenvolve a ideia de que a "decomposição" do pensamento sociológico herdado do passado parece irreversível. Trata-se da "crise de um modelo clássico de representação da vida social", acompanhada da "formação de um novo modelo, a partir do qual pode desenvolver-se uma orientação sociológica mais específica e mais coerente".[7]

Entre os críticos que estão propondo novos modelos, teorias ou paradigmas, é frequente a insistência na ideia de que o objeto da sociologia mudou. Os clássicos estariam apoiados em noções que, se foram cabíveis no passado, já não atendem às peculiaridades do século XX. Ao criticar as noções de capitalismo e industrialismo, que seriam importantes nas sociologias de Marx e Weber, Giddens sublinha a "informação", o "poder administrativo", o "poder militar", a "guerra", a "racionalização" e outras, como aspectos básicos da "modernidade" do século XX. Portanto, não se trata mais, como se fazia anteriormente, de continuar a explicar a realidade social em termos de industrialismo e capitalismo.

A dissolução do mundo tradicional, sob o impacto da modernidade, não é o resultado do capitalismo, do industrialismo, ou mesmo da concentra-

OCTAVIO IANNI

ção dos instrumentos administrativos pelos Estados modernos. É o resultado de tudo isso, em combinação com os meios modernos de uso da força militar e de fazer a guerra.[8]

A modernidade é muito mais complexa e fundamental do que sugerem as noções de capitalismo e industrialismo. Cabe acrescentar outros "parâmetros de modernidade", dentre os quais se destaca a parafernália da informática,

> um dos mais característicos traços da época moderna. Os Estados modernos, e o sistema mundial moderno como um todo, envolvem uma tremenda aceleração na produção e organização de informação. Embora seja habitualmente suposto que apenas agora, no final do século XX, estamos entrando na era da informação, as sociedades modernas têm sido sociedades de informação desde os seus primórdios.[9]

Em síntese, trata-se de superar a "teoria da sociedade industrial", um resíduo do século XIX, um "mito" ultrapassado. E "reconciliar uma epistemologia da ciência social, revista, com novos esquemas para a análise do desenvolvimento das sociedades avançadas.[10]

Uma parte importante dessa história está sintetizada em livros e artigos de T.H. Marshall, Merton, Mannheim, Florestan Fernandes, Gurvitch, Sorokin, Cuvillier, C.W. Mills, Barrington Moore Jr., Gouldner, Giddens, Collins, Bourricaud, Bourdieu, Touraine, Piaget, Lukács, Goldmann, Horkheimer, Adorno, Habermas, Gadamer, Ricoeur, Morin, Elster e outros. Uns se colocam radicalmente em favor de novos paradigmas. Outros propõem renovações ou desenvolvimentos dos clássicos, incorporando-se aí contribuições contemporâneas. E há os que reconhecem que a criação de novos paradigmas não implica necessariamente na desqualificação dos outros. Mesmo porque, na história do pensamento sociológico, ao lado das oposições e rupturas, registram-se também convergências e continuidades. No conjunto, discutem-se problemas relacionados tanto ao método como ao objeto da sociologia. Discutem-se prioridades, ou acomodações, quanto à indução quantitativa e qualitativa, à análise sincrônica e diacrônica, ao contraponto das partes e o todo, à dinâmica e à estabilidade sociais, ao indivíduo e à sociedade, ao objetivo e ao subjetivo. Aos poucos, formulam-se novas teorias sociológicas, tais como estruturalismo(s), neofuncionalismo, estrutural-funcionalismo, fenomenologia, etnometodologia, hermenêu-

A SOCIOLOGIA E O MUNDO MODERNO

tica, sociologia da ação ou acionalismo, individualismo metodológico e outras. Formulam-se outros temas e outros métodos de explicação ou compreensão, ao mesmo tempo que se inauguram outras linguagens.

Há algo de imaginário no debate sobre a crise da sociologia. Se é verdade que há impasses reais no presente, também é verdade que as controvérsias sobre seu objeto e método são mais ou menos permanentes. Dizem respeito às exigências da produção intelectual. Com a singularidade de que a sociologia é uma ciência que sempre se pensa ao mesmo tempo que se realiza, desenvolve, enfrenta impasses, reorienta. Talvez mais do que outras ciências sociais, ela se pensa de modo contínuo, criticamente. Há uma espécie de sociologia da sociologia em toda produção sociológica de maior envergadura.

Entretanto, algumas vezes colocam-se problemas reais. Gurvitch perguntou certa vez se a sociologia fez outra coisa senão passar por crises. E disse que algumas delas propuseram questões básicas.

> Crise das relações entre filosofia da história e sociologia, crise da procura do "fator predominante", crise do evolucionismo, crise do racionalismo social, crise da "compreensão" que rejeita a explicação, crise do formalismo, crise do psicologismo a Pareto, a Freud e, mais recentemente, a Moreno, crise da relação entre a teoria sociológica e a investigação empírica em sociologia, avivando-se, segundo as características espirituais de Sorokin, em *testomania* e *quantofrenia* (...) Importa sobretudo aqui insistir no fato de todas as crises em sociologia, independentemente da sua correspondência com as crises sociais, às quais serviam de réplicas, sempre terem estado ligadas ao problema da explicação. Ou que se tenha pretendido *explicar demasiado*, ou que se tenha dado *explicações* falsas; reduz-se em demasia a *explicação* a favor de uma simples constatação; ou, enfim — como nas investigações empíricas de hoje, sobretudo nos Estados Unidos e entre os imitadores franceses dos americanos —, tenha *renunciado quase por completo à explicação*, transformando, no melhor dos casos, a sociologia em sociografia.[11]

Aliás, conforme lembra Merton, cada geração de sociólogos tende "a identificar a *sua* época como um momento decisivo no desenvolvimento da disciplina, para melhor ou para pior".[12] Em certos casos, no entanto, a crise pode ser real, relativa a problemas de explicação, impasses teóricos. Inspirado nas reflexões de Kuhn, sobre "ciência normal" e "revoluções científicas", Merton chama a atenção dos sociólogos para problemas de cunho epistemológico.

> Os aspectos da sociologia que supostamente fornecem os sinais e sintomas da crise são de natureza familiar — uma mudança e choque da doutrina acompanhadas de uma tensão aprofundada, e algumas vezes conflito exaltado, entre os praticantes do ofício. O choque implica a forte reivindicação de que os paradigmas existentes são incapazes de resolver os problemas que deveriam, em princípio, ser capazes de resolver.[13]

A controvérsia sobre os clássicos e os contemporâneos, em certos casos, envolve a tese de que a sociologia é uma ciência pouco amadurecida. A importância dos textos clássicos e a frequente volta a eles seriam indícios de imaturidade, ciência em formação, ainda não constituída, pré-paradigmática. Dada essa imaturidade e, portanto, à reduzida incorporação daqueles textos ao *corpus* teórico da sociologia, os sociólogos contemporâneos são obrigados a voltar continuamente a eles. Por isso, diz Merton, a sociologia reluta em abandoná-los. Todo sociólogo precisa demonstrar um conhecimento de primeira mão daqueles que deixaram a sua marca na sociologia.

> Embora o físico, enquanto físico, não precisa apoiar-se no *Principia* de Newton, ou o biólogo, enquanto tal, a ler e reler *A origem das espécies* de Darwin, o sociólogo, enquanto sociólogo antes do que historiador da sociologia, tem ampla razão para estudar as obras de Weber, Durkheim e Simmel e, pelo mesmo motivo, a voltar ocasionalmente às obras de Hobbes, Rousseau, Condorcet ou Saint-Simon... Os dados mostram que a física e a biologia têm em geral sido mais bem-sucedidas do que as ciências sociais em recuperar o conhecimento acumulado e relevante do passado e incorporá-lo nas formulações subsequentes. Esse processo de enriquecimento pela absorção é ainda raro na sociologia. Como resultado, informações que não foram previamente recuperadas estão ainda lá, para serem empregadas de forma adequada, como novos pontos de partida.[14]

O argumento parece forte, mas sustenta-se pouco.

Primeiro, está baseado na ideia de que a sociologia deveria pautar-se pelo modelo "paradigmático" das ciências naturais. Um argumento de

A SOCIOLOGIA E O MUNDO MODERNO

origem positivista, renovado com o neopositivismo. Supõe que a lógica do conhecimento científico é única. E que dada ciência social se constitui e amadurece à medida que atinge os níveis alcançados pelas mais desenvolvidas, no caso as naturais, ou a física, a biologia. Essa é apenas uma posição, no âmbito das reflexões sobre epistemologia. Há outras e bastante elaboradas. As conquistas científicas realizadas por Weber e Simmel, Marx, Lukács e Gramsci, Horkheimer, Adorno e Marcuse, Habermas e Gadamer, além de outros, abrem diferentes horizontes para a epistemologia das ciências sociais, e não apenas para a sociologia. As diferenças entre ciência natural e ciência social são essenciais e irreversíveis. Salvo o positivismo que informa algumas tendências do funcionalismo, do estrutural-funcionalismo e do estruturalismo, a dialética hegeliana e marxista, bem como as diversas orientações da fenomenologia, estabelecem nítidas diferenças entre ciência da natureza e ciência social. Em termos epistemológicos, a sociologia, e as outras ciências sociais, não podem prescindir da compreensão, da explicação compreensiva. As possibilidades da pesquisa, experimentação, descrição e explicação, abertas pela ciência da natureza, pouco servem para o estudo da realidade social. Conceito, categoria, lei de causa e efeito, lei de tendência, condição de possibilidade ou previsão, somente se constituem à medida que apanham, codificam, taquigrafam as singularidades e universalidades envolvidas nas configurações e nos movimentos da realidade social.

Segundo, há o aspecto propriamente ontológico da questão. O objeto da sociologia, bem como das outras ciências sociais, envolve o indivíduo e a coletividade, as relações de coexistência e sequência, diversidades e antagonismos. Diz respeito a seres dotados de vontade, querer, devir, ideais, ilusões, consciência, inconsciente, racionalidade, irracionalidade. Os fatos e acontecimentos sociais são sempre materiais e espirituais, envolvendo relações, processos e estruturas de dominação, ou poder, e apropriação, ou distribuição. Implicam indivíduos, famílias, grupos, classes, movimentos, instituições, padrões de comportamento, valores, fantasias. Esse é o mundo da liberdade e igualdade, trabalho e alienação, sofrimento e resignação, ideologia e utopia.

Terceiro, a sociedade burguesa, industrial, capitalista, moderna ou informatizada modifica-se ao longo do tempo. Mas guarda algumas características essenciais. É diferente e mesma. No começo, falava-se no "individualismo possessivo", descoberto pela economia clássica e os primeiros pensadores sociais interessados em explicar a emergência e o tecido da sociedade civil. Em fins do século XX, fala-se no "individualismo metodológico", acompanhado da "escolha racional", duas descobertas das ciências sociais nos tempos da modernidade, compreendendo o marginalismo hedonista, o neoliberalismo e o marxismo analítico. O dilema indivíduo e sociedade continua a ser essencial, se queremos entender a trama das relações sociais, os espaços da liberdade, as condições da opressão. O mundo formado com a sociedade moderna, industrial, capitalista não é o mesmo no século XIX nem século XX. Modificou-se substancialmente, está informatizado. Os meios de comunicação, em sentido amplo, revolucionaram as condições de produção, distribuição, troca e consumo, em termos materiais e espirituais. As burocracias públicas e privadas ampliaram muito o seu raio de ação, influência, indução. Tudo mudou. Mas muita coisas subsiste, ainda que recriada, necessariamente recriada. Em essência, a sociedade moderna, burguesa, informática baseia-se em alguns princípios que se reiteram ao longo da história. Nem a ciência nem a técnica, ou a informática, alteraram a natureza essencial das relações, dos processos e das estruturas de apropriação, ou distribuição, e dominação, ou poder. No início deste século, guardam-se aspectos essenciais do século XIX: liberdade e igualdade, trabalho e alienação, sofrimento e resignação, ideologia e utopia.

> A ausência de espírito, característica da modernidade racionalizada, não é apenas refletida nas páginas finais de *A ética protestante* de Weber; é criada por ele. Para entender a modernidade racionalizada, não se pode apenas observá-la: precisa-se voltar ao trabalho pioneiro de Weber, a fim de apreciá-lo e experimentá-lo outra vez. Semelhantemente, o que é opressivo e sufocante na modernidade não será nunca suficientemente formulado como em *O homem unidimensional*, de Marcuse.[15]

Ocorre que alguns clássicos revelam de forma particularmente exemplar, privilegiada, visionária, não só o que viram, mas também o que vemos. Em seu tempo, Weber dizia que "o mundo em que espiritualmente existimos é um mundo assinalado, em grande parte, pelas marcas de Marx e Nietzsche".[16] Ocorre que o mundo que Weber conheceu ainda tinha muito daquele que Marx e Nietzsche haviam conhecido. Da mesma maneira que a modernidade racionalizada, revelada por Weber, tem muito da modernidade opressiva e sufocante revelada por Marcuse.

A SOCIOLOGIA E O MUNDO MODERNO

Há momentos lógicos da reflexão sociológica sem os quais o ensino e a pesquisa contemporâneos dificilmente poderiam desenvolver-se. Eis alguns desses momentos: aparência e essência, parte e todo, singular e universal, sincrônico e diacrônico, histórico e lógico, passado e presente, sujeito e objeto, teoria e prática. É claro que a reflexão científica pode basear-se mais acentuadamente em alguns, deixando outros em segundo plano. Nem sempre a monografia e o ensaio mobilizam todos. Entretanto, necessariamente mobilizam alguns. Dizem respeito à razão científica. Caso contrário, o produto da atividade intelectual corre o risco de ficar no meio do caminho, realizar-se apenas como descrição, folclorização, ideologização. Ou apresentar-se como sucedâneo da ficção, nem sempre com talento artístico.

Um dos requisitos lógicos fundamentais da interpretação na sociologia diz respeito à historicidade do social. O contraponto passado e presente é essencial, se se trata de explicar ou compreender a realidade social. Toda interpretação que perde, minimiza ou empobrece o momento do real, sacrifica uma dimensão básica desse mesmo real. Esta é uma conquista importante do pensamento sociológico e das outras ciências sociais. A realidade social é um objeto em movimento. As suas configurações estáveis, normais, estáticas, sincrônicas representam momentos, sistemas, estruturas da mudança, dinâmica, modificação, transformação, historicidade, devir.

Aí está, precisamente, uma das limitações de algumas teorias sociológicas contemporâneas. Não levam em conta essa conquista do pensamento sociológico. Em busca de novas linguagens e da redefinição do objeto da sociologia, sacrificam as tensões diacrônicas do real. Imaginam que as configurações sincrônicas resolvem a diacronia, captando o momento do real, perdendo o movimento do real.

Uma parte da controvérsia sobre paradigmas clássicos e contemporâneos passa pelo problema da historicidade da realidade social. Entre os contemporâneos são frequentes as propostas teóricas que simplesmente abandonam ou empobrecem a perspectiva histórica. Como se fosse possível eliminar das relações, dos processos e das estruturas, de dominação e apropriação, seus movimentos e suas tensões. Como se a realidade social pudesse sempre resolver suas diversidades, suas desigualdades e seus antagonismos no âmbito das configurações sincrônicas. Como se o real não estivesse essencialmente atravessado pela relação de negatividade. Daí a imagem abstrata, rarefeita, cerebrina, que transparece em estudos como os do estrutural-funcionalismo de Parsons.

> A ideia-chave dessa teoria, como o leitor deve estar lembrado, é o ponto de vista de que para toda sociedade existe certo número limitado de atividades necessárias, ou "funções", tais como a obtenção de alimento, o adestramento da próxima geração etc. e um número igualmente limitado de "estruturas", ou maneiras pelas quais a sociedade pode ser organizada para realizar essas funções. Em essência, a teoria estrutural-funcionalista busca os elementos básicos da sociedade humana, abstraída de tempo e lugar, junto com as regras de combinação desses elementos. Dá a impressão de procurar algo na sociedade humana correspondente à Tabela periódica dos elementos na química.[17]

Esse é um ponto essencial no debate sobre aspectos ontológicos e epistemológicos da sociologia. Trata-se de aperfeiçoar e desenvolver a teoria sociológica, sem perder a dimensão histórica da realidade social. A influência de paradigmas emprestados das ciências físicas e naturais tem levado certos sociólogos a uma espécie de pasteurização da realidade social, o que evidentemente se manifesta no conceito, na interpretação.

> No presente a sociologia está dominada por uma espécie de abstração, dando a impressão de que lida com objetos isolados, em estado de repouso. Mesmo o conceito de mudança social é frequentemente usado como se referido a um estado fixo. Pode-se dizer que se é forçado a ver o estado de repouso como normal: e o movimento como um caso especial.[18]

O declínio da perspectiva histórica é algo relativamente generalizado na sociologia e no pensamento social contemporâneos. Um processo que já se havia manifestado incipiente no positivismo de Comte, bem como na economia política vulgar, acentua-se posteriormente e parece expandir-se bastante nos tempos atuais.

> Um crescente "cansaço da história" caracteriza, ao menos no Ocidente, a segunda metade do século XX. As técnicas de pesquisa da ciência social atual, extremamente refinadas, e orientadas em um sentido quantitativo, deslocam cada vez mais o pensamento histórico do lugar que ocupava no

A SOCIOLOGIA E O MUNDO MODERNO

âmbito da Ilustração e do idealismo alemão, em Dilthey, nas tradicionais ciências do espírito, na filosofia da vida e também na filosofia da existência.[19]

Aos poucos, as tecnologias da pesquisa, informática, invadem o objeto e o método da sociologia. A modernização da atividade científica, com base na institucionalização, na burocratização, na industrialização, na formação de equipes numerosas de *seniores e juniores*, trabalhando com equipamentos eletrônicos, provoca alterações na definição do objeto e das condições lógicas e teóricas da interpretação.

A desintegração das ciências humanas tem a sua origem, no fundo, em uma ilusão perseguida com metódica obsessão, que consiste em crer na possibilidade de fugir, do contexto consciente da história humana e das suas sempre renovadas decisões valorativas e de poder, para a a-historicidade das fórmulas matemáticas.[20]

Aqui cabe lembrar o que já havia sido posto por Hegel e retomado várias vezes posteriormente, nas controvérsias sobre quantidade e qualidade. A indução quantitativa não participa do objeto, não faz parte dele, é exterior. Capta estruturas externas ao ser social. "Em outras palavras, a verdade acerca de objetos matemáticos existe fora deles, no sujeito do conhecimento. Esses objetos, portanto, são, em sentido estrito, não-verdadeiros, entidades inessenciais externas."[21]

São vários os problemas epistemológicos que precisariam ser mais bem examinados, se quisermos esclarecer mais a controvérsia sobre a crise de paradigmas na sociologia. Além dos já analisados, em forma breve, cabe lembrar o da relação sujeito-objeto do conhecimento. Na sociologia, essa é sempre uma relação complexa, com sérias implicações quanto ao objeto e método. As diversas perspectivas teóricas mostram que a relação sujeito-objeto nem sempre se resolve numa tranquila relação de exterioridade, como se o real e o pensado se mantivessem incólumes. Essa é uma hipótese do positivismo e está presente no funcionalismo, no estruturalismo, no estrutural-funcionalismo e em outras teorias. Mas a sociologia inspirada na fenomenologia sempre carrega a hipótese da cumplicidade. A redução fenomenológica e a hermenêutica tendem a tornar ambos cúmplices do conhecido, objeto e sujeito. Ao passo que a sociologia de inspiração dialética, se pensamos em Marx, Lukács, Gramsci e alguns outros, leva à hipótese da dependência mútua, da reciprocidade. O sujeito e o objeto constituem-se simultânea, reciprocamente. A reflexão científica pode corresponder a um momento fundamental da constituição do real. Enquanto não se constitui como categoria, concretamente pensado, pleno de determinações, o real está no limbo.

São vários os momentos lógicos da reflexão sociológica, se pensamos em termos de aparência e essência, parte e todo, singular e universal, qualidade e quantidade, sincrônico e diacrônico, histórico e lógico, passado e presente, sujeito e objeto, teoria e prática. Mas as teorias não os mobilizam sempre nos mesmos termos, de modo similar, homogêneo. Aliás, as teorias distinguem-se, entre outros aspectos, precisamente porque conferem ênfase diversa aos momentos lógicos da reflexão. Há conceitos sociológicos que são comuns a várias teorias. Às vezes o objeto é concebido de maneira semelhante. Mas a interpretação pode não ser precisamente a mesma. E quando a interpretação se revela diversa, logo se constata que a importância relativa dos momentos lógicos da reflexão não é exatamente a mesma. Nesse sentido é que as teorias podem ser mais ou menos distintas, distantes ou opostas.

Entretanto, a multiplicidade das teorias não implica, necessariamente, a multiplicidade de epistemologias. É possível supor que dada epistemologia pode fundamentar diferentes propostas teóricas. Aliás, quando buscamos os princípios epistemológicos em que se fundam as teorias, verificamos que dada epistemologia parece fundamentar diversas teorias. Nesse sentido é que Elster sugere que existem basicamente "três tipos principais de explicação científica: a *causal*, a *funcionalista* e a *intencional*".[22] São os paradigmas, ou princípios, que sintetizam as possibilidades de explicação científica. Afirma que a abordagem causal é comum a todas as ciências, naturais e sociais. Mas diz que a explicação funcionalista não tem cabimento nas ciências sociais. Baseia-se em uma analogia equívoca, retirada da biologia. E acrescenta que nas ciências sociais as explicações podem ser baseadas na "causalidade intencional", com variações, conforme se trate de processos internos aos indivíduos ou processos relativos à interação entre indivíduos.

> As ciências sociais usam extensamente a análise intencional, no nível das ações individuais. A análise funcionalista, entretanto, não tem lugar nas ciências sociais porque não existe analogia sociológica à teoria da seleção

A SOCIOLOGIA E O MUNDO MODERNO

natural. O paradigma adequado para as ciências sociais é uma explicação causal-intencional mista — *compreensão intencional* das *ações* individuais e *explicação causal* de suas *interações*.[23]

Podemos discordar de alguns aspectos da "filosofia da ciência", ou "paradigma", que Elster está propondo para as ciências sociais. Mas não há dúvida de que ele propõe o problema básico: alguns paradigmas fundamentam múltiplas teorias.

As teorias sociológicas do passado e do presente organizam-se, em última instância, com base em princípios explicativos fundamentais. É verdade que há variações, convergências, nuanças, divergências. Mas predominam alguns princípios, constituindo os fundamentos dos paradigmas conhecidos na sociologia.

Uma relação das teorias sociológicas, passadas e presentes, naturalmente incluiria evolucionismo, positivismo, funcionalismo, marxismo, compreensivo ou típico ideal, hiperempirismo dialético, neofuncionalismo, estruturalismo, estrutural-funcionalismo, teoria da troca, teoria do conflito, interacionismo simbólico, fenomenologia, etnometodologia, hermenêutica, sociologia da ação social ou acionalista, teoria do campo sociológico, teoria da estruturação, sociologia sistêmica, individualismo metodológico, teoria crítica da sociedade e outras. São teorias distintas ou aparentadas. Dialogam entre si, mas também se opõem e contrapõem. Implicam diferentes noções do objeto, apesar do acordo mais ou menos geral sobre o que é o social. Baseiam-se em diferentes métodos de interpretação, envolvendo a explicação, a compreensão, a explicação compreensiva. Lidam com os momentos lógicos da reflexão de forma peculiar, priorizando uns em lugar de outros. Certas teorias possuem cunho histórico, ao passo que outras focalizam a realidade em termos supra-históricos. E há as que se mostram simplesmente a-históricas. Também a relação sujeito-objeto é diferenciada, polarizando-se em três modalidades principais: exterioridade, cumplicidade e reciprocidade.

Mas é possível dizer que as teorias sociológicas do passado e do presente organizam-se, em última instância, com base em princípios explicativos tais como os seguintes: evolução, causação funcional, estrutura significativa, redução fenomenológica, conexão de sentido e contradição. Neste ponto é que a controvérsia sobre os paradigmas precisaria demorar-se mais. Aí o debate sobre a crise de paradigmas na

OCTAVIO IANNI

sociologia tem muito a realizar, caso se queira elucidar os fundamentos da questão.

Note-se que a noção de paradigma compreende uma teoria básica, uma fórmula epistemológica geral, um modo coerente de interpretar ou um princípio explicativo fundamental. Envolve requisitos epistemológicos e ontológicos, caracterizando uma perspectiva interpretativa, explicativa ou compreensiva, articulada, internamente consistente. Na linguagem da sociologia, um paradigma compreende a articulação dos momentos lógicos essenciais da reflexão: aparência e essência, parte e todo, singular e universal, sincrônico e diacrônico, quantidade e qualidade, histórico e lógico, passado e presente, sujeito e objeto, teoria e prática. Momentos lógicos esses que se traduzem interpretativamente em evolução, causação funcional, estrutura significativa, redução fenomenológica, conexão de sentido e contradição.

É claro que essa noção de paradigma deixa de lado a acepção sociológica, ou melhor, sociologística, que privilegia o conjunto de hábitos comuns aos que se dedicam ao ensino e à pesquisa, as codificações estabelecidas em manuais, os laços institucionais e o jargão próprio de cada grupo de sociólogos reunidos em centros, institutos, departamentos ou outros lugares. Naturalmente esta acepção apresenta algum interesse, se queremos conhecer as condições sociais, políticas, ideológicas, institucionais, materiais e técnicas de produção e reprodução do conhecimento científico. Mas não é suficiente, se queremos elucidar questões relativas ao objeto e método da sociologia.[24]

Vejamos alguns exemplos, nos quais se podem clarificar um pouco mais as relações entre teoria e paradigma.

Merton dedica-se bastante ao funcionalismo e pode ser considerado o principal teórico do que poderíamos denominar neofuncionalismo. Está preocupado com o paradigma, enquanto codificação da teoria, dos requisitos fundamentais da explicação sociológica. Propõe "um paradigma para a análise funcional na sociologia".[25] Essa é uma contribuição importante, na qual conceitos e procedimentos lógicos são precisados, aprimorados. É inegável a contribuição de Merton para a teoria. Entretanto, cabe perguntar se a sua teoria funcionalista inaugura propriamente um paradigma ou apenas dá continuidade e inova outro já disponível. Haveria diferenças essenciais entre os paradigmas de Merton e Durkheim ou seriam complementares? Em outros termos, há principalmente continui-

A SOCIOLOGIA E O MUNDO MODERNO

dades entre *As regras do método sociológico*, de Durkheim, e "Funções manifestas e latentes" do livro *Teoria social e estrutura social*, de Merton. São muito fortes as evidências de que Merton efetivamente repõe, retoma e desenvolve, em outra linguagem, o paradigma formulado por Durkheim. Se falarmos em teorias, supondo que Merton e Durkheim são autores de duas teorias sociológicas, podemos admitir que ambas inspiram-se no mesmo princípio explicativo, de causação funcional. A despeito do seu empenho em formalizar um paradigma neofuncionalista, parece evidente que reitera o princípio de causação funcional codificado por Durkheim. Princípio esse que já havia sido retomado por Malinowski, Radcliffe-Brown e outros. Naturalmente realiza contribuições da maior importância, quando elabora as noções de função manifesta e função latente; quando se empenha em demonstrar que o funcionalismo não implica, necessariamente, uma visão conservadora da realidade social. Mas nem muda nem corrige, apenas aperfeiçoa, o paradigma codificado anteriormente por Durkheim em seus estudos metodológicos e em suas monografias. Um paradigma com muita influência no pensamento sociológico, presente em várias teorias sociológicas contemporâneas.[26]

Um raciocínio semelhante pode ser feito a propósito de Gramsci, no contraponto com Marx. É claro que aí também há invenções a considerar. A linguagem de Gramsci é outra. Contém menos economia política, outra história. Gramsci elabora as categorias de hegemonia, bloco de poder, intelectual orgânico e outras. É o autor de uma teoria razoavelmente articulada, consistente, compreendendo também classes subalternas, guerra de posição e guerra de movimento, Ocidente e Oriente. Em uma comparação com a de Marx, fica logo evidente que são duas, com semelhanças e diferenças. Entretanto, o paradigma é, em essência, o mesmo. Ambas as teorias apoiam-se no princípio da contradição, que funda um paradigma.[27]

Aliás, cabe reconhecer que há diálogos, implícitos e explícitos, entre representantes de diferentes paradigmas. Indicam problemas metodológicos merecedores de atenção. Permitiriam ilações. Ao analisar a divisão do trabalho social como um processo relativo ao conjunto da sociedade, compreendendo aspectos sociais, econômicos, políticos e culturais, Durkheim leva a noção de anomia bastante próxima à de alienação, formulada por Marx. O próprio conceito durkheimiano de divisão do trabalho, por suas especificidades e abrangência, lida com problemas que também haviam atraído a atenção de Marx, quando se referia às dimen-

OCTAVIO IANNI

sões singulares, particulares e gerais desse processo social abrangente, de alcance histórico. Também Weber e Marx encontram-se algumas vezes. Conforme sugere o próprio Weber, "todas as leis e construções do desenvolvimento histórico especificamente marxistas possuem um caráter de tipo ideal, na medida em que sejam teoricamente corretas".[28] O diálogo continua. Na sociologia contemporânea, os mesmos Weber e Marx, passando por Lukács, são indispensáveis, se queremos compreender algumas das teses básicas da teoria crítica de sociedade, formuladas por Horkheimer, Adorno e Marcuse.

O problema pode ser colocado assim: as teorias sociológicas contemporâneas lidam com alguns princípios explicativos fundamentais, comuns. Estes têm sido elaborados por sociólogos, cientistas sociais e filósofos, na época dos clássicos, na transição do século e contemporaneamente. As teorias multiplicam-se. Há contínuas criações, quanto ao objeto e método, conceitos e interpretações, temas e linguagens. Em certos casos ocorre a reiteração de princípios explicativos, aperfeiçoados ou não; ao passo que em outros verifica-se algo de novo, a invenção paradigmática.

Vista assim, em alguns dos seus aspectos relevantes, a controvérsia sobre paradigmas, bem como teorias e paradigmas, ajuda a explicitar determinadas singularidades da sociologia como ciência social. São singularidades do maior interesse, por suas implicações epistemológicas e ontológicas. Vejamos, de maneira concisa, quais são.

Primeiro, a sociologia pode ser considerada uma ciência que se pensa criticamente, todo o tempo. O sociólogo tanto produz interpretações substantivas como assume e desenvolve suas contribuições, dúvidas, polêmicas. Há um debate metodológico frequente não só nas entrelinhas e notas, mas também em escritos básicos de sociólogos das mais diversas tendências, passados e contemporâneos. Em boa medida, as polêmicas sutentadas por Marx, Durkheim, Weber, Lukács, Gramsci, Wright Mills, Gouldner, Barrington Moore Jr., Gurvitch, Merton, Adorno, Popper, Habermas e outros têm algo ou muito a ver com o marxismo. E retomam ou iniciam discussões da maior importância sobre o objeto e o método da sociologia.

Segundo, cabe reconhecer que o objeto da sociologia é a realidade social em movimento, formação e transformação. Essa realidade é alheia e interna à reflexão. O objeto e o sujeito do conhecimento distinguem-se

A SOCIOLOGIA E O MUNDO MODERNO

e confundem-se. Há todo um complexo exorcismo em toda interpretação, explicação ou compreensão dessa realidade. Ela é um ser do qual o sujeito participa, em alguma medida, pelo universo de práticas, valores, ideais, fantasias. Simultaneamente, é um ser em movimento, modificação, devir, revolução. Desafia todo o tempo o pensamento, como algo conhecido e incógnito, transparente e opaco. Estava no passado e está no presente, o mesmo e diferente.

Terceiro, a sociologia é uma forma de autoconsciência científica da realidade social. Tem raízes nos impasses, problemas, lutas e ilusões que desafiam indivíduos, grupos, classes, movimentos, partidos, setores, regiões e a sociedade como um todo. É claro que as fórmulas dos sociólogos são individuais. Há aqueles que reconhecem alguma, ou muita, relação entre as suas reflexões e o jogo das forças sociais, dos grupos, das classes etc. Toda produção sociológica aparece identificada com um nome, autor, escola, instituição, centro, instituto. Mas a sociologia do conhecimento já avançou o suficiente para revelar, a uns e outros, que o pensamento sociológico guarda uma relação complexa e essencial com as condições de existência social, ou configurações sociais de vida, de setores, grupos, classes ou a sociedade como um todo. E quando se torna possível reunir produções sociológicas de orientação teórica semelhante, logo resulta a ideia de estilo de pensamento, ou visão do mundo.

Quarto, o desafio permanente e reiterado diz respeito a relação entre ciência e arte, teoria e técnica, conhecimento e poder ou teoria e prática. O pensamento sociológico clássico, da passagem do século e contemporâneo, sempre tem algo a ver com a prática, tanto em sua origem como em seu destino. Daí o longo debate sobre a busca da isenção, neutralidade, distanciamento ou vocação da sociologia. Esse é um desafio permanente na história do pensamento sociológico. Está no centro da polêmica contemporânea simbolizada nos escritos de Adorno e Popper.

> A controvérsia que divide hoje positivistas e dialéticos refere-se, sobretudo em seu núcleo, às finalidades práticas do estudo, aos respectivos interesses em modificar a realidade social, que é o que orienta os seus trabalhos teóricos e o que determina, no fundo, as suas metodologias diferentes.[29]

Na sociologia o sujeito do conhecimento é individual e coletivo. O sociólogo, naturalmente, dispõe de todas as condições para estabelecer

OCTAVIO IANNI

seu objeto de estudo. É evidente o estilo pessoal do autor no escrito, na interpretação. Mas uma leitura mais atenta logo indicará o diálogo, o engajamento, a reciprocidade, implícita ou explicitamente, do autor com este ou aquele setor social, grupo, instituição, classe, movimento, partido, corrente de opinião pública, sociedade. São frequentes as obras de sociologia que expressam um autor e uma configuração, um eu e um nós, um sujeito simultaneamente individual e coletivo do conhecimento. É daí que nasce o *páthos* de algumas obras fundamentais da sociologia.

NOTAS

1. T.H. Marshall, *Cidadania, classe social e status*, trad. Meton Porto Gadelha, Rio de Janeiro, Zahar Editores, 1967, p. 32.
2. Robert K. Merton, *Social Theory and Social Structure (Toward the Codification of the Theory and Research)*, 2ª edição, Illinois, The Free Press Glencoe, 1951, cuja 1ª edição data de 1949; Robert K. Merton, *On Theoretical Sociology*, Nova York, The Free Press, 1967, cap. II: "On Sociological Theories of the Middle Range"; Karl Mannhein, *Man and Society in a Age of Reconstruction*, Londres, Routledge & Kegan Paul, 1949, esp. caps. V e VI da quarta parte; T.H. Marshall, *Cidadania, classe, social e status*, citado, cap. I, "A sociologia na Encruzilhada".
3. François Bourricaud, "Contre le Sociologisme: une Critique et des Propositions", *Revue Française de Sociologie*, vol. XVI, Supplément, Paris, 1975, p. 583-603, citação da p. 584.
4. Alain Touraine, *Le Retour de L'Acteur* (Essai de Sociologie), Paris, Fayard, 1984, p. 22.
5. Alain Touraine, *Le Retour de L'Acteur*, citado, p. 35.
6. Alain Touraine, *op. cit.*, p. 35-6.
7. Alain Touraine, "Les Transformations de l'analyse sociologique", *Cahiers Internationaux de Sociologie*, vol. LXXVIII, Paris, 1985, p. 15-25, citação da p. 16. Consultar também Jean-Michel Berthelot, *Épistémologie des Sciences Sociales*, Paris, Presses Universitaires de France, 2001.
8. Anthony Giddens, *Social Theory and Modern Sociology*, Cambdridge, Polity Press, 1988, p. 28.
9. Anthony Giddens, *op. cit.*, p. 27.
10. Anthony Giddens, "Classical Social Theory and the Origins of Modern Sociology", *American Journal of Sociology*, 1976, vol. 81, nº 4, p. 703-29, citação da p. 703.

A SOCIOLOGIA E O MUNDO MODERNO

11. Georges Guvitch, *A vocação atual da sociologia*, 2 vols., trad. Orlando Daniel, Lisboa, Edições Cosmos, 1986, vol. II, p. 525-26. Este é o livro mencionado: Pitirim A. Sorokin, *Fads and Foibles in Modern Sociology and Related Sciences*, Chicago, Henry Regnery Company, 1956, esp. caps. 4 e 7.

12. Robert K. Merton, *A ambivalência sociológica e outros ensaios*, trad. Maria José Silveira, Rio de Janeiro, Zahar Editores, 1979, p. 149.

13. Robert K. Merton, *A ambivalência sociológica e outros ensaios*, citado, p. 149. Note-se que algumas reflexões de Merton sobre paradigmas na sociologia estão inspiradas em Thomas S. Kuhn, *A estrutura das revoluções científicas*, trad. Beatriz Vianna Boeira e Nelson Boeira, São Paulo, Editora Perspectiva, 1975. A primeira edição deste livro em inglês data de 1962.

14. Robert K. Merton, *On Theoretical Sociology*, citado, p. 34-5.

15. Jeffrey C. Alexander, "The Centrallity of the Classics", em Anthony Giddens e Jonathan Turner (eds.), *Social Theory Today*, Cambridge, Polity Press, 1987, p. 11-57, citação da p. 31. Consultar também Jeffrey C. Alexander, "O novo movimento teórico", *Revista Brasileira de Ciências Sociais,* nº 4, Anpocs, São Paulo, 1987, p. 5-28.

16. Weber, citado por Stanislaw Josyr-Kowalski, "Weber y Marx", publicado por José Sazbón (seleção), *Presencia de Max Weber*, Buenos Aires, Ediciones Nueva Visión, 1971, p. 243-65, citação da p. 264.

17. Barrington Moore Jr., *Political Power and Social Theory* (Seven Studies), Nova York, Harper & Row Publishers, 1962, p. 125-6, citação do cap. 4, intitulado "Strategy in Social Sciences". Este livro está traduzido: *Poder político e teoria social*, trad. Octavio Mendes Cajado, São Paulo, Editora Cultrix, 1972, p. 107-8. Consultar também C. Wright Mills, *A imaginação sociológica*, trad. Waltensir Dutra, Zahar Editores, Rio de Janeiro, 1967, esp. cap. 8, intitulado "Uses of History". Este livro está traduzido: *A imaginação sociológica*, trad. Waltensir Dutra, 4ª edição, Rio de Janeiro, Zahar Editores, 1975.

18. Norbert Elias, *What is Sociology*, trad. Stephen Mennell e Grace Morrissey, com prefácio de Reinhard Bendix, Londres, Hutchinsen & Co. Publishers, 1978, p. 115.

19. Alfred Schmidt, *Historia y Estructura*, trad. Gustavo Muñoz, Madri, Alberto Corazon Editor, 1973, p. 13.

20. Herbert Luthy, conforme citação de Alfred Schmidt, *Historia y Estructura*, citado, p. 13-4.

21. Herbert Marcuse, *Reason and Revolution* (Hegel and the Rise of Social Theory), Boston, Beacon Press, 1960, p. 98; *Razão e revolução*, trad. Marilia Barroso, 2ª edição, Rio de Janeiro, Paz e Terra, 1978, p. 101-2. Consultar também Karl Mannheim, *Essay on Sociology and Social Psychology*, Londres, Routledge & Kegan Paul, 1953, cap. IV, "American Sociology"; Herbert Blumer, "Sociological Analysis and the Variable", *American Sociological Review*, vol. 21, nº 6, Los Angeles, dezembro 1956.

OCTAVIO IANNI

22. Jon Elster, "Marxismo, funcionalismo e teoria dos jogos", trad. Regis de Castro Andrade, publicado em *Lua Nova*, nº 17, São Paulo, 1989, p. 163-204, citação da p. 181.

23. Jon Elster, *op. cit.*, p. 181. O mesmo problema está examinado por Jon Elster, *Ulysses and the Sirens* (Studies in Rationality and Irrationality), Cambridge, Cambridge University Press, 1979.

24. Margaret Masterman, "A natureza do paradigma", em Imre Lakatos e Alan Musgrave (orgs.), *A crítica e o desenvolvimento do conhecimento*, trad. de Octavio Mendes Cajado, São Paulo, Editora Cultrix, 1979, p. 72-108; Barry Barnes, *T.S. Khun y las Ciencias Sociales*, trad. Roberto Helier, México, Fondo de Cultura Económica, 1986; Irineu Ribeiro dos Santos, *Os fundamentos sociais da ciência*, São Paulo, Editoria Polis, 1979; Raymond Boudon, *Effets Pervers et Ordre Social*, Paris, Presses Universitaires de France, 1977, esp. cap. VII, intitulado "Déterminismes Sociaux et Liberté Individuelle".

25. Robert K. Merton, *Social Theory and Social Structure*, citado, esp. cap. I, do mesmo autor, *On Theoretical Sociology*, citado, esp. cap. II.

26. Florestan Fernandes, *Fundamentos empíricos da explicação sociológica*, São Paulo, Companhia Editora Nacional, 1959, esp. parte III, "O método de interpretação funcionalista na sociologia"; Alvin W. Gouldner, *The Coming Crisis of Western Sociology*, Nova York, Basic Book Publishers, 1970.

27. Carlos Nelson Coutinho, *Gramsci*, Porto Alegre, L&PM Editores, 1981; Maria-Antoniette Macciocchi, *A favor de Gramsci*, trad. Angelina Peralva, Rio de Janeiro, Editora Paz e Terra, 1976.

28. Max Weber, "A 'objetividade' do conhecimento nas ciências sociais", publicado por Gabriel Cohn (org.), *Weber*, trad. Amélia Cohn e Gabriel Cohn, São Paulo, Editora Ática, 1979, p. 79-127, citação da p. 118.

29. Horst Baier, "Tecnología Social o Liberación Social? La Polémica entre Positivistas y Dialecticos sobre La Misión de la Sociología", em Benhard Schsfere (ed.), *Critica de la Sociologia*, trad. Miguel Mascialino, Caracas, Monte Avila Editores, 1969, p. 9-29, citação da p. 12.

CAPÍTULO IV   A unidade das ciências

Um dilema que continua a inquietar o pensamento científico e a filosofia da ciência diz respeito às diversidades metodológicas, teóricas e epistemológicas entre as ciências naturais e as ciências sociais. Esse dilema pode tornar-se ainda mais complicado quando essas ciências são desafiadas por algumas das criações artísticas, destacando-se as literárias. Trata-se de uma problemática que já se havia colocado no século XIX, desenvolveu-se bastante no século XX e continua a ser importante no XXI. Com frequência essa problemática se traduz em divergências e oposições, ou convergências e acomodações, entre a "ciência", isto é, as ciências naturais, a as "humanidades", ou seja, as ciências sociais e as artes. Um argumento que pode ser utilizado com eficácia, ainda que não resolva o impasse, é o reconhecimento de que há certas contemporalidades entre as várias linguagens, compreendendo temas ou inquietações. É provável que o "relativismo" do físico Einstein seja bastante contemporâneo do "relativismo" do filósofo Husserl e do escritor Proust. Assim como é provável que a dialética iluminista de Hegel, em a *Fenomenologia do espírito*, seja não só contemporânea mas ressoe amplamente no contraponto Fausto e Mefistófeles elaborado por Goethe em *Fausto*. O dilema vem de longe e continua a inquietar uns e outros, nas ciências naturais e sociais, bem como nas artes.

Esse o clima intelectual em que se situa a tese de C.P. Snow, em um livro que teve ampla repercussão e que, de quando em quando, é retomado como referência, na tentativa de conciliar "a ciência" e as "humanidades"; ou reafirmar as suas diferenças, não só teóricas como epistemológicas. Seu livro, intitulado *As duas culturas,* teve a primeira edição em 1959, sendo reeditado posteriormente muitas vezes e traduzido em muitas línguas.

Aliás, cabe lembrar que C.P. Snow, ou melhor, Charles Percy Snow (1905-1980), foi físico e romancista, estava bastante familiarizado com o problema das relações e diferenças entre ciência e humanidades; uma vivência que lhe dava autoridade muito especial para debater o problema. E lembrar, ainda, que as relações e diferenças entre a ciência e as humanidades estavam desafiando, outra vez, uns e outros, cientistas e humanistas.

Impressionado pelas diferenças acentuadas entre a ciência e a literatura, ou as ciências e as humanidades, compreendendo inclusive as peculiaridades e idiossincrasias de uns e outros, C.P. Snow logo caminhou no sentido de caracterizar e lastimar as peculiaridades e barreiras evidentes e exageradas entre as duas polarizações do mundo da cultura e do pensamento. Colocou-se o dilema, mas não se colocou a antinomia. Estava seriamente inquieto com a indiferença e o desconhecimento recíprocos, empenhando em minimizá-los ou mesmo superá-los. Acreditava, com razão, que as humanidades e as ciências são prejudicadas, se os cientistas e os humanistas se mantêm indiferentes ou desconhecendo-se.

> Acredito que a vida intelectual de toda a sociedade ocidental está cada vez mais dividida entre dois grupos polares (...). Num polo os literatos; no outro os cientistas e, como os mais representativos, os físicos. Entre os dois, um abismo de incompreensão mútua — algumas vezes (particularmente entre os jovens) hostilidade e aversão, mas principalmente falta de compreensão. Cada um tem uma imagem curiosamente distorcida do outro (...). Os não cientistas têm a impressão arraigada de que superficialmente os cientistas são otimistas, inconscientes da condição humana. Por outro lado, os cientistas acreditam que os literatos são totalmente desprovidos de previsão, peculiarmente indiferentes aos seus semelhantes, num sentido profundo anti-intelectuais, ansiosos por restringir a arte e o pensamento ao presente imediato (...). As razões para a existência das duas culturas são muitas, profundas e complexas, umas arraigadas em histórias sociais, umas em histórias pessoais, e umas na dinâmica interna dos diferentes tipos de atividade mental.[1]

Para C.P. Snow, além das limitações e distorções intelectuais que se produzem com a polarização entre as duas culturas, é importante reconhecer que eles poderiam ter um papel importante, ou mesmo decisivo, contribuindo para a resolução de problemas sociais dos países "pobres", destacando-se a educação, a saúde e a alimentação, entre outros. Essa seria uma forma de reduzir os graves desníveis entre os países "ricos" e "pobres". Note-se que essa preocupação tornou-se particularmente acen-

A SOCIOLOGIA E O MUNDO MODERNO

tuada nos anos seguintes ao término da Segunda Guerra Mundial (1939-1945), alimentando em boa parte a formação da Organização das Nações Unidas (ONU); e está presente ou mesmo predominante em livros de Gunnar Myrdal, François Perroux, W. Arthur Lewis e muitos outros. Esse o clima em que C.P. Snow está participando de um debate de alcance mundial, por suas implicações teóricas e práticas.

> O ponto mais importante é que as pessoas dos países industrializados estão ficando mais ricas, as dos países não industrializados estão, na melhor das hipóteses, estacionadas: desse modo, o fosso entre os países industrializados e os outros está crescendo a cada dia mais. Em escala mundial, é o fosso entre os ricos e os pobres... Num país pobre como a Índia, a expectativa de vida é menos da metade do que é na Inglaterra (...). É tecnicamente possível conduzir uma revolução científica na Índia, na África, no Sudoeste Asiático, na América Latina, no Oriente Médio, dentro de cinquenta anos. Não há desculpa para que o homem ocidental não saiba disso.[2]

Ao refletir sobre países "ricos" e "pobres", compreendendo as possíveis relações entre "revolução científica" e "revolução industrial", bem como a extensão dessas revoluções aos "pobres", C.P. Snow estava empenhado em elaborar algumas implicações práticas de sua tese sobre as duas culturas. Acreditava que a revelação ou constatação das profundas desigualdades sociais iria comover os "ricos" ou "industrializados"; esquecendo que os "pobres" foram e continuam sendo fabricados, desde o colonialismo e o imperialismo, entrando ao depois pelo globalismo.

A rigor, o que foi e tem sido dito a propósito de "duas culturas" seria possível traduzir por "dois estilos de pensamento", formas de conhecimento distintas, mas sempre formas de conhecimento, esclarecimento. São Modos de apreender, descobrir ou surpreender o dado e o significado, a situação e a configuração, a objetividade e a subjetividade, o modo de ser e a possibilidade, a vivência e a consciência; compreendendo a aparência e a essência, as partes e o todo, o presente e o passado, o singular e o universal.

Essa é uma ideia que ajuda a clarificar um pouco melhor o problema: ao falar em duas culturas, ou ciência e humanidades, fala-se em dois estilos de pensamento, duas linguagens, duas formas de esclarecimento. E não há por que dissolver-se uma na outra, como se assim se alcanças-

OCTAVIO IANNI

se mais precisão no conhecimento. Ao contrário, trata-se de reconhecer que o engenho de indivíduos e coletividades, bem como de cientistas e humanistas, cria e desenvolve duas linguagens distintas, consistentes, verossímeis, convincentes. Podem ser vistas como modulações da inteligência do que pode ser a realidade e o imaginário, do visível e invisível. Uma, a científica, apoia-se em hipóteses, deduções, induções, índices, variáveis e frequências, empenhada na construção de conceitos e categorias, explicação e leis, testes e previsões. Outra, a humanística, apoia-se em ações e situações sociais, relações e processos, formas de sociabilidade e experiências, subjetividades e objetividades, modo de ser, sentir, agir, pensar e fabular, elaborando figuras e figurações de linguagens, metáforas e alegorias. São, portanto, estilos diversos de pensamento. Podem beneficiar-se mutuamente pelo diálogo, intercâmbio de esclarecimentos e intuições. Não há por que imaginar que poderiam dissolver-se uma na outra, mesclando linguagens e estilos. São polarizações e gradações, criações e fabulações, compondo o mundo da cultura, os signos e símbolos, as figuras e figurações, os emblemas e as fabulações, os tipos e os mitos, que compõem e vivificam, recriam e transfiguram o que se vê e o que não se vê; contribuindo para a busca do esclarecimento e emancipação; ou, pelo menos, do esquecimento e evasão.

Cabe aqui uma breve mas necessária notícia. Contemporaneamente à polêmica sobre as duas culturas, desenvolve-se o movimento no sentido de promover a unidade das ciências naturais e sociais. Algo que já se havia esboçado no século XIX, sob o positivismo de Auguste Comte, emerge em meados do século XX, sob o neopositivismo ou positivismo lógico da Escola de Viena. A *International Encyclopaedia of Unified Science,* ou *Encyclopaedia of Chicago,* reúne contribuições de Otto Neurath, Rudolfo Carnap, Charles Morris, Ernest Nagel e outros, com a finalidade de propor e fundamentar, em termos metodológicos, lógicos e epistemológicos, as condições, as possibilidades e a urgência da "unidade da ciência". Propõem a busca de diretrizes e princípios com as quais seria possível e necessário instituir as bases da atividade propriamente científica, compreendendo os procedimentos hipotético-dedutivos, a experimentação, a testabilidade, a falseabilidade e a previsibilidade. Propõem o abandono da "metafísica", do "essencialismo" e da "teleologia", em favor da lógica da argumentação, da clareza e rigor das proposições, de um estilo único de pensamento.

A SOCIOLOGIA E O MUNDO MODERNO

O programa da Enciclopédia destina-se a criar novas bases para o ensino e a pesquisa, inclusive para as diversas e muitas especializações científicas, mas garantindo metodologia, lógica e epistemológica básica comum indispensável. Sendo que esse é um programa que se propõe às ciências naturais e às ciências sociais, de modo a contribuir para que estas aprimorem o seu trabalho científico, a clareza e o rigor das proposições, o abandono de resquícios metafísicos, essencialistas e teleológicos. Propõe-se a supremacia de um estilo de pensamento, definido como o único propriamente científico, visto como síntese enciclopédica. Nesse sentido é que a Enciclopédia empenha-se abertamente em exorcizar a presença do pensamento de Hegel, Feuerbach, Marx e Engels, entre outros, nas ciências sociais. Aí se alega que esses autores não contribuem para a formação da "atitude científica" nem produziram "análises lógicas ou teses que pudessem ser utilizadas diretamente nas ciências".[3]

Note-se, pois, que o programa da Enciclopédia, destinado a estabelecer os fundamentos da "unidade da ciência", esquece, menospreza ou mesmo sataniza notáveis contribuições de filósofos e cientistas sociais, dentre os quais são colocados aberta ou implicitamente não só Hegel e Marx como também Rickert, Dithey e Weber, entre outros. Toda uma ampla e fundamental produção intelectual sobre as ciências da sociedade, da cultura ou do espírito, bem como sobre a dialética das relações sociais, as configurações e os movimentos da história, compreendendo o contraponto escravo e senhor, as tensões e contradições sociais, os nexos visíveis e invisíveis da realidade, as rupturas históricas e epistemológicas, o espírito da época, tudo isso se esquece, menospreza ou sataniza; em favor de um cientificismo empenhado na formalização, na sistematização, na cristalização da reflexão científica; perdendo-se a riqueza de produções e criações científicas e artísticas, com as quais se enriquece e deslumbra a cultura, a sociedade, a história, o pensamento e o esclarecimento.

No que se refere às ciências sociais, o ideal de unidade das ciências está sempre presente em distintas correntes de pensamento. A despeito das controvérsias metodológicas entre cientistas sociais, há emblemas que são comuns.

No âmbito das ciências sociais, apesar dos ideais de uns e outros, no sentido de alcançar a unidade, o que sobressai é a polarização do pensamento social em três direções distintas. A rigor, são três os paradigmas que predominam nas ciências sociais, desde a sociologia e a economia

OCTAVIO IANNI

política à antropologia e a história, passando pela ciência política, a geografia, a psicologia e outras. Trata-se da *teoria sistêmica, fenomenologia e dialética hegeliana*. A despeito das muitas inovações semânticas, em diferentes línguas, dando origem a propostas que são ou parecem novas, esses são os paradigmas que polarizam ampla e crescentemente as produções e criações de cientistas sociais.

É muito provável que a teoria sistêmica, a fenomenologia e a dialética hegeliana, que têm predominado nos últimos tempos nas ciências sociais, tornem-se ainda mais importantes e predominantes nos tempos futuros, configurando-se como estilos de pensamento.

Já é evidente que a *teoria sistêmica* predomina no ensino e na pesquisa, em muitas universidades, em todo o mundo; além de predominar de forma praticamente exclusiva nas organizações multilaterais e nas corporações transacionais, bem como em agências de governos, meios de comunicação e outros setores da realidade sociocultural e político-econômica, em âmbito nacional e mundial. Grande parte do pensamento e da prática na época do globalismo organiza-se com fundamento na teoria sistêmica, que integra, reelabora e desenvolve as contribuições do funcionalismo, estruturalismo e cibernética. Sim, a teoria sistêmica fundamenta o pensamento e a prática das elites governantes, classes dominantes e blocos de poder, em escala nacional e mundial. Seu princípio explicativo básico é o da "causação funcional".

A *fenomenologia* abre horizontes para a reflexão sobre o mundo da vida, a existência e o cotidiano, as identidades e as alteridades, o contraponto eu e outro, nós e eles, propiciando um fino descortínio das articulações objetividade e subjetividade, linguagem e hermenêutica, modos de ser e devir. Tem contribuído para o esclarecimento de identidades e alteridades, assim como diversidades e desigualdades étnicas, de gênero, religiosas, linguísticas e outras. Seu princípio explicativo principal, desde as perspectivas que se abrem com redução fenomenológica, é o da conexão de sentido, ou melhor, "compreensão".

A *dialética* hegeliana, desenvolvida por Marx e alguns outros, na filosofia e nas ciências sociais, reabre os contrapontos indivíduo e história, classes sociais e grupos sociais, sociedade civil e Estado, estruturas de dominação e apropriação, soberania e hegemonia, classes subalternas e classes dominantes, reforma e revolução, capitalismo e socialismo. Alguns momentos lógicos da reflexão dialética compreendem contrapontos

A SOCIOLOGIA E O MUNDO MODERNO

e articulações tais como: aparência e essência, parte e todo, presente e passado, singular e universal. O seu princípio explicativo fundamental é o da "contradição".

Na mesma época em que se abrem as polêmicas sobre as "duas culturas" e a "unidade da ciência" abre-se também o debate sobre "revoluções científicas". Nas décadas compreendidas pelos anos trinta e sessenta do século XX, publicaram-se a *International Encydopaedia of Unified Science,* coordenada por Otto Neurath, Rudolf Carnap e Charles Morris, *The Two Cultures,* de C.P. Snow e *The Structure of Scientific Revolutions,* de Thomas S. Kuhn. São livros marcantes, com os quais se assinalam as inquietações, as controvérsias e as novas propostas sobre questões de método, lógica e epistemologia para as ciências naturais e as ciências sociais ou "humanidades", nesse caso compreendendo as artes. Sob certos aspectos, é possível afirmar que a *Enciclopédia da ciência unificada* e *As duas culturas* contribuem para ilustrar ou fundamentar a polêmica sobre revoluções científicas.

Essa é a ideia preliminar e fundamental: a história do pensamento científico está atravessada por transformações e reorientações mais ou menos fundamentais, envolvendo questões de método, lógica e epistemologia, e dando origem ao que alguns denominam de revoluções científicas. São revoluções que logo tornam obsoletos manuais e tratados nos quais se sintetizam os lineamentos da "ciência normal". Sim, a história das ciências naturais e sociais, bem como das artes, pode ser vista como uma história de revoluções. Aliás, o tema da "revolução permanente" pode ser importante também para a inteligência da história e rupturas culturais.

A tese de que a revolução científica ocorre quando se inaugura e adota um novo paradigma, já que o anterior não corresponde mais às novas interrogações é bastante convincente. Mas nem sempre é propriamente convincente o argumento de que dada coletividade de cientistas está realizando uma revolução científica, em dada ciência ou especialidade, porque adota o novo paradigma, fazendo com que se abandone o anterior. Se a reflexão se mantém nesse nível, compreendendo o novo e o velho paradigma e a comunidade de cientistas que adota o novo e abandona o velho, a reflexão corre o risco de permanecer em um nível imediato, visto em termos estruturais, tomando o "texto" como proprietário, fica evidente em algumas das colocações de Kuhn.

OCTAVIO IANNI

PARADIGMAS:
Considero paradigmas as realizações científicas universalmente reconhecidas que, durante algum tempo, fornecem problemas e soluções modelares para uma comunidade de praticantes de uma ciência (...). No seu uso estabelecido, um paradigma é um modelo ou padrão aceitos (...). Uma investigação histórica cuidadosa de uma determinada especialidade num determinado momento revela um conjunto de ilustrações recorrentes e quase padronizadas de diferentes teorias nas suas aplicações conceituais, instrumentais e na observação. Esses são os paradigmas da comunidade, revelados nos seus manuais, conferências e exercícios de laboratório.[4]

REVOLUÇÕES CIENTÍFICAS:
Consideramos revoluções científicas aqueles episódios de desenvolvimento não cumulativo, nos quais um paradigma mais antigo é total ou parcialmente substituído por um novo, incompatível com o anterior (...). Para descobrir como as revoluções científicas são produzidas, teremos, portanto, que examinar não apenas o impacto na natureza e na Lógica, mas igualmente as técnicas de argumentação persuasiva que são eficazes no interior dos grupos muito especiais que constituem a comunidade de cientistas.[5]

Mas cabe lembrar que há contextos sociais, injunções institucionais, mobilização de recursos materiais, competitividade no que se refere aos interesses envolvidos na tradução de ciência em técnica, além de outras condições, que podem influenciar a adoção do "novo" paradigma pela "nova" comunidade de cientistas. Em alguns casos, ou muitos, o contexto sociocultural e político-econômico, bem como o "espírito da época", podem ser relevantes, ressoando no texto, isto é, no contraponto entre o novo e o velho.

A rigor, cabe ampliar os horizontes da reflexão sobre esse problema e reconhecer que a revolução científica pode dar-se no âmbito de alguma revolução cultural mais ampla, nem sempre suficientemente percebida pelos contemporâneos, envolvendo transformações, reorientações ou rupturas sociais, algumas vezes socioculturais e político-econômicas. Pode-se mesmo adiantar a hipótese de que há revoluções científicas que ocorrem no âmbito de revoluções culturais mais abrangen-

A SOCIOLOGIA E O MUNDO MODERNO

tes, ocorrendo no contexto de rupturas históricas e, simultaneamente, epistemológicas.

> A epistemologia contemporânea realizou (...) uma progressiva descoberta do fator histórico e do seu significado teórico dentro da tarefa científica, ao ponto de Imre Lakatos ter sido levado a escrever que a filosofia da ciência sem a história da ciência é vazia; a história da ciência sem a filosofia da ciência é cega. A relação entre a epistemologia e o reconhecimento da presença do fator histórico na ciência ajuda a individualizar algumas componentes fundamentais da atual reflexão epistemológica mais aguerrida e mais criticamente esclarecida.[6]

A hipótese de que algumas revoluções científicas muito importantes ocorrem no âmbito de revoluções culturais mais amplas, enraizadas em rupturas históricas e epistemológicas radicais, pode ser ilustrada pelas transformações que ocorrem na época do *Renascimento*, assim como na do *Iluminismo*. E podemos também mencionar as transformações não só filosóficas, científicas e artísticas, mas também socioculturais e político-econômicas que ocorrem na transição do século XIX ao XX, dando origem ao que se poderia denominar de *Relativismo*.

Essas são rupturas históricas e epistemológicas com as quais se assinalam algumas das mais notáveis revoluções científicas da história do mundo moderno. É muito provável que essas grandes revoluções científicas tenham criado as condições intelectuais e os horizontes epistemológicos com os quais se abriram outras e novas possibilidades do pensamento, criação e imaginação. É inegável que Hobbes e Locke são herdeiros da Renascença, se lembramos Bacon e Maquiavel, entre outros; assim como Marx, Tocqueville, Comte e Spencer são herdeiros do Iluminismo; da mesma forma Eistein e Freud situam-se no clima do Relativismo, quando se põem em dúvida e desenvolvem-se algumas possibilidades do Iluminismo. Aliás, é muito provável que Thomas Khun seja herdeiro do Relativismo, assim como Snow e os autores da *Enciclopédia da ciência unificada* parecem discípulos desajeitados do Iluminismo.

No fim do século XX e início do século XXI parece cada vez mais evidente que se desenvolve uma ruptura histórica, acompanhada de uma ruptura epistemológica de amplas consequências. Seria possível imaginar que a *Enciclopédia da ciência unificada*, *As duas culturas* e *A estrutura das*

OCTAVIO IANNI

revoluções científicas prenúncios de algo mais abrangente e radical que irá revelar-se abertamente no curso das décadas seguintes.

Desde o término da Segunda Guerra Mundial (1939-1945), continuando no curso da Guerra Fria (1946-1989) e acentuando-se com a transformação do mundo socialista em uma vasta fronteira de expansão do capitalismo, o mundo assiste a um novo surto de globalização do capitalismo, visto como modo de produção e processo civilizatório. Esse o contexto histórico, simultaneamente político-econômico e sociocultural, em que se abalam, mais ou menos profundamente os quadros sociais e mentais de referência de uns e outros, indivíduos e coletividade, povos e nações; desafiando as ciências sociais e os cientistas sociais, em seus conceitos e categorias, em suas teorias e paradigmas. Esse o clima em que florescem as controvérsias, teses e hipótese sobre temas tais como os seguintes: micro, macro e metateorias; pequeno relato e grande relato, individualismo metodológico e holismo metodológico, relativismo e universalismo, sistema-mundo, mundo da vida dialética da história. Sim, na transição do século XX ao XXI pode estar em curso não só uma ruptura histórica e uma ruptura epistemológica, mas uma revolução cultural de amplas proporções, na qual floresce uma revolução científica fundamental para as ciências sociais.

Esta é a ideia: quando se forma a sociedade civil mundial, no bojo do novo ciclo de globalização do capitalismo, abalam-se as noções de espaço e tempo, presente e passado, parte e todo, ser e devir, existência e consciência, singular e universal. Esse o contexto em que as ciências sociais, assim como a filosofia e as artes, podem descobrir ou inverter novos horizontes, respondendo às inquietações, tensões, vibrações e ilusões que podem estar germinando no espírito da época.

É possível realizar um balanço crítico das polêmicas sobre as "duas culturas", a "unidade das ciências" e as "revoluções científicas", verificando-se não só que são contemporâneas mas que expressam uma controvérsia sobre formas de pensar, imaginar ou fabular; uma controvérsia de amplas proporções sobre *estilos de pensamento*. Em suas reflexões sobre as duas culturas, C.P. Snow está claramente referindo-se a dois estilos de pensamento, ainda que não utilize a expressão. Em seu programa sobre os fundamentos da unidade das ciências, Otto Neurath, Rudolf Carnap e Charles Morris estão empenhados em instituir, com

A SOCIOLOGIA E O MUNDO MODERNO

base na lógica, linguística e filosofia da ciência, os parâmetros de um estilo de pensamento considerado por eles propriamente científico, englobando as ciências naturais e sociais. Em suas discussões sobre a estrutura das revoluções científicas, Khun empenha-se em demonstrar que a ciência normal, codificada em manuais e tratados, é versão obsoleta, ou em declínio, do estilo propriamente científico de produção nas ciências naturais.

Cabe, pois, retomar e aprofundar as reflexões sobre o enigma das duas culturas, ampliando e extrapolando suas sugestões, de modo a clarificar um pouco mais a questão das fronteiras do conhecimento e da estética do esclarecimento. Sim, a estética do esclarecimento é uma ideia que está frequentemente escondida nos debates científicos, nas ciências sociais e naturais.

A rigor, o enigma proposto pela controvérsia sobre as duas culturas, ou seja, ciência e humanidades, permite outros e novos desdobramentos, o que pode enriquecer o debate, clarificando-se um pouco melhor as fronteiras do conhecimento e trabalhando a hipótese relativa a estilos de pensamento.

Desde os inícios dos tempos modernos, e em escala crescente nos séculos posteriores, quando se formam e desenvolvem a história, geografia, economia política, ciência política, sociologia, antropologia, psicologia e outras ciências sociais, como distintas modalidades de *explicação*, são frequentes as propostas de adoção da epistemologia das ciências naturais pelas ciências sociais. Essas são desafiadas pelo "organicismo" e pelo "funcionalismo" prevalecentes na biologia e outras ciências naturais. São vários os conceitos e as explicações de cientistas sociais nos quais ressoam empréstimos do organicismo e funcionalismo, que eram tomados como estabelecidos e consolidados.

O conceito de "divisão do trabalho", que adquiriu definições bastante nítidas na economia política e na sociologia, implica na visão da realidade como um todo funcional, um organismo, no qual os seus diferentes órgãos desempenham funções específicas, conjugadas no todo, compondo a organização, o funcionamento e a dinâmica da sociedade. A ênfase dada por Adam Smith ao conceito, em *Investigação sobre a natureza e as causas da riqueza das nações,* leva consigo a ideia de uma totalidade funcional, que tende para o equilíbrio e a evolução harmônica, já que se organiza de conformalidade com a "mão invisível", implicando o

OCTAVIO IANNI

funcionalismo e a distribuição progressiva das atividades e produções, no sentido do equilíbrio e evolução harmônica.

Note-se que o conceito de divisão do trabalho é também fundamental nas explicações de Charles Darwin sobre a seleção natural e a evolução das espécies; explicações essas que fundamentam o conceito de "luta pela vida", que será incorporado pelo darwinismo social elaborado por autores do século XIX empenhados em explicar os povos, as sociedades e as culturas com base em argumentos de cunho racial, isto é, racistas, contribuindo para a racialização do mundo[7.] Spencer, Chamberlain e Gobineau são alguns dos autores nos quais estão presentes argumentos relativos à racialização do mundo, fundamento à classificação dos povos e nações em: selvagens, bárbaros e civilizados, estes vistos como europeus.

Em seguida Emile Durkheim retoma e desenvolve o conceito de "divisão do trabalho social", com o qual fundamenta a organização e o funcionamento da sociedade. Na acepção de Durkheim, esse conceito fundamenta as noções de "solidariedade mecânica", ou comunitária, e "solidariedade orgânica", ou societária; sendo que o crescente aperfeiçoamento da divisão do trabalho social, compreendendo inclusive o corporativismo, garante o aperfeiçoamento e a consolidação da solidariedade orgânica; com a qual a sociedade moderna poderia reduzir ou eliminar crises sociais, greves, revoltas, revoluções ou lutas de classes.

São evidentes as convergências dos conceitos formulados por Adam Smith, para a economia política, e por Emile Durkheim, para a sociologia, com o conceito de divisão do trabalho com o qual trabalhou o naturalista Charles Darwin. Sim, há um biologismo funcionalista, difuso e subjacente, mas evidente, tanto na economia política de Adam Smith como na sociologia de Durkheim.

As noções de "normal" e "patológico" estão implícitas ou explícitas em Herbert Spencer, Auguste Comte e alguns outros, sendo que são abertamente incorporadas por Durkheim; e continuarão a permear o pensamento social em países europeus e nos Estados Unidos, ressoando em outros países e continentes, por influência do colonialismo e imperialismo de nações europeias e dos Estados Unidos.[8] Aliás, no século XX uma parte das ciências sociais norte-americanas e de alguns outros países mobiliza teórica e empiricamente o conceito de "patologia social", com o qual se classificam, combatem e satanizam diferentes tensões e manifes-

A SOCIOLOGIA E O MUNDO MODERNO

tações "divergentes" da vida social, tais como "delinquência", "greves", "ritos", "movimentos sociais de esquerda" e outras.

Sim, grande parte das produções e criações das ciências sociais empenham-se na "explicação" de relações, processos e estruturas sociais; sendo que em muitos casos a lógica da explicação tem raízes nas ciências naturais, em procedimentos metodológicos, lógicos e epistemológicos emprestados no "naturalismo", destacando-se a biologia, o organicismo. Aliás, são frequentes os conceitos e as metáforas mobilizados por cientistas sociais nos quais ressoam o biologismo, o organicismo, o funcionalismo. Essa é uma tendência que continuará a ressoar em explicações estruturalistas, cibernéticas e sistêmicas. Uma tendência sempre empenhada em construir fórmulas ou modelos, imitando algumas das ciências naturais; buscando legitimidade científica por meio do "naturalismo", em detrimento do "historicismo", que pode fundamentar-se em outra epistemologia. Esta é a ideia: a *explicação* que se realiza nas produções e criações de uma parte importante das ciências sociais envolve o princípio da *causação funcional*, emprestado das ciências naturais; influenciando continuamente a sociologia, a economia política, a ciência política e outras.

Ao fim do século XIX e primeiras décadas do XX, no entanto, as ciências sociais são desafiadas a libertarem-se do "naturalismo", da epistemologia oriunda das ciências naturais. Essa é uma época em que Husserl, Rickert, Dilthay, Simmel e Weber, bem como Bergson, William James, George H. Mead e outros, na filosofia e nas ciências sociais, estão empenhados em modificar a metodologia, a lógica e a epistemologia do que se passará a denominar "ciência da cultura" ou "ciência do espírito"; precisamente acentuando e delimitando o objeto dessas ciências como radicalmente distinto da ilusão naturalista. Trata-se de substituir os procedimentos de "explicação" pelos de *compreensão*. Em lugar da "causação funcional", a "conexão de sentido", a "compreensão", o mundo da vida, as ações e relações sociais, o indivíduo, a identidade, alteridade, a subjetividade, os valores, os ideais, as fabulações. Um mergulho em tudo o que é singular na vida social, por meio do qual se torna possível compreender o contraponto indivíduo e sociedade, modo de ser e história, realidade e imaginário.

Cabe, pois, reconhecer que a metodologia inaugurada em termos de ciências da cultura ou ciências do espírito, cujo princípio explicativo principal é a conexão de sentido, a compreensão do social, em suas implicações socioculturais, político-econômicas e outras, cria um sério desafio

OCTAVIO IANNI

para o naturalismo.[9] Aos poucos, a nova metodologia encontra ressonância crescente em várias ciências sociais; inclusive no pensamento dialético que, aliás, tem sua matriz principal nos escritos de Hegel, filósofo que funda uma nova versão da dialética e influencia também as ciências do espírito, da cultura; ou do espírito objetivado.

Sim, as ciências sociais fundam-se principalmente na *compreensão*, ao passo que as naturais na *explicação*. As interpretações das ciências sociais seriam principalmente "qualitativas", apreendendo regularidades e descontinuidades, situações e tendências, relações e processos, envolvendo tanto estruturas como tensões e contradições sociais. Ao passo que as interpretações das ciências naturais seriam principalmente "quantitativas", envolvendo índices, indicadores, variáveis, experimentos, testes, leis e modelos, sempre com base no princípio da causação funcional. Assim, umas e outras, sociais e naturais, seriam distintas formas de conhecimento, linguagens diversas, propiciando diferentes formas de esclarecimento. A rigor, podem ser vistas como distintos estilos de pensamento.

Mas há uma terceira e também fundamental forma de criação cultural, constituída pelas artes, dentre as quais destaca-se a literatura, compreendendo o romance, o conto, o teatro e a poesia. Essa forma de criação cultural, simultaneamente intelectual e artística, leva consigo também esclarecimentos. São linguagens artísticas nas quais as elaborações estéticas clarificam ângulos insuspeitados da realidade social, presente, passada e futura, compreendendo modos de vida, formas de sociabilidade, jogos de forças sociais, subjetividades e sensibilidades, idiossincrasias e iluminações, irracionalidades e alucinações. Por meio de figuras e figurações, bem como metáforas e alegorias, ritmos e melodias, sonoridades e ressonâncias, montagens e bricolagens, a literatura desvenda o visível e o invisível, surpreendendo o próprio escritor e deslumbrando o leitor; propiciando principalmente a *revelação*, o encantamento de presentes e futuros leitores, ouvindo ou lendo os *Hinos vedas*, a *Bíblia*, o *Alcorão*, a *Odisseia*, a *Divina comédia* ou *O processo*, *Cem anos de solidão*, *Pedro Páramo*; desde lá longe, ou lá no futuro, maravilhados pela fabulação e alucinação.

Esta é a ideia: as artes realizam uma singular forma de esclarecimento, que pode ser denominada de "revelação", com a qual se propicia o encantamento; podendo ser lírico, dramático ou épico.

A SOCIOLOGIA E O MUNDO MODERNO

HABERMAS:

A literatura faz proposições sobre experiências privadas, e as ciências sobre experiências intersubjetivamente acessíveis. Estas últimas podem expressar-se numa linguagem formalizada que, segundo definições gerais, podem tornar-se vinculantes para quem quer que seja. Pelo contrário, a linguagem de literatura deve verbalizar o irrepetível e restabelecer também, de vez em quando, a intersubjetividade da compreensão.[10]

HUXLEY:

O mundo de que se ocupa a literatura é um mundo em que os homens nasceram, em que vivem e, por fim, morrem; o mundo em que amam e odeiam, em que experimentam o triunfo e a humilhação, a esperança e o desespero; o mundo dos sofrimentos e das alegrias, da loucura e do senso comum, da estupidez, da hipocrisia e da sabedoria; um mundo de todas espécies de pressão social e de pulsão individual, de discórdia entre a razão e a paixão, dos instintos e das convenções, de linguagem comum e dos sentimentos e sensações para os quais não temos palavras.[11]

MARCUSE:

A arte empenha-se na percepção do mundo que aliena os indivíduos de sua existência e atuação funcionais na sociedade — está comprometida numa emancipação da sensibilidade, da imaginação e da razão em todas as esferas da subjetividade e da objetividade.[12]

ADORNO:

Em última instância, as obras de arte são enigmáticas por seu conteúdo de verdade (...) Toda arte é seu sismograma (...) Ocorre que nenhuma obra de arte existe sem uma conexão de sentido.[13]

HEGEL:

É graças à arte que nós nos libertamos do reino perturbado, obscuro, crepuscular dos pensamentos para, recuperada a nossa liberdade, ascendermos ao reino tranquilo das aparências amigáveis. (...) Se se quiser marcar um fim último à arte, será ele o de revelar que agita a alma humana.[14]

Sim, as artes, em geral, e a literatura, em especial, são linguagens e narrativas com as quais se desvendam situações e possibilidades, modos

OCTAVIO IANNI

de ser e devir, presentes e pretéritos, insuspeitados para as ciências sociais. Tanto é assim que já se disse e se repete em diferentes idiomas que o escritor, entre outros artistas, algumas vezes revela-se um sismógrafo das situações e configurações que estão por vir.

Em forma breve, portanto, é perfeitamente possível afirmar que as *ciências* naturais realizam principalmente a *explicação*, ao passo que as *ciências* sociais propiciam principalmente a *compreensão*, reconhecendo-se que as artes surpreendem e fascinam pela *revelação*. São três formas diversas de autoconsciência da realidade e do imaginário, trabalhando o presente, o passado ou o futuro, elaboradas em linguagens distintas, mas propiciando diferentes possibilidades de conhecimento.

Em síntese, são três estilos de pensamento, com os quais convivem ao que se dedicam à produção científica e à criação artística. As ciências naturais, as sociais e as artes compreendem estilos de pensamento distintos por suas linguagens; compreendendo conceitos e categorias, leis e modelos, figuras e figurações, signos e símbolos, montagens e bricolagens, metáforas e alegorias.

São estilos que se singularizam e articulam significativamente, quando vistos em suas implicações filosóficas. Desde as perspectivas da filosofia, torna-se possível descobrir, nas diferentes linguagens científicas e literárias, nessas distintas narrativas, o empenho ou a possibilidade de esclarecimento, que pode ser de *explicar, compreender* ou *revelar*. Note-se que esses estilos de pensamento distinguem-se não só pela arquitetura da narração, mas também pela arquitetura da imaginação. Cada tipo de narrativa pode revelar uma particular visão do mundo, seja este a natureza, a sociedade ou o imaginário. A aura, tensão ou *páthos* que às vezes encontram-se em narrativas notáveis, devem-se muito provavelmente à visão que levam consigo.[15]

É fundamental reconhecer que as ciências sociais, as ciências naturais e as artes, tomadas como esferas da cultura, criações do pensamento e imaginário, desenvolvem-se segundo dinâmicas próprias. São esferas da cultura nas quais os cientistas, por um lado, e os artistas, por outro, produzem e criam em conformidade com as próprias linguagens e formas narrativas; alguns mobilizando conceitos e categorias, compreensão e explicação, leis de causação funcional e leis de tendência, sincronias e diacronias; ao passo que outros, como é o caso dos artistas,

A SOCIOLOGIA E O MUNDO MODERNO

mobilizam figuras e figurações de linguagem, montagens e bricolagens, sons e cores, movimentos e virtualidades, metáforas e alegorias. Alguns dialogando entre si e com antepassados, próximos e remotos; ao passo que outros empenhados em romper com antepassados e contemporâneos. Em todos os casos, no entanto, uns e outros produzem e criam de conformidade com as próprias linguagem e formas narrativas, mesmo quando inovando ou radicalizando. Esse o clima intelectual e imaginário em que as produções e criações de uns e outros parecem descoladas, isentas, alheias; aparentemente apenas invenções da inteligência e da fabulação.

Cabe reconhecer, no entanto, que nem sempre as produções e criações de uns e outros são isentas, descoladas, alheias, inocentes. Em diferentes gradações, épocas ou situações, elas se inserem mais ou menos ampla e intensamente na trama da vida social, formas de sociabilidade, jogos de forças sociais, expressando e constituindo modos de ser, sentir, agir, pensar, imaginar. Expressam e constituem condições sociais e possibilidades, o ser e o devir, de uns e outros, indivíduos e coletividades, povos e nações.

É importante, pois, reconhecer que as produções e criações propiciadas por cada uma das três culturas, dos três estilos de pensamento, são difundidas, absorvidas, assimiladas, recriadas, rechaçadas ou glorificadas por indivíduos e coletividades, classes sociais e grupos sociais, povos e nações, em suas ações e relações sociais, formas de sociabilidade, jogos de forças sociais, modos de ser. Algumas produções e criações podem contribuir para a emancipação de indivíduos e coletividades; outras, podem produzir diferentes resultados, previsíveis ou inesperados, ao acaso das situações e condições de uns e outros; mas é inegável que uma parte das produções e criações participa direta e indiretamente, pelos que as manipulam, da alienação de indivíduos e coletividades; podendo ser manipuladas por elites governantes, classes dominantes, blocos de poder, instituições, organizações, empresas, corporações; em escala nacional e mundial.

C.P. SNOW:

O ponto mais importante é que as pessoas dos países industrializados estão ficando mais ricas, e as dos países não industrializados estão, na melhor das hipóteses, estacionadas: desse modo, o fosso entre os países industrializados e os outros está crescendo a cada dia mais. Em escala mundial, é o fosso entre os ricos e os pobres. Entre os ricos estão os EUA, os países brancos da Commonwealth, a Grã-Bretanha, a maior parte da Europa e a Rússia. A China está no meio; ainda não ultrapassou a etapa da industrialização, mas talvez não esteja longe disso. Os pobres são todo o resto. Nos países ricos as pessoas estão vivendo mais, estão comendo melhor, estão trabalhando menos. Num país pobre como a Índia, a expectativa de vida é menos da metade do que é na Inglaterra.[16]

HABERMAS:

As informações de natureza estritamente científico-natural só podem entrar num mundo social da vida por meio da sua utilização técnica, como saber tecnológico: prestam-se aqui à ampliação do nosso poder de disposição técnica (...) Hoje, no sistema de trabalho das sociedades industriais, os processos de investigação combinam-se com a transformação técnica e com a utilização econômica, e a ciência vincula-se com a produção e a administração: a aplicação da ciência na forma de técnicas e a retroaplicação dos progressos técnicos na investigação transformaram-se na substância do mundo do trabalho.[17]

HUXLEY:

Saber é poder e é por um paradoxo aparente que os cientistas e os tecnólogos, por meio do saber que têm sobre o que acontece nesse mundo sem vida das abstrações e inferências, chegaram a adquirir o imenso e crescente poder de dirigir e mudar o mundo em que os homens têm o privilégio de e estão condenados a viver.[18]

Cabe aqui repetir que a metamorfose de ciência em técnica em geral retira da ciência o que ela parece Ter de inocente; ou melhor, revela uma das potencialidades da ciência, que é a de transformar-se em técnica social, como escreve Mannheim.

Técnicas sociais são as práticas e agências que têm como objetivo principal modelar o comportamento social e as relações sociais. Sem elas e as invenções técnicas que as acompanham as vastas e radicais mudanças desta época nunca teriam sido possíveis.[19]

As ciências da natureza com frequência traduzem-se em técnicas, tecnologias ou sistemas tecnológicos, em geral incorporados pelas organizações administrativas, empresas e corporações, bem como por

A SOCIOLOGIA E O MUNDO MODERNO

aparatos militares.[20] Em atividades relacionadas à medicina e à educação, também ocorre a incorporação de tecnologias traduzidas de conhecimentos científicos, como ocorre em praticamente todos os outros setores sociais; ultimamente ampla e intensamente impregnados pelas tecnologias eletrônicas. Na maioria dos casos, as ciências naturais traduzem-se em técnicas sociais sob o controle de elites governantes e das classes dominantes, de conformidade com as estruturas de dominação vigentes, de modo a aperfeiçoar a "ordem" político-econômica e sociocultural estabelecida.

As ciências sociais, principalmente em suas produções sistêmicas, com frequência traduzem-se em técnicas sociais mobilizadas pelas elites governantes e as classes dominantes, de modo a garantir a preservação e o aperfeiçoamento da ordem sociocultural estabelecida, vigente. É o que se observa na indústria cultural, publicidade, meios de comunicação, sistemas de ensino, atividades de lazer, indústria do turismo. Nessas e outras atividades as técnicas sociais contribuem decisivamente para a formação e o funcionamento da "aldeia global", de tal modo que se influenciam contínua e sistematicamente as mentes e os corações de indivíduos e coletividades, povos e nações, em todo o mundo; com o que se criam, reproduzem e multiplicam as multidões solitárias, vagando e flutuando através do novo mapa do mundo, do novo palco da história.

Uma parte crescente das produções e criações da cultura artística, compreendendo as literárias, cinematográficas, televisivas, vídeos, revistas, jornais, livros e outros meios, tem sido incorporada, em escala crescente, à indústria cultural; considerando-se essa indústria como um setor cada vez mais importante de aplicação lucrativa de capital, no qual os seus diferentes profissionais, incluindo escritores, atores, diretores, músicos e outros assalariados são trabalhadores produtivos, no sentido de que o seu salário, tecnicamente capital variável, resulta em excedente, lucro ou mais-valia.

Essa é a mágica, ou seja, esse é o ardil: conhecimentos produzidos pelas ciências naturais e pelas ciências sociais, bem como pelas criações artísticas, podem ser manipulados por elites governamentais e classes dominantes, por suas agências, instituições, corporações ou outras organizações, de modo a influenciar, orientar, controlar, reprimir ou estimular audiências, leitores, espectadores, em suas casas, cidades, países. São conhecimentos que se transformam em técnicas sociais, com as quais se fortalece, expande e generaliza o poder político-econômico e sociocul-

OCTAVIO IANNI

tural daquelas que controlam o poder, em âmbito nacional e em escala mundial. Sim, as técnicas sociais podem ser manipuladas direta e indiretamente, de forma explícita e implícita, em termos reais e virtuais, de modo a modelar o comportamento social e as relações sociais, as formas de sociabilidade e os jogos das forças sociais, envolvendo indivíduos e coletividades, povos e nações, em continentes, ilhas e arquipélagos.

Cabe esclarecer, ainda, que a metamorfose da ciência em técnica não termina com a transformação desta em técnica social. Quando se trata da metamorfose ciência e técnica, cabe reconhecer que o pensamento técnico, o componente tecnocrático, desafia e invade crescentemente a atividade científica, levando consigo uma drástica e grave reversão. A ciência, que se define essencialmente como produto da *razão crítica*, aos poucos desvincula-se da razão crítica e subordina-se crescentemente à *razão instrumental*.[21] Essa é uma antinomia fundamental, com a qual se debate o pensamento científico, nas ciências naturais e sociais, desde o século XIX, intensificando-se no século XX e entrando pelo XXI. Os interesses, as instituições e as organizações, ou estruturas de poder político-econômico e sociocultural predominantes na sociedade moderna, burguesa ou, mais propriamente, capitalista, revertem o sentido da atividade intelectual. Em escala crescente, o ensino e a pesquisa, bem como as instituições universitárias e as fundações, compreendendo recursos materiais e equipe, bibliotecas e publicações, passam a ser determinados pelo utilitarismo, pragmatismo, prioridade mercantil, exigências do mercado, urgências das corporações transacionais, estruturas mundiais de dominação e apropriação. São desenvolvimentos com os quais a razão instrumental se torna prioritária e predominante, o que implica confinar e reduzir a presença da razão crítica no ensino e na pesquisa, nas instituições universitárias e nas fundações, na produção e criação de conhecimentos, esclarecimentos e em encantamentos, possíveis somente desde as possibilidades e os horizontes da razão crítica. Muito provavelmente, é nessa antinomia que se encontra uma das raízes da barbárie que invade crescentemente também o século XXI.

NOTAS

1. C.P. Snow, *As duas culturas e uma segunda leitura*, São Paulo, Edusp, 1995, p. 20-22. Consultar também a "Introdução" de Stefan Collini em Snow, 1993;

A SOCIOLOGIA E O MUNDO MODERNO

e Habermas, 1987, especialmente o capítulo "Progresso técnico e mundo social da vida". Agradeço a Antonio Ianni Segatto a indicação do referido capítulo, comentando *As duas culturas*.

2. C.P. Snow, op. cit., p. 20-2.

3. O. Neurath; R. Carnap; C. Morris, "Foundations of the unity of science", in: *International Encyclopaedia of Unified Science*, Chicago, Chicago University Press, 1969, p. 6-7. Sua primeira edição data de 1938.

4. T.S. Khun, *A estrutura das revoluções científicas*, São Paulo, Perspectiva, 1975, p. 13, 43, 67.

5. T.S. Khun, *op. cit.*, p. 125, 128.

6. R. Minazzi, "Epistemologia, criticismo e historicidade", in: L. Geymonat e G. Giorello, *As razões da ciência*, Lisboa, Edições 70, 1989, p. 253-91, 265, 266. Consultar também: Lakatos, 1989, especialmente o capítulo 2 "History of science and its rational reconstruction", p. 102-38.

7. M. Banton, *A ideia de raça*, Lisboa, Edições 70, 1979; J. A. Hobson (1902), *Imperialism*, Ann Arbor, Michigan University Press, 1965. Note-se que a primeira edição de *Imperialism* data de 1902.

8. R. Hofstadter, *Social darwinism in America thought*, Boston, Beacon Press, 1967.

9. E. Paci, *Función de las ciencias y significado del hombre*, México, Fondo de Cultura Económica, 1968; A. Schutz, *Fenomenologia e relações sociais*, Rio de Janeiro, Zahar, 1979.

10. J. Habermas, *Técnica e ciência como ideologia*, Lisboa, Edições 70, 1987.

11. Huxley *apud* J. Habermas, *op. cit.* p. 94.

12. H. Marcuse, H. *One-dimensional man*, Boston, Beacon Press, 1981, p. 22.

13. T.W. Adorno, *Teoria estética*, Madri, Taurus, 1980, p. 171.

14. G.W. Hegel, *Estética*, Lisboa, Guimarães, 1993.

15. I. Hacking, *Language, truth and reason*, in: M. Hollis e S. Lukes (org.), *Rationality and relativism*, Oxford, Basil Bladckwell, 1988, p. 48-66.

16. C.P. Snow, op. cit., p.62, 63.

17. J. Habermas, *op. cit.*, p. 95, 99.

18. Huxley *apud* J. Habermas, *op. cit.*, p. 94, 95.

19. K. Mannheim, *Man and society in na age of reconstruction*, Nova York, Brace, 1949. Consultar também: Nandy, 1990; Baria, 1965 e Simposio de la Unesco, 1982.

20. J. Barry e E. Thomas, Boots, bytes and bombs, *Newsweek*, p. 20-5, 17 fev. 2003.

21. M. Horkheimer, *Critica de la razón instrumental*, Buenos Aires, Sur, 1973. H. Marcuse, *One-dimensional man*, Boston, Beacon Press, 1981.

OCTAVIO IANNI

REFERÊNCIAS BIBLIOGRÁFICAS

ADORNO, T. W. *Teoria estética*. Madrid: Taurus, 1980.

BANTON, M. *A ideia de raça*. Lisboa: Edições 70, 1979.

BARITZ, L. *The servants of power*. Nova York: John Willey, 1965.

BARRY, J. e THOMAS, E. "Boots, bytes and bombs". *Newsweek*, p. 20-5, 17 fev. 2003.

COLLINI, S. "Introdução". In: SNOW, C.P. *The two cultures*. Cambridge: Cambridge Univ. Press, 1993, p.vii-lxxi.

HABERMAS, J. *Técnica e ciência como ideologia*. Lisboa: Edições 70, 1987.

_____. "Progresso técnico e mundo social da vida". In: *Técnicas e ciência como ideologia*. Lisboa: Edições 70, 1987, p. 93-106.

HACKING, I. "Language, truth and reason". In: HOLLIS, M. e LUKES, S. (orgs.). *Rationality and relativism*. Oxford: Basil Blackwell, 1988.

HEGEL, G.W. *Estética*. Lisboa: Guimarães, 1993.

HOBSON, J.A. (1902). *Imperialism*. Ann Arbor: Michigan University Press, 1965.

HOFSTADTER, R. *Social darwinism in America thought*. Boston: Beacon Press, 1967.

HORKHEIMER, M. *Critica de la razón instrumental*. Buenos Aires: Sur, 1973.

KHUN, T.S. *A estrutura das revoluções científicas*. São Paulo: Perspectiva, 1975.

LAKATOS, I. *The methodology of scientific research programms*. Cambridge: Cambridge University Press, 1989.

_____. "History of science and its rational reconstructions". In: *The methodology of scientific research programmes*. Cambridge: Cambridge University Press, 1989, p. 1 02-38.

MANNHEIM, K. *Man and society in na age of reconstruction*. Nova York: Brace, 1949.

MARCUSE, H. *One-dimensional man*. Boston: Beacon Press, 1981.

_____. *A dimensão estética*. São Paulo: Martins Fontes, 1981.

MINAZZI, R. "Epistemologia, criticismo e historicidade". In: GEYMONAT, L. e GIORELLO, G. *As razões da ciência*. Lisboa: Edições 70, 1989, p. 253-91.

NANDY, A. (org.). *Science, hegemony and violence*. Tóquio: The United Nations University, 1990.

NEURATH, O.; CARNAP, R.; MORRIS, C. (orgs.) (1938). "Foundations of the unity of science". In: *International Encyclopaedia of Unified Science*. Chicago: Chicago University Press, 1969, p. 6-7.

PACI, E. *Función de las ciencias y significado del hombre*. México, DF: Fondo de Cultura Económica, 1968.

SCHUTZ, A. *Fenomenologia e relações sociais*. Rio de Janeiro: Zahar, 1979.

SIMPOSIO DE LA UNESCO. *Repercusiones sociales de la revolución científica y tecnológica*. Madri: Tecno-Unesco, 1982.

SMART, B. *Sociologia, fenomenologia e análise marxista*. Rio de Janeiro: Zahar, 1978.

SNOW, C.P. *As duas culturas e uma segunda leitura*. São Paulo: Edusp, 1995.

CAPÍTULO V Positivismo e dialética

Nas ciências sociais contemporâneas, multiplicam-se as teorias e os paradigmas destinados a dar conta dos dilemas não resolvidos pelos clássicos. As rupturas e revoluções que atingiram a "tradição logocêntrica" teriam provocado o declínio dos "grandes relatos", explicações abrangentes ou teorias globalizantes, dando origem às epistemologias regionais, aos paradigmas "indiciários", às epistemes de circunstância. O ceticismo diante dos grandes relatos, de alcance histórico, tem levado diferentes cientistas sociais a buscar outros caminhos, propor novas estradas, para explicar ou compreender a realidade.

Esse é o contexto em que florescem teorias e paradigmas como os seguintes: estruturalismo, hermenêutica, teoria sistêmica, teoria da ação comunicativa, interacionismo simbólico, marxismo analítico, individualismo metodológico, escolha racional, método genealótico, morte do sujeito, declínio do indivíduo, bricolagem, método aforístico e outros; sem esquecer ressurgências como o neoevolucionismo, o neofuncionalismo, o neopositivismo. São novas perspectivas de reflexão, ou reelaborações de perspectivas conhecidas, por meio das quais os cientistas sociais estão procurando dar conta de dilemas que a razão clássica não resolveu.

É como se a modernidade estivesse sendo substituída pela pós-modernidade. O descrédito da razão comprometida com a explicação do "por que" e "como" dos fatos tem levado à busca da razão comprometida com a compreensão do sentido dos signos. Em lugar das abrangências e dos movimentos, as singularidades e as situações. Em vez de tensões, antagonismos ou antinomias, as identidades, consensos ou complementaridades. Quando se trata de descontinuidades, são inocentes de contradições.

Uma breve história das controvérsias metodológicas logo revela a persistência da polêmica sobre *dialética e positivismo*. Essa polêmica estaria implícita, ou já em esboço, na década de 1920, quando se formaram a Es-

OCTAVIO IANNI

cola de Frankfurt e o Círculo de Viena. Aos poucos se abre e desenvolve, adquirindo contornos cada vez mais nítidos nas décadas subsequentes.

Um aspecto da controvérsia sobre dialética e positivismo, envolvendo indução qualitativa e indução quantitativa, já era evidente na década de 1930. Em artigo publicado em 1932, sobre a sociologia norte-americana, Manheim já alertava os seus leitores sobre as limitações que o "ascetismo metodológico", ou "complexo da exatidão", podia representar para o desenvolvimento das ciências sociais.

> O exagerado "ascetismo metodológico" frequentemente resulta no secar das fontes da inspiração e invenção científicas. Para conhecer a realidade social, deve-se ter imaginação, um tipo particular de imaginação, que eu denominaria "realística", porque não cria ficção. Ela se exerce ao combinar fatos aparentemente sem relação, por meio de uma visão das correlações estruturais que, somente elas, nos possibilitam ver o arcabouço no qual cada fato, mesmo o mais casual, está articulado.[1]

Em livro sobre a metodologia da sociologia, de 1934, Znaniecki também alertava sobre a valorização excessiva da indução quantitativa, cada vez mais evidente no ambiente universitário norte-americano. Dizia que o papel do pensamento científico criativo não deve limitar-se ao teste de hipóteses, com base em meios técnicos. Caberia evitar "a eliminação do pensamento teórico do processo de pesquisa científica".[2] Ao discutir a formação do espírito científico, em 1938, Bachelard também está preocupado com os exageros na oposição quantidade-qualidade. Chama a atenção para as interações e continuidades que constituem essas categorias. "Pode-se dizer que a grandeza é uma qualidade de extensão. (...) O excesso de precisão, no reino da quantidade, corresponde exatamente ao excesso de pitoresco, no reino da qualidade."[3]

Mas é no ensaio de Max Horkheimer, intitulado "Teoria tradicional e teoria crítica", de 1937, que o contraponto positivismo e dialética se elabora de modo mais nítido e sistemático. Para Horkheimer, o paradigma que está na base da física e da matemática não pode ser importado impunemente pelas ciências sociais. Naquelas, o sujeito e o objeto do conhecimento são exteriores um ao outro, isentos, alheios. Nesse caso, também, as possibilidades da dedução e formalização são amplas. A teoria pode até autonomizar-se.

A SOCIOLOGIA E O MUNDO MODERNO

Teoria equivale a uma sinopse de proposições de um campo especializado, ligadas de tal modo entre si que se poderiam deduzir de algumas dessas teorias todas as demais. (...) Para a lógica mais avançada da atualidade, que se expressa representativamente nas *Investigações lógicas* de Husserl, a teoria é considerada "um sistema fechado de proposições de uma ciência". Teoria, em sentido preciso, é "um encadeamento sistemático de proposições de uma dedução sistematicamente unitária". Ciência significa "um certo universo de proposições (...) tal como sempre surge do trabalho teórico, cuja ordem sistemática permite a determinação de um certo universo de objetos". Uma exigência fundamental, que todo sistema teórico tem que satisfazer, consiste em estarem todas as partes conectadas ininterruptamente e livres de contradição. (...) Na medida em que o conceito da teoria é independizado, como que saindo da essência interna da gnose, ou possuindo uma fundamentação a-histórica, ele se transforma em uma categoria coisificada e, por isso, ideológica.[4]

Nas ciências sociais, fundamentalmente indutivas, sujeito e objeto estão reciprocamente referidos, comprometidos. Mais que isso, o sujeito pode ser coletivo, a sociedade, isto é, o próprio objeto. Nessas ciências o processo de conhecimento precisa reconhecer, todo o tempo, que o sujeito e o objeto se conhecem, reconhecem, constituem. Estão em movimento, devir, atravessados por diversidades, desigualdades, antagonismos. Pensam-se e imaginam-se, agem e fabulam, formulam alvos e inventam utopias.

A existência da sociedade se baseou sempre na oposição direta, ou é resultado de forças contrárias; de qualquer modo, não é o resultado de uma espontaneidade consciente de indivíduos livres. Por isso altera-se o significado dos conceitos de passividade e de atividade, em conformidade com a sua aplicação à sociedade ou ao indivíduo. No modo burguês de economia a atividade da sociedade é cega e concreta, e a do indivíduo é abstrata e consciente.(...) O pensamento crítico é motivado pela tentativa de superar realmente a tensão, de eliminar a oposição entre a consciência dos objetivos, espontaneidade e racionalidade, inerentes ao indivíduo, de um lado, e as relações do processo de trabalho, básicas para a sociedade, de outro. O pensamento crítico contém um conceito do homem que contraria a si enquanto não ocorrer esta identidade.[5]

OCTAVIO IANNI

Nas ciências sociais, as relações entre teoria e realidade não são inocentes. A teoria entra na constituição do real, como ordem vigente ou devir, em suas implicações sincrônicas e diacrônicas. Há sempre algum tipo de cumplicidade, ou melhor, reciprocidade, entre o sujeito e o objeto.

> A hostilidade que reina hoje em dia na opinião pública a qualquer teoria se orienta na verdade contra a atividade modificadora ligada ao pensamento crítico. Se o pensamento não se limita a registrar e classificar as categorias da forma mais neutra possível, isto é, não se restringe às categorias indispensáveis à práxis da vida nas formas dadas, surge imediatamente uma resistência. Para a grande maioria dos dominados prevalece o medo inconsciente de que o pensamento teórico faça aparecer como equivocada e supérflua a acomodação deles à realidade, o que foi conseguido com tanto esforço. Da parte dos aproveitadores se levanta a suspeita geral contra qualquer tipo de autonomia intelectual.[6]

Poucos anos depois, em 1941, Lazarsfeld procurava entender e acomodar as exigências da "pesquisa administrativa", por um lado, e da "pesquisa crítica", por outro. E dialogava com o ensaio de Horkheimer sobre teoria tradicional e teoria crítica, ao mesmo tempo que se referia a textos de Adorno situados no mesmo horizonte intelectual do ensaio de Horkheimer. Era evidente a tentativa de compreender as duas formas de teoria, trabalhando com a hipótese de que poderiam dialogar, articular-se. Mas reconhecia dificuldades, intuía impossibilidades.[7] Nesse momento já se esboçavam algumas implicações epistemológicas e ontológicas da industrialização da pesquisa científica.

Em seguida, a controvérsia dialética e positivismo reaparece nos livros de Herbert Marcuse, *Razão e revolução*, publicado em 1941, de Karl R. Popper, *A sociedade aberta e o seus inimigos*, de 1944, e de Georg Lukács, *O assalto à razão*, editado em 1953. É claro que esses livros envolvem também outros temas. Lukács está discutindo a fenomenologia, a filosofia da vida e a vontade de potência, presentes no pensamento europeu e favorecendo a visão "irracionalista" da história. Ao mesmo tempo, reafirma e desenvolve argumentos em favor de uma interpretação dialética (hegeliana e marxista) da história, da cultura, do pensamento. Marcuse está resgatando Hegel, considerado por alguns um dos teóricos do Estado autoritário, que irá enlouquecer-se no nazismo. Popper não es-

A SOCIOLOGIA E O MUNDO MODERNO

conde o seu empenho em combater toda e qualquer reflexão globalizante e histórica como profética, escatológica, totalitária. Preconiza o enfoque neopositivista como solução para que o pensamento científico se liberte da metafísica. Nesse livro polêmico, realiza os combates indispensáveis à reafirmação dos princípios que já havia formulado em *A lógica da pesquisa científica*, publicado em 1934. E que retomará na polêmica com Adorno, em 1961, no debate sobre o positivismo na sociologia alemã.

Conforme Geymonat, o neopositivismo propõe

> a rigorosa defesa das exigências da razão, escrupulosa busca de clareza, especificação de todas as hipóteses envolvidas em cada teoria, rejeição sistemática dos argumentos não controláveis (e, portanto, em especial de qualquer recurso à intuição, ao sentimento etc.). O grande instrumento usado por numerosos partidários seus, em todos os tratados, foi a análise escrupulosa da linguagem, realizada seja à base de considerações puramente lógicas ou para a explicitação do conteúdo operacional dos conceitos.[8]

Ocorre que o neopositivismo, empirismo lógico ou positivismo lógico, surge como um movimento empenhado em recuperar e desenvolver as conquistas do empirismo e do experimentalismo, mas aproveitando também sugestões da filosofia da linguagem. Baseia-se principalmente nas conquistas metodológicas das ciências físicas e naturais. Quer libertar o pensamento científico, nessas ciências e nas sociais, de toda e qualquer preocupação com "aparência", "essência", "por que", historicidade, perspectiva globalizante etc. Aliás, no manifesto de 1929, os membros do Círculo de Viena deixam claro alguns dos seus princípios.

> Primeiro, é empirista e positivista: há conhecimento somente com base na experiência, que se apoia no que é imediatamente dado. Isto estabelece o limite para o conteúdo da ciência propriamente dita. Segundo, a concepção científica do mundo está marcada pela aplicação de determinado método, especialmente a análise lógica. O objetivo da atividade científica é alcançar o alvo, a ciência unificada, pela aplicação da análise lógica aos materiais empíricos.[9]

Aos poucos, a controvérsia dialética e positivismo adquire novos contornos, envolve outros autores, difunde-se em praticamente todas as ciências sociais e repercute em vários continentes. No congresso de 1961, realizado pela Sociedade Alemã de Sociologia, em Tübingen, as comunicações de Popper e Adorno recolocam alguns temas da controvérsia e abrem outros. Os contrapontos e antagonismos desenvolvem-se.

Popper apresenta as suas 27 teses sobre "A lógica das ciências sociais". Sintetiza o seu pensamento, do qual estes são alguns pontos.

> O método das ciências sociais, da mesma maneira que o das ciências da natureza, consiste em ensaiar possíveis soluções para seus problemas. (...) Esse não é senão um prolongamento crítico do método de ensaio e erro. (...) Nas ciências trabalhamos com teorias, isto é, com sistemas dedutivos. Uma teoria, ou sistema dedutivo, constitui, em primeiro lugar, um ensaio de explicação e, em consequência, um intento de solucionar um problema científico (...)[10]

Adorno, por seu lado, reafirma e desenvolve um enfoque dialético, no qual a sociedade se revela como objeto e sujeito do processo de conhecimento. Suas reflexões, sintetizadas em "Sociologia e pesquisa empírica", tornam explícitas as discordâncias em face do positivismo.

> Alguns se ocupam da totalidade social e das leis do seu movimento; outros, pelo contrário, dedicam-se a fenômenos sociais singulares, prescrevendo como especulativa toda referência a um conceito de sociedade. (...) A sociedade é una; inclusive ali onde ainda hoje não chegam os grandes poderes sociais, os domínios "não desenvolvidos" e os que evoluíram a ponto de abrir-se à racionalidade e à socialização unitária estão unidos funcionalmente.[11]

Além disso:

> A diferença entre o conceito dialético de totalidade e o positivista pode centrar-se mais nitidamente no fato de que o primeiro é "objetivo" e abre-se à compreensão de quaisquer constatações sociais singulares; ao passo que as teorias positivistas não pretendem senão sintetizar, em um contínuo lógico, isento de contradições, todas as constatações, elegendo para isso unicamente categorias da maior generalidade possível; e sem reconhecer como condição dos estados de coisas esses conceitos estruturais culminantes nos quais estes são subsumidos.[12]

A SOCIOLOGIA E O MUNDO MODERNO

É verdade que a controvérsia dialética e positivismo deixou de ocupar o primeiro plano nos debates epistemológicos e ontológicos que atravessam as ciências sociais. Os vários estruturalismos e as várias hermenêuticas adquiriram preeminência. Além disso, alguns alemães têm reabilitado Parsons. Dentre eles destacam-se Niklas Luhmann, Richard Munch e, em certa medida, Jurgen Habermas. A teoria sistêmica e a teoria da ação comunicativa adquiriram notoriedade. Simultaneamente, as teorias do individualismo metodológico e da escolha racional também passaram a ocupar espaço mais amplo nos debates. Mas não há dúvida de que ainda subsiste a controvérsia dialética e positivismo, inclusive de permeio às inovações e aos impasses que acompanham as novas formulações.

Ocorre que diversas teorias de inspiração positivista e neopositivista conquistaram espaços importantes e mais ou menos tranquilos em universidades, centros e institutos de pesquisa, revistas especializadas. Isto não significa que as correntes identificadas com a dialética hegeliana e marxista, tais como os seguidores da Escola de Frankfurt, os adeptos do marxismo ocidental e os continuadores do marxismo clássico, também não estejam presentes naquelas instituições e publicações. Mas é evidente o predomínio das teorias positivistas, em geral apoiadas em princípios epistemológicos da razão instrumental.

Aos poucos, o pensamento adquire a tessitura das exigências e hierarquias das estruturas prevalecentes na sociedade. A mesma sistemática que está na base da institucionalização do ensino e pesquisa penetra os modos de pensar. Nesse sentido é que uma parte dos desenvolvimentos das ciências sociais contemporâneas está sendo acompanhada por uma espécie de *burocratização do pensamento*.

É claro que a burocratização do pensamento não é automática ou tranquila. Ao contrário, encontra obstáculos. Os hábitos mentais prevalecentes, herdados de largas tradições de cultura da reflexão, dúvida, independência, espírito crítico, compromisso com o diálogo, imaginação, invenção, tudo isso subsiste e desenvolve-se todo o tempo, em todos os lugares. Há, inclusive, estruturas institucionais que preservam e abrem espaços para as mais diversas inquietações. Além do mais, o diálogo que o cientista necessariamente mantém com os outros intelectuais e, principalmente, com a sociedade, o leva a pensar e repensar temas e procedimentos, teorias e paradigmas, epistemologias e ontologias.

OCTAVIO IANNI

Mas é evidente a tendência no sentido de que a institucionalização, com suas exigências, disciplinas, sistemáticas, hierarquias e urgências, estabelece condições e possibilidades que favorecem e delimitam os espaços de ensino e pesquisa, produção e imaginação. Em certos casos, a industrialização da pesquisa leva consigo a substituição da monografia e do ensaio pelo relatório. Em lugar da reflexão sobre o "por que" e o "como" dos fatos e acontecimentos, em todas as suas implicações, predomina o "como", traduzido em diagnóstico e prognóstico sobre segmentos delimitados da realidade. Está em marcha todo um discurso sobre a universidade, o ensino e a pesquisa, em termos de "ciência e tecnologia", "pesquisa básica e pesquisa aplicada", "pesquisa e desenvolvimento", tendo em vista garantir e aperfeiçoar a ordem social vigente.

> A ciência torna-se uma arma poderosa a serviço dos interesses da classe ou grupo dominante. A sua eficiência garante-lhe o apoio exterior que possibilita um crescimento científico vertiginosamente acelerado. Nesta fase, perde sentido a distinção entre ciência pura e aplicada, por um lado, e entre ciência e tecnologia, por outro. A tecnologia cientifica-se a ponto de o conhecimento científico se converter em projeto tecnológico. (...) A produção teórica e a investigação científica passam a ser apoiadas por uma complexa infraestrutura de equipamento tecnológico, e a imaginação dos cientistas é paulatinamente substituída pela inteligência artificial dos computadores.[13]

Acontece que os interesses prevalecentes na sociedade tendem a prevalecer no campo do pensamento, da ciência. Verifica-se uma espécie de barganha entre aqueles que operam as instituições científicas e os que operam as instituições governamentais e privadas que operam a sociedade. Conforme Lyotard,

> o capitalismo vem trazer sua solução ao problema científico do crédito de pesquisa: diretamente, financiando os departamentos de pesquisa nas empresas, onde os imperativos de desempenho e de recomercialização orientam com prioridade os estudos voltados para as "aplicações"; indiretamente, pela criação de fundações de pesquisa privadas, estatais ou mistas, que concedem créditos sobre programas a departamentos universitários, laboratórios de pesquisa ou grupos independentes de pesquisadores, sem esperar do resultado dos seus trabalhos um lucro imediato, mas erigindo em princí-

A SOCIOLOGIA E O MUNDO MODERNO

pio que é preciso financiar pesquisas a fundo perdido durante um certo tempo para aumentar as chances de se obter uma inovação decisiva e, portanto, muito rentável. Os Estados-nação, sobretudo em seu episódio keynesiano, seguem a mesma regra: pesquisa aplicada, pesquisa fundamental. Eles colaboram com as empresas por meio de agências de todo tipo. As normas de organização do trabalho que prevalecem nas empresas penetram nos laboratórios de estudos aplicados: hierarquia, decisão do trabalho, formação de equipes, estimativa de rendimentos individuais e coletivos, elaboração de programas vendáveis, procura de cliente etc. Os centros de pesquisa "pura" padecem menos, mas também eles beneficiam-se de créditos menores.[14]

Naturalmente, as bases institucionais, organizatórias, financeiras e outras, em geral, constituem condições favoráveis à atividade científica. As equipes e os aparatos podem propiciar a descoberta de temas, formulação de hipóteses, elaboração de projetos e execução de pesquisas, de forma desconhecida pelo cientista-artesão. Há campos de trabalho intelectual nos quais essas condições não só são positivas, mas indispensáveis.

Ocorre, no entanto, que em certos casos a sistemática da institucionalização pode influenciar o estilo de reflexão. Também no âmbito do pensamento científico cabe a observação de que as configurações sociais de vida e trabalho e as configurações do pensamento implicam-se reciprocamente, ressoam umas nas outras. Assim, pode-se imaginar que a burocratização e a industrialização da pesquisa tanto criam novos horizontes como estabelecem exigências, limitações. Às vezes há aí implicações epistemológicas da maior importância. Nesse sentido é que a sociologia do conhecimento permite "elucidar a questão de como os interesses e propósitos de certos grupos sociais vêm a encontrar expressão em determinadas teorias, doutrinas e movimentos intelectuais".[15]

Esse problema, naturalmente, já havia sido posto em outras ocasiões. Cada um a seu modo, Hegel, Marx e Nietzsche, entre outros, já colocavam o dilema das correspondências e desencontros entre razão e história. Mas ressurge em outros termos nas ciências sociais contemporâneas, quando ocorre uma intensa institucionalização das condições de ensino e pesquisa. Antes, prevaleciam condições "artesanais" de trabalho intelectual, com seus horizontes e limites. Agora, a sistemática das instituições estabelece outros horizontes e limites para a reflexão e a imaginação.

A administração da prova, que em princípio não é senão uma parte da argumentação destinada a obter o consentimento dos destinatários da mensagem científica, passa assim a ser controlada por um outro jogo de linguagem onde o que está em questão não é a verdade e sim o desempenho, ou seja, a melhor relação *input/output*. O Estado e/ou a empresa abandonam o relato de legitimação idealista ou humanista para justificar a nova disputa: no discurso dos financiadores de hoje, a única disputa confiável é o poder. Não se compram cientistas, técnicos e aparelhos para saber a verdade, mas para aumentar o poder.[16]

Essa é uma implicação epistemológica da maior importância. As condições sob as quais se torna possível a pesquisa podem ser também as condições sob as quais desenvolve-se a reflexão e a imaginação. Quando as estruturas burocráticas prevalecem, o pensamento corre o risco de burocratizar-se. A primazia da organização, os imperativos ditados pelas condições institucionais e materiais podem estabelecer possibilidades e limites à reflexão, imaginação, invenção.

Hoje em dia leva-se tão longe a primazia do método que, no máximo, somente podem colocar-se os problemas de pesquisa que se podem resolver com os meios do aparato disponível. A primazia do método é a primazia da organização. A ordenação dos conhecimentos, segundo uma ordem lógico-classificatória, converte-se em seu próprio critério. O que não se enquadra nele somente aparece à margem, como "dado" que espera seu lugar e que, na medida que não o encontra, é descartado. Da mesma forma que os homens em uma entidade comunitária rigidamente organizada, todos os princípios devem encaixar na continuidade de todos os outros: o "não vinculado" e não integrável converte-se em pecado mortal. (...) Para ser tolerado, o conhecimento deve exibir, por assim dizer, um documento de identidade, a "evidência", que não se busca em seu próprio conteúdo nem no desenvolvimento deste (...).[17]

Em certos casos, a institucionalização massiva, envolvendo também a tecnificação massiva, está acompanhada pela sofisticação sistêmica. Desenvolvem-se homologias entre sistemas operativos e sistemas reflexivos. Uns se inspiram nos outros, influenciam-se reciprocamente. Aos poucos, ocorre uma espécie de "defactualização", no sentido de que os esquemas

A SOCIOLOGIA E O MUNDO MODERNO

de análise, jogos, simulações emancipam-se da realidade, adquirindo cada vez maior versatilidade e pouca concretude. À medida que as construções lógicas adquirem versatilidade e dinamismo próprios, pode perder-se de vista a realidade, compreendendo aí a sociedade, a economia, a política, a cultura, a história, a vida, em suas diversidades, seus dinamismos, suas desigualdades, seus antagonismos.[18]

Assim, a crescente burocratização do pensamento, de permeio à das instituições e dos grupos sociais dedicados ao ensino e à pesquisa, revela o crescente predomínio da razão subjetiva, instrumental, técnica, em detrimento da razão objetiva, crítica. Aos poucos, prevalece uma visão principalmente sincrônica da realidade.

É possível afirmar que nas ciências sociais contemporâneas ocorre uma progressiva *dissolução da história*. No âmbito das implicações ontológicas, envolvidas nas controvérsias metodológicas em curso, é evidente o abandono da perspectiva abrangente, globalizante, histórica, herdada dos clássicos. Isto não significa que essa perspectiva foi totalmente abandonada. Ao contrário, continua presente não só nas discussões metodológicas, como também na produção original. Nas diversas ciências sociais subsiste e renova-se o enfoque de cunho histórico. Mas não há dúvida de que ampliou-se bastante o espaço no qual se movimentam outras perspectivas de explicação e compreensão. Um processo que já se vinha evidenciando na passagem do século XIX para o XX, com Bergson, W. James, G.H. Mead, Dilthey, Simmel, Pareto, Husserl e outros, acentuou-se ainda mais nas ciências sociais contemporâneas.

Uma forma de dissolver a história pode ser afirmar que ela não é uma, única, mas diversa, múltipla, contraditória. À medida que se mergulha na empiria tomada como insofismável, logo se torna possível afirmar que a história pode ser um espaço indefinido, inexplicável, evasivo.

Essa é a impressão que Lévi-Strauss deixa passar, no ensaio sobre "dialética e história", quando formula observações como as seguintes:

> Cada episódio de uma revolução, ou de uma guerra, se resolve numa multidão de movimentos psíquicos e individuais; cada um desses movimentos traduz evoluções inconscientes e estas se resolvem em fenômenos cerebrais, hormonais ou nervosos, cujas referências são de ordem física ou química. (...) Qualquer canto do espaço contém uma multidão de indivíduos, cada um dos quais totaliza o devir histórico, de uma maneira que se não compara às outras; para um único desses indivíduos, cada momento

do tempo é inesgotavelmente rico de incidentes físicos e psíquicos, todos os quais desempenham papéis na sua totalização. (...) Desde que alguém se proponha a escrever a história da Revolução Francesa, sabe (ou deveria saber) que esta não poderá ser, simultaneamente e ao mesmo título, a do jacobino e a do aristocrata. Por hipótese, as respectivas totalizações (cada uma das quais é antissimétrica com a outra) são igualmente verdadeiras.[19]

Mas o próprio Lévi-Strauss reconhece que a reflexão científica não é prisioneira da "multidão de movimentos psíquicos e individuais". Para interpretar, cabe olhar criticamente, de modo seletivo, desvendar nexos, articulações, significados.

O fato histórico não mais *dado* que os outros; é o historiador, ou o agente do devir histórico, que o constitui por abstração, e como que sob ameaça de uma regressão ao infinito. (...) O historiador e o agente histórico escolhem, partem e recortam, porque uma história verdadeiramente total os confrontaria com o caos. (...) A história não escapa, pois, a esta obrigação, comum a todo conhecimento, de utilizar um código, para analisar seu objeto, mesmo (e sobretudo) se é atribuído a este objeto uma realidade contínua.[20]

Naturalmente, resta decidir se a melhor interpretação pode ser a estruturalista, a dialética ou outra. Apesar de Lévi-Strauss não ter dúvidas sobre a cientificidade do estruturalismo. Entretanto, ele deixa subsistir no espírito do leitor a impressão de que a história é uma espécie de espaço de relativismos, de possibilidades múltiplas, desencontradas.

Aos poucos, da multiplicidade ou dispersão dos fatos passa-se aos hiatos ou descontinuidades entre eles. Alguns cientistas sociais e filósofos contemporâneos alegam que as ciências sociais clássicas somente se interessavam pelas articulações, regularidades e continuidades, como se não dessem importância a diversidades, rupturas, retrocessos, desencontros. Ao eleger a descontinuidade como objeto de reflexão, alegam a ilusão das recorrências, transformações. Dissolvem a sociedade na sincronia, o tempo na configuração formal, a história na estrutura.

Essa é a impressão que Foucault deixa passar. Inicialmente "qualifica" o que considera a forma "clássica" de lidar com a história.

Para a história, sob sua forma clássica, o descontínuo era ao mesmo tempo o dado e o impensável: o que se oferecia sob a forma dos acontecimentos,

A SOCIOLOGIA E O MUNDO MODERNO

das instituições, das ideias ou das práticas dispersas; e o que devia ser, pelo discurso do historiador, contornado, reduzido, apagado, para que aparecesse a continuidade dos encadeamentos. A descontinuidade era o estigma da dispersão temporal que o historiador tinha por tarefa suprimir da história. (...) Querer fazer de análise histórica o discurso do contínuo e fazer da consciência humana o assunto originário de qualquer saber e de qualquer prática são as duas faces de um mesmo sistema de pensamento. O tempo é, aí, concebido em termos de totalização e a revolução é, sempre, apenas uma tomada de consciência.[21]

Em seguida, Foucault formula a sua proposta para lidar com a história, isto é, com a descontinuidade, anteriormente desprezada, ou mesmo desconhecida. Pode ser obscuro, mas é o que está no texto.

Ela se tornou agora um dos elementos fundamentais da análise histórica. Ela aparece sob um triplo papel. Ela constitui inicialmente uma operação deliberada do historiador (e não mais o que recebe *malgré lui* do material que tem para tratar), pois ele deve, pelo menos a título de hipótese sistemática, distinguir os níveis possíveis de sua análise e fixar as periodizações que lhe convém. Ela é, também, o resultado de sua descrição (e não mais o que se deve eliminar sob o efeito de sua análise), pois o que ele busca descobrir são os limites de um processo, o ponto de inflexão de uma curva, a inversão de um movimento regulador, os limites de uma oscilação, o limiar de um funcionamento, a emergência de um mecanismo, o instante de distúrbio de uma causalidade circular. Ela é, enfim, um conceito que o trabalho não cessa de especificar: não é mais o vazio puro e uniforme que separa com uma única e mesma lacuna duas figuras positivas; ela toma uma forma e uma função diferentes segundo o domínio e o nível aos quais aplicamos.[22]

Aliás, a ressurgência do debate sobre holismo e individualismo, explicação e compreensão, natureza e cultura, sincrônico e diacrônico constitui o ambiente intelectual em que ocorre um progressivo abandono do ponto de vista histórico pelas ciências sociais. As sugestões dos estruturalismos e das hermenêuticas caminham nessa direção, o que também ocorre com os neopositivismos. Uma parte da produção intelectual contemporânea diz respeito a uma ontologia na qual a história já não conta, ou conta muito pouco: identidade, cotidiano, vida privada, indivíduo, ator social, ação social, interacionismo simbólico, individualismo metodológico, escolha racional, etnometodologia, hermenêutica, estruturalismo.

Esse é um ponto crucial no debate sobre a natureza do objeto das ciências sociais, envolvendo as suas possibilidades de explicação e compreensão. A crescente perda do sentido de história ocorre par em par com a burocratização das condições de ensino e pesquisa, a industrialização da pesquisa, a substituição da monografia e do ensaio pelo relatório, diagnóstico, prognóstico. Se não são processos combinados, confluem, conjugam-se, dinamizam-se. A pretexto de buscar a objetividade, precisão, formalização, abandona-se a história. Isto é, a história parece transformar-se em um arquivo, ou depósito de amostras. Nessa forma de ver, "os fatos da história são unidades discretas e separadas".[23]

Mas esse é um desafio que as ciências sociais já haviam começado a enfrentar na virada do século. E se tornou mais acentuado nas décadas seguintes. No presente, é um dos pontos cruciais das controvérsias metodológicas. Ao desacreditar a história, ao dissolver-se a perspectiva que lida com as transformações da realidade, é evidente que algumas conquistas fundamentais realizadas pelos clássicos são abandonadas, ou simplesmente esquecidas.

> Ocorreu uma reação extremamente violenta contra o tipo de teoria sociológica preocupada com processos sociais de longo prazo. O estudo desses fenômenos de longa duração foi quase universalmente execrado, movendo-se o centro do interesse, em um contra-ataque radical ao tipo mais antigo de teoria, para a investigação de dados sobre sociedades concebidas como normalmente existentes em um estado de repouso e equilíbrio. (...) Pensam em indivíduos e sociedades como se fossem dois fenômenos com existência separada — dos quais, além disso, um é com frequência considerado "real" e o outro, "irreal" —, em vez de dois aspectos diferentes do mesmo ser humano.[24]

Não se dissolvem apenas os tempos, mas também os espaços. Ou melhor, os tempos e espaços fluem principalmente no nível da subjetividade, das linguagens, dos símbolos, dos signos, dos significados. A própria biografia dilui-se no discurso do ator, do indivíduo, da identidade. Ocorre uma espécie de dissolução do todo, em suas partes constitutivas, ocasionais, únicas, separadas, dispersas, solitárias.

A SOCIOLOGIA E O MUNDO MODERNO

O próprio real se fragmenta, como se o intento de descobrir as suas articulações fosse um ato de violência. A reflexão resigna-se às impressões, ao instante fugaz, evanescente no fluxo da intuição compreensiva, empática, vicária. Como se fosse, desde sempre, uma memória indefinida, indelével, de algo do qual a elaboração do conceito representasse uma mutilação, um ato de violência.

Tudo se torna presente. Ocorre uma fantástica presentificação da realidade, dos movimentos do real. Os fatos carecem de biografia ou história. São momentos fugidios de um tempo que não vem ao caso, não se poderia captar; poderia ser mutilado pelo conceito. É como se houvesse uma exacerbação do presente. Tudo se polariza e sintetiza nele, sem passado, futuro ou devir.

Em vários níveis, a polêmica positivismo e dialética atravessa as ciências sociais no século XX. Oriunda do século passado, ela se aguça periodicamente ao longo do tempo. Uma polêmica em que se sintetizam algumas das antinomias do pensamento das ciências sociais contemporâneas.

O positivismo pergunta-se principalmente o "como" dos fatos, procurando conhecer as suas manifestações empiricamente observáveis, para classificação e análise. Busca o máximo de objetividade, verificabilidade, comprobabilidade, sempre que possível aproveitando a quantificação e a experimentação, construindo indicadores, fatores, atributos, variáveis. Supõe a isenção ou neutralidade do pesquisador, da reflexão, trabalhando com base no suposto de que o sujeito e o objeto do conhecimento são independentes, exteriores, um com relação ao outro. Desse modo é que se pode alcançar a explicação, enquanto uma relação de causa-e-efeito, causação funcional ou sistêmica.

> Nas ciências sociais, como nas naturais, há que expor as leis em forma de proposições cuja exatidão se pode comprovar experimentalmente. Isto é, devem-se indicar as condições — que se podem fixar desde o início — sob as quais o suposto na proposição passa a ser perceptível racionalmente ("critério racional empírico", Carnap). (...) Toda proposição que não satisfaça o critério racional empírico deve ser eliminada da ciência.[25]

O método dialético pergunta-se o "por que" e o "como" dos fatos, procurando conhecer as suas manifestações e significações, apanhando aparência e essência, configuração e tendência. Busca desvendar o contraponto parte e todo, singular e universal, passado e presente, revelando os nexos internos, as relações, os processos e as estruturas que constituem os movimentos da realidade. Demonstra que nada existe em si, mesmo, idêntico, identidade, seja coisa, pessoa ou ideia, sociedade, cultura ou imaginário. A identidade pode ser apenas um momento do devir, do ser, da trama das relações que constituem as diversidades, as desigualdades, os antagonismos. Supõe o jogo de interesses, convergências e antagonismos, que compõem o modo de ser de indivíduos, famílias, grupos, classes e outros componentes da realidade, em suas práticas e em seus ideais, em suas atividades materiais e espirituais. Reconhece que o processo de conhecimento faz parte da realidade, de tal maneira que o sujeito e o objeto se constituem reciprocamente, cúmplices dos andamentos, das convergências, dos desencontros e das tendências. Mais que isso, o sujeito do conhecimento pode ser o indivíduo, mas um indivíduo que pode expressar, consciente ou inconscientemente, um setor social, amplo ou restrito, quando não a sociedade como um todo. Nesses termos é que o método dialético permite explicar e compreender a realidade.

> O conhecimento sociológico atua sobre o objeto, constituindo-o; e realiza-se nesse objeto. (...) As estruturas de consciência social (povo, classe social, cidade, família). A reflexão da sociologia acerca desses objetos aumenta o nível de consciência dos mesmos e, simultaneamente, os coisifica e descoisifica.[26]

Esse é o espaço intelectual em que se revela e aguça uma censura que já vinha de longe, do passado, e espraia-se largamente nas ciências sociais contemporâneas. A razão oriunda do Iluminismo rompe-se principalmente em duas: uma subjetiva, instrumental ou técnica; outra, objetiva ou crítica. E as duas frequentemente confundindo-se no âmbito da relação teoria e prática, sujeito e objeto.

Segundo Horkheimer:

> A razão subjetiva preocupa-se essencialmente com meios e fins, com a adequação dos modos de proceder com relação a fins que são mais ou menos aceitos e que presumivelmente se subentendem. Pouca importância tem para ela a questão de que os objetos como tais são razoáveis ou não. (...) A ideia de um objetivo capaz de ser racional por si mesmo —

A SOCIOLOGIA E O MUNDO MODERNO

devido às peculiaridades do objetivo, conforme sugere a compreensão —, sem referência a nenhuma espécie de vantagem ou ganho subjetivo, isto é profundamente alheio à razão subjetiva. (...) Segundo a razão subjetiva, unicamente o sujeito pode possuir razão, em sentido genuíno.[27]

Entretanto, continua Horkheimer:

> O conceito de razão objetiva revela que sua essência é, por um lado, inerente à realidade. (...) Por outro lado, o conceito de "razão objetiva" pode caracterizar precisamente esse esforço e essa capacidade de refletir semelhante ordem objetiva. (...) Os sistemas filosóficos da razão objetiva implicam a convicção de que é possível descobrir uma estrutura do ser fundamental ou universal, e deduzir dela uma concepção do desígnio humano.[28]

São dois polos principais, não únicos, da mesma razão herdada do Iluminismo. Algumas vezes estão nítidos e diferenciados, outras nem tanto. "Vistos historicamente, ambos aspectos da razão, tanto o subjetivo como o objetivo, têm existido desde o princípio. E o predomínio do primeiro sobre o segundo foi-se estabelecendo no transcorrer de um largo processo."[29]

No século XX, a razão subjetiva, instrumental ou técnica adquiriu ampla difusão, nas universidades, centro e instituições de pesquisa e ensino. Uma parte importante da produção científica original, assim como da produção metodológica, baseia-se nessa forma de pensar e narrar. Sob certos aspectos, a mesma racionalidade que preside a sociedade, a economia, a política parece presidir a cultura, o pensamento, as condições de reflexão e imaginação.

NOTAS

1. Karl Mannheim, *Essays on Sociology and Social Psychology*, Londres, Routledge & Kegan Paul, 1953, p. 190.

2. Florian Znaniecki, *The Method of Sociology*, Nova York, Rinehart & Company, 1934, p. 234.

3. Gaston Bachelard, *La Formation de L'Esprit Scientifique* (Contribution a une Psychanalyse de la Connaissance Objective), 3ª edição, Paris, Librairie Philosophique J. Vrin, 1957, p. 211-12.

4. Max Horkheimer, "Teoria tradicional e teoria crítica", publicado por Walter Benjamin, Max Horkheimer, Theodor W. Adorno e Jurgen Habermas, *Textos escolhidos*, São Paulo, Abril Cultural, 1980, p. 117-18 e 121.
5. Max Horkheimer, "Teoria tradicional e teoria crítica", *op. cit.*, p. 125 e 132.
6. Max Horkheimer, "Teoria tradicional e teoria crítica", citado, p. 147.
7. Paul F. Lazarsfeld, "Remarks on Administrative and Critical Communications Research", *Studies in Philosophy and Social Science*, vol. IX, nº 1, Nova York, 1941, p. 2-16.
8. Ludovico Geymonat, *Historia del Pensamiento Filosófico y Científico*, citado, vol. I, p. 16.
9. H. Hahn, O. Neurath e R. Carnap, "The Scientific Conception of the World: the Vienna Circle", citado por Christopher Lloyd, *Explanation in Social History*, Oxford, Basil Blackwell, 1966, p. 43.
10. Karl R. Popper, "La Lógica de las Ciencias Sociales", publicado por T.W. Adorno, K.R. Popper, R. Dahrendorf, J. Habermas, H. Albert e H. Pilot, *La Disputa del Positivismo en la Sociologia Alemana*, trad. Jacobo Muñoz, Barcelona, Ediciones Grijalbo, 1973, p. 103-4 e 113.
11. T.W. Adorno, "Sociología e Investigación Empírica", publicado em *La Disputa del Positivismo en la Sociología Alemana*, citado, p. 81 e 89.
12. T.W. Adorno, "Introducción", de *La Disputa del Positivismo en la Sociología Alemana*, citado, p. 24.
13. Boaventura de Sousa Santos, *Introdução a uma ciência pós-moderna*, Rio de Janeiro, Edições Graal, 1989, p. 143.
14. Jean-François Lyotard, *O pós-moderno*, trad. Ricardo Corrêa Barbosa, Rio de Janeiro, José Olympio Editora, 1986, p. 82.
15. Louis With, "Prefácio" do livro de Karl Mannheim *Ideologia e utopia*, Editora Globo, trad. Emilio Willems, Porto Alegre, 1956, p. xxx.
16. Jean-François Lyotard, *O pós-moderno*, citado, p. 83.
17. Theodor W. Adorno, *Sobre la Metacrítica de la Teoría del Conocimiento*, trad. León Mames, Caracas, Monte Avila Editores, 1970, p. 60.
18. Hannah Arendt, *Crises da República*, trad. José Volkmann, São Paulo, Editora Perspectiva, 1973, "A mentira na política", p. 9-48. Theodore Roszak, *O culto da informação*, trad. José Luiz Aidar, São Paulo, Editora Brasiliense, 1988.
19. Claude Lévi-Strauss, *O pensamento selvagem*, trad. Maria Celeste da Costa e Souza e Almir de Oliveira Aguiar, 2ª edição, São Paulo, Companhia Editora Nacional, 1976, p. 293-94, citação extraída do cap. 9, "História e dialética".
20. Claude Lévi-Strauss, *O pensamento selvagem*, citado, p. 293-94, citação extraída do cap. 9, "História e dialética".
21. Michel Foucault, "Sobre a arqueologia das ciências", em Michel Foucault, Luiz Costa Lima, Antonio Sérgio Mendonça, Milton José Pinto e Mário Guerreiro, *Estruturalismo e teoria da linguagem*, trad. Luis Felipe Baeta Neves, Petrópolis, Editora Vozes, 1971, p. 9-65, citação das p. 13-15.

A SOCIOLOGIA E O MUNDO MODERNO

22. Michel Foucault, "Sobre a arqueologia das ciências", citado, p. 14.
23. Barrington Moore Jr., *Poder político e teoria social*, trad. Octavio Mendes Cajado, São Paulo, Editora Cultrix, 1972, p. 112, citação do cap. 4, "A estratégia da ciência social".
24. Norbert Elias, *O processo civilizador*, trad. Ruy Jungmann, Rio de Janeiro, Jorge Zahar Editor, 1990, p. 224 e 235, citações do apêndice intitulado "Introdução à edição de 1968".
25. Karlheinz Messelken, "Antinomias de una Sociología de la Sociología", publicado por Bernhard Schafers (org.), *Crítica de la Sociología* (Ensayos), trad. Miguel Mascialino, Caracas, Monte Avila Editores, 1971, p. 129-42, citação das p. 134-35.
26. Karlheinz Messelken, "Antinomias de una Sociología de la Sociología", citado, p. 134 e 136.
27. Max Horkheimer, *Crítica de la Razón Instrumental*, trad. de H.A. Murena e D.J. Vogelmann, Buenos Aires, Editorial Sur, 1973, p. 15, 16 e 17.
28. Max Horkheimer, *Crítica de la Razón Instrumental*, citado, p. 23.
29. Max Horkheimer, *Crítica de la Razón Instrumental*, citado, p. 18.

CAPÍTULO VI **Razão e história**

Nas ciências sociais, sempre está presente o problema do relacionamento entre razão e história. É claro que a noção de história, historicidade, duração, devir, vir a ser, não é idêntica para todas. Inclusive é variável no âmbito de cada ciência. As ciências sociais estão povoadas de conceitos carregados de história: cronologia, biografia, geração, período, época, ciclo, idade, continuidade, descontinuidade, transição, mudança, transformação, desenvolvimento, subdesenvolvimento, progresso, modernização, racionalização, contemporaneidade, modernidade, pós-modernidade, arcaísmo, tradição, reforma, revolução, contrarrevolução, povo histórico, povo sem história, antiguidade, feudalismo, capitalismo, socialismo, civilização, barbárie, selvageria. Cada teoria explica os movimentos da realidade em termos próprios: evolucionismo, funcionalismo, estruturalismo, marxismo, hermenêutica etc. Tanto assim que se pode falar em interpretações históricas, a-históricas e supra-históricas.

Em todas as ciências sociais, em todas as teorias vigentes em cada ciência social, há sempre alguma preocupação com os contrapontos e as continuidades: sincronia e diacronia, passado e presente, tempo e duração, ser e devir, razão e história. Ocorre que o pensamento científico já acumulou muito conhecimento sobre os movimentos da realidade, sem esquecer que a realidade conhecida pode revelar-se desconhecido, modificar-se.

Além das controvérsias metodológicas que se sucedem no plano do pensamento científico e filosófico, também estão em curso transformações reais, mais ou menos surpreendentes, no plano da história. A mesma razão que pensa, articula, taquigrafia ou constitui o real, descobre que o conceito nem sempre dá conta do real, que este lhe foge, esconde, reaparece diferente em outro lugar. Nesse sentido é que uma parte importante da crise da razão clássica, que se vem desenvolvendo mais abertamente desde fins do século XIX, situa-se nos desencontros entre razão e história. Primeiro, porque a razão também tem história. Há um diálogo reiterado e contínuo entre autores, obras, ideias, conceitos, interpretações, estilos de pensar. É assim que Nietzsche ressoa em Foucault, Weber em Adorno, Parsons em Habermas, Piaget em Lévi-Strauss, Dilthey em Gadamer, Karl Kraus em Wittgenstein. Segundo, porque a história desenvolve-se de forma desigual, múltipla, contraditória, surpreendente, dramática, épica. Terceiro, porque a razão pode relacionar-se de modo diferenciado com o real. Habitualmente, ela se pensa exterior ao objeto do conhecimento. Outras vezes, no entanto, põe-se como cúmplice compreensiva vicária. Mas também pode ser constitutiva do real.

Sob vários aspectos, a crise põe e repõe o contraponto razão e história.

> Na racionalidade clássica haviam sido traçadas as grandes linhas de *uma suprema harmonia* destinada a legitimar as desigualdades sociais, os sofrimentos dos grupos sociais subalternos e dos indivíduos no interior deles. É a legitimação de uma harmonia que se produz às costas dos homens, a sanção de um sistema ético-social absoluto, *de tipo euclidiano*, que se transcende as circunstâncias específicas da vida dos indivíduos. (...) A harmonia central, absoluta, definida fora da referência à vida dos homens, às suas necessidades e aos modos de pensar e julgar — a harmonia fora de todo sistema de observação inserido na vida real —, representa uma ordem transcendente, inverificável, traçada à margem da experiência possível. (...) A crise do sistema clássico da razão, o descobrimento das lacunas e dos vazios têm sido assinalados pelo surgir de novas necessidades e, por conseguinte, de novos modos de ver alternativos, ali onde nos haviam ensinado que existia uma possibilidade única. A formação de novas necessidades sociais e intelectuais nos tem mostrado que aquela fortaleza inatacável era já uma cidadela abandonada e sem atrativo.[1]

A expressão mais geral do estado de espírito vigente nas ciências sociais aparece em algumas reflexões de cunho epistemológico. A maioria, ou muitos, passaram a afirmar que "o caráter acumulativo do conhecimento científico" é ilusório. Alegam que "a ciência normal" é uma expressão enganosa, encobrindo a dinâmica e a surpresa que acompanham o desenvolvimento da ciência. Dizem que a ciência não cresce nem se desenvolve, mas caminha por saltos e solavancos. As "rupturas epistemo-

A SOCIOLOGIA E O MUNDO MODERNO

lógicas" são inerentes às "revoluções científicas", de tal modo que tudo, ou muito, do que havia antes fica superado. São novos paradigmas que se inauguram e substituem. Além disso, e juntamente com tudo isso, as "epistemologias integrais" ou globais se revelaram inconsistentes. Estão sendo substituídas por "epistemologias regionais", relativas a cada uma das ciências, ou mesmo a diferentes campos de uma mesma ciência, quando não substituídas por "epistemes" de vigência episódica, inseridas no âmbito de configurações sincrônicas. Assim, em lugar de continuidades, descontinuidades; em lugar de processo acumulativo, periódico recomeçar; em lugar de antinomias, complementaridades; em lugar de diálogo entre paradigmas, incomensurabilidade. Terminou a época dos "grandes relatos", das "metanarrativas", das interpretações históricas, globalizantes, da razão comprometida com a modernidade. Agora espalha-se a "razão" aforística, o "método" de bricolagem, ou desmontagem, as fórmulas do "individualismo", a dissolução do social, em plena pós-modernidade. Nesse conjunto de buscas e sugestões, impasses e surpresas, logo se põe o problema da contemporaneidade ou não contemporaneidade entre formas de pensamento e configurações histórico-sociais de vida.

É como se o pensamento estivesse dissociado não só da história, mas da vida. A razão pairando autônoma, soberana, em-si.

> O que existe é que as *démarches* filosóficas na França hoje não se articulam sobre problemas propriamente vitais. Elas são um pouco exteriores, como se a filosofia devesse se alimentar de si própria. Os problemas com os quais a sociedade está confrontada não são assumidos pela filosofia. (...) Tudo se passa como se o pensamento filosófico desenvolvesse seus problemas num certo nível, enquanto a sociedade vive os seus, no dia-a-dia, em outro nível. (...) Constitui-se um pequeno círculo filosófico que deixa a história correr. (...) A filosofia está andando em torno de si própria (...) um indício do ensimesmamento da filosofia.[2]

Entretanto, essa mesma dissociação faz parte da história, da razão como história. Por isso, em certos casos, a filosofia e as ciências sociais aparecem como um jogo de espírito, atividade da qual estão ausentes a tensão de que se nutre a realidade e a reflexão. "A reflexão filosófica se nutre da maneira pela qual os homens vivem, das formas pelas quais se constituem os distintos saberes."[3] Ou, como já havia escrito Horkheimer:

OCTAVIO IANNI

"Conceitos, pareceres e teorias são fenômenos que se desenvolvem na disputa dos homens entre si e com a natureza."[4]

As noções de ruptura epistemológica (Bachelard), revolução científica (Kuhn) e sociologia do conhecimento (Mannheim) logo suscitam o problema da convergência e desencontro entre razão e história. Põem em causa a vigência e universalidade da razão clássica, e abrem espaços para outras epistemologias. Alguns chegam a propostas exacerbadas de relativismo, ou mesmo de "anarquismo", como Feyerabend. Mas há aqueles que reconhecem que a descoberta de rupturas e revoluções, ou convergências e desencontros, entre formas de pensamento e configurações histórico-sociais, abrem outras possibilidades para a ciência. A historicização das epistemologias pode ser um caminho no sentido de repor a razão na estrada do realismo.[5]

Mesmo em uma história de duração relativamente curta, como a das ciências sociais no século XX, fica evidente que os problemas epistemológicos e ontológicos modificam-se, recriam-se. Quando dão a impressão de permanecer, permanecem em diferentes ponderações, com significados distintos. Em alguma escala, modificam-se ao longo do tempo. As contribuições de Bachelard e Kuhn, da mesma maneira que as de Mannheim e Horkheimer, sugerem correspondências e desencontros entre os movimentos da realidade e os do pensamento, entre as formas de pensamento e as configurações sociais de vida e trabalho.

É claro que a razão possui dinamismo próprio. Há sempre um diálogo ativo e múltiplo entre autores, obras, temas, dilemas, conceitos, teorias, interpretações, correntes de pensamento, tanto no interior de uma ciência como no âmbito das várias ciências sociais. Além de cada sistema mais ou menos nítido e autônomo, formado por cada ciência, emerge um sistema mais amplo e complexo, formado pelas ciências sociais. Nesse sentido é que algumas controvérsias epistemológicas dizem respeito às ciências sociais como um sistema de pensamento.

Mas também é verdade que a realidade, a história, possui dinamismo próprio. Um dinamismo que se acelera bastante no século XX. Alguns dados permitem equacionar o ritmo da velocidade: duas guerras mundiais; muitas revoluções nacionais; revoluções populares e socialistas; desenvolvimento e generalização dos meios de comunicação e informação, do trem ao avião, do jornal à televisão, do telégrafo à informática; emergência da indústria cultural, com amplas implicações nas condições de

A SOCIOLOGIA E O MUNDO MODERNO

produção e reprodução das possibilidades da consciência dos indivíduos, grupos, classes e sociedade como um todo; formação de uma estranha "aldeia global", na qual predominam as ideologias dominantes nos países dominantes, quando a vasta audiência se transforma em multidões de solitários; desdobramentos de monopólios, trustes, cartéis, multinacionais e transnacionais; gênese e generalização de regimes e técnicas fascistas, nazistas e stalinistas; uma tal sucessão e multiplicidade de crise e conflitos regionais, nacionais e internacionais que se pode falar em uma espécie de guerra civil internacional, latente e aberta, ao longo dessa história.

Esse o contexto histórico em que se criam e recriam desafios para o pensamento. De tal modo que às vezes este pensamento se antecipa à realidade. Em outras ocasiões, parece sintonizado. Assim como, em certas circunstâncias, mostra-se atrasado. Inclusive há situações em que o pensamento parece exótico, desencontrado, fora do lugar. Em todos os casos, há sempre algo de contemporaneidade, cumplicidade ou reciprocidade, entre formas e possibilidades do pensamento, por um lado, e configurações sociais de vida e trabalho, por outro.

> A epistemologia contemporânea realizou (...) uma progressiva descoberta do fator histórico e do seu significado teorético dentro da tarefa científica, a ponto de Imre Lakatos ter sido levado a escrever que "a filosofia da ciência sem a história é vazia; a história da ciência sem a filosofia da ciência é cega". (...) A relação entre a epistemologia e o reconhecimento da presença do "fator histórico" na ciência ajuda a individualizar algumas componentes fundamentais da atual reflexão epistemológica mais aguerrida e mais criticamente esclarecida. (...) O conhecimento se encontra sempre historicamente "imerso" num determinado patrimônio de saber que constitui um fator não eliminável do próprio processo cognoscitivo: o conhecimento não é realmente um processo individual de uma teórica *consciência em geral*, mas o resultado da atividade social, uma vez que o patrimônio cognoscitivo já acumulado vai além dos limites a que o próprio indivíduo está sujeito.[6]

A historicidade impregna não só a realidade, como também as mais diversas formas de reflexão, imaginação, fabulação. Há momentos lógicos do conceito, categoria ou explicação que trazem consigo o movimento, a descontinuidade, a diversidade, o antagonismo, a duração, a ruptura, o

OCTAVIO IANNI

silêncio. Por dentro da sincronia lateja a diacronia, assim como por dentro desta lateja aquela. "Para o cientista, em síntese, o problema central é precisamente a reconstrução dos *processos de passagem de uma estrutura a outra*, pois que esta é a única que pode dar-nos, ao mesmo tempo, a estrutura como estrutura *histórica* e o processo como passagem *estrutural*."[7] Em lugar de imaginar a sincronia e a diacronia como formas exclusivas, pode-se tomá-las como momentos da inteligência do real, fórmulas por meio das quais se expressam as continuidades e descontinuidades do real.

Como a realidade é múltipla, intrincada, contraditória, opaca, não é fácil a razão captá-la. Ao contrário, pode ser levada a tateios, labirintos, ilusões. Construir uma visão abrangente, globalizante, pode ser um caminho. É um modo de articular o intrincado, contraditório, opaco. Apanhar as linhas gerais, as dimensões integrativas, os movimentos da história. Nesse sentido é que a razão clássica caminhava. E nesse mesmo sentido ela teria sido posta em causa. Assim, a crise da razão clássica diz respeito a uma historicidade que lhe escapa. Uma realidade que já lhe escapava no primeiro instante, e continuou a escapar-lhe cada vez mais no após; na medida em que essa realidade se modifica, transforma e transtorna. As inflexões e multiplicações do real, enquanto história em movimento, tudo isso escapa, sempre e reiteradamente, às possibilidades do conceito, aos andamentos das interpretações.

Nas ciências sociais, a razão tem sempre muito a ver com as configurações históricas, as formas sociais de vida, as disputas dos homens entre si e com a natureza. Nessas ciências, talvez mais do que nas outras, habitualmente definidas como "exatas e naturais", as correspondências e os desencontros dizem muito. Sob vários aspectos, o pensamento tem algo de forma de consciência social, uma espécie de autoconsciência científica. Assim, as ciências sociais podem ser consideradas formas de autoconsciência científica da realidade, dos movimentos do real. Formas que ressoam inflexões e impasses, articulações e desarticulações. As diversas correntes de pensamento, as diferentes interpretações, portanto, expressam ou articulam, em alguma medida, os movimentos da realidade. Às vezes, as ressonâncias são parciais, fragmentárias, o que não significa que não sejam pertinentes, lúcidas. Outras, são abrangentes, globalizantes, ecoando o todo e as partes, o ser e o devir. Acontece que o pensamento científico também pode ser expressão e ingrediente das possibilidades da consciência, das visões de mundo.

A SOCIOLOGIA E O MUNDO MODERNO

Pode ser fácil reconhecer que a razão tem história, no sentido de que se cria e recria, transforma e revoluciona. Os nomes de Galileu, Copérnico, Newton, Kant, Hegel, Ricardo, Marx, Nietzsche, Weber, Husserl, Einstein, Freud, Wittgenstein simbolizam história e revolução, na estrada da razão. A razão tem história inclusive no sentido de que tende a ser contemporânea do seu tempo. Há contemporaneidade de descobertas, teorias ou paradigmas que podem significar algo dessa historicidade.

Em alguns casos, a contemporaneidade das descobertas é muito evidente. Isto não significa que as articulações entre elas sejam transparentes. Resta sempre muito a explicar. Em todo o caso, há contemporaneidades que merecem ser relembradas, como as de Bergson, William James, Freud, Husserl, Einstein, Proust, Debussy, Van Gogh, Rilke, Mahler e alguns outros. Talvez estivessem vivendo em universo social e mental ao mesmo tempo fecundo e inquietante, pleno de possibilidades e desafios. Aí produziram ou desenvolveram invenções que guardam alguma ressonância entre si. O clima da passagem do século, das últimas décadas do XIX às primeiras do XX, pode ter sido muito provocativo, fecundo. Há dimensões científicas, filosóficas e artísticas nas produções desses autores, que sugerem ressonâncias e contemporaneidades. Em vários deles há sugestões originais, às vezes revolucionárias, sobre as formas do tempo, o fluxo da memória, as dimensões do inconsciente, a relevância das mediações, a relatividade do ser e pensar.

No início do século XX, Weber e Kafka lidaram com o tema da alienação humana, expressa nas relações e estruturas burocráticas. Cada um a seu modo, com linguagens distintas, demonstra como o ser humano se torna beneficiário e prisioneiro da racionalização crescente das ações e relações, dos processos e estruturas. Pouco depois, a fenomenologia e o expressionismo revelam-se muito próximos, enquanto estilos de apanhar as configurações existenciais, os fluxos da subjetividade, as expressões menos conhecidas ou insólitas das situações. Duas linguagens, uma filosófica e outra artística, mas ambas revelando o mesmo estilo de pensar e narrar, compreender e imaginar.[8]

Em outros termos, algo está ocorrendo no clima em que termina a Segunda Guerra Mundial. Horkheimer, Adorno e Sartre, em diferentes contextos, levantam uma tese fundamental para o conhecimento do indivíduo e da sociedade no mundo burguês. A mesma sociedade que cria as condições para a formação do democrata, do radical, do conservador e outros "estilos" de personalidade, produz também o intolerante.

129

O preconceituoso, o repressor, o fascista, o nazista são também produtos da fábrica da sociedade. O intolerante engendra o objeto da sua intolerância, que pode ser judeu, árabe, negro, índio, comunista ou outro. Ele preexiste ao objeto do seu ódio. Uma tese que estava apenas esboçada nos escritos de Hegel, Marx, Nietzsche e Freud aparece desenvolvida, "amadurecida", nas reflexões de Horkheimer, Adorno e Sartre.[9]

São várias as implicações da história nas controvérsias metodológicas em curso nas ciências sociais. São implicações ao mesmo tempo ontológicas e epistemológicas, do maior interesse para o entendimento da crise de racionalidade na qual se encontram algumas correntes do pensamento social contemporâneo.

Note-se que a história, ou historicidade, de que se fala é a da sociedade. A sociedade vista como um todo complexo, múltiplo, contraditório, em devir. Um todo aberto e em movimento, sobre o qual os conhecimentos já adquiridos permitem distinguir diversidades, articulações, determinações recíprocas, desigualdades, oposições, antagonismos, transformações, rupturas. Sob os mais diversos aspectos, do social, econômico e política ao cultural, espiritual e simbólico, dos modos de ser e agir aos de pensar e simbolizar, das mais imediatas e universais às mais imaginárias e incidentais necessidades materiais e espirituais, sob muitos aspectos já se conhece algo dos elementos, das articulações e dos andamentos da sociedade. Nesse sentido é que a historicidade de que se fala, mesmo quando não se diz, é a da sociedade, no seu todo ou em suas partes, em suas determinações e mediações. É como se a história fosse uma dimensão essencial da sociedade, sem a qual esta seria pouco conhecida, ou mesmo ininteligível. Aliás, não é por simples acaso que as ciências sociais, humanas, do espírito também têm sido denominadas históricas.

Aqui se colocam os seguintes problemas, que merecem alguma atenção.

Primeiro, todo intento de interpretar a realidade logo suscita a dimensão diacrônica, na descrição, explicação e compreensão. O conceito ou categoria, tipo ideal, médio ou extremo, causação funcional ou intencional, lei de tendência ou contradição, em todas as fórmulas ou taquigrafias, a reflexão se depara com a duração do pensado e do pensamento. Mesmo quando o estruturalista alega que a história pode ser vista como uma sucessão de configurações sincrônicas, que as estruturas invisíveis, ou inconscientes, apanham momentos significativos da realidade, expressos na sincronia, mesmo nesses casos está em causa o devir.

A SOCIOLOGIA E O MUNDO MODERNO

Segundo, a sociedade, em seu modo de ser e devir, em sua vida e movimento, pensa-se todo o tempo. É claro que o cientista social reflete sobre a realidade enquanto indivíduo. Às vezes, coloca-se consciente ou inconscientemente na óptica de uma instituição, grupo, classe. Mas não é impossível que, em certos casos, seja a sociedade que se pensa pela mediação do cientista social. Em muitas ocasiões, fica evidente que as ciências sociais são formas de autoconsciência científica da realidade.

Mas a relação sujeito-objeto não é sempre a mesma para as diversas teorias, modifica-se de uma para outra. Algumas teorias contemporâneas, como o estruturalismo, o neofuncionalismo, o neoevolucionismo, o marxismo analítico e outras, tomam a relação sujeito-objeto como uma relação de *exterioridade*, isenção, neutralidade. Nas teorias compreensivas, tais como a hermenêutica, a etnometodologia e o interacionismo simbólico, entre outras, ocorre uma espécie de *cumplicidade* entre o sujeito e o objeto do conhecimento. Nas interpretações de inspiração hegeliana e marxista verifica-se uma relação de *reciprocidade*, no sentido de que ambos se constituem simultânea e reciprocamente. Em qualquer caso, no entanto, está em causa a ciência como uma forma de autoconsciência científica da realidade. A despeito dos ideais do cientista, a sua ciência entra na fábrica da sociedade.

Ocorre que a sociedade é o objeto e o sujeito do conhecimento, se queremos entender algumas peculiaridades das ciências sociais. O que Adorno diz da sociologia, pode estender-se às outras ciências sociais, naturalmente com gradações. "A sociologia possui duplo caráter: nela o sujeito de todo o conhecimento, isto é, a sociedade, é o portador da universalidade lógica e, em consequência, é ao mesmo tempo o objeto."[10] Há antropólogos, por exemplo, que viajam para outro mundo para se conhecerem melhor, para compreenderem a própria sociedade, cultura, modo de ser. Viajam para buscar-se. "Para muitos etnólogos, e não somente para mim, a vocação etnológica talvez tenha sido mesmo um refúgio contra uma civilização, um século em que a gente não se sente à vontade."[11] Em forma mais ou menos estilizada, sublimada ou exorcizada, o pensamento tende a guardar algo da arquitetura, do andamento, do colorido e da sonoridade do real; do pensado.

O contraponto razão e história está bem no centro das controvérsias metodológicas que atravessam as ciências sociais contemporâneas. Tanto assim que o estruturalismo e a hermenêutica retomam o problema, ainda que para colocá-lo de lado; permanecendo.

OCTAVIO IANNI

Acontece que o pensamento guarda sempre alguma relação com a realidade, uma realidade à qual não se pode mais negar que é movimento, devir, vir a ser, historicidade, vida. Mesmo quando o pensamento se emancipa, constrói figuras, inventa símbolos e sistemas, espaços e tempos, mesmo nesses casos, quando lhe falta oxigênio, busca materiais na realidade. Em alguns casos, a história aparece como se fosse um depósito de exemplos dispersos, díspares, disparatados. Assim, ao fim e ao cabo, sempre resta a impressão de que o pensamento taquigrafa, estiliza, sublima ou exorciza.

Ocorre que as ciências sociais não só se debruçam sobre a realidade, como estão impregnadas dos seus dilemas e tensões. Mais que isso, o pensamento científico e artístico alimenta-se dos desafios e das opacidades que constituem o real. As mesmas carências que fundam a tessitura e os movimentos da realidade, conferindo-lhe vida, fundam os dilemas e as tensões, os desafios e as opacidades, que provocam e alimentam a reflexão e a imaginação. Conforme relembra Freud, falando da "teoria dos instintos", isto é, do sistema de carências que atravessa a sociabilidade humana:

> Tomei como ponto de partida uma expressão do poeta-filósofo Schiller: "São a fome e o amor que movem o mundo." A fome pode ser vista como representando os instintos que visam a preservar o indivíduo, ao passo que o amor se esforça na busca de objetos, e sua principal função, favorecida de todos os modos pela natureza, é a preservação da espécie.[12]

Podemos alterar as denominações: instintos, inclinações, necessidades, carências etc. Mas não há dúvida de que há determinações que se criam e recriam na trama das relações sociais e disputas dos homens entre si e com a natureza, âmbito no qual desenvolvem-se também conceitos e teorias.

A reflexão científica, assim como a imaginação artística, podem beneficiar-se muito do observar, interrogar e vivenciar situações que conformam a realidade, a trama das relações sociais. Há vibrações e ressonâncias do real que podem escapar à reflexão e imaginação, se estas se mantêm demasiado afastadas. A invenção de um conceito, assim como a imaginação do poema, podem ter muita vida, quando ressoam os movimentos e os impasses do real, seja ele sociedade, indivíduo ou história, instante fugidio, gesto perdido na memória ou som que ainda não se ouviu.

A SOCIOLOGIA E O MUNDO MODERNO

Para escrever um verso, um verso só, é preciso ter visto muitas cidades, homens e coisas. É preciso ter experimentado os caminhos de países desconhecidos, despedidas já há muito previstas, mistérios da infância que ainda não se esclareceram, mares e noites de viagens. Nem basta ter recordações de tudo isso. É preciso saber esquecê-las quando se tornarem numerosas, e é preciso ter grande paciência para esperar até que voltem. Porque as recordações — isto ainda não é a poesia. Só quando se incorporam em nós, quando já não têm nome e já não se distinguem do nosso ser, só então pode acontecer que numa hora rara surja a primeira palavra de um verso.[13]

NOTAS

1. Aldo Gargani (org.), *Crisis de la Razón* (Nuevos Modelos en la Relación entre Saber y Actividades Humanas), México, Siglo XXI Editores, 1983, p. 43-5, citações de "Introducción", p. 7-53.
2. Jean-Toussaint Desanti, "A crise do pensamento que se autodevora", entrevista a *O Estado de S. Paulo*, São Paulo, 22 de outubro de 1988, Caderno 2, p. 5.
3. Jean-Toussaint Desanti, "A crise do pensamento...", citado.
4. Max Horkheimer, *Teoria crítica*, tomo I, trad. Hilde Cohn, São Paulo, Editora Perspectiva, 1990, p. 117, citação do cap. 6, "Da discussão do racionalismo na filosofia contemporânea".
5. Ludovico Geymonat, *Ciencia y Realismo*, trad. José-Francisco Ivars, Barcelona, Ediciones Península, 1980.
6. Fabio Minazzi, "Epistemologia, criticismo e historicidade", publicado por Ludovico Geymonat e Giulio Giorello, *As razões da ciência* (com a participação de Fabio Minazzi), trad. João da Silva Gama, Lisboa, Edições 70, 1989, p. 253-91, citações das p. 265, 266 e 267.
7. Umberto Cerroni, *Metodología y Ciencia Social*, trad. R. de la Iglesia, Barcelona, Ediciones Martinez Roca, 1971, p. 76.
8. Ferdinand Fellmann, *Fenomenología y Expresionismo*, trad. Enrique Muller del Castillo, Barcelona, Editorial Alfa, 1984.
9. Theodor W. Adorno e Max Horkheimer, *Dialética do esclarecimento*, trad. Guido Antonio de Almeida, Rio de Janeiro, Jorge Zahar Editor, 1985, esp. "Elementos do antissemitismo"; Jean-Paul Sartre, *Reflexões sobre o racismo*, trad. J. Guinsburg, São Paulo, Difusão Europeia do Livro, 1960, esp. "Reflexões sobre

a questão judaica"; T.W. Adorno, E.F. Brunswik, D.J. Levinson e R.N. Sandord, *The Authoritarian Personality*, Nova York, Harper & Brothers, 1950, esp. part IV, "Qualitative Studies of Ideology", da autoria de T.W. Adorno.

10. Theodor W. Adorno, "Introducción", em Theodor W. Adorno y otros, *La Disputa del Positivismo en la Sociología Alemana*, trad. Jacobo Muñoz, Barcelona, Ediciones Grijalbo, 1973, p. 44.

11. Claude Lévi-Strauss, *De perto e de longe*, trad. Léa Mello e Julieta Leite, Rio de Janeiro, Editora Nova Fronteira, 1990, p. 90.

12. Freud, *O mal-estar na civilização*, trad. José Octavio de Aguiar Abreu, Rio de Janeiro, Imago Editora, 1974, p. 77.

13. Rainer Maria Rilke, citado por Otto Maria Carpeaux, *História da literatura ocidental*, 2ª edição, revista e atualizada, vol. VII, Rio de Janeiro, Editorial Alhambra, 1978, p. 1848.

CAPÍTULO VII   Dialética e ciências sociais

É válido discutir dialética e ciências sociais centrando, principalmente, na obra de Marx e, a partir dessa obra, discutirmos implicações, desdobramentos, que inegavelmente estão atuando no pensamento científico, inclusive hoje. Mas para que o debate, a compreensão da relação entre a dialética e as ciências sociais, tanto no século XIX como hoje fique consistente, é fundamental recuperarmos algumas colocações básicas do pensamento de Marx e seus principais discípulos, ou seguidores.

Pode ser fundamental começar com uma colocação que tem um quê de controverso para alguns, que é a seguinte: o pensamento de Marx é fundamentalmente uma reflexão sobre o capitalismo. A obra de Marx, a reflexão que Marx realiza, seja em termos de economia, história, cultura e, inclusive, de filosofia, constituem, no conjunto, uma reflexão sobre o capitalismo. É claro que há digressões no pensamento de Marx, a propósito de Idade Média, de Mundo Grego, de Modo de Produção Asiático etc. Mas essas várias e frequentes alusões, digressões, não são substantivas na obra de Marx. Não implicam uma proposta de uma Filosofia da História, no sentido de uma teoria geral da história da humanidade.

As reflexões sobre Feudalismo, sobre Modo de Produção Asiático etc. são ocasionais. Em geral têm muito a ver com seu empenho em entender o que é o modo de produção capitalista, a dinâmica da sociedade burguesa, a historicidade do mundo burguês.

O seu tema, o desafio que está na obra de Marx, é fundamentalmente o mundo capitalista. Creio que dá para exemplificar, comprovar razoavelmente essa colocação, ainda que, é claro, ela seja controversa. Vocês conhecem debates, leituras, diferentes produções de autores (que inclusive se consideram fiéis ao pensamento de Marx) que está propondo uma Filosofia da História, uma Teoria Geral da Ciência etc. etc.

A meu ver, a obra de Marx é fundamentalmente uma reflexão sobre o capitalismo. Vejam bem, o que é que é *O Capital*? É uma reflexão sobre o modo de produção capitalista: sua dinâmica, tessitura, desdobramento, historicidade. E assim outras obras econômicas. Idem para as obras de cunho histórico, *O 18 Brumário* etc. E notem que são vários os desdobramentos da obra de Marx que têm a ver com uma compreensão do mundo burguês. Há hoje publicações reunindo os escritos de Marx sobre a Irlanda, a Polônia, a Índia, a América Latina, a China. Mas todos esses textos são uma reflexão sobre a maneira pela qual o capitalismo alcança a Índia, a China, a América Latina etc.

Insisto nesta colocação porque acho que ela tem a ver com a epistemologia dialética; isto é: com os fundamentos da reflexão dialética que Marx desenvolve, com o seu forte compromisso histórico, com o seu forte compromisso com o real.

Nesta linha de reflexão, que eu insisto é controversa, discutível, dá para dizer que o pensamento de Marx é um produto, é uma invenção, é uma criação do mundo burguês. É um fruto da cultura burguesa. É um fruto (vamos ao extremo) radical, que tem uma relação de negatividade com a cultura, o pensamento burguês, a forma burguesa de existência. Mas é algo que se insere profundamente no desenvolvimento do mundo burguês, da cultura burguesa, da reflexão possível nos quadros da sociedade burguesa.

Nesse sentido, o pensamento de Marx é um pensamento construído em termos de uma reflexão crítica sobre o mundo capitalista, reflexão crítica esta que implica um aproveitamento tanto da filosofia, da economia e de outras contribuições, como uma reflexão crítica sobre o real: sobre as atividades, sobre os desenvolvimentos políticos, sobre as lutas sociais.

A primeira colocação: o pensamento de Marx é fundamentalmente uma reflexão sobre o mundo capitalista. Segunda proposta: esse pensamento é fundamentalmente crítico; isto é, põe em questão tanto os fatos, a realidade, como as explicações vigentes sobre essa realidade.

Vejam bem: a contribuição de Marx está apoiada numa visão crítica da filosofia clássica alemã, fundamentalmente Hegel e Feuerbach. E num diálogo bastante intenso com os neo-hegelianos. É claro que essa filosofia alemã de Hegel e do hegelianismo envolve Kant e outros autores, filósofos. Mas Marx está trabalhando diretamente com Hegel e sacan-

A SOCIOLOGIA E O MUNDO MODERNO

do do pensamento de Hegel a reflexão possível; vamos dizer, o método dialético que Hegel desenvolveu amplamente e que Marx desenvolve na reflexão sobre o mundo capitalista. Mas é fundamentalmente uma reflexão crítica sobre Hegel, ao mesmo tempo que aproveita, dissolve e recria o pensamento de Hegel na reflexão sobre o capital, sobre as lutas de classe. Idem para a economia política clássica inglesa. Ele aproveita principalmente Ricardo e, ocasionalmente, Adam Smith e outros autores. Mas esse aproveitamento crítico é aproveitamento crítico exatamente no sentido de que incorpora algumas contribuições de Ricardo, desenvolve algumas delas e rejeita outras. No mesmo sentido com o socialismo utópico francês. Proudhon é a principal vítima da reflexão crítica de Marx. *A miséria da filosofia* é um livro clássico com uma reflexão crítica sobre o pensamento de Proudhon, mas Marx realiza também uma reflexão crítica sobre outros socialistas contemporâneos de Proudhon, ou anteriores. Há uma discussão mais ou menos ampla, mais ou menos explícita de Fourier, Blanqui, Saint-Simon e outros. Quer dizer que são três correntes principais: a filosofia clássica alemã, a economia política clássica inglesa e o socialismo utópico francês; que são, por assim dizer, matrizes do pensamento dialético marxista e que se consubstanciam em *O Capital*, *O 18 Brumário* e outras, também em reflexões de cunho teórico-metodológico, filosófico, como *A ideologia alemã*, *A Sagrada Família*, *A questão judaica*, os *Manuscritos econômico-filosóficos* etc. Obras essas nas quais a crítica é, simultaneamente, uma proposta de uma nova compreensão da realidade social, histórica e, ao mesmo tempo, uma proposta da dialética que Marx está elaborando.

Depois vamos fazer uma tentativa de especificar algumas das características desta dialética.

Mas a discussão sobre os elementos que compõem o pensamento de Marx não se restringe à filosofia clássica alemã, à economia política inglesa e ao socialismo utópico francês. Não dá para explicar o pensamento de Marx só por aí. E notem, esta é uma linha frequente nas análises sobre dialética, das matrizes, por assim dizer, do pensamento de Marx. Há dois outros elementos indispensáveis para compreensão da dialética marxista: um é o fato da participação política de Marx no debate político.

Desde um certo momento da sua atividade, Marx esta participando das discussões em associações operárias, associações de intelectuais, na imprensa, em diferentes contextos: em Paris, em Bruxelas, em Londres. Participa de *meetings*, comícios, a propósito da questão polonesa, da questão irlandesa e assim por diante. Esta participação política de Marx, que não é excepcional, mas é notável e que se desenvolve ao longo do tempo, é fundamental para se entender o pensamento de Marx, um tipo de participação que envolve a reflexão teórico-prática, o pensamento teórico-crítico, e envolve uma perspectiva excepcional, através da qual ele se apropria do ponto de vista do outro. E, no caso, o outro é o operário. E o grande problema do pensamento de Marx é desenvolver a reflexão sobre o capitalismo, a partir da ótica operária, sendo que essa ótica operária não é uma opção prévia. E isso é muito importante, no meu entender, não é uma opção prévia. Ele não decide, previamente, que a ótica operária é ótica privilegiada. A ótica operária é uma descoberta da reflexão sobre o capitalismo. É a reflexão crítica sobre o capitalismo, na sua tessitura, organização, movimento, historicidade, que lhe permite descobrir que a classe operária é a classe do futuro. Que a burguesia fez a sua revolução e, a partir de um certo momento, não está mais interessada a não ser na contrarrevolução, ou em modificações moderadas, e que a classe que tem um patamar privilegiado e que dispõe de um descortíneo mais amplo para pensar na história é a classe operária. De modo que a opção de Marx pela classe operária não é uma opção ideológica (como se diz em certa gíria) ou uma opção simplesmente política.

É o resultado da reflexão científica e filosófica sobre o movimento da história e é esta reflexão que lhe permite descobrir que a classe operária está construindo a revolução, está construindo a sociedade do futuro.

Aliás, gosto da ideia (que também acho que se deve discutir) de que o pensamento de Marx, no limite, é uma reflexão sobre a revolução. Este é o segredo da epistemologia dialética de Marx. Nós vamos voltar a isso depois.

Outro elemento fundamental na construção da dialética é a pesquisa que Marx realiza. A reflexão sobre os problemas não é uma reflexão feita em termos puramente filosóficos, de discussão de ideias, categorias, propostas, teorias ou o que seja. Não. É, ao mesmo tempo, uma pesquisa sobre a história. *O Capital* é uma vasta e monumental pesquisa sobre a realidade burguesa: a fábrica, a divisão do trabalho, a jornada de trabalho, a mercadoria etc. *O 18 Brumário* é uma pesquisa sobre um golpe de Estado. *As lutas de classes na França* é uma pesquisa sobre a revolução de 1848. De modo que Marx é um filósofo que vai à história, à pesquisa e reflete sobre o movimento do real, busca apanhar a sua dinâmica. A

A SOCIOLOGIA E O MUNDO MODERNO

perspectiva crítica, que é fundamental na construção da dialética (e eu acho que é um requisito essencial da epistemologia dialética, a perspectiva crítica), ela está presente em Marx, tanto a partir da discussão de Hegel, Ricardo e Proudhon como a partir da participação ou com base na participação política nos movimentos sociais, nos movimentos operários e outros. E na pesquisa. É um trabalho complexo de reflexão sobre o capitalismo e, ao mesmo tempo, de desenvolvimento de uma dialética, de uma proposta teórica e metodológica sobre como pensar o real.

Dá para sintetizar a ideia de perspectiva crítica dizendo que o pensamento de Marx, isto é, a dialética, é essencialmente crítica, no sentido de que toma a realidade primeiro como opaca. Isto é, a realidade não se deixa conhecer imediatamente. A realidade social é complexa, contraditória, constituída por nexos, relações, processos, estruturas que não se deixam conhecer pela observação empírica, convencional. O pesquisador precisa refletir, demoradamente sobre o real. Há uma frase famosa de Hegel em que ele diz que "é preciso que a reflexão se entregue ao objetivo da pesquisa para apanhar o movimento do real, a essência do acontecimento". Isso implica que não se toma a realidade como ela é dada, porque como ela é dada é colorida, tem bonitas ou feias formas, tem sons, tem... tudo bem. Mas a realidade não se expressa aí. A frase famosa de Marx é que: "pelo fato de saber que uma pessoa se chama João ou Maria, não sabemos nada dessa pessoa". Para conhecer a pessoa, precisamos conhecer suas relações, os processos que estão implícitos ou explícitos nas suas atividades. À medida que vamos conhecendo que Maria, além de ter 20 anos, é operária ou estudante, branca ou negra, católica ou protestante, que se insere numa família, que se insere num contexto de relações, aí nós vamos chegando a uma compreensão viva do fato, do acontecimento.

O acontecimento no princípio, primordialmente, é opaco. Neste sentido é que é um pensamento crítico, essencialmente crítico. Nesse sentido é que a perspectiva crítica é um requisito essencial da reflexão dialética. E crítica no sentido de crítica das interpretações prévias existentes sobre o fato. Veja bem: Maria se pensa Maria e ela até pode ter uma ideia equívoca sobre si. Ou, a sua ideia sobre a sua condição é uma ideia, que é apenas expressão parcial da sua realidade.

No nível das pessoas (aliás, esse é um exercício bonito de se fazer) quantos de nós não temos uma figuração de nós mesmos, uma imagem de nós mesmos? Figuração que é um equívoco, uma fantasia. E que pode ser uma loucura. E que a pessoa vende por aí. Na prática, a pessoa não é assim, não é bem assim. Entretanto, esta fantasia que cada um constrói sobre si mesmo é uma parte da realidade. Não pode ser desprezada. Não é pura loucura. Na verdade, tem a ver com a vida das pessoas. E idem para os partidos, para as igrejas, para a sociedade.

No caso da análise sobre o capital, Marx tanto analisa os fatos: a mercadoria, as relações de troca, de produção e vai desdobrando, como analisa as explicações prévias sobre o capital: Adam Smith, Ricardo, Stuart Mill. etc. Isto é, vai fazendo a reflexão crítica sobre as explicações preexistentes sobre o fato, incorporando elementos válidos, que parecem consistentes, e desprezando outros. Nesse sentido, a reflexão dialética tem esta característica que me parece básica; ela é fundamentalmente crítica neste duplo sentido:

De que não toma a realidade como ela se apresenta imediatamente, mas sim a toma como misteriosa; e questiona esta realidade até descobrir os seus nexos internos constitutivos, ou seja, a essência do real. Ao mesmo tempo, toma criticamente as explicações prévias existentes sobre essa realidade, porque essas explicações, ou são sugestivas de aspectos válidos, que podem contribuir para uma interpretação mais acabada, ou podem induzir a uma apreensão equívoca deste real. Aquilo que um partido pensa de si mesmo, assim como aquilo que uma pessoa pensa de si mesma, não é o que é o partido na realidade, ou a pessoa na realidade. Pode ser uma expressão. É claro que esta colocação envolve uma compreensão da pesquisa, da reflexão — esta dialética da reflexão por assim dizer, que consiste em ver o real sempre em movimento. E aí poderíamos dizer que há uma outra conotação da reflexão dialética: a realidade é apreendida como movimento, como transformação, como transfiguração. Mesmo que a realidade pareça estar parada, pareça estar organizada, pareça que está em estado — como dizem aí os conselheiros ou os ideólogos das classes dominantes — que "há ordem social estável", "que há uma estabilidade", que há uma tranquilidade — mesmo quando as coisas parecem estáveis, na verdade, as coisas estão em modificação. Há transformações que estão ocorrendo ou que estão se gestando. E isso se descobre pela reflexão crítica sobre o real. Aquilo que parece parado, é movimento. Há configurações mais ou menos ativas, mais ou menos dinâmicas, mas há sempre configurações em movimento. Daí a importân-

A SOCIOLOGIA E O MUNDO MODERNO

cia da reflexão de Marx sobre a revolução. Daí por que dá para propor que, no limite, a reflexão de Marx é uma tentativa de entender o que é uma revolução. A análise da mercadoria em *O Capital* é uma análise da mercadoria que nas primeiras páginas parece muito fria: valor de uso, valor de troca, trabalho concreto, trabalho abstrato etc. Mas, à medida que a reflexão progride, descobrimos o que é mais-valia. E o que é mais-valia? É a alienação humana, é a expressão, é configuração da alienação humana. E a alienação humana é um fundamento da contrariedade, dos antagonismos, da contradição, da revolução (se a gente entender a revolução num sentido lato).

Especificando um pouco mais, penso que é válido dizer que a proposta que está nas obras de Marx (e que é retomada por Engels, Lenin, Trotski e alguns outros poucos, pouquíssimos, que contribuíram substantivamente para a reflexão dialética) é uma proposta fundamental, que talvez tenha uma matriz fundamental: é a de compreender a realidade social em termos de uma dialética de dependência recíproca. Isto é: não há fato social assim como não há pessoa que seja autônoma, autossuficiente, que se explique por si. Na verdade, todos os fatos econômicos, sociais, culturais, psicológicos, são explicáveis na medida em que se compreende a trama das relações nas quais estes fatos se inserem.

A mercadoria é um inerte, mas esta mercadoria se torna livro, com um recado filosófico, político, estético, quer seja para quem lê, para quem ouve aquilo que lê e assim por diante. Para o livreiro ela tem uma outra conotação, mas se insere na dinâmica das relações sociais, entre o livreiro e o comprador de livros. Na fábrica de livros, na editora, o livro tem uma outra conotação. De modo que não há fato na vida social, fato econômico, político, cultural, religioso etc., que se explique em si. Há uma trama de relações sociais que cabe à pesquisa desvendar, que explica a constituição do real, a constituição das pessoas, das coisas, dos diferentes fatos, acontecimentos, seja em termos micro, seja em termos macro.

Ao analisar a dinâmica das relações sociais — e são frases frequentes e reiteradas de Marx nos seus escritos sobre a dependência recíproca, a interdependência, a trama das relações sociais etc. — constata-se que as relações entre as pessoas, em termos de muitos ou poucos indivíduos, são relações que se desdobram em atividades de cooperação e divisão do trabalho principalmente. E que a divisão do trabalho, fazendo uma síntese, envolve a distribuição desigual tanto de pessoas no processo que está em

143

OCTAVIO IANNI

causa, como do produto dessas atividades. O que quer dizer que a divisão do trabalho na sociedade burguesa — que é o que está presente — é uma divisão do trabalho que traz, consigo, a desigualdade social. Há uma divisão entre homens e mulheres, adultos e crianças, burgueses e operários, urbanos e rurais e assim por diante. E essas divisões são sempre divisões que envolvem a distribuição desigual das funções e do produto do trabalho. A dependência recíproca, a interdependência das pessoas e coisas na vida social, que se concretiza numa divisão de trabalho mais ou menos complexa, traz, consigo, a alienação, entendendo a alienação como sendo a alienação tanto material, que é a alienação do operário na fábrica, que é expropriado do produto do trabalho em parte, como a alienação de cunho cultural, espiritual que é aquela que sofrem tanto os operários quanto os camponeses. A alienação material vem sempre acompanhada de uma alienação espiritual, como se verifica em diferentes grupos sociais: negros e brancos, católicos e protestantes, homens e mulheres. Alienações espirituais estas que vêm sempre acompanhadas de alienação material. Não há dúvida de que exista uma "economia política do machismo". Assim como existe uma "economia política" do preconceito contra o índio, contra o negro. Assim como, ainda, existe uma "economia política" do problema religioso na Irlanda do Norte; e assim por diante.

Mas é importante reconhecer que a alienação não é só material, em termos de economia, mas é também espiritual; isto é, cultural. E a alienação é produto, por assim dizer, intrínseco da dinâmica das relações sociais.

As relações sociais no mundo burguês são relações que produzem e reproduzem na escola, fábrica, fazenda, igreja e dentro de casa. Em todos os contextos, temos instituições que, por assim dizer, sacramentam e reiteram a alienação humana, em distintas gradações.

Essa alienação universal, de cunho material e espiritual, funda duas determinações fundamentais, duas dimensões fundamentais da dialética da sociedade burguesa: uma é o fetichismo.

A sociedade burguesa é uma fábrica de fetichismos que permeiam todas as relações humanas. Todas as relações humanas são relações de antagonismo, de diversidade antagônica, de contrariedade.

Em certos contextos, as relações são relações de contradição, no sentido próprio do termo. Contradições estruturais, que envolvem a batalha, envolvem a luta, envolvem a revolução.

A SOCIOLOGIA E O MUNDO MODERNO

O fetichismo, a gente tende a pensar que é o fetichismo da mercadoria, do dinheiro, dos juros, que são duas, três análises clássicas de Marx sobre o fetichismo. Mas a proposta que está em Marx, e que é desenvolvida depois por Lukács, Goldmann e outros, é de que o fetichismo não se restringe ao nível, ou ao mundo, das relações econômicas. Na verdade, o fetichismo permeia as relações sociais amplamente.

Onde há alienação, há fetichismo. Às vezes, é de cunho cultural, de cunho espiritual. Há o fetiche da moda, há a fetichização do cantor, a fetichização de uma fala, de um artifício de linguagem, há a fetichização das coisas que a gente usa, a fetichização da moda.

A sociedade burguesa, em sendo uma sociedade cuja dinâmica constitui e reconstitui ininterruptamente a alienação humana, em forma material e espiritual, fabrica e refabrica continuamente o fetichismo das relações sociais. O fetichismo que permeia não só as relações sociais.

O segredo da cultura burguesa é o fetichismo. É uma cultura amplamente fetichizada.

Fetichizar significa cristalizar, tomar um dado como em si, autonomizar, ideologizar, folclorizar.

A indústria cultural fetichiza, trabalha a fetichização das relações, dos fatos, dos signos e transforma muita produção, ou divulgação cultural, em fetiche.

Na verdade, toda fetichização compreende a autonomização. Toma-se o fato independente da dinâmica do real e tende-se a naturalizar (eu acho boa a ideia de que fetichizar, às vezes, parece naturalização, por exemplo, na dinâmica das relações raciais, na dinâmica das relações entre as religiões. Tornam-se ideias que são formuladas em função de preconceitos, de idiossincrasias e adotam-se estas ideias, essas formulações, estes estereótipos, como sendo a realidade. Leia-se um livro de 1º grau. Descobre-se o índio brasileiro com sua vocação nômade, sua tendência para a liberdade, a viver na natureza; quer dizer, toda uma fetichização do outro.

E isso aparece nos diferentes contextos das relações sociais no mundo burguês: na fábrica, no escritório, na escola, na família.

E, imbricada com este processo de fetichização, mas nascendo da alienação geral que atravessa as relações humanas, está a contradição.

As relações sociais no mundo burguês são sempre relações de contrariedade, de antagonismo, ou fundamentalmente, de contradição no sentido de um antagonismo estrutural. Sendo que há antagonismos que

OCTAVIO IANNI

podem ser estruturais que não são revolucionários e antagonismos que são estruturais e revolucionários.

Isso é um problema a discutir, a examinar. Quer dizer: o antagonismo de operários e burgueses é um antagonismo estrutural que se resolve por uma revolução: pacífica ou violenta.

Há um debate a ser feito sobre isso. Mas a alienação do operário é uma alienação que implica um antagonismo essencial entre operários e burgueses.

Há alienações que têm cunho estrutural, como a alienação da mulher em face do homem na sociedade burguesa, que não pode se resolver por uma revolução. Eu não sei se algumas feministas acham que deveria haver uma revolução, mas acho que é muito complicado resolver por uma revolução. Quer dizer: são contradições que têm conteúdo, ingredientes, implicações que não envolvem um enfrentamento (porque senão seria uma infelicidade total!).

Mas vejam bem: há contradições — a ideia de contradição no debate sobre dialética vem sempre acompanhada de antagonismo revolucionário. Sempre. Mas é preciso temperar isso. Há contradições, mesmo entre operários e burgueses que, conforme a conjuntura, resolvem-se de uma forma pacífica: pelas negociações ou pela reforma pura e simplesmente. As contradições estruturais (no sentido de que envolvem a construção da sociedade) não precisam se resolver, todas e sempre, exclusivamente pelo enfrentamento revolucionário. Podem se resolver por formas não propriamente violentas.

Mas a resolução da contradição, vejam bem, a resolução da contradição pode modificar revolucionariamente a sociedade. A resolução das contradições não se dá, sempre, pela mesma forma. Pode implicar numa combinação. Vocês examinem a história das sociedades: a revolução inglesa, a revolução burguesa da Inglaterra, implicou em rupturas diferentes da revolução burguesa da França. Esta se realiza por uma revolução de amplas e profundas implicações na sociedade francesa e europeia. A revolução burguesa na Inglaterra tem uma conotação; a revolução burguesa na Alemanha tem outra entonação. Quer dizer: a resolução das contradições sociais encontra vários caminhos, várias possibilidades.

Agora, daria para a gente tentar marcar alguns pontos. É válido dizer o seguinte: afinal, quais são as categorias fundamentais da reflexão dialética? Tendo em conta que a reflexão dialética é a reflexão que Marx

A SOCIOLOGIA E O MUNDO MODERNO

realiza sobre o mundo capitalista, sobre o mundo burguês — não excluindo a possibilidade de que esta reflexão se aproveite, na análise de uma sociedade tribal, de uma sociedade feudal etc., mas, tomando em conta o compromisso fundamental do pensamento de Marx com o mundo burguês, quais seriam as categorias fundamentais? Parece válido dizer que as categorias fundamentais do pensamento dialético, a construção da dialética em Marx, seriam, principalmente, as seguintes:

Primeiro: trabalho, práxis, num sentido mais amplo. Isto é, a sociedade, os indivíduos, os grupos sociais, são o produto da práxis humana, individual e coletiva. O ser humano é trabalho. O que constitui o ser humano é trabalho. Não fiquem estranhados, porque a ideia de trabalho não significa só trabalho econômico, o trabalho que se realiza na fábrica, no escritório ou no campo. Trabalho é atividade material e espiritual.

Modestamente, nós outros que trabalhamos intelectualmente, trabalhamos. E esse trabalho é uma modificação. Isto é, trabalhar significa atividade mas também significa realizar, objetivar, expressar, cristalizar, alienar-se (no sentido de alheiar-se em outra coisa).

Quando digo alheiar-se, estou me alienando numa palavra. Se escrevo aqui dialética, estou me objetivando na palavra que escrevi.

Isso significa práxis, significa trabalho, significa objetivar-se em outra coisa, de modo que, tanto o operário numa fábrica se objetiva pelo trabalho na mercadoria que cria, como o estudante desenvolve o seu trabalho construindo um texto, realizando uma atividade intelectual, materialmente visível ou imaginária.

Notem que, entendendo o trabalho num sentido lato, que é um sentido inclusive hegeliano e não só marxista, o ser humano é essencialmente trabalho, entendendo-se não apenas como atividade mas como objetivação, como cristalização. Trabalho este que se objetiva, que se cristaliza nas coisas, coisas essas que fazem parte do ambiente social do universo que criamos.

Então, coloca-se aquela imagem fascinante; a gente cria a criatura e a criatura toma conta do criador. Os homens criam os deuses e depois se submetem aos deuses nas diferentes igrejas, nos diferentes centros, nos diferentes terreiros. Mas os deuses são invenção do ser humano. Neste sentido, a práxis é algo fundamental, e a dialética, criador e criatura, é essencial para a compreensão do pensamento marxista. O produto da atividade humana passa a constituir um ou vários elementos do espaço social, do ambiente social (que é social, cultural, econômico, religioso, artístico) que o indivíduo, o grupo, a sociedade constituem. Nesse sentido, estes elementos passam a ser não só ilustrações, imagens plásticas, sonoras, ou o que seja, mas também passam a ser elementos constitutivos das pessoas.

Esta é uma imagem muito simples mas válida: o ser humano cria a cadeira, a mesa, a sala. E, ao mesmo tempo que se objetiva, que se cristaliza nesse espaço cultural, que são os objetos com significados, se determina. Ficamos quadrados porque estamos delimitados pelo ambiente que está determinado, que está constituído. Podemos modificar este ambiente, mas temos certas limitações, porque estas cadeiras têm braços, porque esta mesa está fixa, porque estas paredes estão montadas em colunas de concreto.

De modo que o ser humano cria uma realidade totalmente nova, faz uma invenção que até pode ser muito bonita, mas ao mesmo tempo se determina, se condiciona, se bloqueia.

A práxis, ou seja, o trabalho, se concretiza em trabalho morto. E o novo trabalho vivo que o ser humano pode desenvolver tem que se realizar a partir do trabalho morto, dadas as condições existentes, herdadas, seja da geração anterior, seja do momento anterior.

Daí aquela famosa frase de Marx que está no *18 Brumário*: "Os homens fazem a sua própria história, mas não a fazem como querem. Fazem segundo as condições herdadas do passado. O peso das gerações passadas oprime a consciência, o pensamento, a prática das gerações vivas."

A importância do trabalho morto, entendido o trabalho morto não só no sentido físico mas no sentido espiritual, é muito grande. Todos acreditam em algum deus. Todos acreditam no princípio do meu e do seu. Todos têm uma série de princípios que são patrimônios das gerações passadas e que são altamente determinantes de nossa vivacidade, de nossa criatividade e, portanto, bloqueiam em grande medida, a nossa criatividade. Ou então: precisam ser tomadas em conta essas realidades preexistentes para que, a partir daí, possamos fazer algo novo, construir algo novo.

A ideia de trabalho entendida assim é uma ideia muito rica, que funda o que seria uma epistemologia dialética. Há autores que insistem na ideia de que o fundamento ou um fundamento essencial da epistemologia dialética seria o trabalho. A sociedade, o ser humano, a cultura, as instituições, os partidos, as igrejas, o que queiram, tudo isto rebate, em última instância, na práxis; entendendo que a práxis é material e espiri-

A SOCIOLOGIA E O MUNDO MODERNO

tual e entendendo, fundamentalmente, que a práxis é movimento que é modificação. Outra categoria fundamental é a alienação, na sociedade burguesa. Devido às condições da sociabilidade humana, da organização da vida, a alienação, permeia as relações humanas. Não só, repetindo, o operário na fábrica, mas também a mulher em face do homem, também o jovem em face do adulto.

Deve ser muito difícil ser criança em face dos adultos. Vocês já pensaram nisso, como deve ser?

Porque os adultos querem ensinar as crianças. Ensinar as crianças significa o quê? Socializar, na linguagem sociológica. E o que significa socializar? Bloquear, estabelecer parâmetros, ensinar o que é certo e o que é errado, o que é bom e o que é ruim, o que é bonito e o que é feio. Não há dúvida de que isso significa alienação. Idem para os jovens.

A alienação é algo que está na fábrica da sociedade, em todos os níveis. E, simultaneamente, uma terceira categoria: teríamos trabalho, alienação e o fetichismo. A fetichização que acompanha esse processo da alienação. E em quarto lugar, a contradição. Sendo que acho que é válido dizer que se a gente tivesse que responder: afinal, em última instância qual é o fundamento da explicação dialética? O que é a explicação dialética em última instância? Numa palavra, acho que se pode afirmar que o princípio da contradição é o princípio explicativo por excelência da dialética. Em última instância se desenvolve a explicação da dialética que se realiza, se a reflexão alcança a forma pela qual se cria, se constitui, se desdobra, se resolve a contradição. É válido dizer isso, não esquecendo dos outros elementos, alienação, fetichismo, trabalho etc. Se alguém me perguntasse: qual é o princípio explicativo de Weber, do pensamento weberiano? É o princípio da conexão de sentido. Tipo ideal, tipo empírico e tipo ideal, análise sobre as formas da ação humana, tudo bem, tem uma discussão ampla e muito rica. Mas, em última instância, o pensamento weberiano busca apanhar a conexão de sentido como explicativo, como princípio fundamental.

Se se fosse perguntar para o funcionalista, qual é o princípio explicativo fundamental do funcionalismo? É o princípio da conexão funcional; isto é, a explicação sobre um fato que se realiza na medida em que se avança a articulação desse fato com os outros, que são contemporâneos ou que estão naquele contexto, ou que fazem parte de uma certa totalidade.

OCTAVIO IANNI

A explicação dialética, eu diria repetindo, em última instância, busca a constituição da contradição, o funcionamento da contradição, o desdobramento da contradição, a resolução da contradição.

Do ponto de vista dialético, a contradição não se apaga; ela se resolve. Portanto, ela se desdobra. A contradição entre operários e burgueses na sociedade burguesa não se apaga; ela encontra soluções de acomodação de diferentes tipos: leis, reivindicações, greves, partidos, e são contínuas e frequentes reacomodações dessas contradições sociais. Reacomodações que envolvem o quê? A criação da contradição num outro patamar. E é difícil imaginar situações no mundo burguês em que as contradições se apagam e se resolvem de forma definitiva. Na verdade, é uma contínua criação, recriação das contradições sociais, em diferentes patamares. A resolução, aqui, implica em novas condições contraditórias e outro nível. Voltando a uma proposta que fiz no início, creio que é válido dizer que na dialética, nas relações sociais (e, tendo em vista em especial estas categorias: trabalho, alienação, fetichismo e contradição) dá para dizer que a reflexão de Marx sobre o mundo burguês pode ser, em última instância, uma reflexão sobre a revolução. Isto é, uma reflexão sobre como se revoluciona a sociedade, como se revoluciona a história, como se revoluciona a vida humana, as relações humanas tanto em nível micro como em nível macro.

Insisto na ideia, como uma especulação, mas eu acho que é válido insistir, porque muitas das discussões sobre o pensamento dialético insistem na ideia de que o pensamento dialético tem a ver como uma proposta, sobre a revolução operária, sobre a revolução social, aliás, a teoria da revolução, quando se fala em Marx, é teoria da revolução operária. A meu ver, não é isso, não é só isso.

Que é uma preocupação em entender as condições da revolução operária nem se discute, mesmo porque essa revolução é algo que estaria na essência do movimento da sociedade burguesa. Mas a reflexão de Marx é muito, também, uma reflexão sobre a revolução burguesa. Há uma vasta contribuição de Marx, nos diferentes estudos, sobre a revolução burguesa, e sobre as formas da revolução burguesa: alemã, francesa, inglesa, a via prussiana da revolução como se diz, a via democrática, sobre a revolução e contrarrevolução. Toda a análise de Marx sobre o Bonapartismo é, em outros termos, uma reflexão sobre a contrarrevolução burguesa, que aparece de maneira aberta em Luís Bonaparte e aparece, vamos dizer, amplamente Bismarck, aparece em várias outras conjunturas históricas.

A SOCIOLOGIA E O MUNDO MODERNO

Dá para reler ou repensar a obra de Marx como sendo uma reflexão sobre a revolução.

Quero sugerir que talvez o fundamento último da epistemologia dialética (se a gente puder dizer assim) é a revolução. E de como se constitui o movimento do real. E de que o movimento do real se constitui sempre revolucionariamente. Todos os momentos da sociedade são momentos que estão engendrando ou resolvendo a revolução ou a contrarrevolução.

CAPÍTULO VIII   Ciência e arte

Uma das características marcantes da história do pensamento moderno tem sido a clara demarcação entre filosofia, ciências naturais, ciências sociais e artes; de tal modo que a religião e outras modalidades de vida cultural e intelectual são postas à parte, como alheias e incompatíveis com a modernidade. A metáfora "desencantamento do mundo" expressa esse processo, esboçado em tempos antigos e medievais, mas que adquire crescente predomínio desde a Renascença, a descoberta do Novo Mundo e a invenção da imprensa, acontecimentos esses que se beneficiam do clima intelectual que acompanha a Reforma Protestante.

De hecho, em nuestra cultura occidentalla filosofia há estado vinculada desde el principio a la aparición de la ciencia. Esto es lo nuevo que integró a Europa en su unidad y que hoy en dia provecta en irradiación universal la cultura científica propia de Europa desde la peligrosa situación de la civilización mundial... Conocemos los grandes logros de las grandes culturas de Oriente Próximo, conocemos las de Latinoamérica y del sur y del este de Asia. Sabemos, por lotanto, que la cultura no ha tomado necessariamente — ni en todas partes — el camino de la sabidurla y su pontencia. Este camino se ha seguido mucho más en Europa. Solo en Europa se ha dado una diferenciación entre nuestras actividades intelectuales que nos permite distinguir a la filosofia de la ciencia, el arte e y la religion... En Europa nuestro destino intelectual adquirió forma gracias al hecho de que se produjeran las máximas tensiones entre estas múltiplas formas de la fuerza creadora. En especial el contenido de la filosofia y de la ciencia tiene una importancia determinante en la situacion actual de Europa.[1]

Em escala crescente e de forma cada vez mais intensa e generalizada, as distinções entre as linguagens filosóficas, científicas e artísticas acen-

OCTAVIO IANNI

tuam-se, adquirindo contornos de narrativas radicalmente distintas. As demarcações tornam-se crescentemente nítidas e, muitas vezes, rígidas. Aos poucos, os "modernos" distinguem-se dos "antigos", inclusive porque não mesclam teologia nem mitologia com filosofia, ciência e arte. Ao mesmo tempo que se afirma e reafirma o nascimento da filosofia no âmbito do pensamento grego, esquecem as exegeses de tradições do pensamento e mitologias gregas e de outras civilizações, com as quais nascem algumas proposições fundamentais da metafísica e epistemologia. A partir de Bacon e Galileu, assim como de Maquiavel, Descartes, Spinoza e outros, desenvolvem-se metodologias e epistemologias, codificando procedimentos científicos e filosóficos, bem como demarcando orientações que serão cada vez mais adotadas e generalizadas. Aos poucos, instaura-se o "experimentalismo", como emblema da maioridade do pensamento científico. Experimentalismo esse que tem sido, desde então, imitado por cientistas sociais, entusiasmados com a "indução quantitativa", a busca da "objetividade", o ideal da ciência rigorosa, madura ou dura; esquecendo que o mundo sociocultural e político-econômico, ou histórico, articula-se dialeticamente, envolvendo atividades físicas e espirituais, a práxis humana, individual e coletiva.

Essas demarcações têm sido uma vigorosa tendência e, muitas vezes, uma obsessão de filósofos, cientistas dedicados à "natureza" e à "sociedade", bem como escritores e outros artistas. São muitas as criações de uns e outros, nas quais se marcam e demarcam as diferenças e as fronteiras, bem como as especificidades de cada linguagem, sistema de conceitos, conjuntos de metáforas, categorias e alegorias, compreendendo escolas e tradições, influências e filiações e compondo um vasto painel de narrativas em diferentes estilos.

Daí a crescente e generalizada subdivisão de "áreas", "setores", "campos", "especializações". Nas ciências sociais, bem como nas ciências naturais e até mesmo na filosofia, multiplicam-se as especialidades e os especialistas, de tal modo que se formam intelectuais sofisticadíssimos e altamente competentes em algum fragmento da realidade ou fímbria do pensamento. Devido à contínua e generalizada institucionalização, acadêmica e não acadêmica, das atividades intelectuais, multiplicam-se as disciplinas nas ciências sociais e em cada uma destas. A economia política e a sociologia, a história e a geografia, a antropologia e a psicologia, subdividem-se em distintas e cada vez mais especializadas disciplinas. Devido à crescente institucionalização das atividades de ensino e pesquisa, à in-

A SOCIOLOGIA E O MUNDO MODERNO

fluência do positivismo e às induções do mercado, a filosofia, as ciências naturais, as ciências sociais e as artes têm sido pulverizadas no curso do século XX, entrando pelo XXI.

Daí a contínua e generalizada reversão "técnica e ciência", em lugar do contraponto "ciência e técnica", o que tem provocado uma acentuada primazia da técnica, da busca de tecnologias para a operação, a organização, a mudança e o controle dos processos e estruturas que constituem os diferentes setores da sociedade, nacional e mundial. Daí o barbarismo "tecnociência", com o qual se busca subordinar continuamente o ensino e a pesquisa às exigências das organizações públicas e privadas, de modo a aperfeiçoar as instituições, organizações e estruturas de dominação e apropriação, com as quais se afirma e reafirma a ordem social prevalecente. Essa tem sido a reversão por meio da qual a "razão crítica", com a qual se podem descobrir configurações, movimentos e tendências da realidade social, em âmbito nacional e mundial.

É óbvio que essa multiplicação de especialidades, área, setores, campos e disciplinas, cria sérios problemas metodológicos, teóricos e epistemológicos. São problemas com os quais se debatem todos aqueles que assumem o desafio de refletir sobre as condições e as possibilidades da "explicação", "compreensão" e "revelação", que se colocam para uns e outros, em termos epistemológicos. Debatem-se com enigmas e antinomias presentes em emblemas tais como os seguintes: tempo e espaço, parte e todo, passado e presente, aparência e essência, singular e universal; bem como continuidade e descontinuidade, crise e ruptura, revolução científica e revolução cultural, reflexão e intuição, paixão e esclarecimento, contemporaneidade e não contemporaneidade, simultaneidade de criações intelectuais e espírito da época.

Esse o clima intelectual que leva muitos a repensar problemas ontológicos e epistemológicos envolvidos na contínua e generalizada multiplicação de disciplinas e subdisciplinas. São inquietações que se traduzem em debates e escritos sobre "interdisciplinaridade", "multidisciplinaridade", "epistemologias integrais", "epistemologias regionais", "epistemes", "rupturas epistemológicas".

A rigor, a contínua demarcação, diferenciação e especialização nunca deixou de inquietar uns e outros, no curso dos tempos modernos. Mas a força das instituições, da divisão do trabalho intelectual, das equipes de seniores e juniores, dos aparatos tecnológicos e dos vultuosos recursos financeiros oriundos de agências governamentais e privadas alimentam a indiferença ou mesmo a hostilidade com relação aos debates fundamentais, de cunho ontológico e epistemológico. São muitos os que estranham ou menosprezam as inquietações, debates e reflexões com os quais o cientista, filósofo e artista buscam questionar-se, aprofundar interrogações, refletir sobre fundamentos e possibilidades de conhecimento e esclarecimento, ou explicação, compreensão e revelação.

Esse o clima em que muitos descobrem e redescobrem o contraponto "ciência e arte" como um aspecto fundamental da "crise" mais ou menos permanente, inquietando adeptos da especialização" e adeptos da visão abrangente, holística, do grande relato. Sim, o contraponto "ciência e arte" situa-se no âmago desse clima, das inquietações e controvérsias que acompanham os desenvolvimentos e os impasses, as realizações e reorientações, os equívocos e façanhas do pensamento; traduzidos em textos, narrativas em diferentes "estilos".

Quando se coloca o desafio de buscar as relações, convergências e divergências entre "ciência e arte", no que se refere às possibilidades de conhecimento, logo se coloca, simultaneamente, o desafio de reconhecer que as criações científicas, filosóficas e artísticas podem ser vistas como "narrativas". Todas se traduzem em narrativas, ainda que se diferenciem em termos de figuras de linguagem, conceitos, categorias, metáforas, alegorias e outros elementos. Cabe, pois, partir da preliminar de que todas as criações traduzem-se em narrativas, o que torna possível refletir sobre similaridades, confluências e contemporaneidades das formulações filosóficas, científicas e artísticas; sem prejuízo do reconhecimento de quais são ou podem ser as peculiaridades e especificidades das linguagens, figuras e outros elementos de cada forma de conhecimento, esclarecimento ou deslumbramento. Algo nesse sentido pode ser observado, quando se resgatam as criações características da Renascença ou do Iluminismo. São criações filosóficas, científicas e artísticas, notáveis ou mesmo excepcionais pela originalidade e audácia. Mas todas, ou a maioria, tanto na Renascença, como no Iluminismo, impregnadas de algo que pode ser definido como o clima da ocasião ou o espírito da época. Narram revoluções culturais da maior importância para a inteligência das configurações e movimentos da história e do pensamento.

São muitos, em todo o mundo, os que reconhecem que as ciências e as artes encontram-se e fertilizam-se contínua e reiteradamente. Esse é

A SOCIOLOGIA E O MUNDO MODERNO

um contraponto que vem de longe e que se afirma e reafirma no curso dos tempos modernos. São muitos e notáveis os cientistas que trabalham suas narrativas artisticamente, incorporando soluções literárias e temas suscitados pelas fabulações de escritores e outros artistas. Também escritores e outros artistas beneficiam-se das criações e enigmas propostos por cientistas. Há temas e inquietações que impregnam as narrativas de uns e outros, em diferentes ocasiões.

São notáveis os casos em que há evidente contemporaneidade de temas e inquietações, desafiando uns e outros. Esse é um contraponto que estava presente no pensamento político de Maquiavel e nas tragipolíticas de Shakespeare. Contraponto esse que ressurge nas obras de Hegel, Goethe e Beethoven; assim como na anatomia da sociedade burguesa realizada por Balzac e Marx; continuando na descoberta da alienação individual e coletiva desvendada por Kafka e Weber, em criações e reflexões sobre a racionalização do mundo.[2]

Em distintas épocas e ocasiões, são evidentes as convergências e fertilizações recíprocas, além da contemporaneidade. Em suas distintas linguagens, compreendendo metáforas e alegorias, conceitos e categorias, essas narrativas contribuem para o desenvolvimento e a recriação das múltiplas gradações e possibilidades de esclarecimento. Tomadas em conjunto, no curso dos tempos modernos, contribuem decisivamente para o "desencantamento do mundo"; e simultâneo "reencantamento do mundo"; em busca de utopias; ou de alguma alegria.

Se é verdade que os escritores literários, científicos e filosóficos podem ser vistos como narrativas, nas quais se combinam figuras de linguagem e ideias, metáforas e conceitos, categorias e alegorias, é também verdade que há distinções que se preservam, próprias de cada forma de reflexão ou fabulação.

Em se tratando das obras, ou seja, narrativas de ciências sociais, é possível classificá-las em duas modalidades bastante distintas, compreendendo "estilos" diferentes de esclarecimento. Algumas estão empenhadas em contribuir para a *explicação* do que é ou pode ser a realidade social, presente ou passada; compreendendo o que pode ser observado classificado e quantificado, descrito ou explicado; sempre que possível em termos de variáveis, indicadores, índices e frequências; de tal modo que a explicação funda-se no princípio da causação funcional, estruturação ou articulação sistêmica. Ao passo que as outras, dentre as narrativas de

OCTAVIO IANNI

ciências sociais, estão comprometidas principalmente com a compreensão do que pode ser a realidade social, tendo em conta o indivíduo e a sociedade, os indivíduos e as coletividades, a identidade e a alteridade, o cotidiano e o mundo da vida; apreendendo relações e processos não só socioculturais e político-econômicos, como também psicossociais, objetivos e subjetivos.

As narrativas literárias e de outras linguagens artísticas, no entanto, contribuem principalmente para o que se pode denominar de revelação, desvendamento do que pode ser a realidade e o imaginário, o visível e o invisível, o prosaico e surpreendente; implicando uns e outros, indivíduos e coletividades, povos e nações, em diferentes épocas; surpreendendo o querer e as volições nas quais indivíduos se movem ou são movidos, como atores ou títeres de inquietações que podem ser fugazes ou forças sociais que podem ser avassaladoras.

A despeito da ampla gama de assuntos compreendidos pelas narrativas que se sucedem e multiplicam no curso dos tempos, é inegável que podem distinguir alguns temas marcantes. São marcantes não somente porque tratados simultaneamente por cientistas, escritores e algumas vezes também filósofos, mas também e principalmente porque são lemas emblemáticos do que tem sido o curso da história e do pensamento modernos.

Vale a pena examinar, ainda que de modo breve, alguns desses emblemas. Podem contribuir para clarificar outros e novos aspectos do contraponto "ciência e arte". Note-se que esse contraponto compreende um diálogo antigo, muitas vezes polifônico, no qual se revelam as ressonâncias, contemporaneidades e convergências que se polarizam em temas fundamentais do que tem sido a modernidade. Simultaneamente, revelam-se alguns enigmas epistemológicos que podem contribuir para o esclarecimento de "revoluções" culturais, nas quais, as criações artísticas," científicas e filosóficas podem estar expressando o "espírito da época".

Em uma fórmula breve, é possível tomar as narrativas que compõem a vasta biblioteca da modernidade, a despeito das suas distintas linguagens, como diferentes formas de esclarecimento, envolvendo possibilidades diversas de articulação da autoconsciência de uns e outros, a respeito da realidade e do imaginário, do visível e invisível, apreendendo o ser e o devir, o fluxo das coisas, gentes e ideias, bem como as volições e as ilusões. Vistas assim, como um todo, como se fosse um amplo e infindável mural em movimento, múltiplo, babélico e polifônico, elas compõem

A SOCIOLOGIA E O MUNDO MODERNO

novas modalidades e possibilidades de metanarrativas, nas quais se cartografam diferentes configurações do palco da história e do mundo imaginário, surpreendendo muito do que pode ser real e fantástico.

A história do mundo moderno, em suas diferentes épocas e em seus distintos aspectos, está registrada principalmente em narrativas. Nem sempre elas taquigrafam plenamente os acontecimentos e as formas de pensamento, mas registram muito do que tem sido a realidade e as criações do imaginário. É como se as narrativas estivessem sempre desafiadas a captar o visível e o invisível, o real e o possível, o ser e o devir, a realidade e a interpretação, o significado e a ilusão. No conjunto, vistas como uma vasta biblioteca. Babel ou polifonia, as narrativas parecem adquirir consistência e vigência. Podem ser vistas como ampla, movimentada e viva cartografia das diversidades dos indivíduos e coletividades, povos e nações, culturas e civilizações, bem como das teorias e interpretações, articulando significados e enigmas, com os quais se forma e transforma o mundo moderno. Tanto é assim que muitos, em diferentes épocas e em todos os lugares, têm sido levados a crer que o mundo moderno é, principalmente, ou exclusivamente, uma ampla, complexa e infindável narrativa.

Toda narrativa bem realizada expressa, sintetiza ou sugere algo do que se pode denominar "visão do mundo". Independentemente da diversidade das linguagens, cada narrativa bem realizada confere ao leitor algo ou muito de uma visão de conjunto ou perspectiva do seu tema, objeto, inquietação ou fabulação. Além e aquém das intenções do autor, a narrativa surpreende o leitor com o que pode ser uma taquigrafia, arquitetura ou configuração da época. É como se ela sugerisse ou descortinasse todo um modo, desde um olhar situado ou desterritorializado, enraizado ou errante. Parece uma estilização ou paroxismo do que se vê e não se vê, do que se conhece e desconhece; de tal modo que o leitor adquire uma visão mais ou menos articulada, verossímil ou ilusória, do que parece ou seria, presente, passado e futuro. Seja ela ensaística ou monográfica, realista ou idealista, naturalista ou impressionista, romântica ou expressionista, assim como lírica, dramática ou épica, a narrativa confere ao leitor toda uma visão de conjunto, ou os fragmentos de uma visão de conjunto, seja o seu tema um indivíduo ou grupo, situação ou tensão, estado de espírito ou alucinação, processo de ruptura, modo de ser ou devir. Sim, além do que afirma Lucien Goldmann, a propósito da obra literária ou artística, também a grande obra filosófica, ou científica, pode expressar algo ou muito de uma visão de mundo. "Toda grande obra literária ou artística é expressão de uma visão de mundo, um fenômeno de consciência coletiva que alcança seu máximo de clareza conceitual ou sensível na consciência do pensador ou do poeta."[3]

A gênese e os desenvolvimentos da modernidade, por exemplo, somente se esclarecem quando se examinam, combinadamente, criações artísticas, filosóficas e científicas. Habitualmente se afirma que a modernidade se inicia com a Renascença, a descoberta do Novo Mundo, a Reforma Protestante e a invenção da imprensa. Essa é a época em que as narrativas, as ideias e as novas formulações científicas, filosóficas e artísticas de Thomas Morus, Erasmo de Rotterdam, Maquiavel, Cervantes, Shakespeare, Camões, Galileu, Copérnico, Kepler, Giordano Bruno, Leonardo da Vinci, Hieronimus Bosch e outros estão surpreendendo e desafiando pensadores de diferentes orientações, bem como indivíduos e coletividades. Essa é a época em que Camões escreve *Os Lusíadas*, um poema épico que pode ser visto como *o primeiro hino à ocidentalização do mundo, na esteira do mercantilismo*. Sem esquecer que as tragédias históricas de Shakespeare contêm todo um "tratado" de ciência política, contemporâneo de *O Príncipe* de Maquiavel; e contribuindo para revelar que a "política" passava a desempenhar, nos tempos modernos, o mesmo papel que o "destino" havia desempenhado na tragédia grega. É também nessa época que ocorre a substituição da teoria "geocêntrica" pela "heliocêntrica" subvertendo cosmogonias e topologias, princípios e dogmas, que se haviam formulados em "tempos antigos". Copérnico, Kepler, Galileu e outros contribuem decisivamente para que se realize um passo fundamental do processo de "desencantamento do mundo". Como se pode verificar nos escritos de outros pensadores, filósofos e cientistas da época, em Copérnico também combinam-se ciência e arte.

> Dentre as mais variadas atividades literárias e artísticas, que revigoram as mentes humanas, a de maior dedicação e extremo fervor seria, penso eu, promover os estudos referentes aos mais belos objetos, mais desejáveis de serem conhecidos. Esta é a natureza da disciplina que trata das revoluções divinas do Universo, movimento dos astros, dimensões, distâncias, nascimentos e ocasos, assim como das causas de outros fenômenos no céu, disciplina que, resumindo, explica totalmente esses acontecimentos.[4]

A SOCIOLOGIA E O MUNDO MODERNO

O pensamento e a imaginação guardam sempre alguma contemporaneidade com as configurações e os movimentos da realidade sociocultural, histórica; mobilizando figuras e figurações da linguagem, signos e símbolos, emblemas e enigmas, conceitos e categorias, metáforas e alegorias. É claro que o pensamento e a imaginação são livres, descolam-se desta ou aquela realidade, revertem fluxo da vida, inventam modos de ser e devir. É o que se pode verificar em cada uma e todas as obras científicas e de ficção mais notáveis. São narrativas nas quais a realidade social, as formas de sociabilidade e os jogos das forças sociais nem sempre aparecem; ou mesmo estão ausentes, podendo estar ou não metaforizados. Em todos os casos, no entanto, ressoa algo ou muito do "espírito da época", do clima cultural, das tensões e contradições, ou alucinações, que germinam nesse tempo.

Ocorre que a grande obra nunca é apenas a tradução do engenho e arte do seu autor, seja este escritor, filósofo, cientista, pintor, músico, arquiteto, escultor, cineasta. Em geral, a grande obra é também, ou mesmo principalmente, a expressão do clima sociocultural, intelectual, científico, filosófico e artístico da época, conforme se expressa em alguma coletividade, grupo social, classe social, etnia, gênero ou povo. Há modulações da narrativa que ressoam determinações remotas ou invisíveis, reais ou imaginárias. Tanto é assim que a narrativa expressa o talento do autor e, simultaneamente, as inquietações de uns e outros do seu tempo, podendo ressoar não só o presente, mas também o passado e até mesmo o futuro. São muitas as obras nas quais se conjugam diferentes inquietações e ilusões, realizações e frustrações, alimentando a criatividade individual e coletiva, fazendo com que a obra bem realizada expresse a visão do mundo que se esconde no espírito da época.

Já era claro, para Thomas Hobbes e outros em sua época, que a sociedade mercantil, moderna, em formação, passava a ser o novo palco da história. O "direito natural" revelava-se uma codificação das condições de organização da sociedade, compreendendo a economia e a política. As faculdades físicas e espirituais dos homens passavam a organizar-se e expressar-se no âmbito das condições ancoradas da "guerra de todos contra todos" já se apresentava como um código fundamental da organização e funcionamento da sociedade, em seus diversos setores, destacando-se a esfera da política. O Estado nasce aí, no contraponto da "luta pela vida", da qual falará Charles Darwin no século XIX, desdobrando a ideia de "guerra de todos contra todos". Sem dar-se conta, ou talvez com pleno conhecimento, Hobbes já colocava uma das primeiras versões da "política" como fundamento da tragédia moderna, secularizada.

> Na natureza do homem encontramos três causas principais de discórdia. Primeiro, a competição: segundo, a desconfiança; terceiro, a glória. A primeira leva os homens a atacar os outros tendo em vista o lucro; a segunda, a segurança; e a terceira, a reputação... Com isto se torna manifesto que, durante o tempo em que os homens vivem sem um poder comum capaz de os manter a todos em respeito, eles se encontram naquela condição a que se chama guerra; e uma guerra que é de todos os homens contra todos os homens. (...) As paixões que fazem os homens tender para a paz são o medo, o desejo daquelas coisas que são necessárias para uma vida confortável, e a esperança de consegui-las através do trabalho.[5]

A importância crescente da propriedade privada, como um dos fundamentos da sociedade civil, de classes, burguesa, adquire relevância em uma breve reflexão de Rousseau, inscrita no *Discurso sobre a origem e os fundamentos da desigualdade entre os homens*. É como se Rousseau estivesse demarcando o que muitos já estavam vivendo, mas nem sempre percebendo em todas as suas implicações. Chegava ao fim a época do Feudalismo, da comunidade feudal, da "cumplicidade" servo e senhor, no âmbito da reprodução simples, do intercâmbio de valores de uso. Outra vez, aí está um gérmen do que se traduz na tragédia moderna: a propriedade privada como fundamento da sociedade, economia e política, das formas de sociabilidade, dos jogos das forças sociais, tudo isso polarizado na "política", na luta pelo poder, como técnica de dominação e apropriação.

> O verdadeiro fundador da sociedade civil foi o primeiro que, tendo cercado um terreno, lembrou-se de dizer *isto é meu* e encontrou pessoas suficientemente simples para acreditá-lo. Quantos crimes, guerras, assassínios, misérias e horrores não pouparia ao gênero humano aquele que, arrancando as estacas ou enchendo o fosso, tivesse gritado aos seus semelhantes: "Defendei-vos de ouvir esse impostor; estareis perdidos se esquecerdes que os frutos são de todos e que a terra não pertence a ninguém![6]

A SOCIOLOGIA E O MUNDO MODERNO

São muitos os estudos, ensaios, monografias, reflexões esparsas e controvérsias, nos quais estão presentes a explicação, a compreensão ou a revelação, desvendando algo ou muito do que pode ser a realidade e o imaginário. São narrativas nas quais podem estar presentes a rigorosa reflexão científica e a engenhosa imaginação artística, com frequência, contribuindo para o esclarecimento.

A inflexão dramática, ou épica, frequentemente ressoa em escritos de filósofos e cientistas sociais, à medida que descortinam dilemas e perspectivas, impasses e inquietações que conformam a modernidade, por dentro e por fora do "desencantamento do mundo". Descobrem leis de tendência atravessadas por crises, desenvolvimentos desiguais, não contemporaneidades, tensões e contradições. A despeito das teorias e ideologias que nascem com a modernidade, tais como "progresso", "evolução", "divisão do trabalho social", "mão invisível", "racionalização", verificam que a modernidade engendra desigualdades, decadências, antagonismos, guerras, revoluções. A dialética presente e passado, passado e presente, revela-se permanente e reiterada, em diferentes setores da sociedade, seja esta nacional ou mundial.

> Os homens fazem sua própria história, mas não a fazem como querem; não a fazem sob circunstância de sua escolha e sim sob aquelas com que se defrontam diretamente, legadas e transmitidas pelo passado. A tradição de todas as gerações mortas oprime como um pesadelo o cérebro dos vivos. E justamente quando parecem empenhados em revolucionar-se a si e às coisas, em criar algo que jamais existiu, precisamente nesses períodos de crise revolucionária, os homens conjuram ansiosamente em seu auxílio os espíritos do passado, tomando-lhes emprestado os nomes, os gritos de guerra e as roupagens, a fim de apresentar-se nessa linguagem emprestada.[7]

Há reflexões nas quais se combinam o discernimento com a vibração literária, o impacto da ideia com a entonação da frase, o que leva o leitor a surpreender-se, assustar-se ou maravilhar-se. Nesses casos, a narrativa torna-se emblemática, marcante, constituindo-se como referência indispensável de algum momento excepcional de esclarecimento. Tudo o que parecia estabelecido, codificado, explicado, logo se revela problemático, diferente, desmistificado. Instituem-se outras perspectivas de percepção, análise, interpretação ou fabulação. O que parecia estabelecido e classificado logo se revela insatisfatório, enganoso, mistificado. Aos poucos, ou de repente, descortinam-se outra realidade e imaginário, modos de ser e devir, condições e possibilidades. É como se o autor, como em um passe de mágica, revelasse o inextricável, deslumbrando o leitor e deslumbrando-se.

As línguas formam-se naturalmente segundo as necessidades dos homens; elas transformam-se e se alteram segundo as transformações dessas mesmas necessidades. Nos tempos antigos, em que a persuasão servia de força pública, a eloquência era necessária. De que serviria ela hoje, quando a força pública substitui a persuasão? Não se precisa de artifício nem de figuras de estilo para dizer: esta é a minha vontade. Que discursos restam a fazer, portanto, ao povo reunido? Sermões. E que importa aos que os fazem se estão persuadindo o povo, visto que não é ele que distribui os benefícios? As línguas populares tornaram-se para nós tão perfeitamente inúteis quanto a eloquência. As sociedades adquiriram sua última forma: nelas só se transforma algo com artilharia ou escudos; e como nada mais se tem a dizer ao povo, a não ser *dai dinheiro*, dizemo-lo com cartazes nas esquinas ou com soldados dentro das casas.[8]

Há textos científicos nos quais o autor utiliza recursos narrativos com os quais claramente ficcionaliza e dramatiza o argumento, a ideia, a revelação.

O capitalista compra a força de trabalho pelo valor diário. Seu valor de uso lhe pertence durante a jornada de trabalho... O capitalista apenas personifica o capital. Sua alma é a alma do capital... O capital é trabalho morto que, como um vampiro, se reanima sugando o trabalho vivo e quanto mais o suga mais forte se torna. O tempo em que o trabalhador trabalha é o tempo durante o qual o capitalista consome a força de trabalho que comprou... Mas, subitamente, levanta-se a voz do trabalhador que estava emudecida no turbilhão do processo produtivo: A mercadoria que te vendo se distingue da multidão das outras, porque seu consumo cria valor e valor maior de custo. Este foi o motivo por que compraste. O que de teu lado aparece como aumento de valor do capital é do meu lado dispêndio excedente de força de trabalho... Pondo de lado o desgaste natural da idade etc., preciso ter amanhã, para trabalhar, a força, saúde e disposições normais que possuo hoje. Estais continuamente a pregar-me o evangelho da parcimônia e da abstinência. Quero gerir meu único patri-

A SOCIOLOGIA E O MUNDO MODERNO

mônio, a força de trabalho, como um administrador racional, parcimonioso, abstendo-me de qualquer dispêndio desarrazoado... Quando prolongas desmesuradamente o dia de trabalho, podes num dia gastar, de minha força de trabalho, uma quantidade maior do que a que posso recuperar em três dias. O que ganhas em trabalho, perco em substância.[9]

São notáveis os textos científicos nos quais está presente a elaboração literária, compreendendo figuras de linguagem, entonação, ritmo, revelações inesperadas, promessas de novos descobrimentos, compreendendo inclusive a dramatização do que se diz e do modo de dizer, de tal forma que o leitor pode inclusive maravilhar-se do que lê. Algo que é frequente e indispensável na obra literária, romance, drama ou poesia, pode estar presente na obra científica ou filosófica. Além do mais, também na obra literária de categoria muitas vezes encontram-se revelações da maior importância para a ciência e a filosofia. Nesse sentido, é que algumas obras tornam-se marcantes, excepcionais ou clássicas, revelando-se como se fossem sismógrafos nos quais ressoam configurações e movimentos da realidade e do imaginário, apreendendo premonitoriamente o que a maioria, ou todos, ainda não percebem.

Esse o clima em que se revela que a "intuição", a "paixão" e a "imaginação" estão presentes em narrativas artísticas, científicas e filosóficas. É claro que em cada um desses "estilos" da narração entram também outras faculdades, umas especificamente filosóficas, outras científicas e também artísticas. Há recursos narrativos do romance que podem ser muito diversos dos que se mobilizam nos outros "estilos". Mas toda narrativa notável, que se torna marcante, revela algo ou muito de "inspiração", "paixão" e "imaginação". Tanto é assim que são frequentes as narrativas nas quais o autor se revela presente, visível ou subjacente, projetando-se ou sugerindo-se, a despeito de sua intenção. Pode entusiasmar-se, mostrar-se indiferente ou mesmo brigar com o tema, situação, personagens presentes ou supostos; sem esquecer os que tomam partido na trama das relações, no jogo das situações, reais ou imaginárias, presentes, pretéritas ou futuras.

MAX WEBER:

Com efeito, para o homem, enquanto homem nada tem valor a menos quie ele *possa* fazê-lo *com paixão*... Por mais intensa que seja essa paixão por mais sincera e mais profunda, ela não bastará, absolutamente, para

167

assegurar que se alcance êxito. Em verdade, essa paixão não passa de requisito da "inspiração", que é o único fator decisivo... Essa inspiração não pode ser forçada. Ela nada tem em comum com o cálculo frio... No campo das ciências, a intuição do diletante pode ter significado tão grande quanto a do especialista e, por vezes, maior. Devemos, aliás, muitas das hipóteses mais frutíferas e dos conhecimentos de maior alcance a diletantes. Estes não se distinguem dos especialistas... senão por ausência de segurança no método de trabalho e, amiudamente, em consequência, pela incapacidade de verificar, apreciar e explorar o significado da própria intuição. Se a inspiração não substitui o trabalho, este, por seu lado, não pode substituir, nem forçar o surgimento da intuição, o que a paixão também não pode fazer. Mas o trabalho e a paixão fazem com que surja a intuição, especialmente quando ambos atuam ao mesmo tempo. Apesar disso, a intuição não se manifesta quando nós o queremos, mas quando ela o quer.[10]

ARTHUR I. MILLER:

Creativity in art can be explored like creativity in science because artists and scientists use many of the same strategies toward discovering new representations of nature. Just like scientists, artists solve problems... Creativity occurs in a cycle of conscious thought, unconscious thought, illumination (hopefully!) and verification... Einstein, too, believed in "free play with concepts" in the unconscious... While consciousness plays the important role of setting boundaries on our everyday actions, in the unconscious we can activate complexes of information in long-term memory without boundary.[11]

Este é um enigma que se cria e desenvolve desde os inícios dos tempos modernos: a despeito da crescente distinção entre "filosofia", "ciência natural", "ciência social" e "arte", no âmbito da "modernidade" ou do vasto processo de "desencantamento do mundo", são frequentes as interlocuções abertas ou veladas entre essas esferas da cultura, do pensamento e do esclarecimento. A despeito da divisão do trabalho intelectual, induzida pelo positivismo, da institucionalização e crescente especialização do ensino e pesquisa e das diferenças de linguagens entre essas formas ou "estilos" de pensamento, multiplicam-se os diálogos entre filosofia, ciências e artes; em geral enriquecendo a cultura, o pensamento e o esclarecimento. São diálogos que já estavam presentes nos escritos de Galileu, Giordano

A SOCIOLOGIA E O MUNDO MODERNO

Bruno, Bacon e Vico, bem como em Shakespeare, Cervantes, Camões e Rabelais, continuando pelos séculos seguintes com Goethe, Diderot, Nietzsche, Freud e Sartre, assim como com Kafka, Musil, Beckett e Borges.

Note-se que as noções de "tempo e espaço", além de outras, tais como "presente e passado", "ser e devir", "parte e todo", "aparência e essência", "singular e universal", podem encontrar-se, evidentes ou implícitas, em diferentes criações científicas, filosóficas e artísticas. Em certos casos, fica bem claro o modo de desvendar o que pode ser a "situação", o "indivíduo", a "vivência", a "subjetividade", as modulações da "consciência", bem como a "continuidade e descontinuidade", a "crise e ruptura", o "dramático e o épico". Dependendo da forma da narração, um texto científico pode ser lançado em uma entonação dramática ou épica: também lírica. Em alguns casos, revela-se o *páthos* trágico que parecia atributo da obra de arte, mas que se revela também na criação científica, bem como filosófica; dependendo da arquitetura, ritmo e tensão com que está sendo narrada.

São várias as questões que se colocam, quando se exercita uma reflexão abrangente sobre criações intelectuais que caracterizam a história e o pensamento no curso dos tempos modernos. Ainda que em termos exploratórios, suscetíveis de novos dados, debates e análises, é possível afirmar que a comparação entre diferentes narrações relativas a determinados temas ou emblemas, permite formular algumas ideias ou hipóteses.

Primeiro, depois da intensa e generalizada demarcação das fronteiras entre a filosofia, as ciências e as artes, compreendendo inclusive uma crescente especialização e fragmentação de cada uma e todas as disciplinas, muitos são levados a reconhecer que a filosofia, as ciências sociais e as artes participam decisivamente, muitas vezes em colaboração, da formulação e reformulação de alguns dos emblemas marcantes dos tempos modernos. São vários e reconhecidamente notáveis os emblemas com os quais uns e outros, filósofos, cientistas e artistas, bem como indivíduos e coletividades, em todo o mundo, compreendem, explicam ou desvendam a realidade e o imaginário, os povos, reinos e nações, as culturas e civilizações, as identidades e alteridades, as diversidades e desigualdades, a multiplicidade de etnias e a racialização do mundo, os fundamentalismos religiosos e a pluralidade dos mundos.

Segundo, o cientista social, o filósofo e o escritor, bem como outros artistas, em geral estão também taquigrafando algo da vida, realidade,

169

OCTAVIO IANNI

modo de ser, situações, convulsões sociais, objetividades, subjetividades, inquietações, ilusões ou imaginários, sempre de modo a esclarecer, compreender, explicar ou revelar o labirinto, babel ou caos indecifrável, indizível. Quando tem êxito, o autor confere à narrativa clareza e graça, algo que parece inteligível, convincente, verossímil. A maioria, se não todos, aos poucos são capturados pelo que narram. No curso da própria narração, revelam-se fascinados pelas pessoas ou personagens, figuras ou figurações, indivíduos ou coletividades, em suas façanhas e sofrimentos, realizações e frustrações. É como se o "lema", o "objeto" ou o "personagem", literal ou figuradamente, capturasse o narrador, levando-o a tornar-se seu porta-voz. Uma reversão da qual nem sempre o narrador se dá conta, como se estivesse sendo levado pela sua criatura.

Terceiro, o mundo moderno, em alguns dos seus aspectos fundamentais, tanto geo-históricos e culturais como intelectuais, tem sido principalmente o que se encontra em narrativas, principalmente as mais notáveis, com as quais se institui o esclarecimento e o esclarecido, a fabulação e o fabulado. Alguns emblemas reconhecidamente fundamentais contribuem para revelar ou demonstrar que a modernidade tem sido muito mais a que está nos textos, narrativas. É como se, diante da realidade do imaginário infinitos e inextricáveis, a narrativa se revelasse um modo de esclarecimento, ou uma forma de encantamento, com os quais indivíduos e coletividades, bem como intelectuais e artistas, exorcizam enigmas da razão e da fantasia.

NOTAS

1. Hans-Georg Gadamer, *La Herencia de Europa*, trad. Pilar Giralt Gorina, Barcelona, Ediciones Península, 1990, p. 24-25. Consultar também: Jurgen Habermas, *O discurso filosófico da modernidade*, trad. de Luiz Sérgio Repa e Rodnei Nascimento, São Paulo, Martins Fontes, 2002.

2. Daedalus, vol. 115, nº 3, *Art and Science*, American Institute of Arts and Science, Paris, Unesco, 1974; S. Chandrasekhar, *Truth and Beauty*, Chicago, The University of Chicago Press, 1990; David Bohm, *On Creativity*, organizado por Lee Nichol, Londres, 1998; Robert Nisbet, *Sociology as an Art Form*, Oxford, Oxford University Press, 1976; Ferdinand Fellmann, *Fenomenlogia y Expressionismo*, Barcelona, Editorial Alfa, 1984; Walter Kaufmann, *Goethe*,

A SOCIOLOGIA E O MUNDO MODERNO

Kant e Hegel, New Brunswick, Transaction Publishers, 1991; Athur I. Miller, *Einstein, Picasso (Space, Time, and the Beauty That Causes Havoc)*, Nova York, 2001; Wolf Lepenies, *As três culturas*, trad. Maria Clara Cescato, São Paulo, Edusp, Basic Books, 1996; Fritz K. Ringer, *O declínio dos mandarins alemães*, trad. Dinah de Abreu Azevedo, São Paulo, Edusp, 2000.

3. Lucien Goldmann, *Dialética e cultura*, trad. Luiz Fernando Cardoso, Carlos Nelson Coutinho e Giseh Vianna Konder, Rio de Janeiro, Paz e Terra, 1967, p. 21; citação do capítulo intitulado "O todo e as partes", p. 3-25.

4. Nicolau Copérnico, *As revoluções dos orbes celestes*, trad. A. Dias Gomes e Gabriel Domingues, Lisboa, Fundação Calouste Gulbekian, 1984, p. 13.

5. Thomas Hobbes de Malmesbury, *Leviatã ou matéria, forma e poder de um estado eclesiástico e civil*, trad. João Paulo Monteiro e Maria Beatriz Nizza da Silva. São Paulo, Abril Cultural, 1974, p. 79 e 81.

6. Jean-Jacques Rousseau, *Discurso sobre a origem e os fundamentos da desigualdade entre os homens*, publicado em Jean-Jacques Rousseau, *Obras*, 2 vols., trad. Lourdes Santos Machado e Lorival Gomes Machado, Porto Alegre, Editora Globo, 1958, vol. I, p. 135-257, citação da p. 189.

7. Karl Marx, *O 18 Brumário de Luís Bonaparte*, tradução revista por Leandro Konder, publicado em: Karl Marx, *Manuscritos econômico-filosóficos e outros textos escolhidos*, seleção de José Arthut Giannotti, São Paulo, Abril Cultural, 1974, p. 329-410, citação da p. 335. A propósito do elemento literário nos textos de Marx, consultar: Ludovico Silva, *El Estilo Literário de Marx*, 2ª. ed., México, Siglo Veintiuno Editores, 1975; Marshall Berman, *Aventuras no marxismo*, trad. Sonia Moreira, São Paulo, Companhia das Letras, 1999, esp. caps. 1, 2, 5 e 6.

8. Jean-Jacques Rousseau, *Ensaio sobre a origem das línguas*, trad. Fulvia M.L. Moretto, Campinas, Editora Unicamp, 2003, p. 177.

9. Kart Marx, *O Capital*, 3 vols., trad. Reginaldo Sant'Anna, Rio de Janeiro, Civilização Brasileira, 1968, p. 262-264; citações do Livro I, cap. VIII, "A jornada de trabalho", p. 260-345. Consultar também: Marshall Berman, *Aventuras no marxismo*, citado, esp. cap. 5: "As pessoas em *O Capital*", p. 96-107.

10. Max Weber, *Ciência e política*, trad. Leonidas Hegenberg e Octany Silveira da Mota, São Paulo, Cultrix, 1993, p. 25-26; citações de "A ciência como vocação", p. 17-52.

11. Arthur I. Miller. *Einsten, Picasso*, citado, p. 245-246.

CAPÍTULO IX   Sociologia e história

O conhecimento da história tem sido uma tarefa de todas as ciências sociais, além da própria historiografia. A sociologia, a economia política, a ciência política, a antropologia, a psicologia e a historiografia sempre trabalham com questões políticas, econômicas, sociais, culturais, religiosas, militares, demográficas e outras, que correspondem a ações, relações, processos e estruturas tomados em algum nível de historicidade. Mesmo as correntes de pensamento orientadas no sentido de formalizar as interpretações, em termos de indução quantitativa ou construção de modelos, mesmo nesses casos a pesquisa sempre produz alguma explicação nova, reavalia ou reafirma explicações vigentes, sobre os modos e os tempos da história. Outros, quando analisam a "sociedade aberta" ou o "pluralismo democrático", por exemplo, parecem reificar e ideologizar formas de poder e cidadania. Também há aqueles que formalizam e fetichizam as categorias dialéticas de pensamento, perdendo de vista o fluxo real das ações, relações, processos e estruturas que expressam os movimentos e as modificações das gentes, grupos, classes e nações. Uns e outros constroem mitos. Aliás, construir mitos tem sido uma consequência frequente (ou tarefa deliberada?) de boa parte da produção intelectual de cientistas sociais. Em todos os casos, no entanto, a história aparece de alguma forma, como história real ou invenção, drama ou epopeia, elegia ou profecia.

A multiplicidade de ciências e teorias relativas ao campo do social, em sentido lato, tem dado origem a distintas interpretações sobre como se produz a história, ou em que condições as formações sociais se constituem, prosperam, mudam, entram em crise, desdobram-se etc. É claro que as interpretações são positivistas e dialéticas, idealistas e materialistas, sincrônicas e diacrônicas, abstratas e concretas; atribuem relevância à atuação de líderes, elites, classes, religiões, partidos e governos; buscam as relações e os desencontros entre aspirações e condições reais, ideologias e práticas, elite e povo, partidos e classes, Estado e sociedade; pesquisam os papéis desempenhados pelo intelectual, a ciência e a filosofia; e assim por diante. No conjunto, as ciências e teorias relativas a ações, relações, processos e estruturas sociais acabam por produzir muitas histórias; ou histórias e estórias. São distintas e frequentemente heterogêneas as histórias do capitalismo que aparecem nas análises de Ricardo, Marx, Tocqueville, Durkheim, Weber, Sombart, Freud, Keynes, Baran, Dobb, Parsons, Galbraith, Hobsbawm e outros.

Cabe, pois, examinar alguns aspectos dessa problemática.

Inicialmente, apresentarei as linhas gerais de algumas teorias sobre a história. Em seguida, focalizarei alguns aspectos das relações recíprocas entre ciência e sociedade, na época do capitalismo. Ao fim, quero abordar a historicidade do objeto da sociologia. Não se trata de acrescentar mais uma às muitas histórias conhecidas. Trata-se, apenas, de apontar alguns problemas para discussão. Inclusive indicar a historicidade da própria reflexão sociológica sobre questões de história. E sugerir que "história" e "estória" se mesclam em vários tempos.

Não só na sociologia, mas no conjunto das ciências sociais, encontram-se as mais diversas explicações sobre como e por que se dá a mudança, a evolução, o progresso, o desenvolvimento, a modernização, a crise, a recessão, a decadência, o golpe, a reforma, a revolução. Para explicar as transformações sociais, em sentido amplo, o sociólogo, antropólogo, economista, politicólogo, psicólogo, historiador e outros têm buscado causas, condições, tendências, fatores, indicadores, variáveis, e assim por diante. Sem a pretensão de fazer aqui um apanhado de todas as explicações, mas apenas com o intuito de fazer um breve sumário, vejamos algumas das explicações que aparecem com frequência nos escritos de cientistas sociais. Ao analisar as condições de formação, funcionamento, reprodução, generalização, mudança e crise do capitalismo, os cientistas sociais têm proposto explicações como as que resumirei aqui. É claro que as várias explicações nem sempre se excluem. Em certos casos, umas implicam outras, ou as englobam. A ordem de apresentação das várias explicações não tem qualquer intuito classificatório ou interpretativo.

Em primeiro lugar, uma interpretação que se generalizou bastante, desde os primórdios da Revolução Industrial, estabelece que o progresso econômico é o resultado da "criatividade empresarial". Isto é, toda mudança, inovação ou modernização econômica substantiva tende a ser

A SOCIOLOGIA E O MUNDO MODERNO

o resultado da capacidade de criação e liderança de empresários imaginosos, inventivos ou mesmo lúdicos, capazes de articular e dinamizar os fatores da produção preexistentes e novos. Essa interpretação tem os seus principais enunciados nos escritos de economistas clássicos, seus discípulos e continuadores no século XIX e neste. Recebeu contribuições mais ou menos importantes de Max Weber, Werner Sombart, Joseph A. Schumpeter, John Maynard Keynes e alguns outros. É claro que esses e outros autores, inclusive não economistas, incluem em suas análises elementos relativos ao sistema político, à ideologia, à ação estatal e outros. Mas conferem um papel especial à ação dos empresários, ou da elite empresarial. Os valores relacionados ao *self-mademan* ao *tycoon*, ao capitão de indústria, ao pioneiro, à identidade entre propriedade privada, livre empresa e sociedade aberta, entre outros, ligam-se à tese de que a criatividade empresarial é a base do progresso econômico capitalista.

A segunda interpretação, conhecida como "teoria das elites", está relacionada com a anterior. Recebeu contribuições de Vilfredo Pareto e Gaetano Mosca, além dos autores já mencionados no parágrafo anterior. E tem sido retomada, em diferentes linguagens, por outros cientistas sociais e escritores, como James Burnham, Samuel P. Huntington, Clark Kerr, David E. Apter, John Kenneth Galbraith e outros. É uma corrente de pensamento que propõe o funcionamento da sociedade e a mudança social em termos de elites empresariais, gerenciais, militares, intelectuais e outras. Desde o término da Segunda Guerra Mundial, essa teoria tem sido a base de programas organizados pelo imperialismo norte-americano, no preparo de quadros intelectuais, tecnocráticos, militares, gerenciais, empresariais e outros, para soluções golpistas ou não em países dependentes e coloniais.

Em terceiro lugar, há a interpretação que atribui importância especial à "divisão social do trabalho". Toma-se a divisão social do trabalho como o processo social, de âmbito estrutural, que comanda o funcionamento, as combinações e as transformações das relações sociais, grupos e instituições, em níveis econômico, político e outros. Adam Smith e Émile Durkheim são autores importantes nessa corrente. Boa parte do pensamento liberal apoia-se nessa ideia. A divisão internacional do trabalho foi apresentada — durante o século XIX e até 1930 — como a base da prosperidade econômica e social das pessoas, de grupos sociais e das nações. As teorias sobre a democracia liberal, o pluralismo democrático e

OCTAVIO IANNI

a cidadania das gentes apoia-se implicitamente na ideia de que a divisão social do trabalho, em sentido amplo, é o processo estrutural que fundamenta e dinamiza a melhor expressão e articulação de pessoas e grupos sociais, atividades e instituições, setores produtivos e países.

A quarta interpretação considera que o fundamento último da mudança, progresso ou desenvolvimento econômico e social é a "tecnologia". O progresso técnico comandaria as possibilidades de articulação e dinamização dos fatores produtivos (principalmente capital e força de trabalho). As possibilidades de poupança e investimento, bem como desenvolvimento e diferenciação do sistema econômico e social, estariam na dependência das inovações e aplicações da tecnologia, inovações essas originadas das ciências da natureza e da sociedade. Essa interpretação tem várias formulações. Todas, no entanto, apoiam-se na ideia de que ciência, tecnologia e desenvolvimento, ou pesquisa e desenvolvimento, em geral relacionam-se positivamente. Nesse espírito, esta foi a definição de desenvolvimento dada em 1950 pela National Science Foundation dos Estados Unidos: "Desenvolvimento é o uso sistemático do conhecimento científico no sentido da produção de bens materiais, inventos, sistemas, métodos ou processos (...)."[1]

Em graus variáveis, os adeptos dessa concepção consideram que também esferas não econômicas da sociedade são influenciadas, dinamizadas ou modificadas pela expansão dos usos de ciência e tecnologia. Vários autores deram contribuições a essa interpretação, ou apoiam-se nela: Karl Mannheim, George A. Lundberg, Joan Robinson, Raúl Prebisch, Celso Furtado e outros. Mannheim trabalha bastante com a noção de *técnica social*, para explicar a progressiva "racionalização" das relações e organizações sociais em geral, e principalmente as econômicas, militares, políticas, além das relativas à indústria cultural. A técnica social seria o núcleo, tanto material como organizatório, dos processos de controle, mudança ou planejamento econômico, político e social.

"Estas práticas e organizações que têm como objetivo moldar o comportamento humano e as relações sociais, eu as descrevo como técnicas sociais. Sem elas e as invenções mecânicas que as acompanham nunca teriam sido possíveis as largas mudanças ocorridas em nossa época (...)".[2]

"Por 'técnicas sociais' compreendo a soma dos meios destinados a influenciar o comportamento humano e que, quando em mãos do governo, agem como um meio de controle social particularmente poderoso (...)."[3]

A SOCIOLOGIA E O MUNDO MODERNO

A quinta interpretação confere papel especial ao "Estado". Depois da crise da concepção liberal do poder político-econômico e da história, generalizou-se cada vez mais a interpretação que vê na ação estatal a base da organização e mudanças de relações e organizações econômicas e sociais. É claro que essa ideia já está presente, implícita ou explícita, no pensamento científico e filosófico dos séculos XVIII e XIX. Ela aparece em escritos de Hegel, Marx, Engels e Lenin, além de Keynes, Myrdal, Baran e outros. Depois da criação de regimes socialistas em vários países, por um lado, e da crise econômica mundial iniciada em outubro de 1929, por outro, os governos dos países capitalistas — dominantes e dependentes — passaram a intervir de forma cada vez mais ampla e profunda nos assuntos econômicos. Desde a década de 1930, o Estado capitalista se tornou o principal centro de decisões político-econômicas. Sob o capitalismo monopolista, o Estado e o planejamento econômico estatal passam a compor um sistema político-econômico de poder fundamental no mundo capitalista posterior à Segunda Guerra Mundial.

A sexta e última interpretação busca as razões dos movimentos e transformações sociais, político-econômicas e culturais nas relações e "contradições de classes". De acordo com essa interpretação, as forças produtivas, a atuação estatal e outros aspectos político-econômicos, sociais e culturais são articulados e desarticulados em conformidade com os movimentos e desenvolvimentos das relações e contradições das classes sociais: burguesia, classe média, campesinato, proletariado e suas subdivisões estruturais e de ocasião. Dentre os autores que se situam nessa orientação, ou contribuíram para o seu desenvolvimento, destacam-se Marx, Engels, Lenin, Bukharin, Trotski, Lukács, Gramsci e Mao Tsé-tung, além de José Carlos Mariátegui, Maurice Dobb, Paul A. Baran, Paul M. Sweezy, Frantz Fanon e alguns outros. Essa interpretação se funda na análise do processo de trabalho produtivo, processo esse que produz a mercadoria, a mais-valia de que o burguês se apropria e a alienação econômica e política do trabalhador. O principal conteúdo e resultado desse processo produtivo, ou dessas relações de produção, é o antagonismo entre o operário e o burguês. O golpe de Estado, a greve e a revolução produzem-se nesse contexto. Numa formulação breve, essa interpretação engloba relações, processos e estruturas básicos e intermediários da sociedade.

Cada uma dessas interpretações implica uma forma peculiar de compreender as relações entre biografia e história, conjuntura e estrutura,

OCTAVIO IANNI

sincronia e diacronia, ou entre as ações, as relações, os processos e as estruturas sociais, em seus perfis e movimentos. Outras interpretações que poderiam ser lembradas situam-se no mesmo contexto problemático. Em todos os casos, estamos diante de distintas interpretações sobre como e por que se dá a mudança, a evolução, o progresso, a modernização, o desenvolvimento, a reforma, a crise, o golpe de Estado, a revolução. São interpretações sobre as condições e possibilidades de produção da história, em forma cômica ou trágica, dramática ou épica.

Para interpretar as condições de produção da história, ou como se dá a modificação das ações, relações, processos e estruturas político-econômicos, precisamos examinar as práticas coletivas das pessoas, grupos e classes sociais. A análise de governos, eleições, golpes, revoluções, greves, movimentos, fábricas, fazendas, partidos, sindicatos, igrejas, seitas, forças produtivas etc., no quadro das relações sociais, permite compreender como decorre o tempo, como se desenvolve a duração, no conjunto e em cada esfera da vida social. Essa tem sido a problemática de todas as ciências sociais, e não apenas da historiografia.

Dentre os elementos que as ciências sociais têm levado em conta para explicar as condições de produção da história, podemos citar relacionamento recíproco entre ciência e sociedade. Independentemente dos problemas relativos ao *éthos* da ciência, da lógica interna de cada ciência e das suas controvérsias teóricas, é inegável que toda ciência revela "segundas naturezas", sem as quais não podem ser compreendidas. Dentre as segundas naturezas da ciência — tanto da ciência da natureza como da sociedade — citamos duas: a ciência frequentemente é uma técnica de poder e/ou uma força produtiva. Digo segundas naturezas porque esses característicos aparecem nas condições e direções, nos conteúdos e fins da produção científica. Esses são problemas centrais da sociologia das ciências, e da própria sociologia.

Quando examinamos a relação entre ciência e sociedade, em perspectiva histórica ampla, tornam-se evidentes as influências recíprocas de ambas. A sociedade e a ciência estão sempre a influenciarem-se reciprocamente. Tanto as ciências naturais como as sociais, cada qual segundo condições peculiares, todas relacionam-se com a sociedade, de forma ampla, permanente e recíproca. É claro que a ciência, em geral, é transformada em inovações e aplicações tecnológicas, máquinas, ferramentas, patentes, técnicas de controle, organização, administração etc. para efeti-

A SOCIOLOGIA E O MUNDO MODERNO

var-se na produção agrária e industrial, bem como na organização da empresa, dos negócios, do governo das coisas e das pessoas. A produtividade da força de trabalho na fábrica, por exemplo, é o resultado combinado de conhecimentos produzidos pelas ciências naturais e sociais. Na sociedade capitalista, as técnicas de organização e mando — tanto na fábrica como em outras esferas da sociedade — induzem as pessoas, grupos e classes sociais a organizar suas atividades e modos de pensar em conformidade com as exigências das relações e estruturas de dominação política e apropriação econômica. Está em jogo a reprodução ampliada do capital. Os meios de comunicação de massa, ou a indústria cultural, da mesma forma que a sociologia industrial, articulam-se na prática e na ideologia das pessoas, dos grupos e das classes sociais, induzindo-os a aderir, aceitar ou submeter-se às exigências da produção do capital.

Em forma breve, podemos dizer que as relações recíprocas entre ciência e sociedade, vistas na perspectiva do andamento histórico, apresentam vários aspectos: óbvio alguns, discutíveis outros.

Em primeiro lugar, as ciências em geral, tanto as da natureza como as sociais — consideradas formas de saber e técnicas, práticas e ideologias —, exercem influência sobre os modos de funcionamento, reprodução, diferenciação, mudança etc. das relações, dos processos e das estruturas sociais. O que é ampla e tradicionalmente reconhecido no campo das ciências naturais também passou a ser aceito nas ciências sociais. A ideia de que a ciência "deve" ser útil e influenciar a sociedade — ou as relações dos homens entre si, com a natureza e o sobrenatural — faz parte da ideologia de cientistas e governos, difundiu-se pelos partidos, fundamenta os programas de ensino e alimenta uma parte da indústria cultural. Nas várias disciplinas, muitos cientistas estão explicitamente comprometidos com essa ideia. Nesse caso a ciência é concebida diretamente como *técnica social*, para controle e mudança de relações sociais — isto é, político-econômicas — segundo os desígnios de governantes ou dos que dispõem de poder político-econômico para isso. Como se vê, uma breve indicação sobre as influências da ciência sobre a sociedade coloca também a reciprocidade dessas relações, bem como os conteúdos e implicações políticos da produção científica.

Em segundo lugar, as relações, os processos e as estruturas sociais, em sentido amplo, ou as exigências da sociedade, influenciam os desenvolvimentos da ciência e da tecnologia. As exigências da produção, na indústria e na agricultura, na paz e na guerra, além dos desenvolvimentos das lutas de classes, têm provocado a realização de pesquisas e a produção de conhecimentos com fins sociais diretos, específicos. Outras vezes essa interdependência é menos visível, e intermediada por relações e interesses, valores e instituições, desencontros e contradições. Podem-se discutir os meios e modos pelos quais a sociedade influencia a ciência e a tecnologia (naturais e sociais), mas é inegável que algumas revoluções científicas e tecnológicas ocorrem par em par com revoluções político-econômicas.

> A maior parte das atividades humanas tem sua lógica interna, que determina ao menos uma parte do seu movimento. (...) Contudo, mesmo o mais apaixonado crente na imaculada pureza da ciência pura é consciente de que o pensamento científico pode, ao menos, ser influenciado por questões alheias ao campo específico de uma disciplina, ainda que só porque os cientistas, até mesmo o mais antimundano dos matemáticos, vivem em um mundo mais vasto que o de suas especulações.[4]

Em terceiro lugar, nem sempre as relações entre ciência e sociedade, em ambos os sentidos, são positivas. Às vezes são neutras; outras vezes são negativas. As exigências de grupos e interesses particulares, mas que dominam o poder político-econômico, podem prejudicar o desenvolvimento científico. É isso que ocorre, por exemplo, quando uma reforma universitária reduz ou anula a pesquisa básica, em benefício da pesquisa aplicada e da formação de técnicos e profissionais preparados para aplicar conhecimentos e técnicas produzidos nos países dominantes. Em determinadas ocasiões, a oficialização de certas correntes científicas pode prejudicar ou mesmo bloquear amplamente a criatividade intelectual de cientistas, pesquisadores, professores e outros não solidários com as correntes oficiais. Ocorre que a ciência é, com frequência, um instrumento de poder político-econômico. Enquanto teoria e técnica, prática e ideologia, a ciência amiúde aparece como mediação nas relações e estruturas de dominação e apropriação.

> É fácil constatar que a ciência é uma força dinâmica de mudança social, embora nem sempre de mudanças previstas ou desejadas. De vez em quando, durante o último século aproximadamente, até os físicos saíram dos seus laboratórios para reconhecer, com orgulho e surpresa, ou para

A SOCIOLOGIA E O MUNDO MODERNO

repudiar, com horror e vergonha, as consequências sociais do seu trabalho. A explosão da primeira bomba atômica sobre Hiroshima nada mais fez que comprovar o que todo mundo sabia. A ciência tem consequências sociais.[5]

Em quarto lugar, em todos os setores produtivos — indústria, agricultura, mineração, comércio, bancos etc. — a ciência e a tecnologia entram como força produtiva básica. Traduzem-se em máquinas, ferramentas, esquemas, organizações, eficácia, produtividade etc. Ocorre que elas são expressão da prática social, são produtos e ingredientes das diversas formas pelas quais os homens trabalham as suas relações com a natureza e entre si. A relação entre ciência, tecnologia e acumulação de capital tem sido examinada pelos economistas desde a época da economia clássica. É claro que varia a ênfase que cada autor concede a uma e outra. Mas é sempre notável, e às vezes prioritário, o papel que alguns atribuem à ciência e à tecnologia. Marx preocupou-se com o assunto em várias ocasiões. Em termos diversos, também Sombart, Kuznets e Robinson, entre outros autores, deram atenção especial aos inventos, à ciência e à tecnologia. Kuznets assinalou também a importância da circulação internacional de conhecimentos como condição ou fator de desenvolvimento econômico. Estava preocupado em acentuar que o capitalismo é um sistema de interdependência universal entre nações, mercados e fatores produtivos. Sombart viu no capitalismo um sistema propício ao progresso científico e tecnológico, para efeito de acumulação do capital. E Marx diz:

> Ao lado da exploração intensiva da riqueza natural, pelo simples aumento da tensão da força de trabalho, a ciência e a técnica constituem uma força de expansão do capital, independentemente do volume efetivo de capital aplicado.[6]

O desenvolvimento do capital fixo revela até que ponto o conhecimento social geral converteu-se em força produtiva imediata; e, portanto, até que ponto as condições do processo da própria vida social foram postas sob os controles da atividade intelectual geral e remodeladas de acordo com ela.[7]

Em quinto lugar, na formação social capitalista as classes sociais não se beneficiam igualmente da produção científica, em geral, nem da sua

OCTAVIO IANNI

aplicação na produção material e cultural. As classes sociais — proletariado, classe média, burguesia, campesinato etc. — beneficiam-se diversamente da produção científica, variando inclusive conforme a época e o país. Nos países dominantes, a classe operária dispõe de recursos de saúde e previdência que não se encontram em países dependentes, ou coloniais. O mesmo se pode dizer quanto ao acesso à escola e a outros recursos culturais e materiais da sociedade. Mas é inegável que os benefícios da ciência e da tecnologia, em geral, orientam-se muito mais no sentido de favorecer a acumulação do capital, a consolidação das relações e estruturas capitalistas, ou à generalização dessas relações e estruturas. Tanto a química (herbicidas) como a antropologia (informação cultural) foram usadas na guerra que os Estados Unidos realizaram no Sudoeste Asiático. Na fábrica, para aperfeiçoar o ajustamento do operário à máquina e ao conjunto da situação de produção, os empresários empregam psicólogos e sociólogos especializados. Tanto no Vietnã como na fábrica, o conhecimento científico e a tecnologia são aplicados à revelia das pessoas, das famílias, dos grupos, das classes sociais ou da nação.

Em sexto e último lugar, e de acordo com as indicações feitas nos parágrafos anteriores, a ciência tem sido incorporada pela sociedade principalmente como força produtiva e técnica de poder. Frequentemente essas conotações da ciência aparecem juntas. Como técnica, prática e ideologia, o conhecimento científico muitas vezes aparece nas relações e estruturas de dominação política e apropriação econômica. Se aceitamos essa ideia, podemos pensar que os movimentos históricos de uma sociedade estão diretamente relacionados ao modo pelo qual ela produz, incorpora e desenvolve a ciência e a tecnologia. Essa constatação pode ser exemplificada de vários modos. A Revolução Industrial foi contemporânea de uma revolução científica e filosófica, no âmbito da revolução burguesa. Desde a Renascença e a desagregação do feudalismo, a ciência, a filosofia, as relações de produção e as estruturas políticas e econômicas modificaram-se de forma mais ou menos contemporânea. Em outra época, no século XX, a Revolução Socialista havida na Rússia, na China, em Cuba e no Vietnã, para mencionar exemplos distintos, foi produto das lutas de classes e da revolução científica e filosófica iniciada por Marx e Engels. Em outra ocasião, a partir da década de 1930, o pensamento de Keynes e seus seguidores tem sido um elemento importante na luta do capitalismo para controlar e superar suas crises conjunturais e estrutu-

A SOCIOLOGIA E O MUNDO MODERNO

rais. Em todos esses casos, fica evidente que alguns desenvolvimentos e algumas rupturas de cunho histórico têm sido iniciados ou bloqueados, reorientados ou acelerados, devido ao tipo de relacionamento que se estabelece entre a sociedade, enquanto grupos, classes, economia, política e Estado; e a ciência, enquanto saber, técnica, prática e ideologia.

A análise sociológica das relações recíprocas entre ciência e sociedade, pois, suscita novos problemas à interpretação sobre a produção da história. Além dos já enunciados, óbvios e discutíveis, cabe lembrar outro. Essa análise de ciência, sociedade e história sugere que a história que conhecemos é apenas a história que sucedeu, é uma das diversas versões que poderiam suceder. Houve comédias e tragédias, dramáticas e épicas, que não foram vividas; poderiam ter sido.

A análise sociológica sempre se depara com o problema da historicidade do seu objeto. Independentemente da perspectiva teórica, em geral a sociologia envolve questões relativas às tendências, às condições de possibilidade, às determinações, aos desenvolvimentos, às mudanças, às causas, às variáveis intervenientes ou antecedentes e às tendências dos fatos sociais que analisa. Algumas correntes procuram atribuir à sociologia a tarefa de examinar apenas, ou principalmente, o presente, deixando qualquer passado à historiografia. Outras consideram que à sociologia não precisa se impor limitações, podendo analisar tanto o presente como qualquer passado, próximo ou remoto. Sempre ressurge na análise sociológica o problema da duração. A sociologia periodiza tempos, épocas, ciclos, fases, etapas etc. da mesma forma que focaliza crises, mudanças, transformações, rupturas, conjunturas, estruturas.

Há um historicismo generalizado nas ciências sociais, que é particularmente visível na sociologia. O método funcionalista (Durkheim), o compreensivo (Weber), o dialético (Marx), o estrutural-funcionalista (Parsons), o estruturalista (Althusser) e outros, cada um a seu modo, todos implicam uma forma peculiar de apanhar a historicidade do objeto da sociologia. Todos como que instauram modalidades de historicidade. Na sociologia, da mesma forma que nas outras ciências sociais, a historicidade dos acontecimentos é apanhada em termos deterministas, mecanicistas, evolucionistas, funcionalistas, dialéticos e outras maneiras de pensar e capturar as ações, as relações, os processos e as estruturas. Inclusive se pode dizer que nos trabalhos dos sociólogos a história aparece de forma vazia, abstrata, dramática, épica, dependendo do estilo de narração e da perspectiva teórica do autor. Há teorias que são historicistas ao revés, pois que não apreendem a historicidade do objeto; tomam o objeto em nível a-histórico ou supra-histórico. Nem por isso, no entanto, deixam de conferir uma historicidade singular, ainda que abstrata ou vazia, às ações, às relações, aos processos e às estruturas sociais. Ao apanhar um fato de uma forma abstrata, sincrônica, a-histórica ou supra-histórica, o sociólogo lhe confere uma dimensão especial, alguma transcendência que o cristaliza, reifica ou mitifica.

Vejamos o que escreveram Barrington Moore Jr. e C. Wright Mills, a propósito da decadência da perspectiva histórica na sociologia moderna. Referem-se ao estrutural-funcionalista parsoniano.

MOORE JR.:

A ideia-chave desse corpo de teorias, como o leitor deve estar lembrado, é o ponto de vista de que para cada sociedade existe certo número limitado de atividades necessárias, ou "funções", como a obtenção de alimentos, o adestramento da geração seguinte etc., e um número, igualmente limitado, de "estruturas", ou maneiras pelas quais a sociedade pode organizar-se a fim de executar essas funções. Essencialmente, a teoria estrutural-funcional procura os elementos básicos da sociedade humana, abstraídos de tempo e lugar, juntamente com as regras para a sua combinação.[8]

MILLS:

Nesses termos, a ideia de conflito não pode ser formulada efetivamente. Os antagonismos estruturais, as revoltas em grande escala, as revoluções — não podem ser imaginadas. (...) A eliminação mágica do conflito e a realização maravilhosa da harmonia removem dessa teoria "sistemática" e "geral" as possibilidades de se ocupar da modificação social, da história.[9]

O problema da historicidade do objeto da sociologia e de como esta pode apanhar essa historicidade tem sido continuamente recolocado nas várias correntes da sociologia. Também dentro da mesma corrente, como no caso do marxismo, surgem e ressurgem diferentes teses sobre como pode a sociologia trabalhar a historicidade das ações, das relações, dos processos e das estruturas sociais. Nas sociologias positivistas, a formalização dos métodos de pesquisa e das interpretações também provoca discussão, como indicam as observações de Barrington Moore Jr. e C. Wright Mills.

A SOCIOLOGIA E O MUNDO MODERNO

O objeto da sociologia aparece normalmente à análise sob distintas formas, como ações, relações, processos, estruturas, práticas, atividades, interesses, representações, valores, padrões e comportamento, ideologias etc. Cada escola ou teoria sociológica busca uma articulação lógica entre os distintos aspectos da realidade social. Algumas buscam invariâncias, universais. Outras buscam situações críticas, singularidades. Há as que se concentram nas condições conjunturais dos acontecimentos, ao passo que outras se concentram tanto no que é conjuntural como no que é estrutural. Em quase toda análise sociológica aparece alguma tensão entre as dimensões sincrônicas e diacrônicas dos eventos. Essa tensão é tanto mais evidente quanto mais nítida for a dificuldade para lidar com biografia e história, relações e estruturas, interdependências e antagonismos, o que é recorrente e o que é emergente. A tensão entre as dimensões sincrônicas e diacrônicas dos acontecimentos complica-se um pouco mais quando se incluem na análise sociológica as condições econômicas e políticas. Essa gama de problemas está implícita na forma pela qual o sociólogo trabalha os eventos, tomando-os como fatos, ações, relações, processos, estruturas etc. Uns são "sociologísticos", isto é, pretendem trabalhar com o que é estritamente sociológico, distinto do que é econômico, político, cultural, psíquico, histórico, ou transformam tudo em sociológico, perdendo de vista, por exemplo, os problemas do poder. Outros consideram que a realidade social engloba necessariamente todas as dimensões, portanto a análise precisa apanhar todas as dimensões presentes do evento. Daí por que ninguém escapa à necessidade de trabalhar com o tempo, ou a duração, dos eventos. Todo acontecimento social expressa, de alguma forma, a sua historicidade. O acontecimento não só desdobra-se na duração, como revela a duração de outras dimensões da sociedade. Para conhecer a "família operária", em dado país e época, precisamos compreendê-la no contexto da reprodução da força de trabalho, da classe operária, das relações capitalistas de produção. Para conhecer a "ditadura militar", em dado país e época, precisamos estudá-la inclusive em suas políticas financeira, industrial, agrária, comercial etc., além de suas relações visíveis e subjacentes com as várias classes sociais, o poder estatal etc.

Essas observações gerais sobre as condições e os conteúdos históricos dos acontecimentos sociais podem ser desdobradas, ou especificadas, nos termos enunciados a seguir.

OCTAVIO IANNI

Primeiro, a análise das ações, das relações, dos processos e das estruturas, enquanto práticas individuais e coletivas, políticas e econômicas, e também como representações, ideológicas, consciências sociais, colocam a sociologia diante da necessidade de apreender, elidir, negar ou recriar a historicidade dos eventos.

Segundo, a duração dos eventos não é homogênea para o conjunto da sociedade, nem se mantém uniforme ao longo dos anos, fases, épocas, ciclos. Quando uma sociedade está sob a influência da economia primária exportadora, ela se reproduz segundo determinações distintas, principalmente externas, do que quando ela se acha sob a influência preponderante do capital industrial. Neste caso, as determinações internas parecem adquirir maior peso, ao lado das externas, que se refazem. Além de outros aspectos políticos, econômicos, sociais e culturais, cabe lembrar que as condições técnicas e econômicas de reprodução do capital agrário são diversas. Na agricultura, o capital se reproduz sob a influência — em algum grau — das condições "naturais", sazonais. Na indústria, as condições "naturais" pouco influenciam, o que permite incutir sistemáticas e ritmos especiais à reprodução do capital industrial. Dessa maneira afetam-se todos os níveis da vida social, inclusive a sua duração.

Terceiro e último, as teorias sociológicas efetivamente apanham a história sob distintas formas: formulam muitas ou várias histórias. Na sociologia funcionalista, o que está em jogo é a historicidade organizada com base no princípio da *causação funcional*. Na sociologia compreensiva, a realidade social parece organizar-se e modificar-se nos termos do princípio da *conexão de sentido*. E na sociologia dialética, a realidade social parece articular-se e transformar-se segundo os termos do princípio da *contradição*. Em cada caso, a relação entre ações, relações, processos e estruturas se apresenta numa forma especial. Em cada caso, os conteúdos políticos e econômicos, práticos e ideológicos dos fatos aparecem sob a forma peculiar. São distintas formas de contar e recontar, ou fazer e refazer, a história.

NOTAS

1. Conforme transcrição de Fritz Machlup, *The Production and Distribution of Knowledge in the United State*, Princeton, Princeton University Press, 1962, p.

A SOCIOLOGIA E O MUNDO MODERNO

149. Consultar também Jacob Schmookler, *Invention and Economic Growth*, Cambridge, Harvard University Press, 1966.

2. Karl Mannheim, *Man and Society in an Age of Reconstruction*, Nova York, Brace and Company, 1949, p. 247.

3. Karl Mannheim, *Diagnosis four Time*, Londres, Routledge & Kegan Paul, 1950, p. 1.

4. E.J. Hobsbawm, *The Age of Revolution: 1789-1848*, Nova York, Mentor Books, 1964, p. 327-8.

5. Robert K. Merton, *Social Theory and Social Structure*, Glencoe, The Free Press, 1951, p. 289. Consultar também J.D. Bernal, *Science in History*, Londres, Watts & Co, 1954.

6. Karl Marx, *El Capital*, 3 tomos, trad. Wenceslao Roces, México, Fondo de Cultura Económica, 1946-47, citação do tomo I, vol. II, p. 683.

7. Karl Marx, *Elementos Fundamentales para la Crítica de la Economia Política*, 2 vols., trad. Pedro Scaron, México, Siglo XXI Editores, 1972, vol. 2, p. 230. Consultar também Joan Robinson, *The accumulation of Capital*, Londres, MacMillan & Co., 1956, p. 173. Consultar também Werner Sombart, *El apogeo del Capitalismo*, 2 vols., trad. José Urbano Guerrero, México, Fondo de Cultura Económica, 1946, vol. I, terceira parte; Simon Kuznets, *Modern Economic Growth*, New Haven, Yale University Press, 1966, esp. p. 286-94.

8. Barrington Moore Jr., *Political Power and Social Theory*, Nova York, Harper Torchbooks, 1962, p. 125-6.

9. C. Wright Mills, *The Sociological Imagination*, Nova York, Oxford University Press, 1959, p. 42.

CAPÍTULO X   A vocação política das ciências sociais

A maioria dos cientistas sociais reconhece que a pesquisa, no campo das ciências sociais, possui implicações políticas. Reconhece que, direta e indiretamente, a pesquisa feita pelo economista, sociólogo, politicólogo, antropólogo, psicólogo e historiador tem conotação política. Também os trabalhos do psicólogo não escapam a essa conotação. É claro que as implicações políticas são mais evidentes quando se trata da pesquisa sobre um problema do presente, ou situação na qual os homens do presente estão empenhados. Mas também quando está em causa uma situação passada ela pode ter implicações políticas. Quando se diz que cada "geração" refaz a história do seu país, diz-se inclusive que cada regime político, ou governo, reinterpreta o passado à luz da sua imagem do presente. Às vezes procura-se glorificar o passado, ou uma parte dele. Outras vezes procura-se mostrar que o presente é totalmente novo, apresentando uma ruptura revolucionária com o passado. O vencedor tende a instaurar a sua narração.

A própria escolha do tema frequentemente envolve uma opção política. Essa opção pode ser aberta ou velada. Inclusive pode ocorrer — como ocorre frequentemente — que o cientista não tenha "ciência" dessa implicação. Aliás, muitas vezes o cientista social nega qualquer relação do seu trabalho (ensino, pesquisa, tema, hipótese, problema etc.) com qualquer valor político, ou valor extracientífico. Independentemente da importância teórica ou metodológica da pesquisa, muitas vezes ela é gerada, desde o princípio, numa atmosfera política. Em certos casos os beneficiários imediatos ou mediatos são os donos do poder político-econômico. Em outros, os interesses em causa são os que se acham fora do poder, ou lutam para conquistar o poder. A pesquisa pode estar inspirada seja pela conveniência de preservar dado *status quo* político-econômico, seja pelo interesse em modificá-lo. Com frequência as hipóteses dos cien-

OCTAVIO IANNI

tistas sociais estão empapadas dos interesses políticos de grupos e classes sociais, ou de partidos, empresas e governos. Ocorre que a ciência social pode ser uma técnica de poder.

No que diz respeito ao presente, a implicação política da pesquisa começa pela relação que ela estabelece entre o pesquisador e o pesquisado. Quando se trata de pesquisa de campo, na qual o pesquisador entra numa relação face a face com o membro do grupo ou classe que se quer conhecer, quase sempre ocorre alguma modificação no pesquisado. Ao realizar uma entrevista, aplicar um questionário, pedir um depoimento, ou obter uma história de vida, o pesquisador põe diante do informante questões e problemas que podem suscitar mudanças no seu modo de ver e avaliar as coisas, as pessoas e as suas relações. E pode mesmo alterar, mais ou menos, o seu modo de comportar-se diante de si, dos membros do seu grupo religioso, na fábrica, no escritório, na fazenda, no sítio, no sindicato, no partido etc. Dependendo da problemática da pesquisa, da forma pela qual ela é realizada, da situação socioeconômica do informante, da sua visão política e do seu horizonte cultural, a pesquisa social pode influenciar, ou modificar, o modo pelo qual ele — como membro de dado grupo ou classe — pensa e age. Se a pesquisa lida com o universo de valores, ideais, relações e dilemas de dada pessoa, família, grupo social ou classe social, certamente influencia o modo pelo qual o pesquisador compreende e reage aos próprios problemas materiais, intelectuais, políticos, religiosos, morais, econômicos e outros. Pode propiciar a conscientização de uma condição social de vida. Mas não é certo que essa conscientização seja aquela que corresponde aos interesses mais fundamentais da pessoa, grupo ou classe em questão. Não é certo que o relacionamento do pesquisador com o pesquisado seja sempre positivo ou favorável a este. Algumas vezes pode ser neutro o resultado da situação social de pesquisa; outras, pode ser prejudicial ao pesquisado. Aliás, são frequentes os casos em que o próprio pesquisador é afetado pela experiência da pesquisa, como cientista e como pessoa.

Independentemente dos usos extracientíficos do conhecimento obtido no processo da pesquisa, é inegável que o próprio ato de pesquisar afeta, modifica ou subverte os modos de pensar e agir do operário, funcionário, empregado, caboclo, colono, peão, boia-fria, migrante, imigrante, criança, mulher, adulto, paciente, negro, mulato, mestiço, índio que aparecem no projeto do pesquisador como "objeto" de pesquisa ou

A SOCIOLOGIA E O MUNDO MODERNO

informante. Assim, o ato de pesquisar, a situação de entrevista, aplicação de questionário, obtenção de depoimento ou história de vida é, frequentemente, um ato de modificar o "outro".

É claro que o ato de modificar o outro é um ato essencialmente político. Afinal de contas as pessoas não vivem no vácuo, mas trabalham nos quadros das relações de produção e estruturas de poder econômico e político que correspondem — ou não correspondem — aos seus interesses de classe. Ao modificar o outro, a pesquisa ajuda ou induz o pesquisado a reelaborar os quadros de referência sobre as suas relações e as suas condições de vida, em termos práticos e ideológicos. Quando inseridos no processo de pesquisa, o pesquisado pode elaborar novos quadros de consciência sobre a própria situação social, isto é, sobre a sua situação político-econômica. Muitas vezes, a pesquisa é pensada, desde o princípio, como um instrumento destinado a produzir informações e conhecimentos para "ajudar" ou "favorecer" o favelado, o marginalizado, o desempregado, o operário, o caboclo, o índio e outros. Nesses casos, ela já se inicia como uma ação organizada segundo interesses, motivos, razões políticos e econômicos, que se expressam como "humanitários", "morais" ou de outra forma, e se impõem ao pesquisado, como pessoa, família, grupo social, classe social. Nesses casos, a pesquisa desempenha, direta e explicitamente, a função de uma técnica de "mudança social provocada", "reversão de expectativa", "modernização" ou simplesmente manipulação e dominação.

Mas o problema não termina nesse passo. A produção científica, nas ciências sociais, é um processo complexo, que se desdobra além do que aparece habitualmente nos termos e na prática do projeto da pesquisa.

O produto do trabalho científico, nas ciências sociais, muitas vezes tende a incorporar-se ao "objeto" do conhecimento. Isto significa que o conhecimento produzido passa a ser parte da realidade social, como pensamento e prática. Além da modificação eventual que o processo da pesquisa pode provocar no modo de pensar e agir do pesquisado, o conhecimento pode passar a compor o mundo cultural e material dos grupos e classes sociais, ou da sociedade como um todo. No século XX, os pensamentos de Marx, Weber, Lenin, Freud e Keynes, para mencionar apenas alguns, passaram a fazer parte da cultura e prática de governantes, partidos, associações, empresas, grupos, pessoas, igrejas e classes sociais. Não quero dizer que sempre são encarados da mesma forma. Ao contrário, são utilizados, desenvolvidos, combatidos, negados, deteriorados. Inclusive têm sido e continuam a ser "moda", "formas de dizer", "artifícios de discurso", "retórica de salão". Mas são pensamentos que permeiam os trabalhos e os dias das gentes, em países dominantes, dependentes e coloniais. As sociedades do século XX, como sociedades capitalistas e socialistas, não podem ser compreendidas se a análise não passar pela produção intelectual desses autores, seus seguidores, epígonos e detratores. Sob muitas formas — científicas, técnicas e ideológicas — essa produção intelectual está presente nas decisões, nas políticas e pesquisas de governos, nas empresas, nos partidos, nas universidades, nas instituições de pesquisa e em outras esferas de poder e reprodução material e cultural.

Como vemos, da mesma forma que operam no processo de "desencantamento do mundo", as ciências sociais também provocam o "desencantamento" do cientista social. Por suas implicações extracientíficas —, tanto quanto por suas implicações científicas —, as ciências sociais desencantam o mundo social e o cientista social. Provavelmente o mais grave desafio que toda ciência social põe diante do cientista é a descoberta dos conteúdos e implicações políticos da produção científica. Quando o cientista descobre esse fato — ou compreende todas as suas conotações —, tanto a ciência social como o próprio cientista são despojados da magia que cerca as coisas do espírito, a atividade intelectual. Toma consciência de que é um produtor, adaptador ou imitador de fórmulas científicas, técnicas, ideológicas que servem à reprodução das relações e estruturas político-econômicas. Provavelmente esse é o segredo do desencantamento do cientista social, provocado pela própria ciência social. Ou o cientista social reconhece e procura controlar as condições e implicações políticas da sua produção intelectual, ou ele se transforma num instrumento — ativo, dócil, resignado — dos interesses políticos, econômicos, militares, religiosos e outros, alheios, ou mesmo adversos, ao seu próprio trabalho. Penso que o cientista social não pode menosprezar nem as condições nem os usos políticos do seu trabalho. Ao tomar consciência dos conteúdos e implicações extracientíficos do seu trabalho — em todas as fases do processo de produção intelectual —, o cientista social precisa lutar para que os seus objetivos científicos e políticos não sejam desbaratados nem pelas estruturas burocráticas, ou indústrias da pesquisa, nem pela ilusão da ciência pura.

No campo das ciências sociais, a pesquisa não é apenas um momento no processo de produção intelectual. Ela é também uma técnica de

A SOCIOLOGIA E O MUNDO MODERNO

poder. Às vezes, é parte das relações e estruturas de dominação. Outras, é parte da luta para mudar, romper ou refazer relações e estruturas de dominação. Esse duplo caráter das ciências sociais aparece em toda a sua história.

> Talvez corresponda ao destino das ciências sociais não só que devam refletir as formas dominantes da organização social de sua época, mas também — como ocorre desde que se desligaram do pensamento social e político da Ilustração — que devam converter-se em meios importantes para a expressão das contracorrentes radicais e da consciência crítica originadas por estas mesmas formas de organização. Esta relação dialética entre as ciências sociais e a sociedade penetra nos papéis, conflitivos e frequentemente ambíguos que os cientistas sociais, como indivíduos, se veem obrigados a desempenhar na sociedade moderna.[1]

No que diz respeito ao seu caráter de técnica de dominação, a pesquisa tem sido amplamente utilizada por governantes, empresas, partidos e igrejas para conhecer os grupos e classes sociais subordinados, dentro e fora do mesmo país. Isso tem ocorrido em vários setores das relações e estruturas sociais, desde a sociologia industrial até a antropologia dos povos colonizados e dependentes. Vejamos o que escreveram Loren Baritz, Robert S. Lynd e Frederick Taylor sobre a pesquisa científica na fábrica, no quartel e na guerra, sempre para controlar, dominar ou modificar assalariados, subalternos e populações que lutam por emancipar-se das condições adversas em que vivem.

BARITZ:
> Em meados do século XX, a ciência social da indústria tornou-se um dos mais férteis instrumentos à disposição dos dirigentes americanos, na sua luta com custos e trabalho, governo e público consumidor.[2]
> Como parte da burocratização de praticamente todos os aspectos da vida americana, a maioria dos cientistas trabalhou na indústria como técnico, não como cientista. Não preocupados profissionalmente com os problemas alheios aos limites da esfera que os dirigentes lhes atribuem, não ousando cruzar canais de comunicação e mando, eles eram enredados por todos os organogramas que ajudaram a inventar. Em geral, o cientista social da indústria, porque aceitou as regras da elite dominante na socie-

dade, estava impossibilitado de atuar criticamente; era compelido, por sua própria ideologia e o poder dos dirigentes americanos, a fornecer as técnicas necessárias aos objetivos dos dirigentes.[3]

LYND:

Estes livros *The American Soldier* mostram a ciência sendo utilizada com grande habilidade, para conhecer e controlar homens, com fins alheios à sua vontade. Trata-se de um sintoma significativo da impotência da democracia liberal, o fato de que ela precisa usar crescentemente as ciências sociais, não diretamente nos problemas da própria democracia, mas tangencialmente, de modo oblíquo. Ela precisa colher as migalhas da pesquisa da empresa privada, quanto a problemas tais como: avaliar a reação da audiência; colocar juntos programas de rádio e cinema; no presente caso, na pesquisa militar, como transformar recrutas medrosos em soldados duros, que lutam uma guerra cujos fins não compreendem. Com tais objetivos alheios, controlando a aplicação da ciência social, cada progresso no seu uso tende a fazê-la instrumento de controle de massa e, assim, uma ameaça adicional à democracia.[4]

TAYLOR:

A luta pela paz e a liberdade, que os Estados Unidos realizam no Sudeste da Ásia, está contando com uma estranha ajuda: a de psicólogos, sociólogos e outros cientistas do comportamento.

Em diversos projetos de pesquisa financiados pelos Estados Unidos, os vietnamitas, os tailandeses, têm a vida e os hábitos desvendados na mesma escala que os dos próprios americanos já o foram. As pesquisas às vezes resultam em mudanças na vida dos asiáticos; em certos casos resultam em modificações na guerra (...)

O objetivo do Projeto Camelot (1965) era conhecer os fatores que produzem a mudança revolucionária nas nações em desenvolvimento; e identificar o modo como os comunistas capitalizam esses fatores, para tomar o país ou fomentar uma guerra do tipo vietnamita. O Chile foi o país escolhido para essa pesquisa.[5]

A forma pela qual ocorreram e continuam a ocorrer a burocratização e a industrialização da produção científica nas ciências sociais tende a transformar a pesquisa principalmente numa técnica política. Ela pode servir

A SOCIOLOGIA E O MUNDO MODERNO

aos fins dos governantes, militares, empresários e outros, tanto para acelerar a produção de capital como para aperfeiçoar o domínio sobre grupos, classes e nações. Nessa perspectiva, o cientista aparece como um intelectual que produz conhecimento (em forma científica, técnica, prática ou ideológica) com o propósito de "aperfeiçoar" as relações e estruturas de dominação política e apropriação econômica vigentes em dado país, época, conjuntura, regime político etc. Devido às condições de racionalização estabelecidas pela reprodução capitalista, o cientista, o técnico, o assessor e outras classificações passam a ser novas categorias de funcionários indispensáveis à continuidade do processo de reprodução das relações e estruturas capitalistas nos países dominantes, dependentes e coloniais. Em reflexões sobre os intelectuais e a organização da cultura, Gramsci mostra como os intelectuais são inseridos nas estruturas de poder.

Os intelectuais são os "comissários" do grupo dominante para o exercício das funções subalternas da hegemonia social e do governo político, isto é: 1) do consenso "espontâneo" dado pelas grandes massas da população à orientação impressa pelo grupo fundamental dominante à vida social, consenso que nasce "historicamente" do prestígio (e, portanto, da confiança) que o grupo dominante obtém, por causa da sua posição e da sua função no mundo da produção; 2) do aparato de coerção estatal que assegura "legalmente" a disciplina dos grupos que não "consentem", nem ativa nem passivamente, mas que é constituído para toda a sociedade, na previsão dos momentos de crise no comando e na direção, nos quais fracassa o consenso espontâneo.[6]

Sob vários aspectos, a ciência tem sido uma técnica de dominar, controlar ou modificar o "outro". Esse outro pode ser operário, camponês, lavrador, empregado, adulto, criança, negro, índio; um grupo social, classe social, nação. Nesse sentido, também, é que a ciência social faz parte do processo de "desencantamento do mundo", que fascina e incomoda a todo cientista social, antes e depois de Max Weber.

Weber não quis aceitar — em 1918, na Universidade de Munique, quando falou sobre a ciência como vocação — que a política que invadia as aulas e as palavras dos professores de sociologia, política, economia, história e outras disciplinas não era um elemento totalmente espúrio, mas apenas uma nova manifestação dos conteúdos e implicações das ciências sociais. Ele queria a ciência livre de preocupações e valores extracientíficos, feita em estado de isenção. Lamentava a invasão das salas de aula e do trabalho científico por "seitas de fanáticos" e "profetas", que subvertiam a ética acadêmica e científica liberal que morria exatamente nessa época. Em 1918, a Alemanha havia sido derrotada na guerra; o conflito entre nações imperialistas havia lançado soldados, operários e camponeses numa situação desesperadora; a luta de classes estava nas ruas; o poder soviético já se havia instalado na Rússia; e o fascismo começava a ser gestado. Mas Weber defendia a independência e a isenção do trabalho científico, no ensino e na pesquisa. Queria preservar uma racionalidade ideal nas próprias ciências sociais. Depois de descobrir que as ciências sociais eram parte do processo de racionalização crescente das ações, relações e organizações sociais, Weber julgava indispensável afastar dos ambientes científicos as "revelações", a "graça" e as "profecias". Queria que as ciências sociais fossem livradas dos encantamentos mágicos, isto é, políticos, para que elas pudessem melhor servir à sua vocação de desencantar o mundo.

> A crescente intelectualização e racionalização *não* indicam, portanto, um conhecimento maior e geral das condições sob as quais vivemos. Significa mais alguma coisa, ou seja, o conhecimento ou a crença em que, se quisermos, *poderíamos* ter esse conhecimento a qualquer momento. Significa, principalmente, portanto, que não há forças misteriosas incalculáveis, mas que podemos, em princípio, dominar todas as coisas pelo cálculo. Isso significa que o mundo foi desencantado.[7]

A ciência hoje é uma "vocação" organizada em disciplinas especiais a serviço do autoesclarecimento e conhecimento de fatos inter-relacionados. Não é o dom da graça de videntes e profetas que cuidam de valores e revelações sagradas, nem participa da contemplação dos sábios e filósofos sobre o significado do universo.[8]

O destino de nossos tempos é caracterizado pela racionalização e intelectualização e, acima de tudo, pelo "desencantamento do mundo".[9]

Weber parecia resistir heroicamente a uma realidade que se impunha a tudo e a todos, inclusive à sua obra. As exigências das relações e estruturas do capitalismo politizavam generalizadamente as relações sociais e os produtos dessas relações, inclusive o trabalho científico, na sala de aula e na pesquisa. A própria obra de Weber, construída no mais rigoroso espírito científico, não escapou a essa politização universal das ciências sociais. Em primeiro lugar, uma parte da sua obra foi e continua a ser utilizada,

A SOCIOLOGIA E O MUNDO MODERNO

científica e ideologicamente, como uma explicação alternativa à de Marx, quanto às leis e tendências que regem os movimentos históricos do capitalismo. Esse é um debate que transborda das salas de aula, de ensaios e livros, para localizar-se diretamente na luta de classes, nas contradições entre proletariado e burguesia. Em segundo lugar, uma parte da obra de Weber tem frutificado — muitas vezes de forma deteriorada, é certo — na produção científica, técnica e ideológica de cientistas sociais empenhados, cientes ou não, em aprimorar o funcionamento e o rendimento de estruturas capitalistas de dominação política e apropriação econômica.

Para compreender melhor as principais implicações políticas da pesquisa científica, precisamos reconhecer que ela envolve um processo intelectual e organizatório complexo, processo esse que supõe recursos administrativos, tecnológicos e financeiros, além de hierarquias e sub-hierarquias de várias ordens. Mesmo quando o pesquisador trabalha só — ao longo das várias fases do processo de produção intelectual —, seu trabalho envolve condições extraintelectuais importantes. Mas é no trabalho de equipe, nas organizações de pesquisa, ou na indústria da pesquisa, que o processo de produção intelectual se torna financeira e organizatoriamente complexo e vultoso. Principalmente nessas condições, a pesquisa supõe um processo intelectual complicado, mesclado com relações e estruturas de cunho extracientífico, relações e estruturas essas que podem ajudar ou prejudicar a produção científica original e independente.

Em universidades, faculdades, institutos e centros, públicos e privados, a pesquisa social muitas vezes se ajusta a interesses e exigências extracientíficos. Por um lado, devido aos vínculos explícitos que se estabelecem com os financiamentos das pesquisas, pois na maioria dos casos, os financiadores de pesquisas sociais — em países dominantes e coloniais — são governos, empresas, partidos, fundações e outras entidades empenhadas em programas direta ou indiretamente relacionados com interesses políticos ou econômicos. Por outro lado, a própria estruturação burocrática das atividades científicas afeta a independência e a criatividade do intelectual. As razões financeiras, as hierarquias de prestígio, a adesão à moda, a conveniência de preservar e ampliar grupos e estruturas, tudo isso interfere na essência do trabalho intelectual. Algumas vezes essa interferência é bastante negativa. A distorção, ou mesmo inversão, do trabalho intelectual tem sido examinada por vários cientistas sociais. Vejamos o que escrevem Barrington Moore Jr., André Gorz e C.

Wright Mills. Eles expõem os principais aspectos da relação entre a burocratização do trabalho científico, ou do funcionamento da indústria da pesquisa, com os conteúdos e significados políticos das ciências sociais. E mostram inclusive o problema do diálogo entre o cientista e a sociedade.

MOORE JR.:

Num plano de análise mais minucioso nota-se que inúmeros projetos de pesquisa da ciência social moderna são empreendimentos caríssimos. Requerem a colaboração de grande número de pessoas com uma série de aptidões e treinamento. O seu custo excede, não raro, várias centenas de milhares de dólares. Talvez seja injusto observar que os resultados nem sempre correspondem aos custos. Mas é verdade que a atual situação da ciência social representa precisamente o inverso da que prevaleceu durante os grandes descobrimentos teóricos da física no século XIX e no princípio do século XX. Os progressos revolucionários se fazem com fundos limitados e, segundo os padrões modernos, com um grosseiro equipamento de laboratório. Hoje em dia, pelo menos na ciência social, as grandes dotações proporcionam aos que controlam a distribuição de fundos de pesquisa uma posição altamente estratégica para determinar quais são os problemas que devem ser investigados e quais são os que não devem sê-lo (...) Na situação atual, a necessidade de se ser membro cooperativo de um grupo de pesquisas pode fazer mais no sentido de estultificar o pensamento original e crítico do que a pressão econômica direta.[10]

GORZ:

A linha de expansão das atividades de pesquisa, com efeito, não se orienta para a pesquisa "independente", ou fundamental, mas para a pesquisa diretamente ligada ao processo de produção.[11]

MILLS:

Entre o intelectual e seu público potencial estão as estruturas técnicas, econômicas e sociais que são propriedade de outros, e por esses outros operadas.[12]

Os meios de comunicação efetiva estão sendo expropriados ao trabalhador intelectual. A base material de sua iniciativa e de sua liberdade intelectual já não está em suas mãos. Alguns intelectuais sentem tal processo em seu próprio trabalho. Sabem mais do que dizem e estão impotentes e temerosos.[13]

A SOCIOLOGIA E O MUNDO MODERNO

A burocratização e a industrialização do trabalho intelectual criam vastas e complexas estruturas — públicas e privadas — que nem sempre beneficiam a pesquisa científica básica e original. Ao contrário, muitas vezes essas organizações aprisionam o cientista numa trama de fins e meios sobre os quais ele tem escassa ou nenhuma influência. Sejam quais forem a concepção teórica e a posição política do cientista, as estruturas da produção intelectual lhe impõem os seus temas, as suas hipóteses, os seus procedimentos, as suas condições materiais, organizatórias, técnicas e científicas de produção intelectual. Essa mudança essencial das condições e dos significados da pesquisa científica pode ser comprovada inclusive pela crescente importância do capital privado no trabalho intelectual, ou pela crescente associação entre capitais privados e públicos em organizações e programas de pesquisa.

A burocratização e a industrialização do processo de produção científica transforma o cientista social num elemento subalterno, ou prisioneiro, de uma organização complexa, que lhe dita o que e como pesquisar. Em muitos casos, o cientista deixa de ser um intelectual independente, de pesquisar o que julga relevante, é levado a trabalhar com os temas que a organização lhe dita — os temas que são de interesse da organização. De certa forma, deixa de ser um intelectual para ser um pesquisador, especialista, técnico, assistente, analista, calculista, programador e outras variações. São tais e tantas as relações e estruturas de intermediação que se inserem na atividade intelectual do cientista que este nem sempre, ou poucas vezes, consegue decidir sobre o que e como pesquisar. Além disso, é levado a especializar-se numa área delimitada da sua disciplina. Essa especialização pode levá-lo a perder interesse por outros campos do conhecimento, menosprezá-los, ou perder de vista o todo. Toda proposição que lhe sugira uma visão mais global dos fatos, das relações, dos processos e das estruturas incomoda o seu compromisso com a objetividade, o rigor da observação, a certeza da quantidade, a operacionalização, a verificabilidade. A burocratização e a especialização, por um lado, e as exigências da indústria da pesquisa, por outro, tendem a induzir o cientista social a trabalhar de forma bastante rigorosa sobre problemas secundários ou irrelevantes. Toma-se a precisão metodológica como sucedâneo da precisão teórica. Essa inversão entre técnica e ciência já havia sido notada na década dos anos 1930 por Florian Znaniecki, quando discutiu a importância da indução quantitativa na sociologia. Depois, também Barrington Moore Jr. abordou a questão.

OCTAVIO IANNI

ZNANIECKI:
Esta influência consiste em substituir métodos intelectuais por técnicas de trabalho, e, assim, eliminar o pensamento teórico do processo de pesquisa científica.[14]

MOORE JR.:
O mal desse processo consiste em que ele começa com a presunção de que os fatos da história são unidades discretas e separadas.[15]

A verdade é que a crescente burocratização e industrialização do processo de produção intelectual está transformando o significado essencial do trabalho científico. A burocratização das condições de pesquisa nas universidades, nas faculdades, nos institutos e centros, públicos e privados, nem sempre tem criado melhores condições de produção intelectual. Devido à divisão social do trabalho científico e à consequente especialização do cientista, criaram-se hierarquias e sub-hierarquias que às vezes pouco ou nada têm a ver com as exigências da pesquisa científica propriamente dita. A participação dos cientistas sociais das várias disciplinas — e dentro da mesma disciplina — é hierarquizada segundo critérios funcionais, administrativos, salariais e outros. Essas divisões e subdivisões diversificam e diferenciam os cientistas, especialistas, técnicos, auxiliares de pesquisa, *seniores* e *juniores*, ou professores titulares, adjuntos, livre-docentes, assistentes, doutores, simples assistentes e auxiliares de ensino, segundo as exigências das relações e estruturas burocráticas, antes do que exigências intelectuais. Conforme sugere André Glucksmann, "esta hierarquia do saber tornou-se uma segunda natureza" do trabalho intelectual.[16] Isto é, por sobre a essência do trabalho intelectual, que exige uma atividade livre, criativa e crítica, superpõem-se as exigências das relações e estruturas burocráticas, que exigem hierarquia, disciplina e *performance*.

A ética e a ideologia da classe dominante puritana modelaram a ideologia da ciência, afirmando a ideia de que o homem de ciência deve ser neutro, insensível e a-humano, ao modo do empresário capitalista.[17]

Nesse contexto é que o princípio da quantidade se impõe como critério universal do fazer e pensar. Num mundo dominado pelas leis da acu-

A SOCIOLOGIA E O MUNDO MODERNO

mulação do capital, ou da reprodução capitalista, o princípio da quantidade necessariamente se impõe também ao trabalho científico. Por trás do ascetismo, ou fetichismo metodológico, que se alastra nas ciências sociais, está a generalização da racionalidade comandada pela produção de mercadoria e lucro, ou mais-valia.

> Na medida em que a vida contemporânea está, em grande parte, padronizada, em virtude da concentração do poder econômico, levada a um grau extremo, em que o indivíduo é muito mais impotente do que quer admitir, os métodos padronizados e, em certo sentido, desindividualizados, tanto constituem uma expressão da situação concreta como só um instrumento adequado para descrever e entender.[18]

O resultado desse processo é a fragmentação do objeto das ciências sociais — ou mesmo a destruição desse objeto — e a multiplicação de verdades, leis e conceitos sociológicos, econômicos, políticos, antropológicos e outros sobre um mesmo fato social. A ciência deixa de ser uma forma de conhecimento para tornar-se uma técnica de abordagem de problemas específicos, perfeitamente delimitados, suscetíveis de observação objetiva, mensuração etc. É claro que nesse processo perde-se a noção do todo, do fato social total, ou de relações, processos e estruturas internos e externos. A ênfase do trabalho intelectual tende a concentrar-se sobre os meios de pesquisa e os modos de aperfeiçoar o *status quo* político-econômico da ocasião, ou as bases políticas, econômicas e culturais do capitalismo.

> O método ameaça tanto fetichizar os temas quanto degenerar ele próprio em fetiche. Não é por acaso que nas discussões sobre a pesquisa social empírica — e a lógica do procedimento científico de que falamos — as questões de método predominam sobre as de conteúdo. Em lugar da importância dos temas a pesquisar, muitas vezes entra como critério a objetividade das manipulações a fazer com o método. Nos trabalhos científicos empíricos, a escolha dos temas da pesquisa e o desenvolvimento dos estudos orientam-se — quando não por interesses prático-administrativos — muito mais pelos procedimentos disponíveis; e, às vezes, pelos que haveria que desenvolver, antes do que pela essencialidade do tema. Daí a indiscutível irrelevância de tantos estudos empíricos.[19]

205

Transferem-se para o trabalho intelectual os mesmos critérios pragmáticos que fundamentam a organização e a eficácia da empresa industrial: racionalização, burocratização, divisão social do trabalho, especialização, hierarquia, disciplina, *performance*, economicidade etc. *Science is measurement*. As relações e estruturas "racionais" que se impõem ao processo de produção científica acabam por conferir uma segunda natureza à ciência. Ao mesmo tempo, a ciência é transformada numa técnica de poder e numa força produtiva, ela entra direta e amplamente na reprodução das relações e estruturas de dominação política e apropriação econômica.

A burocratização e a especialização crescentes, no processo de produção científica, provêm do mesmo processo de racionalização generalizada comandado pela reprodução capitalista. A sociedade capitalista é, cada vez mais e em formas renovadas, um sistema de relações e estruturas político-econômicas comandadas pelas exigências da produção de mercadoria e lucro, ou mais-valia. Daí o porquê de a atividade científica se mercantilizar, em todas as suas fases, em seus processos e produtos. E o cientista passa a ser um trabalhador produtivo, na condição de pesquisador, especialista, analista, técnico etc. Algumas vezes ele é duplamente trabalhador produtivo. *Primeiro*, porque produz uma dissertação ou relatório, original ou macaqueado, que se traduz num livro. Neste caso, o livro é uma mercadoria como outra qualquer. Mesmo que o tenha escrito por diletantismo, ou para revolucionar ciências e filosofias, nas mãos do editor o trabalho intelectual se transforma em mercadoria, produz lucro.

> Milton, por exemplo, que escreveu o *Paraíso perdido*, por 5 libras esterlinas, era um *trabalhador improdutivo*. Inversamente, o escritor que fornece à editora trabalho como produto industrial é um *trabalhador produtivo*. Milton produziu o *Paraíso Perdido* pelo mesmo motivo por que o bicho-da-seda produz seda. Era uma atividade própria de *sua* natureza. Depois vendeu o produto por 5 libras. Mas o proletário intelectual de Leipzig, que sob a direção da editora produz livros (por exemplo, compêndios de economia), é um *trabalhador produtivo*, pois, desde o começo, seu produto se submete ao capital e só para acrescer o valor deste vem à luz.[20]

Segundo, o cientista é trabalhador produtivo porque o conhecimento (científico ou técnico, prático ou ideológico) que ele produz, aperfeiçoa ou adapta entra, direta ou indiretamente, no processo de produção,

A SOCIOLOGIA E O MUNDO MODERNO

como força produtiva. "Para o capitalismo, o saber é *rentável*, ajuda seja na exploração direta, seja 'circulação', portanto, ao mesmo tempo, na extração e realização do lucro."[21]

A reprodução da sociedade, em suas relações, seus processos e suas estruturas político-econômicos, envolve a reprodução cultural, em geral, e a científica, em especial. A atividade do cientista é parte importante do processo de produção cultural, processo este que ganha sentido no conjunto da reprodução social.

NOTAS

1. Rodolfo Stavenhagen, *Sociología y Subdesarrollo*, México, Editorial Nuestro Tiempo, 1972, p. 207. Citação do cap. intitulado "Cómo descolonizar las ciencias sociales?", p. 207-34. Consultar também Florestan Fernandes, *A sociologia numa era de revolução social*, São Paulo, Companhia Editora Nacional, 1963; Octavio Ianni, *Sociologia da sociedade latino-americana*, Rio de Janeiro, Editora Civilização Brasileira, 1971.

2. Loren Baritz, *The Servants of Power* (A History of the use of Social Science in American Industry), Nova York, John Wiley and Sons, 1965, p. 191.

3. Loren Baritz, *op. cit.*, p. 194.

4. Robert S. Lynd, "The Science of Inhuman Relations", *The New Republic*, 27 de agosto de 1949, citado por C. Wright Mills, *The Sociological Imagination*, Nova York, Oxford University Press, 1959, p. 115. Lynd se refere à seguinte pesquisa: Samuel A. Stouffer, E.A. Suchman, L.C. De Vinney, S.A. Star, R.M. Williams Jr., A.A. Lumsdaine, N.H. Lumsdaine, M.B. Smith, I.L. Janis e L.S. Cottrell Jr., *The American Soldier*, vol. I (Adjustment during Army life) e vol. II (Combat and its aftermath), Princeton, Princeton University Press, 1949.

5. Frederick Taylor, "Know Your Ally", *The Wall Street Journal*, Nova York, 1º de junho de 1967, p. 1.

6. Antonio Gramsci, *Os intelectuais e a organização da cultura*, trad. Carlos Nelson Coutinho, Rio de Janeiro, Editora Civilização Brasileira, 1968, p. 11.

7. H.H. Gerth e C. Wright Mills (eds.), From Max Weber: *Essays in Sociology*, Londres, Kegan Paul, Trench Trubner & Co., 1947, p. 139. Esta e as duas citações seguintes foram retiradas do texto de "Sciences as a Vocation", p. 129-56.

8. H.H. Gerth e C. Wright Mills (eds.), *op. cit.*, p. 152.

9. *Ibidem*, p. 155.

10. Barrington Moore Jr., *Political Power and Social Theory*, Nova York, Harper Torchbooks, 1962, p. 139-40.

11. André Gorz, "Techniques, techniciens et lutte des classes", *Les Temps Modernes*, n° 301-302, Paris, 1971, p. 141-80, citação da p. 147.

12. C. Wright Mills, *Poder e política*, trad. Waltensir Dutra, Rio de Janeiro, Zahar Editores, 1965, p. 153.

13. C. Wright Mills, *op. cit.*, p. 155.

14. Florian Znanieck, *The Method of Sociology*, Nova York, Rinchart & Company, 1934, p. 234.

15. Barrington Moore Jr., *Political Power and Social Theory*, citado, p. 132.

16. André Glucksmann, "Nous ne sommes pas tous prolétaires", publicado em *Les Temps Modernes*, n°s 330 e 331, Paris, janeiro e fevereiro de 1974, citação da segunda parte, publicada no n° 331 de *Les Temps Modernes*, p. 1.361.

17. André Gorz, "Caractères de classe de la science et des travailleurs scientifiques", *Les Temps Modernes*, n° 330, Paris, 1974, p. 1.159-77, citação das p. 1.166-67.

18. Theodor W. Adorno e Max Horkheimer, *La Sociedad: Lecciones de Sociología*, trad. Florcal Mazía e Irene Cusien, Buenos Aires, Editorial Proteo, 1969, p. 124.

19. Theodor W. Adorno e Max Horkheimer, *Sociologica*, trad. Víctor Sánches de Zavala, Taurus Ediciones, Madri, 1966, p. 278, citação do capítulo "La sociologia y la investigación empírica", de autoria de Adorno.

20. Karl Marx, *Historia Crítica de la Teoría de la Plusvalia*, 3 vols., trad. Wenceslao Roces, México, Fondo de Cultura Económica, 1945, vol. I, p. 285-6.

21. André Glucksmann, "Nous ne sommes pas tous prolétaires", citado em *Les Temps Modernes*, n° 331, p. 1.360.

CAPÍTULO XI   O novo mapa do mundo

No limiar do século XXI, o planeta Terra deixa de ser apenas uma figura da astronomia e torna-se uma realidade geo-histórica. Acontece que se intensificaram e generalizaram os processos e as estruturas que constituem o capitalismo mundial, como modo de produção e processo civilizatório. Todos são levados a reconhecer que a Terra é um amplo e complexo ecossistema, visto como condição e produto das mais diversas formas de vida e trabalho. Essa é uma longa história, cuja parte principal começa com as grandes navegações marítimas, desdobrando-se depois no mercantilismo, no colonialismo, no imperialismo e, em fins do século XX, no globalismo. Estas são formas de apropriação da Terra, envolvendo as mais diversas modalidades de organização das atividades humanas, das quais emergem épocas da história e da geografia. São épocas nas quais se constitui e re-constitui tudo que é local, nacional e regional, compreendendo tribos, na-ções e nacionalidades. Também as formas sociais do tempo e do espaço modificam-se em cada época. É como se a Terra adquirisse as mais diversas fisionomias, no curso das distintas configurações sociais de vida e trabalho. Sob vários aspectos, a ideia de globalização permite acompanhar as trans-formações da Terra, seguindo os vaivéns da sua vasta e complexa metamor-fose, desde a sua figura astronômica até a sua figuração geo-histórica.

Todos, em todo o mundo, são desafiados pelos dilemas e horizontes que se criam com a globalização. Também as ciências sociais são desafiadas, em suas teorias e metodologias, por um objeto que se transforma em proporções excepcionais. Ao lado do território, do Estado-nação ou do nacionalismo, coloca-se também o globo terrestre, a sociedade mundial ou o globalismo.

O paradoxo é que também a geografia está sendo desafiada pela glo-balização. Antes, ela trabalhava principalmente com aspectos importantes mas parciais da realidade mundial, do planeta Terra, do mapa do mundo. O espaço, assim como o tempo, estava referido ao território da tribo, cidade-Estado, nação, Estado-nação, império, região; ou feudalismo, mercantilismo, colonialismo, imperialismo; além de hemisfério norte e hemisfério sul, Oriente e Ocidente. Os territórios estavam referidos a essas realidades geo-históricas, da mesma forma que as cronologias e as periodizações.

É óbvio que os escritos dos geógrafos, assim como os dos historiadores e outros cientistas sociais, adiantaram muitas contribuições para a descrição e a interpretação de realidades mais abrangentes: internacionais, multinacionais, transnacionais, mundiais, planetárias. A cartografia e a historiografia localizavam os continentes, as ilhas e os arquipélagos, assim como os mares e oceanos. Nesse sentido é que os escritos sobre os descobrimentos e as conquistas, as tribos e as nações, os impérios e as colônias, a descolonização e o nacionalismo, as guerras e as revoluções desvendam aspectos importantes das dimensões internacionais ou mundiais dos territórios e das fronteiras.

Mas é no fim do século XX que se descortinam mais abertamente os impasses e horizontes da globalização, como desafio para a geografia e a história, ou a geo-história, assim como para as outras ciências sociais. Está nascendo o globalismo.

Quando se trata de refletir sobre a globalização, é evidente que tanto a geografia como as outras ciências sociais esbarram no fato de que o Estado-nação está posto em causa. Na medida em que se desenvolvem os processos e as estruturas que configuram o globalismo, como um todo complexo e problemático, todos são obrigados a dar-se conta de que o Estado-nação está abalado, em declínio, fora do lugar ou desafiado a ressituar-se. As configurações e os movimentos da sociedade global parecem transformar a sociedade nacional em província.

Quando a sociedade nacional é transformada em província da global, logo se exigem outras definições de categorias como "Estado-nação", "projeto nacional", "nacionalismo", "soberania". Assim como logo se revelam precárias as noções de "território" e "fronteira". Abalam-se as bases sociais, ou geo-históricas, que pareciam garantir clareza e continuidade a essas e outras categorias de pensamento do geógrafo e outros cientistas sociais.

> O território era a base, o fundamento do Estado-nação que, ao mesmo tempo, o moldava. Hoje, quando vivemos uma dialética do mundo concreto, evoluímos da noção, tornada antiga, de Estado territorial para a noção pós-moderna de transnacionalização do território. Mas, assim como antes tudo não era, digamos assim, território "estatizado", hoje

A SOCIOLOGIA E O MUNDO MODERNO

tudo não é estritamente "transnacionalizado". Mesmo nos lugares onde os vetores da mundialização são mais operantes e eficazes, o território habitado cria sinergias e acaba por impor, ao mundo, uma revanche.[1]

Esse é o contexto em que o geógrafo é levado a recriar a categoria "espaço", como um universal contemplando e subsumindo o singular, compreendendo o particular e as múltiplas mediações. O território, a fronteira, a província, o local, o lugar e a paisagem, assim como as planícies, as montanhas, as florestas, os desertos, os rios, os lagos, os mares e os oceanos mudam de lugar no novo mapa do mundo, adquirindo outros significados. No mesmo sentido, o sítio, a fazenda, a plantação, o povoado, a vila, a cidade, a metrópole, a megalópole e a nação mudam de lugar e significado. Na mesma média em que se multiplicam, intensificam e generalizam os processos sociais, econômicos e outros, alteram-se as bases sociais, ou propriamente geo-históricas, de referência. Tanto é assim que a globalização pode ser vista como um terremoto abalando o planeta Terra, um terremoto por meio do qual se abalam mais ou menos profunda e drasticamente as bases geo-históricas e mentais de referência.

> O espaço deve ser considerado como um conjunto indissociável de que participam, de um lado, certo arranjo de objetos geográficos, objetos naturais e objetos sociais, e, de outro, a vida que os preenche e os anima, ou seja, a sociedade em movimento. (...) A globalização da sociedade e da economia gera a mundialização do espaço geográfico, carregando-o de novo significado. (...) O espaço assume hoje em dia uma importância fundamental, já que a natureza se transforma, em seu todo, numa forma produtiva. Quando todos os lugares foram atingidos, de maneira direta ou indireta, pelas necessidades do processo produtivo, criam-se, paralelamente, seletividades e hierarquias de utilização com a concorrência ativa ou passiva entre os diversos agentes. Donde uma reorganização das funções entre as diferentes frações de território. Cada ponto do espaço torna-se então importante, efetivamente ou potencialmente. Sua importância decorre de suas próprias virtualidades, naturais ou sociais, preexistentes ou adquiridas segundo intervenções seletivas.[2]

Há, pois, pelo menos três expressões que desafiam a geografia na época da globalização. Uma se traduz no conceito de "espaço", já que se abalam as fronteiras e os territórios que se haviam codificado em um mapa do mundo que se torna obsoleto. Quando todos são desafiados pelos impasses e horizontes do planeta Terra, em suas implicações teóricas e práticas, é fundamental recuperar as perspectivas que se abrem com o espaço. Outra se traduz no conceito de "desterritorialização", já que se multiplicam e agilizam os meios de comunicação, informação e decisão, tornando as coisas, gentes e ideias volantes e voláteis. Desterritorializar caminha par em par com reterritorializar em outros espaços, da mesma forma que implica a transformação da realidade geo-histórica em realidade virtual. E mais uma expressão, por fim, que radicaliza ainda mais o desafio que a globalização representa para a geografia: a metáfora do "fim da geografia". Tanto se multiplicam, intensificam e generalizam os meios de comunicação, informação e decisão, com base nas técnicas eletrônicas, informáticas e cibernéticas, que tudo se descola, flutua, flui e volatiliza. São três expressões empenhadas em taquigrafar alguns desafios fundamentais da globalização, não só no que se refere ao objeto da geografia, mas também no que diz respeito à metodologia e teoria, sem esquecer as implicações epistemológicas sempre presentes nas categorias "espaço" e "tempo". Além do localismo, nacionalismo e regionalismo, assim como do colonialismo e imperialismo, cabe interpretar o globalismo.

Assim, a geografia está desafiada a debruçar-se sobre o planeta Terra como um todo, sem prejuízo do reconhecimento da relevância das suas múltiplas partes ou fragmentos, compreendendo paisagem, território e fronteira; ilha, arquipélago e continente; local, nacional e regional; geo-economias e geopolíticas. Afinal, a geografia está desafiada a debruçar-se sobre o planeta Terra, não só como ente da astronomia, mas como um todo geo-histórico.

A percepção do espaço está ligada à velocidade das pessoas, das coisas e das mensagens. O espaço distingue-se, certamente, em função do grau de fluidez entre coisas, objetos, mensagens. Então chegamos a este final de século em que somos capazes de participar da contemporaneidade simultânea. Antes havia a contemporaneidade, mas nós não participávamos. Hoje, queiramos ou não, participamos. Essa nova situação muda a definição dos lugares: o lugar está em todo lugar, está dissolvido no mundo inteiro, graças à televisão, à instantaneidade. Temos ainda o satélite, que nos dá o movimento da Terra. É como se fizéssemos cinema: acompanha-

A SOCIOLOGIA E O MUNDO MODERNO

mos a Terra, o mundo. Acrescente-se a isto o fato de que pelas mãos do Estado, das instituições internacionais e das empresas multinacionais, cria-se a comunidade humana. Temos assim diante de nós o mundo "globalizado". (...) A globalização se tornou um fato que permite a versão de uma disciplina que pretende conhecer a Terra. Foi por isso que a geografia avançou mais nessa direção. (...) Mesmo que se divida a geografia — em política, econômica, cultural —, não é possível trabalhar estes ramos sem o mundo. Não dá para trabalhar a geografia política, nem a econômica, ou cultural, sem o mundo. Muito menos a geografia crítica. O mundo globalizado é a grande novidade do nosso fim de século, e é uma alavanca para a mudança epistemológica de todas as disciplinas.[3]

O dilema é esclarecer as implicações metodológicas e teóricas, sem esquecer as ressonâncias epistemológicas, envolvidas na constatação de que o objeto das ciências sociais mudou de figura, desenvolveu-se, complicou-se. E este objeto é o mundo, o globo terrestre, em todas as suas implicações geo-históricas, sociais, econômicas, políticas, culturais, demográficas, étnicas, religiosas, linguísticas, ecológicas e outras. Nasce o globalismo.

Não se trata de imaginar que esse mundo é homogêneo, estável, tranquilo. Ao contrário, cabe reconhecer que a mesma globalização está acompanhada da emergência de novos dilemas práticos e teóricos, além de recriar os anteriores em outros termos. A globalização multiplica as diversidades de todos os tipos, assim como as desigualdades; as descontinuidades, assim como as convergências; as contemporaneidades, assim como as não contemporaneidades. Sob muitos aspectos, globalização rima tanto com integração quanto com fragmentação. São processos simultâneos, encadeados, envolvendo tribos, nações, nacionalidades, etnias, religiões, línguas, grupos sociais, classes sociais, correntes de opinião etc.[4]

Para Milton Santos, o segredo dessa metamorfose do objeto da geografia, e de praticamente todas as ciências sociais, é a técnica. A ciência transformada em tecnologia, as conquistas do pensamento científico traduzidas em processos de trabalho e produção, comunicação e informação, controle e manipulação, esses são os elementos cruciais da revolução que atinge as paisagens, os territórios e as fronteiras, ou as nações, tribos e nacionalidades, tanto quanto atinge as cronologias e as periodizações. Esse o contexto em que todos são obrigados a recriar as categorias de espaço e tempo, em suas múltiplas espacialidades e temporalidades.

A fase atual da história da humanidade, marcada pelo que se denomina de revolução científico-técnica, é frequentemente chamada de período técnico-científico. (...) Em fase anteriores, as atividades humanas dependeram da técnica e da ciência. Recentemente, porém, trata-se da interdependência da ciência e da técnica em todos os aspectos da vida social, situação que se verifica em todas as partes do mundo e em todos os países. O próprio espaço geográfico pode ser chamado de *meio técnico-científico*. Essa realidade agora se estende a todo o Terceiro Mundo, ainda que em diferente proporção, segundo os países. Nesta nova fase histórica, o mundo está marcado por novos signos, como (...) a grande revolução da informação que liga instantaneamente os lugares, graças aos progressos da informática. O fenômeno da simultaneidade ganha, hoje, novo conteúdo. Desde sempre, a mesma hora do relógio marcava acontecimentos simultâneos, ocorridos em lugares os mais diversos, cada qual, porém, sendo não apenas autônomo, mas também interdependente dos demais. Hoje, cada momento compreende em todos os lugares, eventos que são independentes, incluídos em um mesmo sistema de relações. Os progressos técnicos que, por intermédio dos satélites, permitem a fotografia do planeta, permitem-nos uma visão empírica da totalidade dos objetos instalados na face da Terra.[5]

É assim que a geo-história encontra uma espécie de plenitude. A globalização desafia a fragmentação do pensamento social e suscita a reintegração das ciências sociais, seriamente mutiladas pela divisão do trabalho exacerbada pela burocratização. Outra vez, recoloca-se o desafio da atividade intelectual interdisciplinar, ou multidisciplinar, condição indispensável para o desenvolvimento da reflexão sobre o que vai pelo mundo, sobre os desafios e horizontes do novo mapa do mundo. À medida que o objeto das ciências sociais se desenvolve, transforma, adquirindo configurações e movimentos novos, inesperados ou surpreendentes, todos somos levados a refletir sobre as suas implicações teóricas e práticas. "Com a globalização do mundo, as possibilidades de um trabalho interdisciplinar tornam-se maiores e mais eficazes, na medida em que à análise fragmentadora das disciplinas particulares pode mais facilmente suceder um processo de reintegração ou reconstrução do todo."[6]

Simultaneamente, conceitos que pareciam definitivos logo são postos em causa. É o que acontece com "imperialismo". Desde que se fala em globalismo, o "imperialismo" tem sido posto em causa. Um e outro se

A SOCIOLOGIA E O MUNDO MODERNO

contrapõem, complementam-se, se dinamizam ou atritam-se, conforme a dinâmica das situações, dos impasses, ou das relações, dos processos e das estruturas que constituem o capitalismo como modo de produção mundial. Não se trata de imaginar que um nega ou anula o outro, mas de reconhecer que ambos se determinam reciprocamente. Entretanto, o globalismo subsume histórica e teoricamente o imperialismo. Trata-se de duas configurações históricas e teóricas distintas. Podem ser vistas como duas totalidades diferentes, sendo que uma é mais abrangente que a outra. O globalismo pode contar vários imperialismos, assim como diferentes regionalismos, muitos nacionalismos e uma infinidade de localismos. Trata-se de uma totalidade mais ampla e abrangente, tanto histórica como logicamente.

Note-se que cada imperialismo diz respeito a um todo histórico e lógico compreendido pela metrópole e as nações dependentes ou colônias. Tanto é assim que o imperialismo tem sido norte-americano, japonês, inglês, alemão, russo, holandês, belga, italiano e outros. Trata-se de um conjunto articulado de nações, nacionalidades e tribos, sob o mando da nação que exerce um poder de tipo metropolitano. Sem esquecer que os imperialismos se conjugam e se opõem, além de que convivem e sucedem. Podem estar mais ou menos ativos e agressivos ou decadentes e desativados.

À medida que se desenvolvem as forças produtivas e as relações de produção, acelerando a concentração e a centralização do capital em escala mundial, logo se forma uma configuração mais abrangente. As empresas, corporações e conglomerados transnacionais extrapolam as fronteiras preestabelecidas e movimentam-se pelos continentes, ilhas e arquipélagos. Aos poucos, as relações, os processos e as estruturas características do globalismo recobram, impregnam, modificam ou recriam os nexos de cunho imperialistas, mas em outros níveis, com outra dinâmica. Acontece que a reprodução ampliada do capital adquire novos dinamismos no âmbito do capitalismo global. Neste ambiente, as forças produtivas e as relações de produção adquirem outras possibilidades de desenvolvimento intensivo e extensivo. A nova divisão transnacional do trabalho e da produção provoca todo um rearranjo das fronteiras, recobrindo ou atravessando as mais diversas formas de organização social do trabalho e produção tribais, locais, nacionais e regionais.

O globalismo pode ser visto como uma configuração histórica, uma totalidade complexa, contraditória, problemática e aberta. Trata-se de uma totalidade heterogênea, simultaneamente integrada e fragmentária.

217

OCTAVIO IANNI

Parece uma nebulosa, ou uma constelação, mas revela-se uma formação histórica de amplas proporções, atravessada por movimentos surpreendentes, de tal modo que desafia as categorias e as interpretações que pareciam consolidadas.

É no âmbito do globalismo que se desenvolve não só o imperialismo, mas o nacionalismo e o regionalismo. Mais que isso, é no âmbito do globalismo que se movem os indivíduos e as coletividades, as nações e as nacionalidades, os grupos sociais e as classes sociais, da mesma forma que aí se movem as organizações multilaterais e as corporações transnacionais.

Não se trata de negar a vigência do Estado-nação, assim como a do grupo social, da classe social, do partido político, do movimento social. Tanto o indivíduo como a coletividade, assim como a nação e a nacionalidade, continuam ativos, presentes e decisivos. Mas todos estão inseridos no âmbito do globalismo, adquirindo significados e possibilidades no âmbito das configurações e dos movimentos da sociedade global. Nesse sentido é que a sociedade global é o novo palco da história, das realizações e lutas sociais, das articulações e contradições que movimentam uns e outros: indivíduos e coletividades, nações e nacionalidades.

Sim, o globalismo é uma totalidade histórica e teórica, no âmbito da qual movem-se tanto o nacionalismo como o imperialismo. Desde que se forma a sociedade global, com base na globalização do capitalismo, o globalismo se revela uma surpreendente nebulosa, ou constelação, no âmbito da qual tanto se desenvolvem as lutas sociais como se revelam alguns perfis e algumas possibilidades da humanidade. Esse é o momento em que se pode começar a falar em história universal, não mais apenas como metáfora. Desde os horizontes abertos pelo globalismo, são outras e novas as possibilidades e as impossibilidades de integração e fragmentação, de soberania e hegemonia ou de alienação e emancipação.

Rompem-se várias fronteiras, geográficas e históricas. Também as fronteiras culturais, ou civilizatórias, parecem modificar-se, juntamente com as econômicas e políticas. A transnacionalização crescente do capitalismo, como modo de produção e processo civilizatório, altera mais ou menos fundamentalmente o desenho do mapa do mundo.

A fronteira é um dos signos da vida social de todos os povos, tribos, nações, nacionalidades, colônias e impérios, independentemente de organização social, econômica, política e cultural de cada um. A despeito das múltiplas formas culturais com as quais se desenha o mapa do mundo, todos

A SOCIOLOGIA E O MUNDO MODERNO

estão situados e delimitados pelo traçado da fronteira. Mas a fronteira não é única, sempre a mesma. Desdobra-se em diversas, ou muitas, no largo do espaço e ao longo do tempo, conforme o andamento das guerras e revoluções ou arranjos dos blocos de poder, em âmbito nacional e transnacional.

A fronteira não é apenas realidade geográfica e histórica, mas também figura, emblema ou metáfora. Está na realidade espacial e no imaginário de todo o mundo. Muitas vezes, talvez na maioria dos casos, está fincada na subjetividade do indivíduo, grupo social, classe social, tribo, coletividade ou povo. É algo presente na vida de uns e outros, podendo ser inexorável e permanente, cristalizada. Pode ser uma metáfora, em que cada um, ou a maioria, encontra-se emaranhado.

Em lugar de ler a fronteira apenas desde dentro, a partir da perspectiva do indivíduo, tribo ou nação, cabe também lê-la desde fora, a partir da perspectiva dos que se encontram do outro lado. Assim, como momento do espaço e tempo, ela se diversifica, recria ou multiplica. Além disso, cabe ler e reler a fronteira a partir de outros horizontes, com o olhar desterritorializado, passeando por todos os lugares, vagando pelo espaço. Mais ainda, cabe ler e reler essas realidades e esses imaginários como figuras, emblemas ou metáforas, que podem revelar muito de como se desenvolve a globalização, como arquitetura geo-histórica.

São muitas as fronteiras reais e imaginárias desenhando as nervuras do mundo, em todo o mundo. Multiplicam-se nas cartografias, nos portulanos, nos mapas-múndi, nos atlas, assinalando países, impérios e blocos; demarcando geoeconomias e geopolíticas; registrando integrações e fragmentações. As guerras e as revoluções, com frequência, são momentos cruciais nos arranjos e rearranjos dos desenhos que demarcam os espaços, dividindo ou integrando indivíduos, coletividades e povos.

Tantos têm sido os vaivéns das fronteiras que o século XX produziu a figura da "5ª fronteira". Trata-se de uma realidade geográfica e histórica, ao mesmo tempo que metáfora. Apareceu em vários continentes e ilhas, provocando a elaboração de cartografias inesperadas, insólitas: Cortina de Ferro; Muro de Berlim, Alemanha Federal e Alemanha Democrática; Coreia do Norte e Coreia do Sul; Taiwan, Formosa e China; Vietnã do Norte e Vietnã do Sul; Chipre grega e Chipre turca; África do Sul negra e África do Sul branca; Iêmen do Norte e Iêmen do Sul. Sem esquecer a Turquia, atravessada pelo mar de Mármara; o Egito, dividido pelo canal de Suez, e o Panamá, pelo canal do Panamá. Em todos os casos, trata-se

OCTAVIO IANNI

de uma 5ª fronteira local, nacional, regional e mundial. Divide mundos, modos de organizar a vida e o trabalho, realidades e subjetividades. Indivíduos pertencentes aos mesmos grupos, classes, etnias ou povos são separados, repartidos, estranhados.

> O planeta havia sido dividido em distintos países, cada um provido de lealdades, de cultuadas memórias, de um passado sem dúvida heroico, de direitos, de agressões, de uma mitologia peculiar, de heróis de bronze, de datas memoráveis, de demagogos e símbolos. Esta divisão, prezada pelos cartógrafos, auspiciava as guerras.[7]

As cartografias taquigrafam fronteiras, acidentes geográficos, regimes políticos, formações culturais ou civilizatórias, diversidades religiosas, diferenças linguísticas, multiplicidades étnicas ou raciais, desigualdades sociais, estilos de vida e visões do mundo. As fronteiras estão fora e dentro, perto e longe, na trama das relações sociais e nas mentalidades, no que parece muito objetivo e no que se esconde na subjetividade. Cada indivíduo carrega consigo pela vida afora várias fronteiras desenhadas na cartografia da sua mentalidade ou consciência. Sabendo ou não, acreditando ou não, age como se fosse um feixe de fronteiras convergentes, alheias, contraditórias, emaranhadas. São fronteiras desenhadas na sua mentalidade, ou consciência, pela própria vivência, pela memória da família, parentela, das tradições tribais, clânicas, locais, provincianas, nacionais, regionais e outras. Há indivíduos, coletividades e povos carregando consigo fronteiras e cartografias seculares ou mesmo milenares, referidas a heróis e santos, monumentos e ruínas, ou emblemas e metáforas esgarçados nos movimentos de configurações geo-históricas imaginárias ou míticas. São contemporâneos de várias épocas históricas e geográficas. Parecem museus imaginários de espaços e tempos pretéritos, de formas de vida ou ser longínquas, imemoráveis.

> Aos poucos, todos são desafiados pelos impasses e pelas perspectivas geo-históricas abertas pela globalização do mundo. Todos buscam as novas formas e possibilidades do espaço, do território, da fronteira, da cartografia ou do mapa do mundo, da mesma forma que buscam as novas formas do tempo, da duração, da continuidade, da descontinuidade, da periodização. Todos são levados a engajar-se nessa nova viagem, uma longa, intrincada, problemática e fascinante travessia pelos caminhos do mundo.[8]

A SOCIOLOGIA E O MUNDO MODERNO

Nesse novo mapa do mundo, criado com a crescente expansão das corporações transnacionais, que se tornam atores decisivos do novo ciclo de globalização do capitalismo, a política muda de lugar, desterritorializa-se. As corporações da mídia, articuladas com outras e com os governantes dos países mais fortes, estão banindo a política da esfera dos partidos políticos, sindicatos, movimentos sociais, correntes de opinião pública, congressos, parlamentos, políticos, governantes e outros, os quais se tornam títeres da mídia, dos dirigentes e suas equipes das corporações da mídia.[9]

NOTAS

1. Milton Santos, "O retorno do território", publicado por Milton Santos, Maria Adélia A. de Souza e Maria Laura Silveira (org.), *Território: globalização e fragmentação*, São Paulo, Editora Hucitec, 1994, p. 15-20, citação da p. 15.

2. Milton Santos, *Metamorfoses do espaço habitado*, São Paulo, Editora Hucitec, 1988, p. 26-8.

3. Milton Santos, *Técnica espaço tempo* (Globalização e meio técnico-científico informacional), São Paulo, Editora Hucitec, 1994, p. 178-9.

4. Milton Santos, *Técnica espaço tempo*, citado, p. 50-1.

5. Milton Santos, *Técnica espaço tempo*, citado, p. 122-3. Consultar também Milton Santos, *Espaço e método*, São Paulo, Editora Nobel, 1985.

6. Milton Santos, *Técnica espaço tempo*, citado, p. 122. Consultar também Milton Santos, Maria Adélia A. de Souza, Francisco Capuano Scarlato e Monica Arroyo (org.). *O novo mapa do mundo*, 3 vols., São Paulo, Editora Hucitec, 1993. Esta obra é bem uma síntese de um diálogo interdisciplinar realizado durante o "Encontro Internacional O Novo Mapa do Mundo", em setembro de 1992, na Universidade de São Paulo.

7. Jorge Luis Borges, *Obras completas*, 3 vols., Buenos Aires, Emecé Editores, 1994, p. 500, citação de "Juan López y John Ward", do livro *Los Conjurados*.

8. R.J. Johnson e P.J. Taylor (ed.), *A World in Crisis?* (Geographical Perspectives), Oxford, Basil Blackwell, 1986; Michel Foucher, *Fronts et Frontières* (Un Tour du Monde Géopolitique), Paris, Fayard, 1991; Robert Fossaert, *Le Monde au 21ª. Siècle* (Une Théorie des Systèmes Mondiaux), Paris, Fayard, 1991; Marie-Françoise Durand, Jacques Lévy e Denis Retaillé, *Le Monde: Espaces et Systèmes*, Paris, Presses de la Fondation Nationale des Sciences Politiques & Dalloz, 1992; Milton Santos, *Espaço e sociedade*, Petrópolis, Editora Vozes, 1979.

9. *Le Monde Diplomatique*, "*L'Empire des Medias*", Paris, maio-junho de 2002, coleção "Manière de Voir", nº 63; Nicholas Ranham, *Capitalism and Communication* (Global Culture and the Economics of Information), Londres, Sage Publications, 1990.

CAPÍTULO XII   A política mudou de lugar

A globalização desafia radicalmente os quadros de referência da política, como prática e teoria. Há categorias básicas da ciência política que parecem ter perdido a vigência ou estão necessitando de reelaboração. Dadas as transformações geo-históricas em curso no século XX, são bastante evidentes os desenvolvimentos da transnacionalização, mundialização ou, mais propriamente, globalização. São transformações que não só atravessam a nação e a região, como conformam uma realidade geo-histórica de envergadura global. Uma realidade emergente, mas já bastante evidente e, simultaneamente, carente de categorias interpretativas.

Estas são algumas entre as categorias do pensamento político que parecem desafiadas pelos dilemas e horizontes que se abrem com a globalização: sociedade civil, Estado, partido político, sindicato, movimento social, opinião pública, povo, classe social, cidadania, soberania e hegemonia, entre outras. Na medida em que essas e outras categorias foram elaboradas com base na dinâmica da sociedade nacional, como emblema por excelência das ciências sociais, provavelmente elas pouco ou nada respondem às exigências da reflexão sobre a dinâmica da sociedade mundial. Sim, as relações, os processos e as estruturas de dominação, mais característicos da *sociedade global*, como novo emblema das ciências sociais, podem estar criando desafios radicais à política, como prática e teoria.

Cabe reconhecer, desde o início, que está em curso uma crise generalizada do Estado-nação. A crescente transnacionalização da economia não só reorienta, como também reduz a capacidade decisória do governo nacional. Em praticamente todos os setores da economia, sem esquecer as finanças, as injunções externas com frequência são decisivas no modo pelo qual o governo adota diretrizes. Também no campo dos transportes, da habitação, da saúde, da educação e do meio ambiente cresceram muito as

OCTAVIO IANNI

sugestões, os estímulos, as orientações, os financiamentos e as imposições de organizações multilaterais, dentre as quais destacam-se o Fundo Monetário Internacional (FMI) e o Banco Mundial (Banco Internacional de Reconstrução e Desenvolvimento — Bird). Sem esquecer que, muitas vezes, as diretrizes dessas organizações articulam-se com os interesses das corporações transnacionais ou dos países dominantes no âmbito do capitalismo.

Sendo assim, está em causa a crise do princípio da *soberania nacional*. Ao intensificarem e generalizarem as injunções "externas", as condições e as possibilidades da soberania alteram-se, redefinem-se e também reduzem-se. Se cresce a importância das injunções "externas", configurando a dinâmica da globalização, pode reduzir-se a importância das forças sociais "internas", no que se refere à organização e às diretrizes do poder estatal.

Daí o hiato crescente entre a sociedade civil e o Estado. São evidentes os descompassos entre as tendências de boa parte da sociedade civil, no que se refere a problemas sociais, econômicos, políticos e culturais e as diretrizes que o Estado é levado a adotar. Talvez se possa dizer que enquanto a sociedade civil está predominantemente determinada pelo jogo das forças sociais "internas", o Estado parece estar crescentemente determinado pelo jogo das forças sociais que operam em escala transnacional. Um aspecto particularmente esclarecedor desse impasse revela-se no âmbito da *reforma do Estado*. São muitos os países nos quais o Estado está sendo reestruturado: desregulação da economia, privatização das empresas produtivas estatais, abertura de mercados, reforma dos sistemas de previdência social, saúde, educação e outros. Em todos esses casos, fica evidente a presença de injunções "externas", isto é, das corporações transnacionais e das organizações multilaterais, cujas diretrizes em geral conjugam-se. Sem esquecer que as injunções "internas", isto é, aquelas relativas aos setores sociais subalternos, têm escassa ou nula presença no modo pelo qual se realiza a reforma do Estado. Daí o divórcio entre as tendências fundamentais da sociedade civil e as orientações predominantes no Estado. Sim, as tensões entre o globalismo e o nacionalismo, traduzidas nas diretrizes e práticas neoliberais, agravam os desencontros entre as tendências reais ou potenciais da sociedade civil e as orientações que se impõem, ou são adotadas, no âmbito do aparelho estatal.

Portanto, as forças predominantes na sociedade civil possuem escassas possibilidades de influenciar ou reorientar as diretrizes governamentais. Como o Estado está crescentemente obrigado a atender às condições e

A SOCIOLOGIA E O MUNDO MODERNO

injunções das organizações multilaterais e das corporações transnacionais, as orientações das forças predominantes na sociedade civil, em termos de povo, setores sociais subalternos ou a maior parte das classes assalariadas, não encontram condições políticas ou jurídico-políticas de realização. Precisam reavivar suas instituições ou organizações de atuação política, ou mesmo criar outras, tendo em conta a envergadura dos processos e das estruturas que submergem muito do que é nacional do âmbito do global. Sim, a globalização está pondo as classes subalternas na defensiva. Passaram a depender de novas interpretações e novas práticas, diagnosticando relações, processos e estruturas de dominação e apropriação mundiais.

Estão em causa, pois, as condições de construção e realização da *hegemonia*, seja das classes e grupos sociais subalternos, seja de outros e novos arranjos compreendendo subalternos e dominantes que desafiem as diretrizes dos blocos de poder organizados e atuantes nos moldes do neoliberalismo. Assim, forças sociais importantes da sociedade civil defrontam-se com obstáculos às vezes intransponíveis para traduzir-se em governo, governabilidade, dirigência ou hegemonia. Sim, a construção de hegemonias conflitantes, alternativas ou sucessivas pode ser um requisito essencial da dialética sociedade civil e Estado. E sem hegemonia fica difícil pensar não só em soberania nacional, mas também em democracia, mesmo que apenas política.

Ocorre que a hegemonia, em suas diferentes modalidades de expressão e realização, tem estado cada vez mais sob o controle das organizações multilaterais e das corporações transnacionais. Essas instituições habitualmente detêm poderes econômicos e políticos decisivos, capazes de se sobrepor e impor aos mais diferentes Estados nacionais. Por meio de sua influência sobre governos ou por dentro dos aparelhos estatais, burocracias e tecnocracias estabelecem objetivos e diretrizes que se sobrepõem e impõem às sociedades civis, no que se refere a políticas econômico-financeiras, de transporte, habitação, saúde, educação, meio ambiente e outros setores da vida social nacional. Nesse sentido é que as condições e possibilidades de construção e exercício da hegemonia podem ser decisivamente influenciadas pelas exigências da globalização, expressa na atuação das organizações multilaterais e das corporações transnacionais.

Sim, as organizações multilaterais e as corporações transnacionais são novas, poderosas e ativas *estruturas mundiais de poder*. Elas se sobrepõem e impõem aos Estados nacionais, compreendendo extensos segmentos das

227

sociedades civis, isto é, das suas forças sociais. É claro que essas estruturas mundiais de poder têm crescido muito em agressividade e abrangência. Já influenciam nações e regiões, alcançando com frequência o âmbito propriamente global. Atuam segundo cartografias, mapas do mundo, diretrizes geoeconômicas ou, mais propriamente, geopolíticas de alcance global. São estruturas de poder econômico-político, com implicações sociais e culturais muitas vezes de grandes influência e abrangência. Expressam os objetivos e as práticas dos grupos, classes ou blocos de poder predominantes em escala mundial. Naturalmente respondem aos objetivos e às práticas predominantes em países centrais, potências mundiais ou imperialistas. Mas respondem também aos objetivos e às práticas que predominam ou manifestam-se em âmbito transnacional, mundial ou propriamente global. Sim, já se formaram e continuam a desenvolver-se estruturas globais de poder, respondendo aos objetivos e às práticas dos grupos, classes ou blocos de poder organizados em escala realmente global.

Sendo assim, desloca-se radicalmente o lugar da política. Ainda que se continue a pensar e agir em termos de soberania e hegemonia, ou democracia e cidadania, tanto quanto de nacionalismo e Estado-nação, modificaram-se radicalmente as condições "clássicas" dessas categorias, no que se refere às suas significações práticas e teóricas.

> Três elementos da regionalização e da globalização precisam ser reconhecidos: primeiro, o modo pelo qual os processos de interdependência econômica, política, legal, militar e cultural estão mudando a natureza, o alcance e a capacidade do Estado moderno, e de como a sua capacidade "regulatória" está sendo desafiada e reduzida em algumas esferas; segundo, o modo pelo qual a interdependência regional e global cria cadeias de decisões e atuações políticas inter-relacionadas entre os Estados e seus cidadãos, alterando a natureza e a dinâmica dos próprios sistemas políticos nacionais; e, terceiro, o modo pelo qual as identidades culturais e políticas estão sendo redesenhadas e reavivadas por tais processos, levando muitos grupos, movimentos e nacionalismos, em âmbito nacional e regional, a questionar a representatividade e a confiabilidade do Estado-nação.[1]

Uma face importante da realidade política global compreende *a formação e a atuação das corporações transnacionais da mídia*. Elas organizam e agilizam não só os meios de comunicação e informação, mas

A SOCIOLOGIA E O MUNDO MODERNO

também a eleição, a seleção e a interpretação dos fatos, sejam eles sociais, econômicos, políticos ou culturais. Muito do que ocorre no mundo, da África e Indonésia ao Caribe ou do Oriente ao Ocidente, seja importante ou irrelevante, divulga-se pelos quatro cantos do mundo por intermédio dos recursos e das diretrizes das corporações da mídia, compreendendo as modalidades impressas e eletrônicas. É a mídia que forma e conforma, ou influencia decisivamente as mentes e os corações de muitos, da grande maioria, em todo o mundo, compreendendo tribos, nações e nacionalidades, ou continentes, ilhas e arquipélagos. Isto não significa que o leitor, ouvinte, espectador, audiência ou público é inerme, passivo. É claro que ele é sempre ativo, radicado no jogo das atividades sociais, compreendendo as condições concretas de vida e trabalho. E não há dúvida de que as situações sociais em que se inserem os indivíduos e as coletividades são fundamentais no processo de elaboração ou desenvolvimento da sua consciência social. Mas também é claro que os meios de comunicação, informação e análise organizados na mídia e na indústria cultural agem com muita força e preponderância, no modo pelo qual se formam e conformam as mentes e os corações da grande maioria pelo mundo afora.

A sofisticação da tecnologia de persuasão, no último meio século, modificou as velhas regras da comunicação humana. À medida que a indústria da publicidade e relações públicas tornava-se cada vez mais hábil em controlar a opinião pública, os posicionamentos, as crenças e os sistemas de valores, foi tornando-se um imperativo manter o segredo e capacitar a população a reprimir a consciência daquilo que os manipuladores estão tramando. O controle da percepção não pode ser alcançado se for reconhecido, o que fez com que proliferassem os controles perceptivos em níveis conscientes e inconscientes. (...) A suscetibilidade humana à persuasão ideológica é baseada na promessa eternamente não cumprida de sentido e ordem, uma resposta estereotipada à solidão, à monotonia, ao medo e às ameaças de fome, doença, insegurança e caos político, moral ou social. Estas ameaças são incessantemente suscitadas pela mídia comercial. A mensagem constante da mídia com estas ameaças mantém a busca compulsiva por perguntas e respostas, causas e efeitos, e compromissos ideológicos. A mensagem da mídia indica a última direção do consumo, divertimento, da política, dos negócios, da indústria, das questões militares e da religião, com suas relativas promessas de reduzir a ansiedade.[2]

OCTAVIO IANNI

Nesse sentido é que *a mídia se transformou no intelectual orgânico das classes, grupos ou blocos de poder dominantes no mundo*. Um intelectual orgânico complexo, múltiplo e contraditório, mas que atua mais ou menos decisivamente sobre os partido políticos, os sindicatos, os movimentos sociais e as correntes de opinião pública. Enquanto estes continuam a operar principalmente em âmbito local e nacional, a mídia opera e predomina não só em âmbito local e nacional, mas também em escala regional e mundial. Ela forma e conforma movimentos de opinião pública, em diferentes esferas sociais, compreendendo tribos, nações e nacionalidades, ou atravessando culturas e civilizações. "A esfera da mídia faz tempo que conta com suas corporações globais, as quais tendem a tornar-se crescentemente maiores e mais poderosas à medida que o século corre para o seu fim."[3]

Sob muitos aspectos, a mídia transnacional acaba por tornar-se também o intelectual orgânico dos grupos, classes ou blocos de poder atuantes em escala mundial, sempre com fortes ingerências em assuntos sociais, econômicos, políticos e culturais também regionais e nacionais.

> As mudanças que abalam o mundo criam insegurança. Elas exigem que o povo reavalie e mude de atitudes, de modo a administrar as novas mudanças. O povo busca orientação e informação, mas tem também uma forte necessidade de entretenimento e recreação. Para fazer face a essas diversas necessidades, uma corporação global da mídia tem responsabilidades especiais. A comunicação é um elemento básico de qualquer sociedade. A mídia torna essa comunicação possível, ajuda a sociedade a compreender as ideias políticas e culturais, além de contribuir para formar a opinião pública e o consenso democrático. Hoje, a sociedade usa a mídia para exercer uma forma de autocontrole. Com estas responsabilidades como pano de fundo, os executivos da mídia devem estar ciente das suas obrigações, respeitando princípios éticos em suas atividades.[4]

Sem esquecer a mobilização de todos os tipos de tecnologias, ou de todos os recursos da razão instrumental, para realizar eficazmente os meios e os fins destinados a garantir o "autocontrole" da sociedade. "Para combater a resistência do público à televisão e à publicidade, a manipulação das emoções tornou-se ainda mais sofisticada. Ciências sociais e técnicas psicológicas foram acrescentadas ao arsenal, com o objetivo de condicionar o comportamento humano."[5]

A SOCIOLOGIA E O MUNDO MODERNO

Note-se que a atuação da mídia está sempre acompanhada ou complementada pela *publicidade*. E a publicidade não tem sido apenas de mercadorias, no sentido convencional. A publicidade está presente na política, na religião e em diferentes esferas da cultura, tanto quanto nos bens de consumo corrente. Ela envolve a informação e a interpretação de coisas, gentes e ideias, de tal modo que o leitor, ouvinte, espectador, audiência ou público é informado, orientado, induzido, subordinado ou manipulado. Assim nasce o *consumismo*, crescente e avassalador, sôfrego e compulsivo. Mais que isso, devido ao modo pelo qual a publicidade induz ao consumo, faz com que indivíduos, coletividades e multidões, consciente ou inconscientemente, elejam o consumismo como um exercício efetivo de participação, inserção social ou mesmo de cidadania. São muitos os que se comportam e imaginam como se o consumismo fosse o mais imediato, objetivo e evidente exercício de cidadania.

Sem esquecer que muito do que tem sido a mídia, como meio de comunicação, informação e interpretação, envolvendo publicidade e consumismo, ou a indústria cultural, em todos esses e outros níveis a mídia tem sido e é cada vez mais *imagem*, muito mais do que palavra. Ou seja, a mídia são palavras, sons, cores, formas e movimentos, em geral articulados na profusão das imagens. Na época do globalismo, quando também se intensificam e generalizam as tecnologias eletrônicas, informáticas e cibernéticas, o mundo está sendo colocado sob o signo da imagem. Em larga medida, é assim que a realidade social, econômica, política e cultural, em âmbito local, nacional, regional e mundial, transforma-se em *realidade virtual*.

A preeminência da palavra, dos grandes relatos e também do discurso político tem sido nos anos recentes substituída pela imagem. Vivemos imersos em uma *cultura da imagem*, que altera a ideia que fazemos da política. Para bem ou para mal, já não podemos pensar a política à margem da televisão. Quando o dom da palavra é inibido pela manipulação da imagem, mudam as estruturas comunicativas nas quais se apoiam tanto as relações de representação como as estratégias de negociação e decisão. As técnicas de *marketing* não substituem, mas modificam a capacidade decisória do cidadão. Enquanto os políticos competem empenhadamente pela atenção, sempre limitada, do espectador, este deve enfrentar mudo a invasão de estímulos. Fragmentada em milhares de instantâneos inconexos, a política acaba sendo reconstruída como um calidoscópio de *flashes*. Há uma superoferta de

OCTAVIO IANNI

informação que não faz senão ressaltar a erosão dos códigos de interpretação. Isto nos remete aos desafios que as culturas políticas enfrentam. Além do seu impacto estritamente político, a televisão ilustra a decomposição dos códigos com os quais habitualmente interpretamos o mundo. Uma avalanche de imagens fugazes e repetitivas dilui a realidade, ao mesmo tempo que a torna avassaladora. O desconcerto do nosso "sentido de realidade" reflete o redimensionamento das noções de espaço e tempo.[6]

Esse o contexto em que o ouvinte, telespectador, audiência ou público pode ficar mais ou menos indefeso diante das forças predominantes na sociedade. Fica preparado para tomar o consumismo como exercício efetivo da cidadania. Toma muito do que é a realidade virtual como se fosse experiência, vivência ou existência, deleitando-se ou indignando-se no exercício da práxis imaginária.

O *cartão de crédito* torna-se, de fato e de direito, o cartão de identidade e cidadania de muitos, em níveis nacional e mundial. A credibilidade do passageiro, viajante, turista, consumidor, cliente ou outra modalidade de intercâmbio e circulação social está relacionada à carteira de identidade, ao título de eleitor, à carteira de trabalho, ao passaporte e ao cartão de crédito. Em praticamente toda as partes do mundo, esses e outros documentos ou signos entram no processo de caracterização ou qualificação do indivíduo, juntamente com a idade, o sexo, a cor, a língua, a religião e outros signos. O que ocorre no mundo contemporâneo, e em escala acentuada e generalizada, é que o cartão de crédito torna-se o principal documento de identidade, credibilidade ou cidadania. O cartão de crédito transforma o seu portador em *cidadão do mundo*, mas enquanto consumidor, alguém situado no mercado. E o *consumismo*, por implicação, transforma-se em expressão e exercício de cidadania, cotidiana, recorrente e universal. Assim se forma o cidadão do mundo, o cosmopolita, "alheio" à política, mas produzido no jogo do mercado, como uma espécie de subproduto da lógica do capital.

São vários os indícios de que a política mudou de lugar. Na medida em que *a sociedade nacional transformou-se em província da sociedade global*, são evidentes os deslocamentos ou esvaziamentos dos princípios de soberania, hegemonia e cidadania, sem esquecer democracia. Se é verdade que esses princípios situam-se classicamente no âmbito da sociedade nacional, do Estado-nação, ou do contraponto sociedade civil e

A SOCIOLOGIA E O MUNDO MODERNO

Estado, então fica evidente que a soberania, a hegemonia, a cidadania e a democracia mudaram de lugar, perderam significados, ou simplesmente transformaram-se em ficções jurídico-políticas de um mundo pretérito.

Para esclarecer este problema, no que se refere a soberania, hegemonia, cidadania e democracia, cabe mergulhar na análise do que é ou pode ser o *globalismo*, compreendendo não só a emergência de estruturas mundiais de poder, mas também a emergência de uma incipiente, mas evidente, *sociedade civil global*. Sim, já são evidentes alguns indícios de uma sociedade civil de âmbito global. O desenvolvimento das relações, dos processos e das estruturas de dominação e apropriação, com alcance mundial, indica a formação de uma configuração geo-histórica, isto é, simultaneamente social, econômica, política e cultural. São relações, processos e estruturas envolvendo diretamente as condições e as possibilidades de construção ou reconstrução da soberania, da hegemonia, da cidadania e da democracia, em escala nacional e mundial.

Na época do globalismo, crescentemente dinamizado pelas tecnologias eletrônicas, informáticas e cibernéticas, a política se desterritorializa. Realiza-se principalmente na mídia impressa e eletrônica, compreendendo o marketing, o videoclipe, o predomínio da imagem, da multimídia, do espetáculo audiovisual. Ao mesmo tempo que se descola, desenraiza ou desterritorializa, transforma-se em realidade virtual. Tanto é assim que o discurso político torna-se cada vez mais exíguo e fragmentário, com apelos ao coloquial, afetivo, privado, suave ou inócuo. Muitas vezes parece réplica ou caricatura do programa de auditório, do show de televisão ou da telenovela. Está longe do debate político-partidário, do comício, da praça pública, do público ou do povo, estes como coletividades de cidadãos no sentido "clássico". Transforma o público e o povo em ouvintes ou telespectadores passivos e inermes, maravilhados ou indignados. Mas uns e outros, o político e o público, o partido e o povo, transfigurados em realidade virtual, uma ficção paródica, um simulacro pasteurizado.

Este é um *mundo sistêmico*. Tem sido crescentemente articulado, em vários níveis e em diferentes configurações, com base nos ensinamentos e nas tecnologias cibernéticas, eletrônicas e informáticas. A partir dos interesses que predominam na economia política mundial, mas influenciando a política e a cultura, desenvolve-se uma crescente e abrangente articulação sistêmica do mundo. As corporações transnacionais, as organizações multilaterais, os blocos regionais e os Estados nacionais não

233

só baseiam-se em tecnologias sistêmicas, como também conjugam-se em moldes sistêmicos, em suas geoeconomias, em seus mapas do mundo. E é claro que essa ampla e crescente articulação não se restringe à nova divisão transnacional do trabalho e da produção. Transborda para todos os setores da vida social, compreendendo a política, a cultura e a religião, isto é, o cristianismo. Conforme a conjuntura, em âmbito local, nacional ou regional, a articulação sistêmica intensifica-se e generaliza-se. Isso está ocorrendo cotidianamente, nas diretrizes e atividades de corporações transnacionais, nas organizações multilaterais, nos blocos regionais e nos Estados nacionais; em geral, à revelia de amplos setores populares das sociedades nacionais, compreendendo grupos e classes subalternos, partidos políticos e movimentos sociais.

É claro que o mundo sistêmico não é monolítico. Está atravessado por diversidades e desigualdades, nacionalismos e fundamentalismos, blocos regionais e imperialismos. Juntamente com os processos de integração desenvolvem-se processos de fragmentação. A rigor, o globalismo tem agravado as contradições sociais e engendrando novas, em todos os níveis, nos quatro cantos do mundo. Mas subsistem e desenvolvem-se, simultaneamente, as articulações sistêmicas, organizando o globalismo a partir de cima, desde os interesses dos blocos de poder dominantes e contraditórios que prevalecem no mundo.

É claro que as condições de vida e trabalho, assim como as de luta e emancipação, das *classes subalternas* situam-se neste cenário. Mais do que isso, as condições de luta e emancipação dos grupos e classes subalternos, em todo o mundo, dependem da inteligência das configurações e dos movimentos da sociedade global, formando-se como o *novo palco da história*. Aí passam a desenvolver-se outras e novas lutas sociais, além das que se desenvolvem habitualmente em níveis locais, nacionais e regionais. Mais do que isso, as lutas locais, nacionais e regionais adquirem outros significados, como ingredientes e expressões das lutas que se desenvolvem em escala mundial. Esse o cenário das ressurgências mundiais do cristianismo e do islamismo, tanto quanto das manifestações de nazifascismo. Esse, também, o cenário em que emergem as manifestações sociais, econômicas, políticas e culturais do que se pode denominar de *neossocialismo*. Por enquanto, no entanto, a globalização pelo alto, inclusive no que se refere à sua organização sistêmica, está sendo articulada pelos ideais e pelas práticas de cunho neoliberal. São várias as ideologias

A SOCIOLOGIA E O MUNDO MODERNO

políticas, assim como as utopias, que assinalam aspectos fundamentais das configurações e dos movimentos desse novo palco da história. Esse o palco no qual a política está sendo reterritorializada.

NOTAS

1. David Held, *Democracy and the Global Order* (From the Modern State to Cosmopolitan Governance), Cambridge, Polity Press, 1995, p. 136.
2. Wilson Bryan Key, *A era da manipulação*, trad. Iara Biderman, São Paulo, Scritta Editorial, 1993, p. 313 e 319.
3. Annabelle Sreberny-Mohammadi, "The Global and the Local in International Communications", em James Curran e Michael Gurevitch (ed.), *Mass Media and Society*, Londres, Edward Arnold, 1991, p. 118-38, citação da p. 123.
4. Bertelsmann, *Annual Report 1992/93*, Gutersloh, 1993, p. 4.
5. Ben H. Bagdikian, *O monopólio da mídia*, trad. Maristela M. de Faria Ribeiro, São Paulo, Scritta Editorial, 1993, p. 223.
6. Norbert Lechner, "Por que la Política ya no es lo que Fue?", *Leviatán* (Revista de Hechos e Ideas), n° 63, Madri, Fundación Pablo Iglesias, 1996, p. 63-73, citação da p. 68. Consultar também Octavio Ianni, *Enigmas da modernidade-mundo*, Rio de Janeiro, Editora Civilização Brasileira, 2000, cap. VI, "O príncipe eletrônico", p. 139-66.

CAPÍTULO XIII   As ciências sociais e a sociedade mundial

O mundo está sendo abalado por transformações de amplas proporções, intensas e profundas. Está sendo atravessado por uma ruptura histórica de alcance universal, por suas implicações práticas e teóricas. É como se fosse um terremoto inesperado e avassalador, provocando transformações mais ou menos radicais em modos de vida e de trabalho, formas de sociabilidade e ideais, hábitos e expectativas, explicações e ilusões. Um processo de envergadura mundial, que se desenvolveu dentro da Guerra Fria, expandindo-se ainda mais depois da desagregação do bloco soviético e a transformação do mundo socialista em uma vasta fronteira de expansão do capitalismo.

Tudo o que parecia estável transforma-se, recria-se ou dissolve-se. Nada permanece. E o que permanece já não é a mesma coisa. Modificam-se os significados das coisas, gentes e ideias. Alteram-se as relações do presente com o passado; e o futuro parece ainda mais incerto. Ao lado da exacerbação do presente, real e virtual, tudo o mais parece esfumar-se, como se fosse imaginação, fantasia ou alucinação.

O que predomina é o dado imediato do que se vê, ouve, sente, faz, produz, consome, desfruta, carece, sofre, padece. É como se uns e outros, indivíduos e coletividades, em sua grande maioria e em todo o mundo, tivessem, de repente, sido jogados em um novo e vasto cenário, inesperado, assustador, deslumbrante.

Desde o fim do século XX, entrando pelo século XXI, está em curso uma profunda e generalizada ruptura histórica. Estão sendo abalados os quadros sociais e mentais de referência de indivíduos e coletividades, em todo o mundo. Abalam-se as condições e possibilidades, práticas e teóricas, reais e imaginárias, de uns e outros, nos quatro cantos do mundo. Uma ruptura de vastas proporções, desdobrando-se desigualmente pelos territórios e fronteiras, nações e nacionalidades, culturas e civilizações, mas atingindo mais ou menos radicalmente tanto as condições sociais como as mentais de referência, com as quais povos e nações estavam habituados a viver e trabalhar, sofrer e desfrutar, agir e fabular.

Em alguma medida, todas as formas de pensamento estão sendo desafiadas pela ruptura histórica em curso. É o que ocorre com a economia, a política, a sociologia, a antropologia, a psicologia, a demografia, a geografia e a história, sem esquecer a filosofia e as artes. Todas essas formas de pensamento ou linguagens estão sendo desafiadas pelas modificações reais e imaginárias em curso nos modos de vida e trabalho, nas formas de sociabilidade e ideais, nos hábitos e expectativas, nas explicações e ilusões.[1]

Há conceitos, categorias e interpretações sedimentados ou amplamente aceitos nas ciências sociais que necessitam de redefinições, ou podem ser simplesmente abandonados; assim como outros precisam ser criados. *Alteram-se mais ou menos drasticamente as acepções de tempo e espaço*, envolvendo as noções de lugar, espaço, território e fronteira, presente e passado, próximo e remoto, arcaico e moderno, contemporâneo e não contemporâneo. Os conceitos de nação, sociedade nacional, Estado-nação, mercado, planejamento, trabalho, produção, produtividade, lucratividade, racionalidade, emprego, desemprego, pobreza, miséria e outros parecem exigir precisões e reformulações. Algo semelhante ocorre com os conceitos de partido político, sindicato, movimento social, corrente de opinião pública, povo, cidadão, representatividade, governabilidade, Legislativo, Executivo, Judiciário, democracia, tirania, guerra, revolução.

Esse o clima em que são pesquisados e debatidos dilemas tais como os seguintes: integração e fragmentação, identidade e diversidade, nacionalismo e cosmopolitismo, sociedade civil nacional e sociedade civil mundial, neoliberalismo e neossocialismo, relativismo e universalismo.

Está em curso uma ruptura simultaneamente histórica e epistemológica. Nem todos, em todo o mundo, se dão conta da profundidade e extensão dessas rupturas. Inclusive há os indiferentes, além dos céticos. E há muitos que preferem desconhecê-las, apegando-se aos quadros sociais e mentais de referência com os quais se achavam habituados e acomodados. Mas todos estão sendo obrigados a agir, sentir, pensar e fabular, tendo em conta a negação ou o reconhecimento de que há um vasto terremoto em curso no mundo.

A SOCIOLOGIA E O MUNDO MODERNO

A rigor, a ruptura histórica e a ruptura epistemológica, combinadamente ou não, é algo que tem ocorrido em vários momentos ao longo dos tempos modernos. Quando se reflete sobre o mundo moderno, tendo em conta a sua densidade geo-histórica, político-econômica e sociocultural, logo se evidenciam diversas configurações, nas quais se verificam rupturas históricas e epistemológicas que assinalam os desenvolvimentos e os impasses da modernidade.

Em forma breve, cabe reconhecer que *a modernidade* se inaugura com os Grandes Descobrimentos marítimos, a Renascença, a Reforma Protestante e a invenção da imprensa, sem esquecer a relevância do Novo Mundo no contraponto com o Velho Mundo. Aí estão Vasco da Gama, Colombo, Vespúcio e Fernão de Magalhães, Copérnico, Galileu e Kepler, Maquiavel, Bacon, Giordano Bruno, Shakespeare, Camões e Cervantes. Seria possível enumerar hipóteses, interpretações e criações envolvendo as ciências naturais e sociais, tanto quanto a filosofia e as artes, por meio das quais se demonstra que os séculos XVI e XVII assistiram a uma fundamental ruptura histórica e epistemológica, assinalando a gênese de alguns dos parâmetros fundamentais da modernidade.

É possível demonstrar que a transição do século XVIII para o século XIX também ocorre compreendendo uma ruptura simultaneamente histórica e epistemológica. Aí estão a Revolução Industrial inglesa e a Revolução Francesa, as Guerras Napoleônicas e a descolonização do Novo Mundo, simultaneamente ao Iluminismo e à Enciclopédia. É a época de Voltaire, Diderot, Rousseau, Kant, Hegel, Goethe, Beethoven, Adam Smith, Ricardo, Saint-Simon e outros.

Em fins do século XIX e inícios do século XX, novamente transformam-se os quadros sociais e mentais de uns e outros, a partir de hipóteses, interpretações e criações, além de práticas, que se manifestam desde as metrópoles europeias. Ocorre a partilha da África, organizam-se e delimitam-se os imperialismos, desenvolvem-se as geoeconomias e as geopolíticas de França, Bélgica, Holanda, Alemanha, Inglaterra, Rússia, Japão e Estados Unidos. Simultaneamente estão sendo iniciadas ou desenvolvidas criações tais como a fenomenologia de Husserl, a teoria da relatividade de Einstein, a psicanálise de Freud, o impressionismo na pintura, na música e na literatura, a filosofia da linguagem de Wittgenstein, e outras criações científicas, filosóficas e artísticas, sem esquecer a sociologia de Weber, a busca do tempo perdido de Proust e os escritos filosóficos de Bergson e William James.

Talvez se possa afirmar que algo semelhante está ocorrendo no fim do século XX, quando já se anuncia o século XXI. *Está em curso uma ruptura simultaneamente histórica e epistemológica, abalando mais ou menos profundamente os quadros sociais e mentais de referência de indivíduos e coletividades, em todo o mundo.* Alguns indícios desse clima estão presentes nos escritos de Norbert Elias, Fernand Braudel, Immanuel Wallerstein, Samir Amin, David Held, Samuel P. Huntington, Frederic Jameson, Zygmunt Bauman, Armand Mattelart, George Steiner, Marshall Berman, Edgar Morin e outros, muitas vezes recuperando intuições, fragmentos ou mesmo premonições surpreendentes de autores passados, próximos e remotos.

Já são muitos, em todo o mundo, os que se sentem desafiados pelas relações, processos e estruturas que constituem a globalização. Seja os que reconhecem a globalização como evidente e inexorável, seja os que a veem como mais uma manifestação do imperialismo, seja os que simplesmente a negam, seja os que a consideram invenção do neoliberalismo, todos são desafiados, no sentido de reavaliar seus quadros sociais e mentais de referência. É como se a globalização se revelasse como um evento heurístico, desafiando convicções e exigindo interpretações. Tanto é assim que a globalização de que se fala nesta altura da história exige que se reflita sobre o que é o presente, que se reinterprete o passado e que se formulem novas hipóteses ou ilusões sobre o que pode ser o futuro. Todos, em todo o mundo, a despeito de suas convicções ou opções, estão colocados diante de dilemas e perspectivas suscitados pela transnacionalização, multinacionalização, planetarização, mundialização ou globalização das coisas, das gentes e das ideias.

A globalização do mundo pode ser vista como um processo histórico-social de vastas proporções, abalando mais ou menos drasticamente os quadros sociais e mentais de referência de indivíduos e coletividades. Rompe e recria o mapa do mundo, inaugurando outros processos, outras estruturas e outras formas de sociabilidade, que se articulam ou impõem aos povos, tribos, nações e nacionalidades. Muito do que parecia estabelecido em termos de conceitos, categorias ou interpretações, relativas aos mais diversos aspectos da realidade social, parece perder significado,

A SOCIOLOGIA E O MUNDO MODERNO

tornar-se anacrônico ou adquirir outros sentidos. Os territórios e as fronteiras, os regimes políticos e os estilos de vida, as culturas e as civilizações parecem mesclar-se, tensionar-se e dinamizar-se em outras modalidades, direções ou possibilidades. As coisas, as gentes e as ideias movem-se em múltiplas direções, desenraizam-se, tornam-se volantes ou simplesmente desterritorializam-se. Alteram-se as sensações e as noções de próximo e distante, lento e rápido, instantâneo e ubíquo, passado e presente, atual e remoto, visível e invisível, singular e universal. Está em curso a gênese de uma nova totalidade histórico-social, abarcando a geografia, a ecologia e a demografia, assim como a economia, a política e a cultura. As religiões universais, tais como o budismo, o taoísmo, o cristianismo e o islamismo, tornam-se universais também como realidades histórico-culturais. O imaginário de indivíduos e coletividades, em todo o mundo, passa a ser influenciado, muitas vezes decisivamente, pela mídia mundial, uma espécie de "príncipe eletrônico", do qual nem Maquiavel nem Gramsci suspeitaram.

É assim que os indivíduos e as coletividades, compreendendo povos, tribos, nações e nacionalidades, ingressam na era do globalismo. Trata-se de um novo "ciclo" da história, no qual se envolvem uns e outros, em todo o mundo. Ao lado de conceitos tais como "mercantilismo", "colonialismo" e "imperialismo", além de "nacionalismo" e "tribalismo", o mundo moderno assiste à emergência do "globalismo", como nova e abrangente categoria histórica e lógica. O globalismo compreende relações, processos e estruturas de dominação e apropriação desenvolvendo-se em escala mundial. São relações, processos e estruturas polarizados em termos de integração e acomodação, assim como de fragmentação e contradição, envolvendo sempre as condições e as possibilidades de soberania e hegemonia. Todas as realidades sociais, do indivíduo à coletividade, ou povo, tribo, nação e nacionalidade, assim como corporação transnacional, organização multilateral, partido político, sindicato, movimento social, corrente de opinião pública, organização religiosa, atividade intelectual e outras, passam a ser influenciadas pelos movimentos e pelas configurações do globalismo — e a influenciá-lo. São articulações, integrações, tensões e contradições, envolvendo uns e outros, organizações e instituições, ou as mais diversas realidades sociais, de tal forma que o globalismo pode aparecer mais ou menos decisivamente no modo pelo qual se movem indivíduos e coletividades no novo mapa do mundo.

O que está em causa, quando se trata de globalização, é uma ruptura histórica de amplas proporções, com implicações epistemológicas que exigem reflexão. Com as metamorfoses do "objeto" das ciências sociais e a simultânea alteração das possibilidades que se abrem ao "sujeito" da reflexão, colocam-se novos desafios não só metodológicos e teóricos, mas também epistemológicos. O objeto das ciências sociais deixa de ser principalmente a realidade histórico-social nacional, ou o indivíduo em seu modo de ser, pensar, agir, sentir e imaginar. Desde que se evidenciam os mais diversos nexos entre indivíduos e coletividades, ou povos, tribos, nações e nacionalidades, em âmbito mundial, o objeto das ciências sociais passa a ser também a sociedade global. Muito do que é social, econômico, político, cultural, linguístico, religioso, demográfico e ecológico adquire significação não só extranacional, internacional ou transnacional, mas propriamente mundial, planetária ou global. Quando se multiplicam as relações, os processos e as estruturas de dominação e apropriação, bem como de integração e fragmentação, em escala mundial, nesse contexto estão em causa novas exigências epistemológicas. Nesse horizonte, alteram-se as condições históricas e teóricas sob as quais se desenvolvem os contrapontos, os nexos, as simultaneidades, as descontinuidades, os desencontros e as tensões entre dado e significado, aparência e essência, parte e todo, passado e presente, história e memória, lembrança e esquecimento, tradição e origem, território e fronteira, lugar e espaço, singular e universal. Alteram-se mais ou menos drasticamente as condições, as possibilidades e os significados do espaço e do tempo, já que se multiplicam as espacialidades e as temporalidades.

Esse o desafio diante do qual se colocam as ciências sociais. Ao lado das suas muitas realizações, são desafiadas a recriar o seu objeto e os seus procedimentos, submetendo muito do conhecimento acumulado à crítica e avançando para novas ambições. Os cientistas sociais não precisam mais imaginar o que poderia ser o mundo para estudá-lo. O mundo já é uma realidade social, complexa, difícil, impressionante e fascinante, mas pouco conhecida.

Já não se trata mais apenas da controvérsia modernidade e pós-modernidade, ou universalismo e relativismo, individualismo e holismo, pe-

A SOCIOLOGIA E O MUNDO MODERNO

queno relato e grande relato, microteoria e macroteoria, mas também de megateoria. A envergadura das relações, dos processos e das estruturas de âmbito mundial, com as suas implicações locais, nacionais, regionais e mundiais, exige conceitos, categorias ou interpretações de alcance global. Esse o contexto em que se elaboram metáforas e conceitos tais como os seguintes: multinacional, transnacional, mundial, planetário e global; aldeia global, nova ordem econômica mundial, mundo sem fronteiras, terra-pátria, fim da geografia e fim da história; desterritorialização, miniaturização, ubiquidade das coisas, gentes e ideias, sociedade informática, infovia e internet; sociedade civil mundial, estruturas mundiais de poder, classes sociais transnacionais, globalização da questão social, cidadão do mundo e cosmopolitismo; ocidentalização do mundo, orientalização do mundo, globalização, globalismo, mundo sistêmico, capitalismo global, neoliberalismo, neonazismo, neofascismo, neossocialismo e modernidade-mundo.

Mais uma vez, as ciências sociais revelam-se formas de autoconsciência científica da realidade social. Neste caso, uma realidade social múltipla, desigual e contraditória, ou articulada e fragmentária. São muitos, inúmeros, os estudos de todos os tipos, sobre todos os aspectos da realidade social, produzidos em todo o mundo, em todas as línguas. Há toda uma biblioteca de Babel formada com os livros e as revistas de ciências sociais que se publicam, conformando uma visão múltipla, polifônica, babélica ou fantástica das mais diversas formas de autoconsciência, compreensão, explicação, imaginação e fabulação, tratando de entender o presente, repensar o passado e imaginar o futuro.[2]

A rigor, são vários os enigmas históricos e teóricos suscitados pela globalização, envolvendo inclusive problemas epistemológicos importantes. No âmbito da globalização, ou do globalismo visto como uma totalidade histórico-teórica, reabrem-se os contrapontos, as continuidades e as descontinuidades sintetizados em noções tais como: sujeito e objeto do conhecimento, parte e todo, passado e presente, espaço e tempo, singular e universal, microteoria e macroteoria. Estes e outros problemas envolvem novos desafios e outras perspectivas, quando se trata de refletir sobre as relações, os processos e as estruturas, bem como as formas de sociabilidade e os jogos das forças sociais, que desenham as configurações e os movimentos da sociedade global.

245

OCTAVIO IANNI

Uma parte importante das controvérsias que abalam, traumatizam e fertilizam as ciências sociais na época do globalismo desemboca no desenvolvimento de estudos que podem ser classificados de "metateóricos". Realmente, multiplicam-se os estudos de história, sociologia, antropologia, economia, política, geografia, demografia, ecologia e outros, contribuindo para interpretações abrangentes e integrativas, ou propriamente metateóricas.

Ocorre que a globalização, enquanto totalidade não só abrangente e integrativa, mas complexa, fragmentária e contraditória, subsume crescentemente indivíduos e coletividades, povos e tribos, nações e nacionalidades, grupos sociais e classes sociais, partidos políticos e movimentos sociais, etnias e raças, línguas e religiões, culturas e civilizações. Sem esquecer que a recíproca também é verdadeira, já que estas diversas e múltiplas realidades se constituem como determinações da globalização, globalidade ou globalismo. Mais uma vez, e sempre, recoloca-se a dialética parte e todo, tanto quanto singular e universal.

Vale a pena examinar algumas das breves "definições" de globalização presentes em estudos de cientistas sociais. Há congruências e disparidades entre elas, mas cabe registrar a unanimidade com que se reconhece a problemática.

Esse é um tema importante para o historiador:

> Poucas afirmações provocam tão pequenas controvérsias como a de que os seres humanos estão hoje em contato uns com os outros, em todo o mundo, como nunca na história. A lista de exemplos tornou-se uma litania: a comunicação instantânea da informação, a cultura universal de estilos e experiências, o alcance mundial de mercados e mercadorias, os produtos compostos de partes oriundas de diferentes continentes. E a referência à aldeia global tornou-se um clichê que poucos contestam.[3]

Também a antropóloga debruça-se sobre o tema:

> A ideia de que o mundo pode ser visto como um pequeno viveiro ligado pela abrangente força da mídia e do capitalismo internacional é o pano de fundo que serve de base ao empenho de muitos intelectuais, à atividade comercial e às diretrizes de governos na atualidade. Uma das coisas que a

A SOCIOLOGIA E O MUNDO MODERNO

tecnologia realmente revoluciona é a escala, ou as escalas, em que operam as relações sociais.[4]

O sociólogo coloca-se o mesmo desafio: "Globalização diz respeito àqueles processos pelos quais os povos do mundo são incorporados em uma sociedade mundial, uma sociedade global."[5]

O cientista político também participa do debate:

> Globalização diz respeito à multiplicidade de relações e interconexões entre Estados e sociedades, conformando o moderno sistema mundial. Focaliza o processo pelo qual acontecimentos, decisões e atividades em uma parte do mundo podem vir a ter consequências significativas para indivíduos e coletividades em lugares distantes do globo.[6]

Nesse "congresso" de cientistas sociais, está presente inclusive o economista:

> A economia global é o sistema gerado pela globalização da produção e das finanças. A produção global beneficia-se das divisões territoriais da economia internacional, jogando com as diferentes jurisdições territoriais, de modo a reduzir custos, economizar impostos, evitar regulamentos antipoluição e controles sobre o trabalho, bem como obtendo garantias de políticas de estabilidade e favores. A globalização financeira construiu uma rede eletrônica conectada vinte e quatro horas por dia, sem controles. As decisões financeiras mundiais não estão centralizadas nos Estados, mas nas cidades globais — Nova York, Tóquio, Londres, Paris, Frankfurt —, estendendo-se por computadores para o resto do mundo.[7]

Note-se que as "definições" de globalização nem sempre se distinguem pela originalidade. Algumas são um tanto vagas, ao passo que outras dedicam-se a precisar aspectos ou ângulos. Mas a maioria reconhece a novidade dessa problemática, desafiando a pesquisa e a teoria nas ciências sociais.

Aliás, já é notável a quantidade e a qualidade dos estudos sobre a globalização, ou os seus diferentes aspectos, que podem ser classificados de metateóricos. Uns são monográficos e outros ensaísticos, assim como há os que são principalmente descritivos, ao lado dos interpretativos. Além disso, destacam-se os que são críticos, no sentido de que se debruçam sobre os nexos e os movimentos da realidade, buscando desvendar a sua constituição e a sua dinâmica, ao lado dos seus impasses e das suas contradições. Mas também multiplicam-se os que se dedicam a fundamentar e explicitar prognósticos, diretrizes ou objetivos convenientes para governos, corporações, organizações multilaterais, movimentos sociais. No que se refere à orientação teórica, cabe reconhecer que há estudos elaborados em termos evolucionistas, funcionalistas, marxistas, weberianos, estruturalistas e sistêmicos, entre outros. Nem sempre são "ortodoxos", quanto a esta ou aquela orientação, já que há ecletismos diversos, umas vezes criativos e outras empobrecidos.

Sim, a globalização cria vários enigmas mais ou menos importantes para as ciências sociais. Vale a pena examinar alguns desses enigmas, ainda que de forma breve.

Primeiro. A realidade social, ou o "objeto" das ciências sociais, revela-se diferente, novo ou surpreendente. Revela-se simultaneamente mundial, nacional, regional e local, sem esquecer o tribal. Muito do que é particular revela-se também geral. O indivíduo e a coletividade constituem-se na trama das formas de sociabilidade e no jogo das forças sociais em desenvolvimento em âmbito global. Muito do que pode ser identidade e alteridade, nação e nacionalidade, ocidental e oriental, cristão e islâmico, africano e indígena ou soberania e hegemonia revela-se constitutivo das formas de sociabilidade e do jogo das forças sociais que se desenvolvem em âmbito simultaneamente global, regional, nacional, tribal e local. Nesse sentido é que a globalização, a globalidade ou o globalismo se constituem como um objeto diferente, novo ou surpreendente das ciências sociais. Aí se desenvolvem relações, processos e estruturas demarcando as configurações e os movimentos da sociedade global. Uma sociedade na qual se inserem dinâmica e decisivamente os indivíduos e as coletividades, os grupos sociais e as classes sociais, os gêneros e as raças, os partidos e os sindicatos, os movimentos sociais e as correntes de opinião pública, uma sociedade na qual tanto se multiplicam como se dissolvem os espaços e os tempos.

Segundo. "O acervo teórico das ciências sociais" revela-se problemático, insatisfatório, carente de significado, exigindo reelaboração, ou mesmo dependente de novos conceitos, categorias ou leis. São muitos os recursos teóricos acumulados pelas várias teorias da realidade social que se mostram problemáticos, inadequados ou carentes de complemen-

A SOCIOLOGIA E O MUNDO MODERNO

tação. Ocorre que, em sua maioria, os conceitos, as categorias e as leis estão construídos tendo como referência a "sociedade nacional". Essa realidade tem sido vista em termos de noções científicas mais ou menos sedimentadas, tais como: sociedade civil e Estado, Estado-nação e soberania e hegemonia, povo e cidadão, grupo social e classe social, classe social e luta de classes, partido político e sindicato, indivíduo e sociedade, natureza e sociedade, identidade e alteridade, cooperação e divisão do trabalho, ordem e progresso, democracia e ditadura, nacionalismo e imperialismo, tribalismo e nacionalismo, cultura e tradição, mercado e planejamento, reforma e revolução, revolução e contrarrevolução, revolução nacional e revolução social, relações internacionais e geopolítica, geopolítica e guerra, capitalismo e socialismo. Em geral, são noções construídas, aceitas, debatidas e mais ou menos sedimentadas, tendo como referência principal a sociedade nacional. Ainda que algumas dessas noções extrapolem essa realidade, como ocorre com diversas, é inegável que todas têm como parâmetro a sociedade nacional. Por isso cabe refletir sobre a "sociedade mundial", em toda a sua originalidade e complexidade, tendo-se em conta interpretar as suas configurações e os seus movimentos. Daí a importância de noções, metáforas ou conceitos como: mundialização, planetarização, globalização, mundo sem fronteiras, aldeia global, fábrica global, shopping center global, cidade global, divisão transnacional do trabalho e da produção, estruturas mundiais de poder, desterritorialização, cultura global, mídia global, sociedade civil mundial, cidadão do mundo, mercados mundiais, infovia, internet, meta-história, metateoria.

Terceiro. São numerosos os estudos de "orientação multidisciplinar". Em lugar de se lançarem em perspectiva estrita, seja sociológica, econômica, política, antropológica ou outra, lançam-se com base nas sugestões e conquistas propiciadas por diversas ciências sociais. A originalidade e a complexidade da globalização, no seu todo ou em seus distintos aspectos, desafiam o cientista social a mobilizar sugestões e conquistas de várias ciências. Acontece que a globalização pode ser vista como um vasto processo não só político-econômico, mas também sociocultural, compreendendo problemas demográficos, ecológicos, de gênero, religiosos, linguísticos e outros. Ainda que a pesquisa privilegie determinado ângulo de análise, está continuamente desafiada a levar em conta outros aspectos da realidade, sem os quais a análise econômica, política, sociológica, eco-

OCTAVIO IANNI

lógica ou outra resulta em abstrações carentes de realidade, consistência ou verossimilhança.

Quarto. São muitos os estudos que se apoiam necessariamente no "método comparativo". Mais do que nunca, diante da problemática da globalização, o cientista social é levado a realizar comparações mais ou menos complexas, buscando que sejam rigorosas. Na medida em que a globalização abre um vasto e complexo cenário à observação, pesquisa e análise, o cientista social é levado a mapear ângulos e tendências, condições e possibilidades, recorrências e descontinuidades, diversidades e desigualdades, impasses e rupturas, desenvolvimentos e retrocessos, progressos e decadências. São muitos os processos e as estruturas presentes, ativos, visíveis ou subjacentes no vasto e complicado palco constituído com a globalização do capitalismo, como modo de produção e processo civilizatório. Daí a importância do método comparativo, como uma forma experimental, uma espécie de experimento mental, ideal ou imaginário.

Quinto. Mais uma vez reabre-se a controvérsia "presente e passado", e vice-versa. Quando se dá a globalização, tanto se criam novos desafios e novas perspectivas para a interpretação do presente como se descortinam outras possibilidades de interpretar o passado. A partir dos horizontes da globalização, o passado pode revelar-se ainda pouco conhecido, enigmático ou mesmo carente de novas interpretações. É como se uma nova luz permitisse clarificar com outras cores o que parecia desenhado, assim como pudesse desvendar traços, movimentos, sons e cores que não se haviam percebido, quando o patamar podia ser nacionalismo, colonialismo, imperialismo, internacionalismo ou outro. Desde as novas perspectivas, são várias as realidades e interpretações que podem ser repensadas. Torna-se possível reavaliar o alcance e o significado da acumulação originária, mercantilismo, colonialismo e imperialismo, tanto quanto do nacionalismo e tribalismo. Também se torna possível repensar outras realidades antigas e recentes: islamismo e cristianismo, Oriente e Ocidente, ocidentalização do mundo, orientalização do mundo, africanismo, indigenismo, transculturação.

Sexto. Por fim, aqui se coloca novamente o dilema do "sujeito do conhecimento". Ele precisa rever as suas posições habitualmente adotadas na análise da problemática nacional. Posições que parecem estabelecidas, cômodas ou estratégicas precisam ser revistas ou radicalmente modifica-

A SOCIOLOGIA E O MUNDO MODERNO

das. Quando se trata da problemática global, o sujeito do conhecimento é desafiado a deslocar o seu olhar por muitos lugares e diferentes perspectivas, como se estivesse viajando pelo mapa do mundo. As exigências da reflexão implicam a adoção de um "olhar desterritorializado", capaz de mover-se do indivíduo à coletividade, caminhando por povos e nações, tribos e nacionalidades, grupos sociais e classes sociais, culturas e civilizações. Um olhar desterritorializado movendo-se através de territórios e fronteiras, atravessando continentes, ilhas e arquipélagos.

"São vários os enigmas com os quais se defrontam as ciências sociais, quando se trata de surpreender os movimentos e as configurações da sociedade mundial. Se é verdade que as ciências sociais nascem com a nação, talvez se possa afirmar que elas renascem com a globalização."[8]

Tomados em conjunto, os estudos sobre a globalização podem ser classificados em "sistêmicos" e "históricos". As suas linguagens podem ser muito diversas, envolvendo noções que parecem díspares: transnacionalização, mundialização, planetarização, globalização ou globalismo; assim como nova ordem econômica mundial, mundo sem fronteiras, aldeia global, terra-pátria, capitalismo mundial, política global, história global, cultura global, modernidade-mundo, ocidentalização do mundo e outras. Inclusive podem distinguir-se os estudos em termos de orientações teóricas: evolucionismo, funcionalismo, marxismo, weberianismo, estruturalismo, sistêmico ou outro. A despeito dessas e outras diferenças ou convergências, em geral significativas, cabe reconhecer que os estudos sobre globalização tendem a ser predominantemente "sistêmicos" ou "históricos".

Em geral, os estudos *sistêmicos* privilegiam as relações internacionais, a interdependência das nações, a integração regional, a geoeconomia e a geopolítica. Aí predomina a preocupação com as zonas de influência, os blocos de nações, os espaços geográficos, as hegemonias, as articulações dos mercados, a divisão transnacional do trabalho e da produção, a fábrica global, o shopping center global, as redes de internet, o fim da geografia e o fim da história, entre outras articulações, malhas, redes, interdependências ou traçados do mapa do mundo. Muito do que são as relações, os processos e as estruturas tecendo os diversos níveis e segmentos da globalização está descrito e interpretado em termos sistêmicos.

São principalmente sistêmicos os relatórios, diagnósticos e prognósticos de que se servem as corporações transnacionais, os órgãos da

251

Organização das Nações Unidas (ONU), os técnicos do Fundo Monetário Internacional (FMI), do Banco Mundial (Bird — Banco Internacional de Reconstrução e Desenvolvimento), da Organização Mundial do Comércio (OMC) e outras organizações públicas e privadas, nacionais, regionais e transnacionais. Os relatórios do Clube de Roma revelam também o predomínio dessa perspectiva de análise.

> O sistema político global compreende um conjunto específico de relações concernentes a uma escala de determinados problemas envolvidos na consecução, ou busca organizada, de atuação coletiva em nível global. Envolve a administração de uma rede de relações centrada nas articulações entre a unidade líder e os que buscam ou lutam por liderança. (...) As unidades que estruturam a interação de política global são as potências mundiais. Estas estabelecem as condições da ordem no sistema global. Elas são as capazes e dispostas a agir. Organizam e mantêm coalizões e estão presentes em todas as partes do mundo, habitualmente mobilizando forças de alcance global. Suas ações e reações definem o estado da política em nível global. (...) O sistema mundial é uma orientação para que se possa visualizar os arranjos sociais mundiais em termos de totalidade. Permite pesquisar as relações entre as interações de alcance mundial e os arranjos sociais e níveis regional, nacional e local.[9]

O que predomina nos estudos, relatórios, diagnósticos e prognósticos sistêmicos é uma visão sincrônica da realidade, tomada como um todo ou em seus aspectos sociais, econômicos, políticos, demográficos, geopolíticos e outros. As análises orientam-se principalmente no sentido de propiciar a inteligência da ordem socioeconômica mundial vigente, tendo-se em conta o seu funcionamento, a sua integração, os seus impasses e o seu aperfeiçoamento.

Nesse mundo sistêmico, são muitos, diversos, integrados e desencontrados os subsistemas mais ou menos relevantes: corporações transnacionais, Estados nacionais, entidades regionais, organizações multilaterais, mercados nacionais regionais e mundiais, redes de informática, corporações da mídia, organizações religiosas, campanhas de publicidade, fundações destinadas ao incentivo e à problematização da pesquisa científica e tecnológica. São muitos os subsistemas ou sistemas menores que, além de funcionarem segundo uma dinâmica própria, inserem-se também na dinâmica de outros sistemas mais ou menos complexos ou abrangentes.

A SOCIOLOGIA E O MUNDO MODERNO

Podem conjugar-se ou atritar-se, modificar-se ou recriar-se, em geral segundo exigências da dinâmica do capitalismo, como sistema global.

> Qualquer fato que ocorre em qualquer lugar, no mundo atual, pode produzir muito rapidamente efeitos em outros lugares. Todas as partes do mundo estão crescentemente emaranhadas em um vasto processo. E é evidente, também, que muitos no mundo, ao menos muitos dos seus líderes, parecem reconhecer isso. À primeira vista, afinal, por muito tempo pareceu surpreendente que populações indígenas devessem realizar demonstrações contra testes de armas nucleares no sul do Pacífico, ou que o governo da China devesse interessar-se pela guerra entre árabes e Israel. Alguns dos motivos para este novo sentido de interconexão mundial baseia-se na ideologia e outros simplesmente na comunicação e informação mais rápida; mas algo mais fundamental também está em causa. Trata-se da difusão de uma ideia que esteve restrita às culturas de origem europeia: a noção de que a vida humana e a condição do mundo podem ser indefinidamente aperfeiçoados.[10]

Vista como um desafio epistemológico, a metateoria sistêmica sintetiza e desenvolve a lógica do funcionalismo, do estruturalismo e da cibernética. Pode ser vista como um produto sofisticado do pensamento pragmático ou da razão instrumental.

Em geral, os estudos *históricos* privilegiam tanto a integração como a fragmentação, a diversidade e a desigualdade, a identidade e a alteridade, a ruptura e o impasse, o ciclo e a crise, a guerra e a revolução. A análise das relações, dos processos e das estruturas que articulam e desenvolvem a transnacionalização, ou a globalização, compreendem sempre a dominação política e a apropriação econômica, tanto quanto a formação, a consolidação e a crise de soberanias. No âmbito das configurações e dos movimentos da sociedade global, tanto se abrem novas perspectivas como se criam impasses insuspeitados sobre as condições e as possibilidades de construção da hegemonia, seja da nação, da classe social ou do bloco de poder. Em um mundo no qual as corporações transnacionais e as organizações multilaterais descolam-se dos territórios e das fronteiras, navegando através e sobre o mapa do mundo, criam-se desafios insuspeitados para a construção, o desenvolvimento ou a realização da soberania, da hegemonia, da democracia e da cidadania. Muito do que parecia natural e evidente, ou possível e desejável, no âmbito da sociedade nacional, pode tornar-se difícil, impossível ou simplesmente quimérico no âmbito da sociedade global. Sim, vista como realidade histórica, a globalização pode ser reconhecida como um palco no qual se atravessam permanentemente várias e muitas forças convergentes e desencontradas, que podem ser sintetizadas nas expressões integração e contradição.

Mais uma vez, em face dos desafios e horizontes que se colocam com as configurações e os movimentos da sociedade mundial, as ciências sociais são levadas a recuperar e a desenvolver o sentido da história, diacronia, ruptura, retrocesso, desenvolvimento, decadência, transformação, transfiguração. Ao lado do que parece ser estruturado, organizado, cibernético ou sistêmico, encontram-se a tensão, a fragmentação, a luta, a conquista, a dominação e a submissão, tanto quanto a raça e o povo, a mulher e o homem, o escravo e o senhor, a acumulação e o pauperismo, a alienação e a danação.

Vista como um desafio epistemológico, a metateoria histórica sintetiza e desenvolve a lógica da historicidade ativa nas relações, nos processos e nas estruturas de dominação e apropriação, ou integração e contradição, que se expressam no âmbito da reprodução ampliada do capital, bem como no âmbito do desenvolvimento desigual, contraditório e combinado, que se configuram nos movimentos da globalização do capitalismo. Sob vários aspectos, a metateoria histórica pode ser vista como um produto sofisticado do pensamento dialético, desenvolvido e sistematizado por Hegel e alguns dos seus continuadores, com a priorização da razão crítica.

> Vivemos num mundo conquistado, desenraizado e transformado pelo titânico processo econômico e tecnocientífico do desenvolvimento do capitalismo, que dominou os dois ou três últimos séculos. (...) As forças geradas pela economia tecnocientífica são agora suficientemente grandes para destruir o meio ambiente, ou seja, as fundações materiais da vida humana. As próprias estruturas das sociedades humanas, incluindo mesmo algumas fundações sociais da economia capitalista, estão na iminência de ser destruídas pela erosão do que herdamos do passado humano. Nosso mundo corre o risco de explosão e implosão.[11]

Os cientistas sociais não precisam mais imaginar a realidade mundial para estudá-la, em seu todo ou em seus diferentes aspectos. Já é evidente

A SOCIOLOGIA E O MUNDO MODERNO

que a transnacionalização, mundialização, planetarização ou, mais propriamente, globalização do mundo é uma realidade geo-histórica, social, econômica, política e cultural. Essa é uma realidade problemática, simultaneamente inquietante e fascinante, por suas implicações práticas e teóricas. É como se de repente os indivíduos e as coletividades se dessem conta de que fazem parte não somente da história universal, mas da humanidade. Reconhecendo que esta humanidade não se parece nem com a ideologia nem com a utopia.

> A história universal tem que ser construída e negada. À vista das catástrofes passadas e futuras, seria cinismo afirmar que na história se manifesta um plano universal que articula tudo em um nível mais amplo. Mas nem por isso deve ser negada a unidade que solda os fatores descontínuos, caoticamente dispersados, e as fases da história: o estágio da dominação sobre a natureza, a transição ao domínio sobre os homens e ao fim sobre a natureza interna. Não há uma história universal que oriente desde o selvagem ao humanitário, mas, sim, da funda à superbomba. Seu fim é a ameaça total dos homens organizados pela humanidade organizada: a quinta-essência da descontinuidade. (...) A história é a unidade da continuidade e descontinuidade. A sociedade não se conserva apesar de seu antagonismo, se não graças a ele. O interesse do lucro e, com ele, as relações de classe são o motor objetivo do processo produtivo de que depende a vida de todos; e cujo primado está orientado à morte de todos.[12]

Vistos em conjunto, os estudos sistêmicos e históricos revelam claramente o empenho das ciências sociais no sentido de interpretar o que vai pelo mundo, precisamente quando se verifica que já se pode realmente falar em "mundo mundo vasto mundo", ou quando se torna possível falar não só metafórica mas literalmente em "máquina do mundo".[13]

Mais uma vez, como tem ocorrido em outras situações de ruptura histórica, as ciências sociais revelam-se formas de autoconsciência científica da realidade social. São desafiadas a interpretar fatos, situações, impasses e horizontes que se abrem a indivíduos e coletividades, povos e nações, tribos e nacionalidades. Revelam-se formas de autoconsciência mais ou menos sensíveis, minuciosas e abrangentes, integrativas e problemáticas,

OCTAVIO IANNI

nas quais se traquigrafam, exorcizam, sublimam, cantam ou decantam condições e perspectivas de uns e outros, situados e volantes, nas configurações e nos movimentos da sociedade global.

NOTAS

1. Octavio Ianni, *Teorias da globalização*, 9ª edição, Rio de Janeiro, Editora Civilização Brasileira, 2001; Martin Albrow, *The Global Age,* Polity Press, Cambridge, 1996; Roland Robertson, *Globalization (Social Theory and Global Culture)*, Londres, Sage Publications, 1992.

2. Comissão Gulbenkian, *Para abrir as ciências sociais*, São Paulo, Cortez Editora, 1996; Immanuel Wallerstein, *Unthinking Social Science,* Polity Press, Cambridge, 1991; Octavio Ianni, *Teorias da globalização*, 4ª edição, Rio de Janeiro, Civilização Brasileira, 1997; Alastair Pennycook, *The Cultural Politics of English as an International Language*, Londres, Longman, 1994.

3. Raymond Grew, "On the Prospect of Global History", em Bruce Mazlish e Ralph Buultjens (eds.), *Conceptualizing Global History*, Oxford, Westview Press, 1993, cap. 10, p. 227-49, citação da p. 228.

4. Henriettta L. Moore, "The Changing Nature of Anthropological Knowledge", em Henrietta L. Moore (ed.), *The Future of Anthropological Knowledge*, Londres, Routledge, 1996, cap. 1, p. 1-15, citação da p. 7.

5. Martin Albrow, "Globalization, Knowledge and Society", em Martin Albrow e Elizabeth King (eds.), *Globalization, Knowledge and Society*, Londres, Sage Publication, 1990, p. 3-13, citação da p. 9.

6. Anthony G. McGrew, "Conceptualizing Global Politics", em Anthony G. McGrew e Paul G. Lewis e outros, *Global Politics*, Cambridge, Polity Press, 1992, cap. 1, p. 1-28, citação da p. 23.

7. Robert W. Cox, "Global Restructuring: Making Sense of the Changing International Political Economy", em Richard Stubbs e Geoffrey R.D. Underhill (eds.), *Political Economy and the Changing Global Order*, Londres, MacMillan, 1994, cap. 1, p. 45-59, citação da p. 48.

8. Renato Ortiz, *Mundialização e cultura*, São Paulo, Editora Brasiliense, 1994; Roland Robertson, *Globalization*, Londres, Sage Publications, 1992; Bjorn Hettne (org.), *International Political Economy*, Londres, Zed Books, 1995; Marie-Françoise Durand, Jacques Lévy e Denis Retaillé, *Le Monde: Espaces el Systèmes*, Paris, Dalloz, 1992.

9. George Modelski, *Long Cycles in World Politics*, University of Washington Press, Seattle, 1987, p. 7-8, 9 e 20.

A SOCIOLOGIA E O MUNDO MODERNO

10. J.M. Roberts, *History of the World*, Harmonds-worth, Middlesex, Inglaterra, Penguin Books, 1990, p. 907.
11. Eric Hobsbawm, *Era dos extremos:* o breve século XX: 1914-1991, trad. Marcos Santarrita, São Paulo, Companhia das Letras, 1995, p. 562.
12. Theodor W. Adorno, *Dialética negativa*, trad. José Maria Ripalda, Madri, Taurus Ediciones, 1975, p. 318.
13. Alusão às imagens de Carlos Drummond de Andrade e Luís de Camões.

CAPÍTULO XIV A internacionalização da sociologia

Nesta altura da história, vale a pena repensar a sociologia, refletir sobre suas perspectivas, realizar um balanço crítico das suas realizações, focalizar seus impasses e imaginar suas potencialidades como forma de autoconsciência científica da realidade social. Uma tarefa complexa e difícil, mas que pode ser realizada de modo seletivo.

Não se trata de afirmar que a sociologia está em crise, como se a crise fosse algo alheio à lógica do pensamento científico. É claro que há épocas em que a sociologia parece mais ou menos em paz consigo mesma, como se seu objeto e seu método estivessem estabelecidos, assim como há épocas em que ela parece mais ou menos em guerra consigo mesma, como se seu objeto e seu método de repente fossem questionados radicalmente. A verdade é que ela está sempre em causa, com altos e baixos. Mais que isso, a sociologia tem a peculiaridade de sempre questionar-se, discutindo seu objeto e seu método. As controvérsias teóricas e epistemológicas são bastante sintomáticas desse contínuo ou periódico questionar-se. Todas as obras mais notáveis da sociologia, em toda a sua história, são precisamente a demonstração de que sempre se pensa criticamente, ainda que em diferentes orientações.

Aliás, essa tem sido uma característica de todas as ciências sociais. Se esquecermos suas codificações mais ou menos institucionalizadas, suas cristalizações em escolas de fundadores e seguidores, logo se evidencia que todas as ciências sociais contínua ou periodicamente se põem em causa, questionam-se, discutem seu objeto e seu método.

Dentre os argumentos que explicam a contínua ou periódica vocação de autocrítica, o que é evidente no caso da sociologia, logo sobressai o fato de que a realidade social é viva, complexa, intrincada, contraditória, em contínuo devir. Além das evidentes controvérsias metodológicas, teóricas ou epistemológicas, cabe reconhecer que o seu objeto está em

OCTAVIO IANNI

constante transformação. Mesmo quando parece estável, normal, funcional, sistêmico, harmônico ou eunômico, está germinando a modificação. Modifica-se todo o tempo, quantitativa e qualitativamente, em termos sincrônicos e diacrônicos, recriando tempos e espaços.

Este é um dos segredos dos novos horizontes que se abrem à sociologia, quando termina o século XX e já se anuncia o XXI: seu objeto está revelando transformações notáveis, em todas as direções, em todos os sentidos. Além da realidade social com a qual a sociologia se formou, e além das realidades sociais que forem progressivamente sendo incorporadas como seu objeto, nesta altura da história o objeto da sociologia está passando por uma nova, profunda e ampla transformação. Torna-se mais complexo, ao mesmo tempo que menos conhecido, já que o patrimônio teórico elaborado até o presente revela-se insuficiente para dar conta de relações, processos e estruturas ainda pouco estudados, ou propriamente desconhecidos.

As transformações às vezes radicais e surpreendentes que estão ocorrendo na realidade social, em âmbito local, nacional, regional e mundial, desafiam tanto o consenso sobre o que pode ser o objeto da sociologia como as codificações mais ou menos sedimentadas sobre ele. Em boa medida, esses abalos estão presentes em reflexões metodológicas e em controvérsias que inspiram trabalhos de uns e outros no âmbito da sociologia contemporânea, uma sociologia que se desdobra em: neofuncionalismo, teoria sistêmica, marxismo analítico, marxismo ocidental, estruturalismo, fenomenologia, hermenêutica, teoria da ação comunicativa e outras orientações. Em alguma medida, e às vezes em ambas as proporções, essas orientações da sociologia, no limiar do século XXI, parecem tatear diante das mais surpreendentes metamorfoses do seu objeto.

Diante das metamorfoses às vezes radicais e surpreendentes do objeto da sociologia, a teoria logo se vê desafiada, posta em causa no que se refere a conceitos e interpretações. Não se trata apenas de acomodar ou reformular conceitos e interpretações. Trata-se também de repensar alguns fundamentos da própria reflexão sociológica. Há metamorfoses do objeto da sociologia que desafiam as categorias de tempo e espaço, micro e macro, holismo e individualismo, sincronia e diacronia, continuidade e descontinuidade, ruptura e transformação. Quando a sociedade configura-se simultaneamente como local, nacional, regional e mundial, envolvendo grupos, classes e movimentos sociais, da mesma forma que

A SOCIOLOGIA E O MUNDO MODERNO

relações, processos e estruturas de dominação e apropriação, nesse contexto algumas categorias básicas de reflexão sociológica abalam-se, parecem declinar, ou emergem desafiando a imaginação.

O que já vinha germinando havia muito tempo nesta época parece tornar-se mais explícito. A realidade social, em âmbito local, nacional, regional e mundial, parece ter adquirido outras configurações e outros movimentos. A descoberta das recorrências e continuidades revela simultaneamente que são muitos os sinais das surpresas e novidades.

O que singulariza o mundo contemporâneo, quando já se anunciam as características fundamentais do início do século XXI, é que se tornam mais explícitas algumas das profundas transformações sociais e mentais que se vinham elaborando ao longo do século XX. Algumas dessas transformações apontam para a direção da continuidade de formas de vida e trabalho, modos de ser, agir, pensar, sentir e imaginar. Mas outras indicam o caminho das rupturas, descontinuidades, imprevistos. Um emblema desse tempo está simbolizado nos contrapontos modernidade e pós-modernidade, realidade e virtualidade, globalização e diversidade. Esse o mundo que está em causa quando muitos são levados a elaborar conceitos, interpretações ou metáforas em torno de temas tais como: aldeia global, fábrica global, sistema mundial, economia-mundo, internacionalização do capital, ecossistema, planeta Terra, nave espacial, modernidade-mundo, mundo virtual.

São múltiplas e notáveis as transformações em curso no mundo contemporâneo: formas de viver, trabalhar e pensar são postas em causa; fronteiras estabelecidas tornam-se movediças, desaparecem ou revigoram-se; identidades indiscutíveis são abaladas, dissolvem-se ou readquirem surpreendente nitidez; configurações sociais que pareciam nítidas e consolidadas logo se tornam precárias, anacrônicas ou estranhas; ideologias pretéritas reaparecem como se fossem novas; utopias redentoras revelam-se quiméricas.

Simultaneamente, as transformações em curso no mundo contemporâneo configuram realidades sociais e mentais mais ou menos evidentes: a mundialização do capitalismo, compreendendo uma nova divisão internacional do trabalho e da produção, envolvendo a formação de novos blocos geoeconômicos e geopolíticos; a emergência de cidades globais, nas quais se localizam poderosos centros de decisão, dominação e apropriação; a formação de complexas e abrangentes redes de comunicações, baseadas nas técnicas da eletrônica, envolvendo a informática, a mídia impressa e eletrônica, a indústria cultural; a formação de uma cultura de massa de âmbito mundial, atravessando o Ocidente e o Oriente, culturas e civilizações.

Quando se tornam mais explícitas algumas das profundas transformações sociais e mentais que se vinham elaborando ao longo do século XX, nesse momento a sociologia é levada a repensar-se criticamente, em seu objeto e seu método. De repente, tudo que havia sido conquistado, no que se refere às configurações do objeto e às interpretações dessa realidade, tudo isso passa a exigir novas reflexões, seja para reafirmar o que se sabe, seja para descobrir o que não se sabe. Em pouco tempo, o que parece uma profunda crise revela-se um vasto deslumbramento.

Acontece que a sociologia é uma forma de autoconsciência científica da realidade social. Expressa o entendimento que a sociedade, no seu todo ou em seus segmentos mais importantes, desenvolve a propósito de sua organização e seu funcionamento, refletindo o modo pelo qual ele se produz e reproduz, forma e transforma. Mas a sociedade não é única, idêntica, mesma. Desdobra-se em grupos, classes e movimentos sociais, bem como em relações, processos e estruturas de dominação e apropriação, envolvendo mentalidades, ideologias e utopias, e lançando-se todo o tempo em níveis local, nacional, regional e mundial.

Nesta altura da história, portanto, vale a pena repensar a sociologia, refletir sobre suas perspectivas, realizar um balanço crítico das suas realizações, focalizar seus impasses e imaginar suas potencialidades como forma de autoconsciência científica da realidade social. Uma tarefa complexa e difícil mas que pode ser realizada de modo seletivo.

Sim, a sociologia está ingressando na época do globalismo. Os desafios criados com a formação da sociedade global não só representam uma nova realidade, como também criam novos desafios metodológicos e teóricos. Até mesmo alguns dos fundamentos epistemológicos da sociologia podem ser repensados ou inovados, quando a reflexão se depara com as configurações e os movimentos da sociedade global. Neste sentido é que o globalismo se constitui no novo emblema da sociologia.

A sociologia está se deparando com processos fundamentais, decorrentes da globalização do seu objeto. A movimentação mundial das tecnologias é uma realidade inegável, tornada possível pelo funcionamento do mercado mundial. A mais leve tensão em dado ponto da rede de relações polí-

A SOCIOLOGIA E O MUNDO MODERNO

ticas, internacionais reflete-se nas relações e nos processos em outros países e regiões. A cultura é considerada como a tradicional salvaguarda de identidades nacionais, mas seu conteúdo está se tornando mais e mais internacional. Os modernos meios de transporte e comunicações tornam as distâncias menores e as fronteiras permeáveis. O mundo todo está vendo TV e cada vez mais assistindo à mesma competição ou ao mesmo show. Grupos sociais cada vez maiores estão se envolvendo no funcionamento das corporações multinacionais, bem como das organizações e dos movimentos internacionais. Cada vez mais numerosas são as pessoas que experienciam a viagem através das fronteiras e os casamentos transnacionais. E por último, mas não o menos importante, desenvolve-se a consciência da necessidade de mobilizar os recursos da humanidade, de modo a prevenir os perigos que ameaçam a civilização global.[1]

Ocorre que o objeto da sociologia desenvolve-se continuamente, tornando-se muitas vezes mais complexo e provocando a recriação das suas configurações conhecidas. Em lugar de manter-se semelhante, modifica-se todo o tempo. Além de que se aperfeiçoam continuamente os recursos metodológicos e teóricos da sociologia, o que permite aprimorar os modos de refletir sobre a realidade social, é inegável que esta realidade transfigura-se de tempos em tempos, ou continuamente.

Nesse sentido é que a sociologia ingressou na época do globalismo. Seu objeto apresenta relações, processos e estruturas novos, não só desconhecidos, mas surpreendentes. Simultaneamente, as novas relações, os novos processos e as novas estruturas de dominação e apropriação, envolvendo integração e fragmentação, tensões e antagonismos, recriam as relações, os processos e as estruturas conhecidos. Isto significa que o globalismo confere novos significados às realidades locais, nacionais e regionais, ao Norte e ao Sul, orientais e ocidentais.

Para tornar mais claro o significado desta transfiguração, em suas implicações empíricas e metodológicas, ou melhor, históricas e teóricas, cabe relembrar quais têm sido os principais emblemas da sociologia ao longo da sua história. Em forma breve, estes são os emblemas que polarizam grande parte das produções e controvérsias na sociologia: sociedade nacional, indivíduo e sociedade global.

A *sociedade nacional* é o emblema sob o qual nasce a sociologia no século XIX. Mas é também aquele que continua a ser bastante influente no século XX, e ainda está muito ativo no limiar do século XXI. Acontece que a sociedade nacional, compreendendo a sociedade civil e o Estado, ou o Estado-nação, absorve a maior parte das pesquisas, produções e controvérsias das sociologias, não só nos países europeus e nos Estados Unidos, mas também nos países "novos" que se formam na América Latina, no Caribe, na Ásia, na Oceania, na África e no Leste Europeu. Ao longo dos séculos XIX e XX, as configurações e os movimentos do Estado-nação têm polarizado boa parte das produções e controvérsias na sociologia nos quatro cantos do mundo.

Note-se que a ideia de nação, Estado-nação, sociedade civil e Estado, ou questão nacional, envolve também os problemas correlatos, muito frequentes na sociologia; movimentos sociais e partidos políticos, elite e massa, grupos sociais e classes sociais, povo e cidadania, meios de comunicação e correntes de opinião pública, mercado e planejamento, legitimidade e representatividade, reforma e revolução, democracia e tirania.

Em várias das suas formulações, a sociologia polarizada pela questão nacional inspira-se no evolucionismo, no funcionalismo e no marxismo. Além de inspirar-se na ideia de nação, supõe que a nação europeia, desenvolvida, industrializada e dominante, pode ser o parâmetro da formação e do desenvolvimento das outras nações, nos outros continentes, ilhas e arquipélagos. Supõe que a tribo, o clã, o povo, a coletividade tendem necessariamente a conformar-se à nação, ao modelo de Estado-nação surgido na Europa com a revolução burguesa. Daí a presença ativa da sociologia, bem como de outras ciências sociais, na conformação das novas nações que se formam com a descolonização, quando se desagregam os impérios coloniais, quando se desenvolvem as revoluções nacionais e sociais dos povos colonizados na Ásia, na Oceania, na África, na América Latina e no Caribe. Daí a semelhança formal, e dessemelhança real, entre o Estado-nação inglês, francês, alemão, holandês, italiano ou norte-americano e o hindu, sul-africano, indonésio, mexicano, brasileiro, haitiano.

É claro que há uma boa dose de holismo na sociologia empenhada em interpretar a formação e os desenvolvimentos do Estado-nação. São interpretações abrangentes, de âmbito histórico, nas quais os seus autores buscam delinear tendências, possibilidades de mudança, condições de amadurecimento, horizontes de diversificação.

O *indivíduo* é um emblema que adquire particular importância na passagem do século XIX para o XX. Está presente nas contribuições de

A SOCIOLOGIA E O MUNDO MODERNO

Simmel, Mead, A. Marshall, W. James, Freud, Weber e outros. E continua presente nas produções e controvérsias posteriores. Ressoa em Parsons, Touraine, Giddens, Habermas etc. O emblema simbolizado pelo indivíduo diz respeito ao ator social, à identidade, à vivência, ao cotidiano, ao mundo da vida. Em uma das suas versões, leva às contribuições e controvérsias relativas ao individualismo metodológico. Note-se, no entanto, que quando a sociologia se debruça sobre o indivíduo como ator social, de modo a conhecê-lo e imaginar as possibilidades da sua emancipação, nesse momento ele já se revela gravemente problemático. Antes, no curso da formação da sociedade nacional, quando declinava o feudalismo, aparece principalmente como ideal. Depois, quando a sociedade nacional parece consolidada, quando o mundo burguês está constituído, quando o capitalismo funda as condições e as possibilidades de sociabilidade e imaginação, nesse momento revela-se tão problemático que se transforma em obsessão. No fim do século XX, são muitos os que buscam e rebuscam o indivíduo, o ator social, a identidade ou o cidadão, muitas vezes redescobrindo na realidade cotidiana o que Kafka tinha dito no começo do século XX em tom de fábula enlouquecida.

Seria equívoco, no entanto, imaginar que a sociologia desenvolvida sob o signo da questão nacional não se interessou pelo indivíduo. A despeito da sua ênfase em relações, processos e estruturas de dominação e apropriação relativos à formação e às mudanças da sociedade nacional, essa sociologia também se interessou pelo indivíduo, a família e o grupo social, compreendendo sempre as condições de vida e trabalho, as tradições e o imaginário. As contribuições de Durkheim sobre anomia, suicídio, normal e patológico, entre outros temas, indicam algo muito importante no que se refere ao indivíduo. O mesmo se pode dizer de Marx, em suas contribuições sobre a alienação e o fetichismo. Em diferentes gradações, os fundadores da sociologia, ao lado das suas contribuições sobre a questão nacional e outros temas também importantes, sempre contribuíram para a reflexão sobre as condições e as perspectivas do indivíduo, tomado singularmente e em grupo.

Mas é evidente que foi na passagem do século XIX para o XX que a sociologia debruçou-se de modo mais sistemático sobre o indivíduo, e essa preocupação perdura nas décadas subsequentes, inclusive no limiar do século XXI. São muitos os que buscam e rebuscam o indivíduo, uns como realidade problemática, outros como quimera impossível.

No fim do século XX, no entanto, quando já se anuncia o XXI, a sociologia ingressa na época do *globalismo*. Este o emblema que desafia crescentemente a pesquisa e o ensino, as produções e as controvérsias, compreendendo também as teorias mais notáveis sobre a natureza e a dinâmica da realidade social.

Sob o emblema do globalismo, a sociologia reflete sobre relações, processos e estruturas de dominação e apropriação que se desenvolvem em âmbito mundial, além das sociedades nacionais e dos indivíduos, em geral subsumindo-os. A sociedade global é a realidade social nova, com tessitura e dinâmica próprias, envolvendo configurações e movimentos ainda pouco conhecidos. Trata-se de uma totalidade em movimento, aberta e abrangente, cujas leis de tendência ainda estão por ser conhecidas. Envolve conceitos, categorias ou leis originais, desconhecidas ou por enquanto apenas intuídas. Não se trata de conceitos, categorias e leis que apenas reproduzem o que já se sabe sobre a sociedade nacional e o indivíduo. Trata-se de algo diverso, novo, que inclusive pode abrir novos horizontes para a interpretação do que já se sabe sobre a sociedade nacional e o indivíduo. Uma totalidade mais ampla e complexa, em devir, subsumindo outras totalidades já conhecidas, tais como a sociedade nacional e o indivíduo, em múltiplas configurações.

Note-se que a sociedade global é o cenário da nova divisão internacional do trabalho, da fábrica global, da cidade global, das estruturas mundiais de poder. No âmbito da sociedade global, articulam-se redes de corporações, de meios de transporte e comunicação, de sistemas de telecomunicação. A mídia impressa e eletrônica adquire relevância no âmbito da sociedade global, modificando as sensações de tempo e espaço, desterritorializando e miniaturizando coisas, gentes e ideias. "A globalização diz respeito a todos aqueles processos pelos quais as pessoas do mundo são incorporadas a uma sociedade global. Globalismo é uma das forças presentes no desenvolvimento da globalização."[2]

Note-se que a sociologia não é apenas uma disciplina científica que taquigrafa a realidade social global, em suas configurações e em seus movimentos. Ela participa da constituição do globalismo. Ao mesmo tempo que descreve e interpreta, entra na constituição dessa realidade. Ao decantar as configurações e tendências da sociedade global, simultaneamente institui parâmetros e possibilidades. Mais uma vez, revela-se uma forma de autoconsciência científica da realidade social, no sentido de

A SOCIOLOGIA E O MUNDO MODERNO

retratar o seu objeto e entrar na sua constituição, conferindo-lhe fisionomia e movimento. "A globalização da sociologia é uma faceta do que é, às vezes, a globalização da consciência."[3]

É claro que a sociologia não se esgota nas produções e controvérsias relativas à sociedade nacional, ao indivíduo e à sociedade global. Ela tem sido polarizada por outros emblemas, também notáveis: colonização e descolonização, imperialismo e anti-imperialismo, desenvolvimento e industrialização, tradição e modernização, reforma e revolução, racionalização e alienação, além de outros. Há toda uma vasta produção, e muitas controvérsias, a propósito do eurocentrismo ou ocidentalismo do pensamento sociológico. São frequentes as produções e os debates empenhados em formular e desenvolver as perspectivas das sociedades "não ocidentais", orientais, dependentes, subdesenvolvidas, periféricas, do Terceiro Mundo, do Sul. São formulações que se opõem à "importação" de conceitos, categorias e interpretações, bem como de temas nos quais prevalecem, aberta ou veladamente, "modelos" eurocêntricos, ocidentais ou outros predominantes nas sociedades dominantes.

Esse o contexto em que alguns propõem uma espécie de "indigenização" da sociologia, sugerindo que ela deveria libertar-se dos parâmetros eurocêntricos ou ocidentais, o que muitas vezes significa também burgueses, capitalistas, instrumentais, quantitativos. Em alguns casos, há uma "implícita oposição à importação de modelos inadequados de ciência social e especialmente de terminologia e de métodos desenvolvidos para o Primeiro Mundo".[4] Em outros casos, há "uma ênfase na originalidade nacional da tradição cultural e nas possibilidades de aí encontrar-se a inspiração para novas orientações da sociologia".[5] Em todos os casos afirma-se que "é trágico que o Terceiro Mundo deva ver-se a si próprio por meio do olhar ocidental".[6]

Note-se, no entanto, que, a despeito do empenho de alguns pela indigenização da sociologia, esta continua fascinada pelos três emblemas: sociedade nacional, indivíduo e sociedade global. Podem mudar, e realmente mudam muitíssimo as verbalizações acerca desses três emblemas, mas permanecem mais ou menos constantes e, muitas vezes, obsessivos. Nas produções e controvérsias dos sociólogos empenhados na hipótese da indigenização, subsiste a preocupação com a formação e o desenvolvimento da sociedade nacional, a emancipação do indivíduo e as relações da sociedade nacional e do indivíduo com a sociedade global.[7]

OCTAVIO IANNI

Sob vários aspectos, portanto, o globalismo já pode ser tomado como o novo emblema da sociologia, em suas implicações empíricas, metodológicas e teóricas. São de tal maneira complexos e urgentes os desafios abertos pelo globalismo que a sociologia já apresenta um bom volume de produções e controvérsias acerca das configurações e dos movimentos da sociedade global.

Já há várias interpretações sobre a globalização, o que é mais um indício importante da originalidade, complexidade e urgência da problemática da globalização. Estas são algumas dessas interpretações, ainda que enunciadas de modo breve: interdependência das nações, mundo sistêmico, modernização do mundo, aldeia global, economia-mundo, internacionalização do capital, globalização do capitalismo e racionalização do mundo. São propostas destinadas a interpretar aspectos mais ou menos fundamentais das relações, dos processos e das estruturas que constituem a globalização.[8]

Se deixamos de lado as originalidades e as potencialidades explicativas de cada uma das interpretações, cabe reconhecer que várias dentre elas continuam a conferir um papel relevante ao Estado-nação. Estas estão nesse caso: a interdependência das nações, o mundo sistêmico, a modernização do mundo e a aldeia global. Concebem o mundo como um todo composto de nações interdependentes, desiguais, reciprocamente referidas, polarizadas e lideradas pelas mais fortes, dominantes, avançadas, civilizadas, europeias ou ocidentais. Empenham-se em delinear sistemas geoeconômicos ou geopolíticos, o que logo implica a noção de uma nação hegemônica polarizando outras, associadas, dependentes ou subordinadas. Reconhecem a mundialização de algumas relações, processos e estruturas, mas reafirmam a persistência e a importância do Estado-nação, principalmente dos mais fortes, dominantes. Assim, a "modernização do mundo", por exemplo, responde à hipótese de que as nações mais fortes ou dominantes promovem e orientam as mudanças sociais em outras nações, induzindo-as a transformar-se em conformidade com o modelo. A própria tese da aldeia global supõe que essa aldeia forma-se e desenvolve-se a partir dos recursos científicos e tecnológicos agilizados desde as nações mais modernas, isto é, mais fortes e dominantes, que se representam como modelos. Cabe reconhecer, no entanto, que essas interpretações conferem razoável atenção aos aspectos políticos e culturais. Sem prejuízo de aspectos econômicos que também são registrados, elas tendem a concentrar-se em aspectos políticos ou culturais.

270

A SOCIOLOGIA E O MUNDO MODERNO

Também as outras interpretações, tais como "economia-mundo", "internacionalização do capital", "globalização do capitalismo" e "racionalização do mundo" conferem importância ao Estado-nação. Ainda que reconheçam a presença e a preeminência das corporações transnacionais, assim como das organizações multilaterais, reconhecem que os Estados nacionais mais fortes ou dominantes exercem papéis decisivos nas geoeconomias e geopolíticas que articulam nações e regiões. No caso dessas interpretações, no entanto, confere-se maior atenção aos aspectos econômicos da mundialização. Sem prejuízo de aspectos políticos e culturais, é inegável que essas interpretações realizam uma minuciosa anatomia da economia política da globalização.

Além dos problemas empíricos e metodológicos envolvidos na problemática da globalização, logo se destacam alguns de cunho propriamente epistemológicos. Esse o caso de contrapontos tais como os seguintes: micro e macro, tempo e espaço, presente e passado, ideologia e utopia, sujeito e objeto, entre outros. Acontece que essas categorias de pensamento, fundamentais na sociologia, não se transferem pura e simplesmente, nos mesmos termos, do conhecimento já acumulado sobre a sociedade nacional e o indivíduo para a sociedade global. A originalidade, a complexidade e a dinâmica da sociedade global não reproduzem imediata e limpidamente o que ocorre no âmbito da sociedade nacional e do indivíduo. Os contrapontos micro e macro, tempo e espaço, presente e passado, ideologia e utopia, sujeito e objeto revelam-se novos e muito diferentes quando a realidade social em causa envolve configurações e movimentos da sociedade global. Nos termos em que se desenvolve a globalização do mundo, as tecnologias da eletrônica intensificam e generalizam movimentos e articulações, redes e conexões que abalam pela base os quadros sociais e mentais de referência, no que se refere às realizações e às possibilidades de tempo e espaço, suas condensações e suas multiplicações. Sob o impacto dessas tecnologias, desterritorializam-se, mundializam-se e miniaturizam-se coisas, gentes e ideias, assim como decisões e realizações.

A história mundial não pode ser nunca a soma das histórias nacionais, nem das biografias; o presente e o passado da sociedade mundial conjugam-se de modo muito diverso do que ocorre no âmbito das nações; o tempo e o espaço dissolvem-se ou multiplicam-se em outros termos, adquirindo conotações desconhecidas, principalmente quando agilizados

271

e multiplicados pelas técnicas da eletrônica; as ideologias e as utopias de grupos e classes sociais, de nações e nacionalidades adquirem outros significados quando o Estado-nação está em crise, quando o indivíduo luta para imaginar que pode ser cidadão, quando a sociedade civil mundial revela-se carente de contratos sociais, quando as estruturas mundiais de poder se constituem como polarizações da nova divisão internacional da produção e do trabalho.

Esse o contexto em que o contraponto sujeito e objeto do conhecimento adquire conotações insuspeitadas. Enquanto que o objeto da reflexão sociológica se revela original e complexo, muito diferente da realidade social conhecida, o sujeito do conhecimento se revela surpreendido, deslocado, em busca de perspectivas capazes de dar conta do novo e surpreendente. Diante da nova realidade social, o sujeito é desafiado a buscar e rebuscar as múltiplas perspectivas que se abrem. Já não pode refletir sobre a realidade apenas a partir da perspectiva do Estado-nação, ou do indivíduo como membro deste ou daquele grupo, classe ou nação. Precisa deslocar-se nas dimensões do espaço e ao longo do tempo, de modo a posicionar-se na perspectiva múltipla aberta pela globalização: nação e nacionalidade, grupo e classe, movimento social e partido político, religião e civilização, Norte e Sul, Ocidente e Oriente, presente e passado. São múltiplas as possibilidades de observação e reflexão, de compreensão e explicação que se abrem como novas quando o sujeito do conhecimento procura conhecer as configurações e os movimentos da sociedade global.

Esse o contexto em que se abalam também as noções de micro e macro, implicando o local e o global, a identidade e a diversidade, a memória e a história, o presente e o passado, o pequeno relato e o grande relato, o individualismo e o holismo metodológicos, o fim da história e o começo de outro ciclo da história.

As três teorias sociológicas que mais influenciam as interpretações da globalização são o funcionalismo, o marxismo e a teoria weberiana. Em alguma medida, elas estão presentes em uma ou outra das interpretações do globalismo. Umas vezes mesclam-se as influências, ao passo que outras vezes elas se apresentam nítidas, exclusivas. Mas é inegável que as três predominam.

É claro que em algumas interpretações do globalismo ressoam sugestões teóricas da fenomenologia e da hermenêutica, além de outras. Inclusive são frequentes as interpretações que revelam a presença de pontos

A SOCIOLOGIA E O MUNDO MODERNO

de vista da teoria sistêmica e do estruturalismo. Em muitos casos, há algo de evolucionismo. Muito do que se discute em termos de modernização apoia-se também em sugestões da teoria evolucionista. As teorias da ação social, da ação comunicativa, do interacionismo simbólico, das trocas sociais, dos campos de trocas simbólicas e outras podem ressoar aqui ou ali quando se trata de interpretações relativas a aspectos da formação e dinâmica da sociedade global. Os estudos e debates empenhados em situar o indivíduo, a identidade, o cotidiano, o mundo da vida, o local, o micro ou o singular mobilizam algo ou muito da hermenêutica, da fenomenologia, do interacionismo simbólico, da ação social, da ação comunicativa e de outras propostas teóricas.

Mas as teorias sociológicas que predominam, em suas implicações metodológicas e epistemológicas, são o funcionalismo, o marxismo e a teoria weberiana. Essas são as três poderosas matrizes do pensamento científico na sociologia, exercendo influências diretas e indiretas. Mesmo porque essas teorias nunca deixaram de contemplar o indivíduo, a ação social, o cotidiano e outras manifestações das diversidades da vida social. Há releituras dessas teorias que conseguem resgatar e desenvolver as dimensões macro e micro das mais diversas configurações da realidade social. Afinal de contas, as problemáticas compreendidas pelas noções de anomia, alienação e desencantamento do mundo não só tomam em conta o indivíduo como levam a uma inteligência fecunda da sua situação na fábrica da sociedade, vista em âmbito local, nacional, regional ou mundial.

O funcionalismo está presente no estruturalismo e na teoria sistêmica, não só de modo evidente, mas como fundamento da sua inteligência da forma e dinâmica da vida social. Talvez se possa mesmo dizer que o estruturalismo e a teoria sistêmica são duas formulações aprimoradas, sofisticadas, do princípio explicativo em que se apoia o funcionalismo. O princípio da causação funcional, envolvendo a ideia de que as partes formam um todo que tende para o equilíbrio ou a sincronia, esse princípio está bastante presente na teoria sistêmica e no estruturalismo. Isto significa que Lévi-Strauss, Parsons, Luhmann, G. Modelski e outros, estruturalistas ou sistêmicos, podem ser vistos, em alguma medida, como descendentes de Durkheim, ou autores que redescobrem o princípio da causação funcional com o qual nascem e desenvolvem o funcionalismo e os neofuncionalismos.

273

OCTAVIO IANNI

O marxismo, por seu lado, serve de inspiração a muitos autores dedicados a interpretar as configurações e os movimentos da sociedade global, no seu todo ou em alguns dos seus diferentes aspectos. Está presente em escritos de G. Myrdal, F. Perroux, F. Braudel, I. Wallerstein, S. Amin, A.G. Frank, E. Wolf, E.J. Hobsbawm, P. Anderson, P. Baran, P. Sweezy e outros, dedicados a refletir sobre a internacionalização do capital, os povos sem história, as economias-mundo, o colonialismo, o imperialismo, os movimentos antissistêmicos e outros temas. Cabe observar, no entanto, que as interpretações inspiradas nos escritos de Marx e seus seguidores mais criativos baseiam-se, em última instância, no princípio da contradição. As análises mais elaboradas, em termos da perspectiva dialética elaborada por Marx, sempre acabam por desvendar a trama das contradições presentes nas configurações e nos movimentos da sociedade global.

A teoria weberiana também aparece nos escritos de muitos autores. À medida que se multiplicam os estudos e os debates sobre a mundialização, a racionalização do mundo, a ocidentalização de outras sociedades, tribos, nações e nacionalidades, multiplicam-se as releituras de Weber. Há algo de Weber em Parsons, Barrington Moore Jr., A. Giddens, R. Bendix, Charles Tilly e muitos outros. Em alguma medida, empenham-se em esclarecer os vaivéns do processo de racionalização do mundo, às vezes denominado de modernização, que se concretiza em diferentes modalidades de burocratização de Estados nacionais, corporações, cidades, sistemas jurídicos, mercados, partidos políticos, sindicatos, escolas, igrejas e outras instituições ou formas de organização social da sociabilidade, em âmbito micro e macro. O mesmo processo de racionalização está presente nas organizações multilaterais, regionais e mundiais, que se multiplicam aceleradamente desde o término da Segunda Guerra Mundial e os desenvolvimentos da Guerra Fria.

Em síntese, é no funcionalismo, no marxismo e na teoria weberiana que as interpretações da globalização encontram suas bases metodológicas e epistemológicas mais consistentes. A despeito das ortodoxias e dos ecletismos mais ou menos evidentes em muitos estudos, é inegável que essas três teorias sociológicas fertilizam a maior parte de tudo o que se produz e discute sobre as configurações e os movimentos da sociedade global.

Cabe repetir, no entanto, que a preeminência dessas três teorias não elimina a presença de teorias como as seguintes: ação comunicativa, ação social, sistêmica, estruturalista, interacionismo simbólico, fenomenolo-

A SOCIOLOGIA E O MUNDO MODERNO

gia, hermenêutica e outras. Ao contrário, estas frequentemente suscitam temas, ângulos de análise, conceitos e interpretações, explicativas e compreensivas, da maior importância. Ajudam a descortinar novas possibilidades do pensamento, quando se debruçam sobre as realidades sociais novas e as que se acreditavam conhecidas. Pode-se mesmo dizer que o interesse renovado que o funcionalismo, o marxismo e a teoria weberiana têm revelado pelo indivíduo, o mundo da vida, a diversidade, a reflexão sobre o que é novo, a reinterpretação do que parecia conhecido, esse interesse renovado é, em boa medida, provocado pelas produções e pelos desafios das outras teorias. Assim se renovam os contrapontos micro e macro, individualismo e holismo, pequeno relato e grande relato, biografia e história.

Tudo isso recoloca, outra vez, um problema da maior importância, no que se refere ao objeto e ao método da sociologia: a globalização do mundo recria o objeto da sociologia e exige a recriação do seu método. Uma vez que as configurações e os movimentos da sociedade global abalam os quadros de referência sociais e mentais de uns e outros, em todos os lugares, nos quatro cantos do mundo, muito do que se sabia pode ser repensado. E muito do que não se sabe, porque é novo e desconhecido, precisa ser pensado de modo original, como primordial. Como a globalização abala quadros sociais e mentais de referência, os horizontes que se abrem com esse vasto e complexo e surpreendente processo permitem repensar criticamente os conhecimentos já acumulados sobre a sociedade nacional e o indivíduo, além de outros emblemas que aparecem na história da sociologia. Repensar e reconhecer que a sociedade nacional e o indivíduo, bem como outras realidades sociais, mudaram de figura, transformaram-se mais ou menos profundamente, na mesma medida em que se inserem em uma realidade social mais ampla, complexa, surpreendente e contraditória.

Mais uma vez, fica evidente que a sociologia pode ser vista como uma forma de autoconsciência científica da realidade social. Essa realidade pode ser local, nacional, regional ou mundial, micro ou macro, mas cabe sempre a possibilidade de que ela possa pensar-se criticamente, com base nos recursos metodológicos e epistemológicos que constituem a sociologia como disciplina científica. Isto significa que a sociologia tem contribuído para pensar e constituir a sociedade nacional em várias modalidades, compreendendo a sociedade civil e o Estado, os grupos sociais e as classes sociais, os movimentos sociais e as correntes de opinião pública, as formas de integração e os modos do antagonismo, as tensões e as lutas, as reformas e as revoluções, as tiranias e as democracias. Ela tem colaborado para pensar e constituir o indivíduo e a pessoa, o súdito e o cidadão, a consciência social e a autoconsciência, a alienação e a emancipação. Agora, a sociologia colabora para pensar e constituir a sociedade global, em suas configurações e em seus movimentos. Ocorre que a sociologia pode tanto decantar a tessitura e a dinâmica da realidade social como participar da constituição dessa tessitura e dessa dinâmica. Uma vez que o conhecimento sociológico se produz, logo entra na trama das relações sociais, no jogo das forças que organizam e movem, tensionam e rompem a tessitura e a dinâmica da realidade social.

Ocorre que a sociologia é uma disciplina da modernidade. Expressa um momento excepcional do desencantamento do mundo. Permite refletir sobre a trama das relações sociais, os contrapontos existência e consciência, as metamorfoses ideologia e utopia, as continuidades e descontinuidades presente e passado, as tensões ser e devir, de tal modo que o que se mostra opaco, intricado e infinito pode revelar-se inteligível, suscetível de compreensão e explicação. Ainda que a realidade social não deixe de se apresentar como opaca, intricada e infinita, mesmo assim o conceito, a categoria, a construção típico-ideal, a lei de causação, a conexão de sentido, a lei de tendência e outras possibilidades da taquigrafia científica podem desvendar algo do ser e devir.

Sob muitos aspectos, a sociologia da globalização é também a sociologia da modernidade-mundo. Permite mapear o modo pelo qual se desenvolvem as configurações e os movimentos da sociedade global. Acompanha as relações, os processos e as estruturas que constituem, movem, tensionam, integram e rompem as nações e as nacionalidades, os povos e as raças, as religiões e as línguas, as fronteiras e as cartografias, as culturas e as civilizações.

São vários e fundamentais os desafios teóricos criados com os desenvolvimentos da globalização. Vale a pena torná-los mais explícitos, ainda que de forma breve.

(A) São muitos, em todo o mundo e em todos os setores sociais, que se utilizam de expressões tais como as seguintes: multinacional, transnacional, mundial, planetário, global; desterritorialização, miniaturização, realidade virtual; mundo sem fronteiras, interdependência das nações, aldeia global, novo mapa do mundo, planeta Terra, fim da geografia,

A SOCIOLOGIA E O MUNDO MODERNO

fim da história; bem como globalização, globalidade e globalismo. São expressões, metáforas ou conceitos que denotam o empenho de uns e outros no sentido de apreender o que vai pelo mundo. E o que vai pelo mundo, nesse caso, é uma nova realidade histórico-social, na qual desenvolvem-se relações, processos e estruturas peculiares, criadas nesse âmbito e com implicações diversas, muitas vezes decisivas, sobre tudo o que é Estado-nação, sociedade civil e Estado, classes sociais e grupos sociais, indivíduo e cidadania, identidade e alteridade. Sim, *o processo de globalização envolve a constituição de uma totalidade histórica e teórica*, influenciando mais ou menos decisivamente os indivíduos e as coletividades, os povos e as nações. Estas e outras totalidades, mais ou menos importantes e ativas, evidentemente também influenciam as configurações e os movimentos da sociedade, da economia, da política e da cultura globais. Há toda uma complexa rede de influências, reciprocidades, tensões, fissuras e rupturas, ou integração e fragmentação, constituindo simultaneamente o globalismo, o regionalismo, o nacionalismo, o provincianismo, o localismo e inclusive o individualismo. As próprias condições de organização, conscientização, reivindicação e luta de classes e grupos, partidos e sindicatos, movimentos sociais e correntes de opinião pública encontram-se impregnadas pelas relações, pelos processos e estruturas de dominação política e apropriação econômica que constituem a globalização, atravessando territórios e fronteiras, regimes políticos e governos, identidades e diversidades.

(B) Mas cabe também relembrar que *a globalização carrega consigo a fragmentação*. Ao mesmo tempo que se desenvolve uma nova configuração histórico-social, ou uma totalidade geo-histórica, desenvolvem-se fissuras e rupturas, envolvendo setores sociais, relações étnicas, de gênero e de classes, geoeconomias e geopolíticas. Ao lado da dissociação Estado e sociedade, evidente em muitos casos, verifica-se a fragmentação de nações. Simultaneamente, proliferam guerras e revoluções. Em lugar do fim da história, inicia-se um novo ciclo da história. Trata de uma história simultaneamente nacional, regional e mundial, altamente determinada pela dinâmica da competição e cartelização, concentração e centralização, processos esses polarizados pelas corporações transnacionais, as quais operam ativamente as forças produtivas fundamentais: capital, tecnologia, força de trabalho, divisão do trabalho, mercado, planejamento e violência, em escala simultaneamente nacional, regional e mundial.

(C) Esta é a realidade na época do globalismo, isto é, do neoliberalismo: *o mesmo discurso em favor do mercado e contra o planejamento econômico governamental é acompanhado da teoria e da prática do planejamento econômico empresarial*. Ao mesmo tempo que o neoliberalismo do FMI, do Bird e da OMC, secundado pelos discursos e práticas dos governos dos países dominantes e pela mídia mundial, sataniza toda e qualquer forma de planejamento estatal, florescem as práticas de planejamento de empresas, corporações e conglomerados, compreendendo também monopólios, oligopólios e cartelizações, em escala nacional, regional e mundial. Em todos os casos, o planejamento visa principalmente à dinamização do excedente econômico potencial, envolvendo sempre a concentração e a centralização do capital. Pode ser uma técnica de organização e mobilização de meios e fins, *inputs* e *outputs*, e termos de produtividade, competitividade e lucratividade; e da crescente concentração do capital transnacional. Este é um desafio prático e teórico fundamental: o capital em geral, operando em escala global, adquiriu amplo predomínio sobre as formas singulares e particulares do capital. Nesse sentido é que o FMI, o Bird e a OMC podem ser vistos como a "trindade" guardiã do capital em geral, uma espécie de entidade ubíqua, presente e ausente em todo o mundo.

(D) A rigor, *está em curso a formação e a dinamização de um mundo sistêmico*, altamente articulado pelas tecnoestruturas que operam as organizações multilaterais e as que operam as corporações transnacionais. A globalização do capitalismo tem trazido consigo um complexo e sofisticado processo de organização e funcionamento sistêmico, em escala mundial. Em alguma medida, todas as organizações, assim como todas as corporações, articulam as suas decisões e atividades em moldes sistêmicos. Alguns princípios básicos da teoria sistêmica estão presentes nas interpretações e atuações do Clube de Roma, no Tratado de Maastrich, no FMI, no Bird, na OMC, no G7, na OCDE, na Otan e em outras organizações, assim como nos diagnósticos, prognósticos, planos e projetos das corporações.

Note-se, no entanto, que a "racionalidade" que as organizações e corporações incutem no mundo sistêmico não se limita à totalidade geo-histórica constituída com o globalismo. Essa racionalidade desdobra-se e difunde-se por diferentes níveis da divisão transnacional do trabalho e da produção, impregnando crescentemente os diferentes setores da vida

A SOCIOLOGIA E O MUNDO MODERNO

social, política e cultural, compreendendo partidos políticos, sindicatos, igrejas, escolas, meios de comunicação e outros círculos de atividade e criação. Em diferentes gradações, indivíduos e coletividades são levados a organizar as decisões e atividades de conformidade com as exigências do *individualismo* e da *escolha racional*. Aos poucos, são muitos os que são levados a conformar suas mentes e seus corações em consonância com as determinações macro e micro que constituem a organização e a dinâmica dos sistemas que articulam as corporações e as organizações. Esse, em grande medida, o significado da reforma do Estado, com os seus desdobramentos nos setores de saúde, educação, previdência e trabalho. Os mais diversos setores da vida social, econômica, política e cultural, em todo o mundo, tendem a conformar-se e mover-se de acordo com as determinações predominantes no âmbito dos sistemas organizados e movimentados em âmbito mundial.

(E) Este é um desafio importante: a globalização, a globalidade ou o globalismo envolvem outras e novas acepções de *historicidade*. São várias, novas e antigas, evidentes e surpreendentes, as acepções de tempo envolvidas na nova divisão transnacional do trabalho e da produção, na formação de cidades globais, na abertura e interpenetração dos mercados, nos fluxos mundiais das forças produtivas, no desenvolvimento do capital em geral, tudo isso dinamizado e mundializado por meio da "revolução informática". No âmbito do globalismo, no qual a revolução informática desempenha um papel fundamental, a velocidade, a multiplicidade, a ubiquidade e o instante tornam-se realidade.

Cabe sempre refletir sobre a globalização tendo-se em conta a curta e a longa duração. Esta é uma lição fundamental, se queremos entender suas implicações históricas e teóricas.

Quanto à *curta duração*, não é necessário reiterar o desafio sempre representado pelas surpresas e multiplicações do que acontece no presente, em termos de economia e política, sociedade e cultura, língua e religião, formas de sociabilidade e jogos de forças sociais. Ao mergulhar na reflexão sobre a realidade, em termos de curta duração, logo se manifestam a novidade, a reiteração e a dramaticidade do que ocorre em termos de integração e fragmentação, fissuras e rupturas, totalidades e sistemas.

Quanto à *longa duração*, cabe reconhecer que essa perspectiva permite desvendar como a globalização se insere no fluxo da história. Visto desde uma perspectiva ampla, pela óptica da história do mundo moderno, logo

OCTAVIO IANNI

se constata que o globalismo pode estar inaugurando nova época. Algo que já se manifestava no passado desenvolve-se e generaliza-se no século XX, demarcando tendências possíveis no século XXI. É verdade que o mundo moderno se inicia internacional ou mundial. Desde o princípio, o capitalismo, como modo de produção e processo civilizatório, revela-se mundial; desenvolve-se contínua e reiteradamente desde alguns países da Europa Ocidental, articulando crescentemente territórios, povos, culturas, civilizações, recursos naturais; atividades agropecuárias, mineradoras, fabris, comerciais, financeiras e outras; em um vasto e geral processo de acumulação originária, desenvolvimento desigual e combinado, concentração e centração do capital. Mas também é verdade que a história do mundo moderno demarca-se em termos de mercantilismo, colonialismo, imperialismo e globalismo, não necessariamente exclusivos, sempre recriando-se e desenvolvendo-se reciprocamente. Nesse sentido é que a perspectiva aberta pela longa duração permite situar o globalismo como uma época importante do capitalismo, visto como modo de produção e processo civilizatório. Uma época na qual subsistem e renovam-se diretrizes e práticas simultaneamente colonialistas e imperialistas, par em par com diretrizes e práticas nacionalistas e regionalistas, de permeio a diretrizes e práticas próprias do globalismo. Sim, a globalização, a globalidade ou o globalismo podem ser vistos como o novo palco da história, literal e metaforicamente.

Nesse vasto e espetacular palco da história, florescem o pensamento e a ação, ao mesmo tempo que a produção e a reprodução, a diversidade e a desigualdade, a identidade e a alteridade, o progresso e a decadência, a alienação e a emancipação, a ideologia e a utopia. Algo que tem muito a ver com o neoliberalismo, o nazifascismo e o neossocialismo.

Visto assim, em perspectiva histórica ampla, o capitalismo revela-se, mais uma vez, um modo de produção histórico, ou seja, transitório. Tanto forma-se e transforma-se como germina realizações e tensões, guerras e destruições, inquietações e revoluções. Está contínua e reiteradamente desafiado pelas próprias criações e contradições. A expansão das suas forças produtivas, compreendendo a transnacionalização das classes sociais e dos grupos sociais, bem como a formação de estruturas mundiais de poder, promove a integração e a fragmentação, a interdependência e a exclusão, as diversidades e as desigualdades, as mais diversas formas de alienação e as mais originais e audaciosas lutas pela emancipação. Nesse

A SOCIOLOGIA E O MUNDO MODERNO

sentido é que a dinâmica e a envergadura do novo ciclo de globalização do capitalismo podem produzir as condições e as possibilidades de sua superação pelo socialismo, visto como outro e novo modo de produção e processo civilizatório.

NOTAS

1. Nikolai Genov, "Internationalization of Sociology: The Unfinished Agenda", *Current Sociology*, vol. 39, n° 1, Londres, Sage Publications, 1991, p. 1-19, citação da p. 1.
2. Martin Albrow, "Globalization, Knowledge and Society", publicado por Martin Albrow e Elizabeth King (eds.), *Globalization, Knowledge and Society*, Londres, Sage Publications, 1990, p. 3-13, citação da p. 9. Consultar também Roland Robertson, *Globalization* (Social Theory and Global Culture), Londres, Sage Publications, 1992, esp. p. 15-21.
3. Martin Albrow, "Globalization, Knowledge and Society", citado, p. 8. Consultar também Agnes Heller e outros, *A crise de paradigmas em ciências sociais e os desafios para o século XXI*, Rio de Janeiro, Contraponto Editora, 1999; Boaventura de Sousa Santos (org.), *A globalização e as ciências sociais*, Cortez Editora, 2002.
5. Martin Albrow, "Globalization, Knowledge and Society", citado, p. 7.
6. *Idem*.
7. Samir Amin, *L'Eurocentrism* (Critique d'une Idéologie), Paris, Anthropos, 1988; Yogesh Atal, "The Call for Indigenization", *International Social Science Journal*, vol. XXXIII, n° 1, 1981, p. 189-97; Ulf Hannerz, "The World in Creolisation", *Africa*, vol. 57, n° 4, 1987, p. 546-59.
8. Fernand Braudel, *A dinâmica do capitalismo*, trad. Carlos da Veiga Ferreira, Lisboa, Editorial Teorema, 1985; Immanuel Wallerstein, *O capitalismo histórico*, trad. Denise Bottmann, São Paulo, Editora Brasiliense, 1985; Robert O. Keohane e Joseph S. Nye, *Power and Interdependence*, Harper Collins Publishers, 1989; Marshall McLuhan e Bruce R. Powers, *The Global Village*, Nova York, Oxford University Press, 1989; George Modelski, *Long Cycles in World Politics*, Seattle, University of Washington Press, 1987; Anthony G. McGrew e Paul G. Lewis (ed.), *Global Politics*, Cambridge, Polity Press, 1992; Karl Deutsch, *Análise das relações internacionais*, trad. Maria Rosinda Ramos da Silva, Brasília, Editora da Universidade de Brasília, 1982; Raymond Aron, *Paz e guerra entre as nações*, trad. Sérgio Bath, Brasília, Editora Universidade de Brasília, 1986; Ernest Mandel, *O capitalismo tardio*, trad. Carlos Eduardo

Silveira Matos, Regis de Castro Andrade e Dinah de Abreu Azevedo, São Paulo, Abril Cultural, 1982; Christian Palloix, "The Self-Expansion of Capital on a World Scale", *The Review of Radical Political Economy*, vol. 9, n° 2, Nova York, 1977, p. 1-28; Talcott Parsons, *Politics and Social Structure*, Nova York, The Free Press, 1969, esp. cap. 12, "Order and Community in the International Social System", p. 292-310; Niklas Luhmann, "The World Society as a Social System", *International Journal of General Systems*, vol. 8, 1982, p. 131-38.

CAPÍTULO XV   Formas sociais do tempo

Desde que se acelerou o processo de globalização do mundo, modificaram-se as noções de tempo e espaço. A crescente globalização das comunicações — mercados, fluxos de capitais e tecnologias, intercâmbio de ideias e imagens — modifica os parâmetros herdados sobre a realidade social, o modo de ser das coisas, o andamento do devir. As fronteiras parecem dissolver-se. As nações integram-se e desintegram-se. Algumas transformações sociais, em escala nacional e mundial, fazem ressurgir fatos que pareciam estar esquecidos, anacrônicos. Simultaneamente, revelam-se outras realidades, abrem-se outros horizontes. É como se a história e a geografia, que pareciam estabilizadas, voltassem a mover-se espetacularmente, além das previsões e ilusões.

É nesse contexto, visto assim em escala global, que se revelam novas formas sociais do espaço e tempo. São múltiplas, novas e recriadas as formas do espaço e tempo desvendadas pelos desdobramentos da globalização: o local e o global, o micro e o macro, a homogeneidade e a diversidade, a primazia do presente e a recriação do passado, a contemporaneidade e a não contemporaneidade, o norte e o sul, o ocidente e o oriente, o real e o virtual, a experiência e o simulacro, a desterritorialização e a miniaturização, a mensagem e o videoclipe, a velocidade e o instante, o fugaz e o silêncio.

No âmbito da sociedade global, as formas sociais do espaço e tempo modificam-se e multiplicam-se. Dado que a globalização articula, tensiona e dinamiza configurações sociais locais, nacionais, regionais, internacionais e transnacionais, multiplicam-se as possibilidades do espaço e tempo. Pluralizam e entrecruzam-se em moldes desconhecidos, ainda não codificados. Surpreendem pelas possibilidades potenciais escondidas e pelas criações inesperadas. Deslocam pontos e lugares, ritmos e andamentos, modos de ser e devir.

OCTAVIO IANNI

Todas as velocidades revelam-se não só ultrapassáveis, mas são de fato ultrapassadas. O trem, automóvel, avião, telefone, telégrafo tornam-se mais velozes, deixam de ser mecânicos, a vapor ou elétricos e tornam-se eletrônicos. Correm atrás do computador, fax, telefax, rede eletrônica, comunicação contínua *on line everywhere through the world all time in English*. A eletrônica e a informática tecem as redes invisíveis que atam e desatam as coisas, gentes, ideias, palavras, gestos, sons e imagens, em todo o mundo. De repente a velocidade excepcional produz o instante desconhecido, algo momentâneo e fugaz inserido no novo mapa do mundo e movimento da história, anulando e inaugurando fronteiras reais e invisíveis, imaginárias e virtuais. Em qualquer momento, em qualquer lugar, em todo o mundo, a eletrônica relaciona e prende, ata e desata pessoas, coisas, ideias, palavras, gestos, sons e imagens. A velocidade dissolve-se no instante, a demora apagada pelo fugaz.

Agora o planeta Terra pode ser concebido como plenamente esférico, ou plenamente plano; dá na mesma. Os meios de comunicação, informação, locomoção ou intercâmbio reduzem as distâncias, obliteram as barreiras, equalizam os pontos dos territórios, harmonizam os momentos da velocidade, modificam os tempos da duração, dissolvem espaços e tempos conhecidos e codificados, inaugurando outros, desconhecidos e inesperados. Assim se tem a impressão de que se dissolvem fronteiras, montanhas, desertos, mares, oceanos, línguas, religiões, culturas, civilizações. Cria-se a ilusão de que o mundo se tornou finalmente esférico, ou plano. Dissolvem-se as realidades, diversidades e desigualdades no mundo dos simulacros e desigualdades.

Muitos imaginam que começou a era da pós-modernidade. A fragmentação do real disperso pelo espaço e despedaçado no tempo desafia a razão e a imaginação geradas desde o Iluminismo. Quando se acelera o processo de globalização, dando a impressão de que a geografia e a história chegam ao fim, muitos pensam que entrou a pós-modernidade, declinou a razão e soltou-se a imaginação. Troca-se a experiência pela aparência, o real pelo virtual, o fato pelo simulacro, a história pelo instante, o território pelo dígito, a palavra pela imagem.

Tudo de desterritorializa. As coisas, gentes, ideias, assim como as palavras, gestos, sons e imagens, tudo se desloca pelo espaço, atravessa a duração, revelando-se flutuante, itinerante, volante. Desenraízam-se dos lugares, esquecem-se os pretéritos, presentificam-se nos quatro cantos

A SOCIOLOGIA E O MUNDO MODERNO

do mundo. A sociedade global transforma-se em um vasto mercado de coisas, gentes e ideias, bem como de realizações, possibilidades e ilusões, compreendendo também homogeneidades e diversidades, obsolescências e novidades.

> Ao fim desta difícil mutação, o homem se converterá ao mesmo tempo em portador de objetos nômades e nômade-objeto ele próprio. Seu corpo se cobrirá de próteses e logo ele por sua vez se converterá em prótese, até vender-se e comprar-se como objeto.[1]

O mundo transforma-se em território de todo mundo. Tudo se desterritorializa e reterritorializa. Não somente muda de lugar, desenraíza-se, circulando pelo espaço, atravessando montanhas e desertos, mares e oceanos, línguas e religiões, culturas e civilizações. As fronteiras são abolidas ou tornam-se irrelevantes e inócuas, fragmentam-se e mudam de figura, parecem mas não são. Os meios de comunicação, informação, transporte e distribuição, assim como os de produção e consumo, agilizam-se universalmente. As descobertas científicas, transformadas em tecnologias de produção e reprodução material e espiritual, espalham-se pelo mundo. A mídia impressa e eletrônica, acoplada à indústria cultural, transforma o mundo em paraíso das imagens, videoclipes, supermercados, shopping centers, disneylândias.

Esse o universo da fragmentação. Fragmentam-se o espaço e o tempo, pensado e o pensamento, a realidade e a virtualidade, o todo e a parte. Dissolvem-se modos de ser sedimentados e formas de expressar, narrar, soar, desenhar, ilustrar. A narração é atravessada pela dispersão dos signos, significados e conotações. Inauguram-se novas formas narrativas: montagem, colagem, bricolagem, videoclipe, aforismo, pastiche, simulacro, virtualismo. O grande relato se revela insatisfatório, ultrapassado, insuficiente. Em lugar da grande narrativa, articulação abrangente ou histórica, colocam-se o método aforístico, a colagem, bricolagem, montagem, videoclipe, pastiche, a pequena narração, a folclorização do singular, a ilusão da identidade.[2]

Esse o clima da pós-modernidade: a história substituída pelo efêmero, imagem do instante, lugar fugidio. Tudo se dissolve no momento presente, imediatamente superado pela outra imagem, colagem, bricolagem, montagem, mensagem. Assim se deteriora o passado remoto e imediato.

Não se interrompem as sequências nem as descontinuidades, apenas apagam-se do horizonte, deixam de ser, esgarçadas, anuladas. Privilegia-se o dado imediato evidente cotidiano inesperado, prosaico, surpreendente, fugaz. A violência urbana e a guerra, da mesma forma que o show da televisão, o futebol, o shopping center ou a disneylândia, são imagens espetaculares do espetáculo cotidiano sucedâneo da experiência da vida das tensões dos movimentos da história.

No âmbito da pós-modernidade, dissolvem-se os espaços e tempos herdados do Iluminismo, sedimentados na geografia e na história, articulados nas formas de pensamento, organizados nas práticas dos grupos e classes, partidos e movimentos, nações e nacionalidades, culturas e civilizações. Fragmentam-se as realidades, recorrências e desencontros, sequências e descontinuidades; multiplicando-se os espaços e tempos imaginários, virtuais, simulacros.

Cada um inventa o espaço e o tempo que quer. Essa liberdade multiplica-se muitíssimo na segunda parte do século XX, no limiar do século XXI. As conquistas da ciência, traduzidas em tecnologias, abrem muitas possibilidades práticas e imaginárias. Tanto assim que alguns, os que dispõem de meios e informações, podem desprender-se dos parâmetros sedimentados, das explicações acumuladas. Podem lidar com o espaço e o tempo em moldes desconhecidos, tendo a ilusão de que os parâmetros podem ser modificados à vontade, imaginando a pós-modernidade.

Mas as metamorfoses do espaço e tempo não são inocentes. Não ocorrem apenas como produtos da tecnologia, conquistas da ciência, já que com frequência levam o contrabando da ideologia. Não só podem sublimar a experiência como pasteurizar a realidade, elegendo o simulacro como experiência de fato.

> Uma sociedade capitalista exige uma cultura baseada em imagens. Necessita fornecer quantidades muito grandes de divertimentos a fim de estimular o consumo e anestesiar os danos causados pelo fato de pertencermos a determinada classe, raça ou sexo. E necessita igualmente reunir quantidades ilimitadas de informação, explorar os recursos naturais de modo eficiente, aumentar a produtividade, manter a ordem, fazer a guerra e proporcionar empregos aos burocratas. A dupla capacidade da câmera de tornar subjetiva e objetiva a realidade satisfaz essas necessidades de forma ideal e reforça-as. A câmera define a realidade de dois modos indis-

A SOCIOLOGIA E O MUNDO MODERNO

pensáveis ao funcionamento de uma sociedade industrial avançada: como seus óculos (para as massas) e como objeto de vigilância (para os dirigentes). A produção de imagens fornece também uma ideologia dominante. A transformação social é substituída por uma transformação das imagens. A liberdade de consumir uma pluralidade de imagens e bens equivale à própria liberdade. A contração da liberdade de ação política em liberdade de consumo econômico exige a produção ilimitada e o consumo de imagens.[3]

Esse é um processo que vem de longe, desde que a produção, circulação, troca e consumo das mercadorias passaram a atender às necessidades reais e imaginárias de uns e outros, desde que uns e outros passaram a deleitar-se ou resignar-se às exigências e delícias das necessidades reais e imaginárias trabalhadas, criadas ou recriadas pela publicidade universal. Nesse momento a experiência se empobrece e a aparência se enriquece.

Pobreza de experiência: não se deve imaginar que os homens aspirem a novas experiências. Não, eles aspiram a libertar-se de toda experiência, aspiram a um mundo em que possam ostentar tão pura e claramente sua pobreza externa e interna, que algo de decente possa resultar disso. (...) A natureza e a técnica, o primitivismo e o conforto se unificam completamente, e aos olhos das pessoas, fatigadas com as complicações infinitas da vida diária e que veem o objetivo da vida apenas como o mais remoto ponto de fuga numa interminável perspectiva de meios, surge uma existência que se basta a si mesma, em cada episódio, do modo mais simples e mais cômodo, e na qual um automóvel não pesa mais que um chapéu de palha, e uma fruta na árvore se arredonda como gôndola de um balão. (...) Ficamos pobres. Abandonamos uma depois da outra todas as peças do patrimônio humano, tivemos que empenhá-las muitas vezes a um centésimo do seu valor para recebermos em troca a moeda miúda do "atual".[4]

No âmbito de um mesmo e vasto processo, ocorre a substituição da experiência pela aparência, do fato pelo simulacro, do real pelo virtual, da palavra pela imagem. É claro que todas essas instâncias continuam válidas e presentes, mas assim revertidas, invertidas. À medida que se acelera e generaliza o processo de racionalização das organizações e ati-

OCTAVIO IANNI

vidades, das relações e estruturas sociais, com base na técnica, eletrônica, robótica, informática, telemática, a aparência, o simulacro, o virtual e a imagem adquirem proeminência na vida social e povoam o imaginário de todo o mundo. Esse o ambiente da mídia impressa e eletrônica, da indústria cultural, da cultura de massa, em escala local, nacional e global. Um ambiente em que o cidadão, povo, indivíduo, trabalhador, negro, branco, árabe, europeu, asiático, latino-americano, mulher, homem, adulto, jovem, criança, islâmico, budista, cristão, hindu e assim por diante aparecem como multidão.

> As observações de Le Bon sobre a psicologia das multidões tornaram-se obsoletas, pois é possível apagar a individualidade de cada um e uniformizar-lhe a racionalidade em sua própria casa. O manejo teatral das massas ao estilo de Hitler tornou-se supérfluo: para transformar o homem em ninguém (e numa criatura que se orgulha de ser ninguém) já não é preciso afogá-lo na massa nem alistá-lo como membro real de uma organização de massa. Nenhum método de despersonalizar o homem, de privá-lo dos seus poderes humanos, é mais eficaz do que o que parece preservar a liberdade da pessoa e os direitos da individualidade. E quando o condicionamento é posto em prática separadamente para cada indivíduo, na solidão do seu lar, em milhões de lares isolados, é incomparavelmente mais eficaz.[5]

Nesse sentido é que a mídia se converte em uma espécie nova, surpreendente, insólita e eficaz de intelectual orgânico dos blocos de poder que se articulam em escala global. O que já ocorre largamente em âmbito nacional passa a ocorrer largamente em âmbito mundial. Da mesma forma que a mídia se globaliza, junto com a economia e a política, a indústria cultural e os meios de comunicação, a eletrônica e a informática, nessa mesma escala globalizam-se interesses e objetivos, ideologias e visões de mundo daqueles que detêm meios políticos, econômicos, sociais e culturais de mando e desmando em escala global. Tanto é assim que o planeta Terra pode parecer esférico ou plano, indiferentemente.

Ocorre que o mundo não se conforma com a pós-modernidade imaginária ou sonhada. Ao mesmo tempo que solta a imaginação, articula-se mais ou menos rigorosamente segundo as exigências da prática pragmática tecnocrática. Na mesma escala em que se solta a pós-modernidade no

A SOCIOLOGIA E O MUNDO MODERNO

mundo, o mundo articula-se cada vez mais de acordo com as exigências da razão instrumental.

Aos poucos a razão instrumental articula os espaços e tempos, modos de produzir e consumir, ser e viver, pensar e imaginar. No mesmo ambiente em que se solta a pós-modernidade. Ordenam-se racionalmente o mercado, a produção e a reprodução, da mesma forma que as condições de vida e as possibilidades da imaginação. As atividades das pessoas, grupos e classes, da mesma maneira que a vida das nações e nacionalidades, empresas e igrejas, partidos e universidades, passam a organizar-se segundo padrões universais de racionalidade, eficácia, produtividade, lucratividade.[6]

O tempo eletrônico tece cada vez mais a vida de todo mundo. Aceleram-se e diversificam-se as possibilidades dos diálogos e monólogos, comunicações e desentendimentos, simultaneamente aos intercâmbios e comércios, trocas e negócios. A razão instrumental torna-se eletrônica, tecendo o mundo de modo sistemático, pragmático, tudo sob medida, quantificado. O predomínio do princípio da quantidade acelera-se por todos os níveis da vida social, generaliza-se por todo o mundo. Na época da globalização do capitalismo, do mercado, das exigências dos negócios, das condições de produtividade e lucro, o princípio da quantidade estende-se a todas as atividades, produções culturais, modos de ser, visões do mundo.

> Assim como o espaço, o tempo é uma mercadoria provida pelo computador, um material para ser moldado tanto quanto possível aos fins humanos. (...) Um relógio convencional produz somente uma série de idênticos segundos, minutos e horas; um computador transforma segundos, microssegundos ou não segundos em informação. A enorme velocidade desta transformação põe a operação do computador em um universo de tempo que está fora da experiência humana. (...) O tempo eletrônico é o ponto mais avançado deste desenvolvimento [do homem ocidental], a mais barata e matemática noção de tempo jamais incorporada à máquina; leva a escala de tempo muito além do limite inferior da percepção humana. Representa o triunfo final da perspectiva europeia ocidental, quando o próprio tempo se torna uma mercadoria, um recurso para ser trabalhado tanto quanto um engenheiro de estruturas trabalha o aço ou o alumínio.[7]

OCTAVIO IANNI

Todo esse universo de coisas, gentes, ideias, realizações, possibilidades e ilusões articula-se no mercado global tecido principalmente pelo idioma inglês. O mundo transformado em território de todo o mundo fala, pensa e age principalmente por intermédio desse código. Em geral, o inglês traduz o pensamento e o pensado, a informação e a decisão, a compra e a venda, a possibilidade e a intenção.

> Uma análise global de expansão da língua inglesa aponta para sua efetiva cristalização como segundo idioma — 85% das ligações internacionais são conduzidas em inglês, 3/4 da correspondência mundial é em inglês e mais de 80% dos livros científicos publicados são em inglês. Os executivos japoneses conduzem suas negociações globais em inglês e contam com mil escolas só em Tóquio. No Japão o inglês é matéria obrigatória por seis anos. Em Hongcong [sic], nove de cada dez alunos estudam inglês. Na China 250 milhões de pessoas estudam inglês. Até mesmo na França, onde há pouco interesse por idiomas estrangeiros, a École des Hautes Études Commerciales agora oferece seu clássico curso de gerenciamento comercial em inglês. Na Europa, aliás, em recente pesquisa encomendada pela Comissão do Mercado Comum Europeu, o inglês apareceu como o segundo idioma mais falado e ensinado, com 51% contra 42% do francês, 33% do alemão, 21 % do italiano e 18% do espanhol.[8]

O inglês pode ser o idioma da globalização. A maior parte dos acontecimentos, relações, atividades e decisões expressa-se nesse idioma, ou nele se traduz. Assim se articula a eletrônica, da mesma maneira que a mídia e o mercado, grande parte da ciência, tecnologia, filosofia e arte. Na época da globalização, o inglês se universaliza, comunicativo e pragmático, expressivo e informático.

Assim, a linguagem do mercado espalha-se pelo mundo acompanhando o mercado. Torna-se presente em muitos lugares, invade quase todos os círculos de relações sociais. O mesmo processo de mercantilização universal universaliza determinado modo de falar, taquigrafar, codificar, pensar. Cria-se uma espécie de língua franca universal: econômica, racional e moderna, ou prática, pragmática e telemática. O mesmo processo de mundialização do capitalismo mundializa signos e símbolos, logotipos e slogans, qualificativos e estigmas.

A SOCIOLOGIA E O MUNDO MODERNO

Existe apenas um caso de expressividade aberrante — na linguagem puramente comunicativa da indústria: é o caso do slogan. De fato, para impressionar e convencer, o slogan deve ser expressivo. Mas sua expressividade é monstruosa porque se torna imediatamente estereotipada e se fixa numa rigidez que é o contrário da expressividade, que é eternamente mutável e se oferece a uma interpretação infinita. A falsa expressividade do slogan é assim o ponto extremo da nova língua técnica que substitui a língua humanística. É o símbolo da vida linguística do futuro, isto é, de um mundo inexpressivo, sem particularismos nem diversidade de culturas, perfeitamente padronizado e aculturado.[9]

O mundo já está tecido por muitos tecidos, diferentes laços e laçadas, visíveis e invisíveis, reais e imaginários. São redes eletrônicas informáticas telemáticas *on line all time everywhere worldwide in English*. São transnacionais conglomeradas aliadas estrategicamente planejadas produzindo e reproduzindo as forças produtivas organizadas na nova divisão internacional da produção e trabalho flexível do "pós-fordismo" global. São inúmeros supermercados, shopping centers, disneylândias, distribuídos no novo mapa do mundo exibindo mercadorias globais destinadas às necessidades reais e imaginárias multiplicadas. O *marketing* global encarrega-se de anunciar e pronunciar tudo que é bom, melhor, ótimo, indispensável, maravilhoso, fantástico.

Mas esse não é um processo tranquilo. Desenvolve-se de modo problemático. Ao mesmo tempo que impulsiona a homogeneização, equalização ou integração, provoca fragmentações, rupturas, contradições. Multiplicam-se desencontros de todos os tipos, em âmbito local, nacional e mundial, envolvendo relações, estruturas e processos sociais, econômicos, políticos e culturais. As configurações e os movimentos da sociedade global descortinam outras possibilidades da geografia e história, novas formas de espaço e tempo, às vezes límpidos e transparentes, outras vezes caleidoscópicos e labirínticos.

Na época da globalização, as coisas, gentes e ideias entram em descompasso com os espaços e tempos instituídos pela eletrônica. O andamento das relações, processos e estruturas, das vivências e existências, indivíduos e coletividades, nações e nacionalidades, culturas e civilizações ficou para trás, ultrapassado pelo andamento simbolizado pela eletrônica, instituindo outros pontos e redes, outros ritmos e velocidades. As fronteiras não são abolidas, dissolvem-se; as línguas continuam a existir, traduzidas em geral para o inglês; as moedas nacionais continuam a circular, sempre referidas a uma moeda abstrata geral mundial; as cartografias são redesenhadas pelo computador; as histórias são recontadas desde os horizontes da globalização; as experiências traduzem-se em virtualidades, simulacros; as palavras são progressivamente redescobertas pelas imagens.

É o império da não contemporaneidade. O passado e o presente, da mesma maneira que o espaço e o tempo, embaralham-se por todos os cantos e recantos. A velocidade de algumas transformações é diversa das outras. Umas realidades modificam em dado ritmo, ao passo que outras em ritmo diferente, além das direções que podem ser divergentes. São diversos, muito diversos, os ritmos sob os quais caminham as coisas, gentes e ideias, assim como as realizações, possibilidades e ilusões. Ampliam-se e generalizam-se os desencontros. Assim como muitas coisas equalizam-se, muitas coisas desencontram-se. São padrões e valores, modos de ser e agir, de pensar e imaginar que simultaneamente combinam-se e tensionam-se. No âmbito da globalização, eletrônica, informática e telecomunicação invadem as atividades e relações de todo o mundo. Modernizam-se procedimentos antes do que temperamentos, modos de agir antes do que de pensar, formas de imaginar antes do que de sentir.

Ocorrem defasagens, desníveis, fraturas, anacronismos, dissonâncias, assincronias, desencontros, tensões. O residual mescla-se com a novidade, o pretérito com o predominante, o que era com o que não é. Multiplicam-se as descontinuidades e as repetições, os desencontros e as tensões. Tudo se estilhaça, despedaça. O espaço e o tempo diversificam-se de modo surpreendente, multiplicando-se ao acaso, de modo conjugado e disparatado.

Nesse sentido é que o século XX produz um manancial de obsolescências, simultaneamente às novidades, inovações de todos os tipos, "modernidades" e "pós-modernidades". No mesmo sentido é que as rupturas que acompanham o surto da globalização em curso no fim do século XX, quando se anuncia o século XXI, inauguram obsolescências e novidades de cunho social, econômicas, políticas e culturais, em âmbito individual e coletivo, nacional e mundial. As crises, guerras e revoluções não só expressam rupturas históricas como revelam e aprofundam as tramas da não contemporaneidade. De um momento para outro, grupos, classes, movimentos, partidos, correntes de opinião pública, interpreta-

A SOCIOLOGIA E O MUNDO MODERNO

ções da realidade social, estilos de pensamento, visões do mundo podem tornar-se anacrônicos, exóticos, estranhos, inconvenientes, dispensáveis. Decreta-se o novo e o velho, o arcaico e o moderno, instituindo-se tradições e obsolescências, novidades e inovações, modernidades e pós-modernidades. Instauram-se outras tramas de não contemporaneidade, além das que se produzem contínua ou periodicamente com os movimentos da história.

É no âmbito da ruptura histórica, com frequência envolvendo crise, guerra ou revolução, que se inaugura o monumento e a ruína, demarcando o presente privilegiado e o passado tolerado, recriado ou simplesmente rejeitado. Os vários surtos de expansão do capitalismo no mundo podem ser vistos como surtos de criação de novidades e obsolescências, modernidades e anacronismos; heróis e traidores, santos e apóstatas, monumentos e ruínas. O mercantilismo, o colonialismo e o imperialismo, que atravessam a geografia e a história desde o Renascimento, a Reforma e a Contrarreforma, ou os primórdios do capitalismo, entendido também como processo civilizatório, instituem muitas tramas de não contemporaneidade, produzindo ruínas pelos quatro cantos do mundo; ruínas não só no sentido literal, mas também como metáforas e alegorias.[10]

É bem no meio da não contemporaneidade que se revelam as ruínas como obras de arte originais, diferentes das suas formas pretéritas e das suas auras primordiais. São marcas de lugares e épocas assinalando as metamorfoses do espaço e tempo, das configurações sociais passadas, estilos de vida remotos, visões do mundo esbatidas pela pátina dos tempos. Nas ruínas a batalha dos tempos carrega consigo a batalha entre a natureza e a sociedade, o telúrico e a cultura. O mesmo espírito que conforma a natureza à imaginação, logo assiste à revolta dessa mesma natureza, transfigurando a obra de arte primordial em obra de arte de outra época, com forma diferente e aura surpreendente. A ruína não é um fragmento, algo mutilado destroçado, só parecendo assim quando vista na ótica do passado. Vista na ótica do presente, ela é original, incomparável, surpreendente, precisamente porque é um produto da imaginação pretérita transfigurado pela pátina dos tempos, recriado pelo olhar presente.

> A ruína aparece como a vingança da natureza pela violência que lhe fez
> o espírito ao conformá-la à sua própria imagem. O processo histórico da
> humanidade como um todo consiste em uma gradual apropriação da

natureza pelo espírito. a qual encontra-se fora dele, mas também de certa maneira dentro dele. (...) O encanto da ruína consiste em que uma obra humana é percebida, em definitivo, como se fosse um produto da natureza. As mesmas forças que, pela erosão, desagregação, submersão e expansão da vegetação deram às montanhas o seu aspecto, demonstram também aqui a sua eficácia nos muros. (...) O encanto fantástico e suprassensível da pátina baseia-se na misteriosa harmonia pela qual o projeto se embeleza, devido a um processo químico-mecânico, e o projeto deliberado do homem converte-se de modo não deliberado e imprevisível em algo novo, com frequência mais belo, constituindo uma nova unidade.[11]

Sob vários aspectos, as tramas da não contemporaneidade permitem desvendar formas insuspeitadas do tempo escondidas na pátina da história. A não contemporaneidade pode ser um momento excepcionalmente heurístico, quando se trata de surpreender as formas sociais do tempo, as configurações e os movimentos da sociedade. Na época da globalização, ela se revela novamente emblemática, desafiando a ciência, a filosofia e a arte.

Esse o ambiente em que germinam nostalgias e utopias, umas pretéritas e outras futuras. Diante do novo, inesperado e surpreendente surto de globalização, quando as nações, nacionalidades, culturas e civilizações são desafiadas, mesclam-se, embaralham-se, reafirmam-se e modificam modos de ser, pensar, agir, sentir, fabular. São muitos os que ficam com saudade do passado, ou do futuro. Às vezes, apenas negam o presente. Mas outras vezes podem utilizar a nostalgia ou a utopia para refletir melhor sobre o presente. Em todos os casos, elas podem ser vistas como sinais de configurações atravessadas pela não contemporaneidade. Desvendam dimensões heurísticas escondidas nos desencontros de espaços e tempos gerados pela globalização.[12]

Note-se que o tema da não contemporaneidade reaparece de modo particularmente acentuado e generalizado na época da globalização. Quando se dá um novo surto de expansão do capitalismo, em escala mundial, quando o capital reaparece como agente "civilizador", todas as outras formas sociais de organização da vida e trabalho são desafiadas, levadas a subordinar-se formal ou realmente, em certos casos a marginalizar-se. Na medida em que o capitalismo é um processo civilizatório

A SOCIOLOGIA E O MUNDO MODERNO

de ampla envergadura, combatividade e agressividade, logo se criam e recriam configurações socioculturais atravessadas de não contemporaneidade. São aglutinações, integrações e convergências, simultaneamente a desencontros, excludências e antagonismos, revelando-se em cada local, nacional e mundial. Um fenômeno que está sempre presente na realidade social e que tem sempre desafiado o pensamento científico, filosófico e artístico, reaparece muito forte na época em que se dá um novo surto de globalização, na esteira do desenvolvimento intensivo e extensivo do capitalismo em escala mundial. Mais uma vez, recoloca-se a problemática do desenvolvimento desigual, contraditório e combinado, atravessando a geografia e a história, desafiando a teoria e a prática nos horizontes da globalização.

> Nem todos estão presentes no tempo presente. Estão apenas exteriormente, pois que podemos vê-los hoje. Mas não é por isso que vivem no mesmo tempo que os outros. Ao contrário, carregam consigo um passado que se infiltra.[13]

Vista assim, no contraponto contemporaneidade e não contemporaneidade, a história se revela plena de possibilidades e surpresas. Além das regularidades e recorrências, das descontinuidades e rupturas, contam-se as reorientações e os retrocessos. No âmbito da dinâmica da vida social, do movimento das forças sociais, compreendendo também as suas dimensões econômicas, políticas e culturais, o tempo pode revelar-se múltiplo e contraditório, progressivo e regressivo, interrompido e vazio. A ilusão do progresso, evolução ou modernização tem sido atravessada por fraturas e reorientações, retomadas e regressões, estabilidades e atonias. Há conjunturas em que o jogo das forças sociais pode provocar tanto a diversificação como a aceleração, tanto o declínio como a dissolução. Esse o contexto em que o contraponto contemporaneidade e não contemporaneidade reaberto pela globalização revela-se particularmente heurístico, desafiando as ciências sociais, a filosofia e as artes. Permite repensar as formas sociais do tempo, descobrir algumas de suas formas insuspeitadas, inclusive sublinhadas, como as que se escondem na nostalgia e utopia.

Nem chegou o fim da história nem chegou o fim da geografia. É apenas ilusória a impressão de que chegou o reino da eternidade. Tanto é assim que o planeta Terra não alcançou ainda uma forma acabada, podendo parecer plenamente esférico ou plenamente plano. Muitos podem agir, pensar e sentir conforme a sua imaginação. Mas esse mesmo planeta continua atravessado por montanhas e desertos, mares e oceanos, ilhas e continentes, nações e nacionalidades, línguas e religiões, culturas e civilizações. Apenas o mundo fragmentou-se outra vez, num momento de repente. Os que sonham com a eternidade escondida no fim da história e da geografia esquecem que ela se dispersa pelo espaço e se despedaça no tempo.[14]

Os horizontes abertos pela globalização iluminam o presente e recriam o passado. Grande parte do passado conhecido e desconhecido é recriado pelo presente. Uma ruptura histórica excepcional, como a globalização em curso no limiar do século XXI, institui todo um novo parâmetro para a inteligência e a invenção do passado. É como se o presente fosse longe, lá longe, em busca de suas origens, raízes. Ao mesmo tempo que se nega ou recria o passado reconhecido, busca-se o primordial escondido. Um passado que pode surgir como história e memória, identidade e pluralidade, simbolizado em heróis e santos, façanhas e glórias, vitórias e derrotas, monumento e ruínas. São metáforas dispersas pelo espaço, despedaçadas no tempo.

As marcas do espaço e tempo podem ser metáforas da mundialização, ou signos da universalidade descortinada desde os horizontes da globalização: a queda da Bastilha e a queda do Muro de Berlim, a Muralha da China e as pirâmides do Egito, o cabo da Boa Esperança e o estreito de Magalhães, Gibraltar, Suez e Panamá, o Ganges, o Nilo e o Amazonas, os Andes e o Himalaia, a Revolução Industrial, a Revolução Francesa e a Revolução Soviética, a Reforma, a Contrarreforma e a Renascença, a Batalha de Maratona e a bomba de Hiroshima, Jerusalém, Roma e Meca, o Velho Mundo, o Novo Mundo, a Ásia e a África, Oriente e Ocidente, o Céu, o Inferno e o Paraíso, a Atlântida e o Olimpo. Em lugar da eternidade a humanidade, da mesma forma que em lugar do fato a metáfora. Aonde não alcança a reflexão, lá pode chegar a imaginação.

Cada tempo inventa o seu tempo. O tempo é uma criação social, um produto da atividade humana, uma invenção cultural. É claro que são várias, múltiplas, congruentes e contraditórias as formas sociais do tempo. Tanto assim que ele pode ser cósmico, geológico, sazonal, histórico,

A SOCIOLOGIA E O MUNDO MODERNO

biográfico, mítico, épico, dramático, subjetivo, cronológico, mecânico, elétrico, eletrônico. Mas todos são criações sociais, invenções culturais. Mesmo aqueles altamente determinados pela natureza — cósmico, telúrico, geológico ou sazonal — podem ser reelaborados pela atividade humana, pela trama das relações sociais, compreendendo processos e estruturas de dominação e apropriação. Todos estão presentes na vida social dos indivíduos e coletividades, nações e nacionalidades, sociedades e comunidades. É verdade que são diversos pelo ritmo e andamento, força e localização, irrelevância e repercussão. Significam diferentemente, coexistem, convergem, ressoam e negam-se. Há situações em que uns dão a impressão de recobrir ou suprimir os outros, mas logo os outros reaparecem, revelam-se.

> Numa época em que outros *media* triunfam, dotados de uma velocidade espantosa e de um raio de ação extremamente extenso, arriscando reduzir toda comunidade a uma crosta uniforme e homogênea, a função da literatura é a comunicação entre o que é diverso pelo fato de ser diverso, não embotando mas antes exaltando a diferença, segundo a vocação própria da linguagem escrita. (...) Na literatura, o tempo é uma riqueza de que se pode dispor com prodigalidade e indiferença: Não se trata de chegar primeiro a um limite preestabelecido; ao contrário, a economia do tempo é uma coisa boa, porque quanto mais tempo economizarmos, mais tempo poderemos perder.[15]

A despeito das diversidades e dos desencontros das formas sociais do tempo, das multiplicidades dos tempos, todos estão relacionados à vida social, às atividades dos indivíduos e coletividades, aos movimentos da história. Todos se constituem e manifestam no âmbito da fábrica da sociedade, do trabalho social. Apresentam-se como condição e produto da vida social, compreendendo a comunidade e sociedade, tribo e nação, sociedade nacional e sociedade global. Sabendo ou não sabendo, podendo ou não organizá-los, tendo que administrá-los em condições adversas ou precisando submeter-se às suas determinações, a realidade é que as diversas e múltiplas formas do tempo produzem-se como condição e resultado do trabalho social, do modo pelo qual opera a fábrica da sociedade global.

Mas cabe reconhecer que aqueles que detêm os meios de mando e comando, ou dominação e apropriação, muitas vezes podem também instituir o ritmo das atividades, a duração do trabalho, a comensurabilidade das coisas. Esse o contexto em que se desenvolve o predomínio do princípio da quantidade, em detrimento do princípio da qualidade.

> Tomar apenas a quantidade de trabalho como medida de valor, sem levar em conta a qualidade, supõe que o trabalho simples se tornou o fulcro da indústria. Supõe que os trabalhos são equalizados pela subordinação do homem à máquina ou pela divisão extrema do trabalho; supõe que os homens se apagam diante do trabalho; supõe que o movimento do pêndulo tornou-se a exata medida da atividade relativa de dois operários, da mesma maneira que o é da velocidade de duas locomotivas. Então, não há por que dizer que uma hora de um homem equivale a uma hora de outro homem; deve-se dizer que um homem de uma hora vale tanto quanto outro homem de uma hora. O tempo é tudo, o homem não é nada — quando muito, é a carcaça do tempo. Não se discute a qualidade. A quantidade decide tudo: hora por hora, jornada por jornada.[16]

A mesma racionalização que articula progressivamente as mais diversas esferas da vida social acentua e generaliza a alienação de uns e outros, também em âmbito universal. O que já era um dilema evidente no século XIX acentua-se no XX e promete aprofundar-se no século XXI. A marcha da racionalização caminha de par em par com a alienação, uma e outra determinando-se reciprocamente.

O predomínio da razão instrumental, técnica ou pragmática generaliza-se por todos os setores da vida social. Em escala crescente, as conquistas da ciência são traduzidas em técnicas de produção e controle social, conforme o jogo das forças sociais, segundo as estruturas de dominação e apropriação prevalecentes. Esse o contexto em que os desenvolvimentos da ciência, traduzidos em técnicas, aprofundam e generalizam as mais diversas modalidades de alienação, do pauperismo à mutilação.

> Hoje em dia, tudo parece levar no seu seio a sua própria contradição. Vemos que as máquinas, dotadas da propriedade maravilhosa de reduzir e tornar mais frutífero o trabalho humano, provocam a fome e o esgotamento do trabalhador. As fontes de riqueza recém-descobertas se convertem, por artes de um estranho malefício, em fontes de privações. Os triunfos da arte parecem adquiridos ao preço de qualidades morais. O do-

A SOCIOLOGIA E O MUNDO MODERNO

mínio do homem sobre a natureza é cada vez maior; mas, ao mesmo tempo, o homem se transforma em escravo de outros homens ou da sua própria infâmia. Até a pura luz da ciência parece só poder brilhar sobre o fundo tenebroso da ignorância. Todos os nossos inventos e progressos parecem dotar de vida intelectual as forças materiais, enquanto reduzem a vida humana ao nível de uma força material bruta.[17]

O mesmo processo que carrega consigo a racionalização e a alienação promove o predomínio do princípio da quantidade, em detrimento do princípio da qualidade, e realiza a crescente inversão nas relações entre os indivíduos e os produtos das suas atividades, produzindo a subordinação do criador à criatura. A crescente disciplina e o progressivo ritmo das organizações, empresas e mercados espalha-se por todos os cantos e recantos da vida social, impregnando modos de ser, agir, sentir, pensar e imaginar.

> Desde que o ascetismo começou a remodelar o mundo e a nele se desenvolver, os bens materiais foram assumindo uma crescente, e, finalmente, uma inexorável força sobre os homens, como nunca antes na História. Hoje em dia — ou definitivamente, quem sabe — seu espírito religioso safou-se da prisão. O capitalismo vencedor, apoiado numa base mecânica, não carece mais de seu abrigo. (...) Ninguém sabe ainda a quem caberá no futuro viver nessa prisão, ou se, no fim desse tremendo desenvolvimento, não surgirão profetas inteiramente novos, ou um vigoroso renascimento de velhos pensamentos e ideias, ou ainda se nenhuma dessas duas — a eventualidade de uma petrificação mecanizada caracterizada por esta convulsiva espécie de autojustificação.[18]

A mesma racionalização que prioriza o tempo, ritmo, velocidade e produtividade produz a subordinação do indivíduo à máquina, ao sistema, às estruturas de dominação e apropriação prevalecentes, promovendo a sua alienação. Mais uma vez, o criador é levado a subordinar-se à criatura.

> Já não se pergunta por que nem de que maneira chegou-se a aparelhos precisamente regulados que medem o tempo em dias, horas e segundos, e ao correspondente modelo de autodisciplina individual implícito no conhecer

que hora é. Compreender as relações entre a estrutura da sociedade, que possui uma imprescindível e inevitável rede de determinações temporais, e a estrutura de uma personalidade, que tem uma finíssima sensibilidade e disciplina de tempo, não constitui para os membros de tal sociedade nenhum problema grave. Experimentam, em toda a sua crueza, a pressão do tempo horário de cada dia; e em maior grau — conforme vão crescendo — a pressão dos anos do calendário. E isto, convertido em segunda natureza, parece um destino que todos devam assumir.[19]

Esse o contexto em que se produzem, instituem, desenvolvem, transformam ou declinam as mais diversas formas sociais do tempo: sazonal, biográfico, genealógico, histórico, mítico, dramático, épico, cronológico, mecânico, elétrico, eletrônico. Correspondem a distintas formas de organização social da vida e trabalho, distintos níveis de organização técnica do processo produtivo, distintas estruturas de apropriação e dominação. Nesse sentido é que alguns signos são emblemáticos. No largo dos tempos, o significado de *"time is money"* é instituído, modificado, dinamizado, generalizado, priorizado ou universalizado. Inclusive pode tensionar, desorganizar ou romper formas de sociabilidade, modos de ser. É sempre instável, ou mesmo precária, a racionalidade instituída pelas regras do mercado, pela dinâmica do capital, mesmo quando articulada pela sofisticação sistemática eletrônica telemática.

Tanto o tempo como o espaço são definidos por intermédio da organização de práticas sociais fundamentais para a produção de mercadorias. Mas a força dinâmica da acumulação (e superacumulação) do capital, aliada às condições da luta social, torna as relações instáveis. Em consequência ninguém sabe bem quais podem ser "o tempo e o lugar certo para tudo". Parte da insegurança que assola o capitalismo como formação social vem dessa instabilidade dos princípios espaciais e temporais em tomo dos quais a vida social poderia ser organizada (quando não ritualizada à feição das sociedades tradicionais). Durante fases de troca máxima, as bases espaciais e temporais de reprodução da ordem social estão sujeitas à disrupção mais severa.[20]

No âmbito da sociedade global descortinam-se outras possibilidades de realização e imaginação dos ritmos e ciclos da vida social. Alteram-se as regularidades e recorrências da história, assim como as suas condições de fraturas e rupturas. A longa duração pode revelar-se em toda a sua amplitude, da mesma maneira que o instante pode adquirir a sua universalidade. Quando se globaliza o mundo, quando a máquina do mundo passa a funcionar em sua globalidade, o andamento das coisas, gentes e ideias, províncias e nações, culturas e civilizações adquire outras realidades, diferentes possibilidades. Pode-se pensar tudo novamente: a longa e a curta duração, o instante e o fugaz, o ciclo e a era, a regularidade e a recorrência, a continuidade e a ruptura, a diversidade e a contradição, o passado e o presente, o próximo e o remoto, a racionalização e a alienação, o indivíduo e a humanidade.

NOTAS

1. J. Attali, *Milênio*, trad. R.M. Bassols, Barcelona, Seix Barral, 1991, p. 87.
2. J.F. Lyotard, O *pós-moderno*, trad. R.C. Barbosa, Rio de Janeiro, José Olympio Editora, 1986.
3. S. Sontag, Ensaios sobre fotografia, trad. J. Paiva, Rio de Janeiro, Editora Arbor, 1981, p.171.
4. W. Benjamin, "Experiência e pobreza", in: *Magia e técnica, arte e política* (Ensaios sobre literatura e história da cultura), trad. de S.P. Rouanet, São Paulo, Editora Brasiliense,1985. p.118-19.
5. G. Anders, "O mundo fantasmagórico da TV", in: B. Rosenberger. e D.M. White (orgs.), *Cultura de massa*, trad. O.M. Cajado, São Paulo, Editora Cultrix, 1973, p. 417. Cabe lembrar aqui a frase de Baudelaire: "A suprema glória de Napoleão III terá sido provar que qualquer pessoa pode governar uma grande nação assim que obtém o controle do telégrafo e da imprensa nacional." Conforme Harvey. D., 1992, p. 215.
6. M. Horkheimer, *Eclipse da razão*, trad. S.V. Leite, Rio de Janeiro, Editorial Labor do Brasil, 1976.
7. J.D. Bolter, *Turing's man* (Wetern culture in the computer age), Middlessex, England, Penguin Books, 1986, p.101.
8. P. Sanches, "Executivos adotam o idioma inglês", O *Estado de S. Paulo*, São Paulo, 23 de julho de 1993, caderno Empresas. 1993.
9. P.P. Pasolini, "Análise linguística de um slogan", in: *Os jovens infelizes* (Antologia de Ensaios Corsários), M. Lahud (org.), trad. M.B., São Paulo, Brasiliense, s/d, p. 45-6.

10. K.M. Pmikkar, *A dominação ocidental na Ásia*, trad. *N. Salles*, Rio de Janeiro, Paz e Terra, 3ª edição, 1977; J. Ki-zerbo, *História da África Negra*, 2 vols, 2ª edição, Lisboa, Publicações Europa-América, s/d; J.H. Elliott, *El viejo mundo y el nuevo* (1492-1650), trad. R.S. Mantero, Madrid, Alianza Editorial, 1984; J. Lfaye, Los conquistadores, trad. E.C. Frost, México, Siglo Veintiuno Editores, 3ª edição, 1978

11. G. Simmel, "Las ruínas", in: *Sobre la aventura* (Ensayos Filosóficos), trad. G. Muñoz e S. Mas, Barcelona, Ediciones Peninsula, 1988, p. 117; C. Carena, "Ruína! Restauro", in: *Enciclopédia Einaudi*, vol. I, "Memória-História", Porto Imprensa Nacional-Casa da Moeda, 1985, p. 107-29; I. Knizek, "El extraño encanto de las ruinas", *Plural*, n° 186, México, 1987, p. 31-8.

12. R. Robertson, "Globalization and the nostaigic paradigm", in: *Globalization* (Social theory and global culture), Londres, Sage Publications, 1992.

13. E. Bloch, "Non contemporanéité et enivremennt", in: *Héritage de ce temps*, trad. J. Lacosle, Paris, Payot, 1978; E. Hobsbawm e T. Ranger, *A invenção das tradições*, trad. C.C. Cavalcante, Rio de Janeiro, Editora Paz e Terra, 1984. A. J. Mayer, *A força da tradição* (A persistência do Antigo Regime), trad. D. Bottmann, São Paulo, Companhia das Letras, 1987; P. Ricoeur, *As culturas e o tempo*, Petrópolis, Editora Vozes, 1975.

14. J.L. Borges, *Historia de la eternidad*, Madri, Aliança Editorial, 1971, p. 24; R. O'Brien, "La fin de la géographie?", in: *Le monde*: espaces et systèmes, Paris, Presses de la Fondation Nationale des Sciences Politiques & Dalloz, 1992, p. 169-173; F. Fukuyama, *O fim da história e o último homem*, trad. A.S. Rodrigues, Rio de Janeiro, Editora Rocco, 1992. P. Anderson, *O fim da história* (De Hegel a Fukuyama), trad. A. Cabral, Rio de Janeiro, Jorge Zahar Editor, 1992.

15. I. Calvino, "Rapidez", in: *Seis propostas para o próximo milênio*, trad. L. Barroso, São Paulo, Companhia das Letras, s/d, p. 58-9.

16. K. Marx, *Miséria da filosofia*, trad. J.P. Netto, São Paulo, Editora Ciências Humanas, 1982. P. 57-8.

17. K. Marx e F. Engels, "Discurso pronunciado na festa de aniversário do People's Paper" (no dia 14 de abril de 1856), in: *Textos*, 3 vols., São Paulo, Edições Sociais, 1977, vol. 3.

18. M. Weber, *A ética protestante e o espírito do capitalismo*, trad. M.I. Szmrecsanyi e T.J.M.K. Szmrecsanyi, São Paulo, Pioneira Editora, 1967, p.131.

19. N. Elias, *Sobre el tiempo*, trad. G. Hirata, México, Fondo de Cultura Económica. 1989, p.161.

20. D. Harvey, *Condição pós-moderna*, trad. A.V. Sobral e M.S. Gonçalves, São Paulo, Edições Loyola, 1992, p. 215-18.

A SOCIOLOGIA E O MUNDO MODERNO

REFERÊNCIAS BIBLIOGRÁFICAS

ANDERS, G. "O mundo fantasmagórico da TV". In: ROSENBERGER. B. e WHITE, D. M. (orgs.). *Cultura de massa.* Trad. O.M.T. Cajado. São Paulo: Cultrix, 1973.

ANDERSON, P. O *fim da história (De Hegel a Fukuyama).* Trad. Álvaro Cabral. Rio de Janeiro, Jorge Zahar Editor, 1992.

ATTALI, J. *Milênio.* Trad. de R.M. Bassols, Barcelona: Seix Barral, 1991.

BENJAMIN. W. "Experiência e pobreza". In: *Magia e técnica, arte e política (Ensaios sobre literatura e história da cultura).* Trad. S.P. Rouanet. São Paulo: Brasiliense, 1985.

BLOCH, E. "Non contemporanéité et enivrement". In: *Héritage de ce temps.* Trad. J. Lacoste, Paris: Payot, 1985.

BOLTER, J. D. *Turing's man (Western culture in the computer age).* Middlessex, Inglaterra: Penguin Books, 1986.

BORGES, J. L. *Historia de la eternidad.* Madri: Aliança Editorial, 1971.

CALVINO, I. "Rapidez". In: *Seis propostas para o próximo milênio.* Trad. I. Barroso, São Paulo: Companhia das Letras, s/d.

CARENA, C. "Ruína/Restauro". In: *Enciclopédia Einaudi,* vol. I, "Memória-História". Porto: Imprensa Nacional-Casa da Moeda, 1985.

ELIAS, N. *Sobre el tiempo.* Trad. G. Hirata. México: Fondo de Cultura Económica, 1989.

ELLIOTT, J. H. *El viejo mundo y el nuevo (1492-1650).* Trad. R.S. Mantero. Madri: Alianza Editorial, 1984.

FUKUYAMA, F. O *fim da história e o último homem.* Trad. A. Rodrigues, Rio de Janeiro: Rocco, 1992.

HARVEY, D. *Condição pós-moderna.* Trad. A.V. Sobral e M.S. Gonçalves. São Paulo: Loyola, 1992.

HOBSBAWU, E. e RANGER, T. *A invenção das tradições.* Trad. C.C. Cavalcante, Rio de Janeiro: Paz e Terra, 1984.

HORKHEIMER, M. *Eclipse da razão.* Trad. S.V. Leite, Rio de Janeiro: Labor do Brasil, 1976.

JAMESON, F. El posmodernismo o la lógica cultural del capitalismo avanzado. Trad. J.L.P. Torío, Barcelona: Paidos, 1991.

KI-ZERBO, J. *História da África Negra.* 2 vols. 2ª edição. Lisboa: Publicações Europa-América, s/d.

KNIZEK, I. "El extraño encanto de las ruinas". *Plural,* nº 186, México, 1987.

LFAYE, J. *Los conquistadores.* Trad. E.C. Frost. 3ª ed. México: Siglo XXI, 1978.

LYOTARD, J.F. O *pós-moderno.* Trad. R.C. Barbosa. Rio de Janeiro: José Olympio Editora, 1986.

MARX, K. *Miséria da filosofia.* Trad. J.P. Netto. São Paulo: Ciências Humanas, 1982.

MARX, K. e ENGELS, F. "Discurso pronunciado na festa de aniversário do People's Paper" (no dia 14 de abril de 1856). In: *Textos,* 3 vols., São Paulo, Edições Sociais, vol. 3, 1977.

MAYER, A. J. *A força da tradição (A persistência do Antigo Regime).* Trad. D. Bottmann. São Paulo: Companhia das Letras, 1987.

O'BRIEN, R. "La fin de la géographie?". In: *Le monde: espaces et systèemes.* Paris: Presses de la Fondation Nationale des Sciences Politiques & Dalloz, 1992.

PANIKKAR, K.M. *A dominação ocidental na Ásia.* Trad. N. Salles. São Paulo: Paz e Terra, 1977.

PASOLINI, P. P. "Análise linguística de um slogan". In: *Os jovens infelizes* (Antologia de Ensaios Corsários). LAHUD, M. (org.). Trad. M.B. Amoroso. São Paulo: Brasiliense, s/d.

RICOEUR, P. *As culturas e o tempo.* Petrópolis: Vozes, 1975.

ROBERTSON, R. "Globalization and the nostalgic paradigm". In: *Globalization (Social theory and global culture).* Londres: Sage Publications, 1992.

SANCHES, P. "Executivos adotam o idioma inglês". O *Estado de S. Paulo.* São Paulo, 23 de julho de 1993, caderno "Empresas", 1993.

SIMMEL, G. "Las ruínas". In: *Sobre la aventura (Ensayos Filosóficos).* Trad. Muñoz e S. Mas. Barcelona: Ediciones Peninsula, 1988.

SONTAG, S. *Ensaios sobre fotografia.* Trad. J. Paiva. Rio de Janeiro: Arbor, 1981.

WEBER, M. *A ética protestante e o espírito do capitalismo.* Trad. M.I. Szmrecsanyi e T.J.M.K. Szmrecsanyi, São Paulo. Pioneira: 1967.

CAPÍTULO XVI   Estilo de pensamento

A sociologia pode ser vista como um estilo de pensamento, por meio do qual se articula e desenvolva a interpretação científica da realidade social, tomada como um todo ou em seus distintos segmentos, compreendendo suas diferentes configurações e seus diversos movimentos. Envolve indivíduos e coletividades, classes sociais e grupos sociais, tensões e acomodações, rupturas e transformações. Lida principalmente com as relações, os processos e as estruturas sociais, compreendendo inclusive suas implicações políticas, econômicas e culturais, tanto quanto as demográficas, geográficas e históricas. E formula, desde o início e reiteradamente, o conceito primordial e germinal de "sociedade".

A sociedade pode ser vista como um arsenal de instituições e mentalidades, articulações e tensões, dilemas e perspectivas, recorrências e sequências; ou relações, processos e estruturas de dominação e apropriação organizados em âmbito nacional e mundial, sem prejuízo de suas conformações locais, setoriais, regionais ou outras, assim como individuais e coletivas. A sociedade está presente tanto na classe social como no grupo social, tanto no indivíduo como na coletividade, tanto na nação como no mundo. Pode ser altamente articulada ou mesmo totalmente esgarçada, em sua tessitura e dinâmica institucional e mental. Dependendo das forças sociais que nela predominam, compreendendo as hegemônicas e as subalternas, a sociedade pode organizar-se em moldes ditatoriais, autoritários, oligárquicos, democráticos, tradicionais e modernizantes; ou em termos monárquicos, republicanos, liberais, fascistas, nazistas, social-democratas, socialistas e comunistas.

A sociologia nasce e desenvolve-se, renova-se e reorienta-se, principalmente em face de configurações sociais problemáticas, críticas ou surpreendentes. À medida que a crise se exacerba, se radicaliza ou se desenvolve, as articulações e tensões que constituem regularmente a tessitura da vida social tornam mais visíveis ou explícitas as relações, os processos e as estruturas que constituem as configurações e os movimentos da sociedade, seja ela nacional ou mundial. Ocorre que as configurações problemáticas, críticas ou surpreendentes constituem-se como uma situação experimental ou configuração heurística, quando declinam ou nascem formas de sociabilidade, modos de ser.

Vista assim, em perspectiva histórica ampla, a sociologia expressa alguns dos traços principais da modernidade. Participa direta e essencialmente do processo de *desencantamento do mundo*, esclarecendo os mais diversos meandros das formas de sociabilidade e dos jogos das forças sociais, caminhando das ações sociais às instituições, das recorrências às sequências, da biografia à história, da reforma à revolução e à contrarrevolução. Trata-se de um elemento marcante e emblemático da *modernidade*. Com a peculiaridade de que essa modernidade pode ser distinguida em "primeira modernidade" ou *modernidade-nação* e "segunda modernidade" ou *modernidade-mundo*. Sendo que a modernidade, simbolizada em temas, teorias, controvérsias e interpretações da sociologia, expressa algo ou muito do que tem sido a formação e a transformação do mundo moderno.

Uma das peculiaridades da crise que abala mais ou menos drasticamente os quadros sociais e mentais de referência de indivíduos e coletividades, em todo o mundo, diz respeito à formação da sociedade civil global. Par em par com as manifestações críticas em curso em cada uma e todas as sociedades nacionais, multiplicam-se os descompassos e as tensões, as rupturas e as aflições, as articulações e as fragmentações. Em âmbito não só micro e macro, mas principalmente meta, desenvolve-se uma configuração histórico-social, ou totalidade geo-histórica, constituindo-se como um vasto palco de atividades e realizações, dilemas e perspectivas, envolvendo indivíduos e coletividades. Sim, no âmbito da sociedade civil global tanto declinam como nascem formas de sociabilidade, ou modos de ser, pensar, sentir, agir, imaginar e fabular.

Mais uma vez, na época em que se desenvolve de maneira problemática, surpreendente e crítica a sociedade global, a sociologia torna a revelar-se uma forma de autoconsciência, um método de interpretação, ou estilo de pensamento, por meio do qual tanto se taquigrafa como se constitui a realidade social, permitindo, simultaneamente, acompanhar seus desenvolvimentos e suas transformações, de tal maneira que a reali-

A SOCIOLOGIA E O MUNDO MODERNO

dade social aparece como algo vivo e em movimento, inteligível e intrigante, assustador e fascinante, dramático e épico.

Observada assim, desde os dilemas e horizontes que se criam com a formação da sociedade global, pode-se afirmar que a sociologia revela-se em algumas das suas características mais importantes e permanentes. Independentemente das suas diversas correntes teóricas e das suas controvérsias internas, algumas vezes fundamentais, é inegável que a sociologia pode ser vista como portadora de algumas características notáveis.

Primeiro. A sociologia tem sido *uma forma de autoconsciência científica da realidade social*. Em uma linguagem diversa da linguagem de outras ciências sociais, inclusive da linguagem da filosofia e das artes, ela tem expressado momentos e movimentos importantes, muitas vezes essenciais, da dinâmica da sociedade, em âmbito nacional e mundial.

Segundo. O modo pelo qual o pensamento sociológico se constitui e desenvolve, descrevendo, compreendendo e explicando, ou taquigrafando, relações, processos e estruturas, permite defini-la como *um estilo de pensamento*. Um estilo de pensamento no qual se articula a lógica da constituição e dos movimentos da realidade social, muitas vezes apreendendo o que pode ser a dimensão dramática ou a entonação épica dos acontecimentos que conformam e transformam a sociedade. Aí movimentam-se indivíduos e coletividades, povos e multidões, elites e massas, classes sociais e grupos sociais, formas de existência e possibilidades da consciência, modos de ser e imaginários.

Terceiro. A sociologia nasce e transforma-se com a modernidade. Ainda que a sua história não corra paralela à história social, nacional e mundial, é inegável que ela pode ser vista como *uma das linguagens da modernidade*. No curso de boa parte da sua história, compreendendo inclusive suas controvérsias e seus impasses, ela expressa principalmente a "primeira modernidade", a *modernidade-nação*. Simultaneamente, no entanto, ensaiam-se outros percursos, dentre os quais acentua-se no século XX o que se pode denominar de "segunda modernidade", ou *modernidade-mundo*. E é esta, a modernidade-mundo, que está cada vez mais presente em grande parte da produção sociológica, à medida que se desenvolve a passagem problemática, conturbada, crítica e traumática do século XX para o século XXI. Nesse sentido é que a ideia de modernidade-mundo carrega consigo a ideia de um novo paradigma, para a sociologia e todas as ciências sociais.

OCTAVIO IANNI

Já são muitos os que reconhecem que a sociedade global é uma realidade simultaneamente político-econômica, sociocultural e psicossocial, compreendendo línguas e religiões, instituições e imaginários, classes sociais e grupos sociais, dilemas e perspectivas, aflições e ilusões.

A humanidade não é mais um mero agregado estatístico nem uma categoria filosófica ou ideológica; ela se torna uma autêntica entidade sociológica, uma totalidade social absolutamente abrangente, que abarca todas as pessoas que vivem no planeta. Hoje, pode-se falar de uma estrutura global de relações políticas, econômicas e culturais que se estende além das fronteiras tradicionais e que une sociedades distintas em um único sistema. (...) Hoje, com Smelser, é obrigatório repensar o pressuposto fundamental, há muito estabelecido em nossa disciplina, de que a unidade primária de análise é a nação, a sociedade ou a cultura. Vários sociólogos concordam com Norbert Elias que a sociologia é possível apenas como sociologia da sociedade mundial. (...) Surge uma língua global, com o inglês assumindo esse papel na comunicação profissional em ciência, tecnologia, negócios, computadores, transporte e na comunicação privada de viagens e turismo. A tecnologia dos computadores provoca outra unificação: a do *software*, os mesmos programas sendo usados no mundo inteiro como padrões comuns de organização e processamento de dados e informações. (...) Todos os acontecimentos históricos devem ser estudados no contexto global. E a ênfase deve ser colocada nos processos históricos que atravessam as fronteiras das unidades tradicionais de análise (Estados, regiões, áreas) para abarcar o globo inteiro.[1]

Esse é o cenário no qual está em desenvolvimento a sociedade mundial. Em pouco tempo, muitos, em todo o mundo, são levados a reconhecer que as suas condições de existência, a começar pelo trabalho, são influenciadas por relações, processos e estruturas que constituem a sociedade civil mundial. Criam-se e desenvolvem-se instituições e imaginários, idiossincrasias e simpatias, tensões e acomodações, identidades e alteridades, diversidades e desigualdades, par em par com classes e grupos sociais, corporações transnacionais e organizações multilaterais, desterritorializações e planetarizações. São muitas as coisas, as gentes e as ideias volantes, atravessando territórios e fronteiras, línguas e religiões, culturas e civilizações.

A SOCIOLOGIA E O MUNDO MODERNO

Ao lado do emblema *sociedade nacional,* desenvolve-se o emblema *sociedade global.* Ambos convivem, estão reciprocamente referidos, tanto se contrapõem como se integram. Par em par com o emblema nacional, ou o Estado-nação, com o qual nascem a sociologia e as outras ciências sociais, desenvolve-se a sociedade global, na qual estão presentes não só as sociedades nacionais, mas também as corporações transnacionais e as organizações multilaterais, sem esquecer os remanescentes de colonialismos e imperialismos, ao lado de nacionalismos, tribalismos, localismos, xenofobias, racismos e fundamentalismos.

> Por que e em que sentido a globalização exige uma diferenciação entre a primeira e a segunda modernidade? A visão da sociedade da primeira modernidade foi descrita (...) como "nacionalismo metodológico": a sociedade e o Estado são pensados, organizados e vividos de maneira coincidente. Com isto se pressupõem a dominação político-estatal e a delimitação do espaço. O Estado territorial converte-se em espaço que *contém* a sociedade. Dito de outro modo: a pretensão estatal de controle e poder funda e cria a sociedade. Pode-se analisar e descrever este primado do nacional juntamente com os diversos direitos fundamentais, o sistema educativo, a política social, a paisagem pluripartidária, a fiscalidade, a língua, a história, a literatura, os meios de transporte, as vias de comunicação, as ajudas à infraestrutura, os controles de fronteira e o passaporte etc., etc. (...) A multilocalidade ou a transnacionalidade da biografia e a globalização da própria vida proporcionam um motivo ulterior para o solapamento da soberania do Estado nacional e a obsolescência da sociologia nacional-estatal; dissolve-se assim a interdependência entre lugar e comunidade (ou sociedade). O ato de escolher e mudar de lugar é o padrinho da globalização das biografias.[2]

Este é o desafio epistemológico: o paradigma construído com base no emblema "sociedade nacional" começa a ser recoberto pelo paradigma que se constrói com base no emblema "sociedade global". No âmbito da sociedade global, com as suas implicações não só político-econômicas, mas também socioculturais e psicossociais, alteram-se mais ou menos drasticamente as categorias "tempo e espaço", "passado e presente", "indivíduo e sociedade", "história e revolução", "alienação e emancipação", entre outras.

O conceito de humanidade era demasiado vago para ser um conceito sociológico englobante. Para além disso, era acompanhado pela conotação desagradável de um ideal do Iluminismo. Esse regime mais antigo, essa fase anterior da sociologia em que unidades sociais na forma organizacional de tribos e Estados eram o modelo para o conceito de sociedade, correspondia, *grosso modo*, à realidade social. As distâncias entre muitos Estados e grupos de Estados eram muito grandes antes da evolução social que motivou a invenção dos veículos motorizados e do tráfego aéreo, e mesmo ainda algum tempo depois. O telefone, o rádio e a televisão estavam dando os primeiros passos. O trânsito global de turistas e de mercadorias era ainda relativamente limitado, e o mesmo se passava com toda a teia de interdependência entre os Estados do mundo. Ao longo do século XX, esta teia tornou-se visivelmente mais densa. Os homens, no entanto, só se aperceberam disso de forma muito limitada e vaga. Não estavam habituados ao pensamento integrado em processos sociais. (...) Contudo, enquanto sociólogo, já não é possível ignorar o fato de que hoje em dia já não são os Estados isolados, mas sim, cada vez mais, a humanidade dividida em Estados, que se toma como unidade social e como ponto de referência de muitos processos de evolução e de transformações estruturais. Não é possível diagnosticar ou explicar de forma satisfatória esses processos, essas transformações estruturais, sem recorrer a um ponto de referência global. O fato de que em muitas áreas se começa a manifestar um novo nível de integração implica a necessidade de se impor, na sociologia, um novo sintético. (...) As pessoas não podem apenas saber, precisam aprender que tipo de instituições têm de formar para resolverem o problema de um período global de integração, e, na maior parte das vezes, não aprendem através de processos de pensamento pragmáticos. Os homens aprendem sobretudo por experiências amargas.[3]

Sob vários aspectos, a sociedade civil mundial pode ser tomada como uma totalidade histórico-social, ou geo-histórica. Adquire configurações e movimentos peculiares, influenciando mais ou menos decisivamente sociedades nacionais, tribais e regionais, bem como indivíduos e coletividades, grupos e classes sociais, atividades e imaginários, produções e fabulações. Quando se abalam as bases sociais e mentais de referência de uns e outros, em todo o mundo, não só as nações e as nacionalidades, mas também os indivíduos e as coletividades mudam de lugar, adqui-

A SOCIOLOGIA E O MUNDO MODERNO

rem outros horizontes, ao mesmo tempo que declinam os que pareciam estabelecidos.

> Em cada passagem de uma organização de sobrevivência predominante para uma outra, que abrange mais pessoas, e que é mais complexa e diferenciada, a posição dos homens singulares transforma-se, de modo próprio, em relação à unidade social que eles formam em conjunto. De forma abreviada: a relação entre indivíduo e sociedade muda. Ao tentarmos focar de forma simplificadora o sentido desta transformação, para a podermos submeter a uma análise mais profunda, talvez possamos dizer que a passagem para o predomínio de um novo tipo abrangente e mais complexo da organização humana é acompanhada de mais um período e de um outro padrão de individuação. Também o cânone dos comportamentos e sobretudo o alcance da identificação dos homens se alteram de forma específica na passagem para uma nova fase de integração. (...) Há muitos indícios da evolução de um novo sentido de responsabilidade global para com o destino de indivíduos vivendo na miséria ou em perigo, independentemente da sua pertença a um determinado Estado ou tribo, ou seja, da sua identidade de um grupo em geral.[4]

A formação da sociedade global, com todos os seus dilemas e as suas perspectivas, apresenta-se como um sério desafio para a sociologia e todas as ciências sociais. Enquanto nova configuração histórico-social, a sociedade global aparece não só como um novo objeto da sociologia e das ciências sociais, mas revela-se também como um emaranhado de classes e grupos sociais, instituições e formas de sociabilidade, jogos de forças sociais e estruturas de poder, processos de integração e processos de fragmentação, tensões étnicas, de gênero, religiosas e linguísticas, sem esquecer nações e nacionalidades, sempre compreendendo implicações político-econômicas, socioculturais e psicossociais. Vista em perspectiva ampla, a sociedade global compreende guerras e revoluções, revoluções e contrarrevoluções, soberanias e hegemonias, blocos de poder e segmentos sociais subalternos, meios de comunicação, mídia e indústria cultural. Essa é uma sociedade na qual *o espaço e o tempo* se transmutam, adquirem novas versões, dissolvem-se e recriam-se, multiplicam-se e apagam-se.

Aí *o sujeito do conhecimento* desloca-se por muitos lugares, diferentes perspectivas, distintos ângulos de visão, aprimorando um olhar desterritorializado vagando por nações e nacionalidades, classes e grupos sociais, continentes, ilhas e arquipélagos, sempre em busca de signos e significados, símbolos e emblemas, tendências e possibilidades, realidades e virtualidades. Sem esquecer que o sujeito do conhecimento tende a ser geralmente individual e coletivo, localizado e volante, enraizado e desterritorializado.

Esta é a questão crucial: a sociologia, assim como as outras ciências sociais, defronta-se com *um novo objeto de conhecimento*, algo que apenas se esboça sob o colonialismo e o imperialismo, adquire a maior relevância sob o globalismo. Sem deixar de reconhecer que os emblemas *sociedade nacional* e *indivíduo* continuam a ser importantes para a reflexão sociológica, assim como para as outras ciências sociais, é inegável que a *sociedade global* torna-se um emblema fundamental, sem esquecer que no âmbito desta alteram-se as condições, as possibilidades e as significações não só da "sociedade nacional" e do "indivíduo", mas também das classes e dos grupos sociais e outras expressões da realidade social. A sociedade global pode ser vista como uma configuração simultaneamente histórica e teórica, na qual se subsumem, em larga medida, as sociedades nacionais, os indivíduos, as coletividades, os movimentos sociais, as correntes de opinião pública, as formas de trabalho e produção, a movimentação das forças produtivas, as classes sociais e os grupos sociais, as acomodações e tensões, as guerras e as revoluções. É claro que subsistem e atuam mais ou menos decisivamente nacionalismos e tribalismos, colonialismos e imperialismos. Muito do que tem sido a história dos tempos modernos, desde a Renascença, a Reforma Protestante e o descobrimento e a conquista do Novo Mundo e outras partes do mundo, com todas as suas implicações, desde esses inícios são muitas as produções e configurações, experiências e ilusões que subsistem e atuam no século XX, entrando pelo XXI, povoando o globalismo. Mas é inegável que a sociedade global em formação, como globalismo, institui novos dilemas práticos e teóricos para a sociologia e todas as ciências sociais. São dilemas criados com a globalização, que pode ser vista como uma *ruptura simultaneamente histórica e epistemológica*.

Nesse sentido é que a sociologia e as outras ciências sociais são desafiadas a reconhecer que está em causa um *novo paradigma*. Já não se trata mais apenas, ou principalmente, da sociedade nacional ou do Estado-nação; trata-se também, e principalmente, da sociedade mundial, com as

A SOCIOLOGIA E O MUNDO MODERNO

suas estruturas mundiais de poder, envolvendo outras e novas formas de sociabilidade, jogos de forças sociais, modalidades de espaço, possibilidades de tempo. Aí, mais do que nunca, exercita-se o *método comparativo*, enquanto experimento mental ou ideal, por meio do qual a reflexão apreende continuidades e descontinuidades, recorrências e sequências, integrações e rupturas, em geral expressas em relações, processos e estruturas de dominação e apropriação, compreendendo sempre os contrapontos soberania e hegemonia, alienação e emancipação.

Em face dos desafios e horizontes que se abrem com a formação da sociedade global, colocam-se outras e novas possibilidades não só das *microteorias* e *macroteorias*, mas também, e principalmente, das *metateorias*. A sociedade global pode ser vista como uma imensa nebulosa vagando pelo espaço e tempo, como se estivesse ao acaso, sem norte ou extraviada, anônima, inominada, em busca de significado.

"Tudo o que não é realidade expressa pelo conceito, não é senão existência empírica passageira, simples opinião, contingência exterior, aparência ou fenômeno sem substância, não verdade, ilusão etc."[5]

A sociologia está ingressando no horizonte histórico e lógico da *metassociologia*. Grande parte da produção sociológica mundial, independentemente de suas orientações teóricas, contribui, deliberadamente ou não, para a formação e o desenvolvimento da metassociologia. Sem prejuízo das contribuições realizadas e que continuam a realizar-se em termos de micro e macrossociologia, multiplicam-se no século XX os estudos, as monografias, os ensaios e os debates por meio dos quais se constitui a metassociologia. Par em par com os pequenos e grandes relatos, já são numerosos e fundamentais os metarrelatos.

É inegável que há algo de "metassociologia" em diferentes linguagens, em diferentes épocas, também antes dos tempos modernos. O que já se esboçava em Ibn Khaldun, por exemplo, continua a esboçar-se ou mesmo desenvolver-se com Giambattista Vico, Voltaire e Adam Smith, continuando com Herbert Spencer, Auguste Comte, Karl Marx, Friedrich Engels, Émile Durkheim, Max Weber e outros. Às vezes, em escritos relativos a problemas filosóficos também encontram-se contribuições para o esclarecimento de aspectos ou primórdios da sociedade mundial, em termos de humanidade e cosmopolitismo, ou guerra e paz. Esse é o caso de Kant e Hegel, ou Nietzsche e Dilthey. São muitas e notáveis as contribuições, sugestões e hipóteses formuladas por uns e outros, ao longo dos

OCTAVIO IANNI

tempos modernos, sem esquecer alguns de outros tempos. Mas é no século XX que se multiplicam os ensaios, as monografias e as controvérsias relativos a situações, emergências, ressurgências, processos e estruturas que expressam e constituem a transnacionalização, multinacionalização, mundialização, planetarização ou globalização, quando se forma o que se pode denominar de uma incipiente ou já desenvolvida sociedade civil mundial. Aí situam-se as contribuições de Braudel, Wallerstein, Parsons, Modelski, Luhmann, Hobsbawm, Mandel, Mattelart, Norbert Elias, Samir Amin, Jean Chesneaux, Zygmunt Bauman e muitos outros.

De forma breve, pode-se classificar as diferentes contribuições para a metassociologia da sociedade global em dois grupos principais. São principalmente teorias sistêmicas e teorias históricas. Umas e outras estão sempre em diálogo. Às vezes distinguem-se nitidamente, mas em outros momentos mesclam-se. Em conjunto, permitem reconhecer que já se pode falar em metassociologia, uma novidade resultante da ruptura histórica e epistemológica provocada pela globalização do capitalismo, visto como modo de produção e processo civilizatório.

As *teorias sistêmicas* colocam-se basicamente nos seguintes termos: "interdependência das nações", "modernização do mundo", "aldeia global" e "teoria sistêmica". Todas têm alguma base nas contribuições do funcionalismo, do estruturalismo e da cibernética, sendo que a teoria sistêmica, propriamente dita, é a que sintetiza plenamente toda uma visão sincrônica, homeostática, poiética ou cibernética das formas de sociabilidade e dos jogos das forças sociais. Estes são alguns dos autores situados no âmbito da visão sistêmica da sociedade mundial: Parsons, Modelski, McLuhan, Luhmann.

As *teorias históricas* colocam-se basicamente nos seguintes termos: "economias-mundo", "internacionalização do capital", "racionalização do mundo" e "dialética da globalização". Todas têm alguma base nas contribuições da história do mundo moderno, vista em termos do capitalismo como modo de produção e processo civilizatório. Compreendem a formação e transformação da sociedade mundial em termos de continuidade e descontinuidades, integrações e rupturas, tensões e contradições. Teorias diacrônicas, nas quais as relações, os processos e as estruturas que constituem a sociedade global envolvem dominação e apropriação, integração e fragmentação, soberania e hegemonia, alienação e emancipação. Estes são alguns dos autores situados no âmbito da visão histórica

A SOCIOLOGIA E O MUNDO MODERNO

da sociedade mundial: Braudel, Wallerstein, Hobsbawm, Mandel, Samir Amin, Mattelart e muitos outros, sem esquecer Marx, Engels, Weber.

Todos, em todo o mundo, conscientes e inconscientes, céticos e entusiasmados, assustados e indiferentes, todos encontram-se inseridos em uma nova versão da máquina do mundo. Algo que começou a funcionar desde os primeiros momentos da acumulação originária, ou mercantilismo, acelerando-se e generalizando-se contínua e reiteradamente no curso dos tempos modernos.

> Os historiadores não precisam mais inventar a ordem mundial para estudar a história mundial. O mundo existe como fato material e prática cotidiana na organização global da produção e destruição. É este fato, a integração global em curso no fim do século XX, que torna a presente crise da história mundial tão séria.[6]

Outra vez coloca-se o dilema, simultaneamente assustador, fascinante ou surpreendente: todos, em todo o mundo, indivíduos e coletividades, nações e nacionalidades, estão inseridos nas configurações e nos movimentos da história mundial. A sociedade global que se forma e desenvolve com a globalização do capitalismo constitui-se como um produto da história do mundo moderno e um *novo palco da história*. Esse o palco em que ocorrem impressionantes batalhas e transformações, diversidades e desigualdades, racismos e fundamentalismos, simultaneamente às realizações, conquistas e ilusões, ao mesmo tempo que se formulam novos conceitos, categorias, interpretações, teorias.

"A história universal nem sempre existiu; a história, como história universal, é um resultado."[7]

Esta é a realidade: a sociologia está sendo desafiada a interpretar o que vai pelo mundo na época da globalização. Está sendo desafiada a recuperar e desenvolver seu diálogo com as outras ciências sociais, a partir do reconhecimento de que a sociedade global é uma sociedade capitalista, burguesa, de classes sociais e grupos sociais, na qual se formam classes e grupos dominantes, ou blocos de poder de alcance mundial, e classes e grupos subalternos de alcance mundial. Continua a ser possível trabalhar com os conceitos de "soberania" e "hegemonia", assim como de "partido político", "sindicato", "movimento social" e "corrente de opinião pública", mas em termos simultaneamente nacionais, regionais e mundiais.

OCTAVIO IANNI

As determinações do globalismo incutem movimentos e significados às vezes decisivos em tudo o que é local, nacional e regional, sem esquecer que estas realidades também respondem e influenciam o global. Mas a sociedade global, vista como uma totalidade simultaneamente político-econômica, sociocultural e psicossocial, movimentada por relações, processos e estruturas de dominação e apropriação próprios do globalismo, contempla, desafia, integra, tensiona e fragmenta muito do que parecia estabelecido em âmbito local, nacional e regional, inclusive a visão que se havia elaborado sobre o internacional, o mundial, a humanidade, o cosmopolitismo.

Talvez seja possível afirmar que está em marcha uma revolução burguesa em escala mundial, enquanto produto e condição da globalização. Sim, o que está em causa é a globalização do capitalismo, enquanto modo de produção e processo civilizatório, desenvolvendo-se assim a sociedade global, enquanto sociedade burguesa, de classes sociais e grupos sociais, envolvendo a formação de estruturas mundiais de poder e compreendendo amplos setores sociais subalternos. A primeira revolução burguesa registrada na história do mundo moderno foi *revolução burguesa nacional*, a despeito de prematura, tardia ou madura. E é ela que alimenta e desenvolve grande parte do que se pode denominar de modernidade: esta também uma primeira modernidade. A despeito de transbordar das fronteiras nacionais e mesmo continentais, o primeiro tipo de revolução burguesa enraíza-se na sociedade nacional. O que ocorre com o segundo tipo de revolução burguesa é que ele se concretiza diretamente como *revolução burguesa mundial*. Envolve a intensificação e a generalização da atividade das forças produtivas e das relações de produção, com o que se expande e intensifica a nova divisão transnacional do trabalho e da produção, compreendendo a fábrica global, a mercadoria global, o *shopping center* global, a aldeia global e a multidão solitária, em escala global. O que se prenunciava no século XIX revela-se avassalador no século XX.

> A burguesia não pode existir sem revolucionar continuamente os instrumentos de produção e, por conseguinte, as relações de produção, portanto todo o conjunto das relações sociais. (...) O contínuo revolucionar da produção, o abalo constante de todas as condições sociais, a incerteza e a agitação eternas distinguem a época burguesa de toda as precedentes.

A SOCIOLOGIA E O MUNDO MODERNO

Toda as relações fixas e cristalizadas, com seu séquito de crenças e opiniões tornadas veneráveis pelo tempo, são dissolvidas, e as novas envelhecem antes mesmo de se consolidarem. Tudo o que é sólido e estável se volatiliza, tudo o que é sagrado é profanado, e os homens são finalmente obrigados a encarar com sobriedade e sem ilusões sua posição na vida, suas relações recíprocas.

A necessidade de mercados cada vez mais extensos para seus produtos impele a burguesia para todo o globo terrestre. Ela deve estabelecer-se em toda parte, instalar-se em toda parte, criar vínculos em toda parte.

Através da exploração do mercado mundial, a burguesia deu um caráter cosmopolita à produção e ao consumo de todos os países. Para grande pesar dos reacionários, retirou de baixo dos pés da indústria o terreno nacional. As antigas indústrias nacionais foram destruídas e continuam a ser destruídas cada dia. São suplantadas por novas indústrias, cuja introdução se torna uma questão de vida ou morte para todas as nações civilizadas — indústrias que não mais empregam matérias-primas locais, mas matérias-primas provenientes das mais remotas regiões, e cujos produtos são consumidos não somente no próprio país, mas em todas as partes do mundo. Em lugar das velhas necessidades, que feitas pela produção nacional, surgem necessidades novas, que para serem satisfeitas exigem os produtos das terras e dos climas mais distantes. Em lugar da antiga autossuficiência e do antigo isolamento local e nacional, desenvolve-se em todas as direções um intercâmbio universal, uma universal interdependência das nações. E isso tanto na produção material quanto na intelectual. Os produtos intelectuais de cada nação tornam-se patrimônio comum. A unilateralidade e a estreiteza nacionais tornam-se cada vez mais impossíveis, e das numerosas literaturas nacionais e locais forma-se uma literatura mundial.[8]

Desde a Revolução Industrial inglesa e a Revolução Política francesa, por suas implicações não só nacionais, mas também internacionais, já se esboçavam os indícios da transnacionalização do capitalismo, visto como modo de produção e processo civilizatório; indícios de que "a era das revoluções" revelava os primórdios da mundialização da revolução burguesa.[9] Sim, a história universal nem sempre existiu; ela se constitui no curso dos tempos modernos, tornando-se cada vez mais visível e inexorável, o novo palco da história.

Vista assim, em perspectiva histórica ampla, a revolução burguesa, nacional e mundial, revela-se simultaneamente *contrarrevolução permanente*. Ao longo de toda a história do mundo burguês, fermentam-se todo o tempo contradições e lutas de classes, envolvendo primeiramente sociedades nacionais, bem como colônias em luta pela descolonização. Em seguida, as contradições e lutas envolvem diferentes tipos de sociedades nacionais, nas quais subsistem inclusive traços colonialistas e imperialistas, mas sociedades nacionais transformadas em segmentos ou províncias da sociedade global. Sim, a história do mundo moderno tem sido, simultaneamente, uma história de lutas contra todas as formas de trabalho escravo, no curso do mercantilismo, colonialismo e imperialismo; e contra as mais diversas formas de exploração da mais-valia absoluta e relativa, nas quais são submetidos trabalhadores assalariados, tanto nas metrópoles como nas colônias e nos países dependentes. Essa é uma história na qual se produz e reproduz contínua e reiteradamente a alienação de amplos setores sociais e, simultaneamente, a luta pela emancipação de indivíduos e coletividades, nações e nacionalidades, em todo o mundo.

Nesse sentido é que a globalização demonstra que a história universal está em movimento. De repente, um vasto terremoto abala o mapa do mundo, dissolve governos e regimes, territórios e fronteiras, ideologias e utopias. Está em curso a *globalização pelo alto*, simbolizada no neoliberalismo, como teoria, prática e ideologia. De repente, o mesmo vasto terremoto desafia as classes e os grupos sociais subalternos, desafiando-os a criar novas interpretações, iniciar outras formas de luta, formular outras utopias, realizar a *globalização desde baixo*. O terremoto pode ser também o fermento de uma "revolução geológica".

> O período burguês da história está chamado a assentar as bases materiais de um novo mundo: a desenvolver, de um lado, o intercâmbio universal, baseado na dependência mútua do gênero humano, e os meios para realizar esse intercâmbio; e, de outro, desenvolver as forças produtivas do homem e transformar a produção material num domínio científico sobre as forças da natureza. A indústria e o comércio burgueses vão criando essas condições materiais de um novo mundo, do mesmo modo que as revoluções geológicas criavam a superfície da Terra.[10]

A SOCIOLOGIA E O MUNDO MODERNO

Esta pode ser uma lição importante da história dos tempos modernos: a sociologia tem estado periodicamente desafiada, questionada e fertilizada pela revolução. A revolução burguesa nacional, a revolução socialista nacional, a revolução burguesa mundial e a *revolução socialista mundial*, esta também inscrita no novo palco da história, podem ser tomadas como configurações histórico-sociais particularmente heurísticas para a sociologia, assim como para as outras ciências sociais. Sem esquecer que toda revolução não só desenvolve-se de forma nem sempre previsível, ou mesmo frequentemente de forma inesperada, surpreendente, para as próprias forças nela engajadas. E sem esquecer que toda revolução não só desafia forças sociais estabelecidas, contra as quais luta, como também provoca reações às vezes poderosas, propriamente contrarrevolucionárias. Em todos os casos, é inegável que a revolução, enquanto processo histórico-social total e avassalador, ou fragmentário e errático, revela-se um evento heurístico excepcional, para todas as ciências sociais.

Em síntese, são várias e fundamentais as lições dessa história, quando se trata de refletir sobre a sociologia da sociedade global.

Primeiro. A sociologia tem sido particularmente desafiada, questionada e fertilizada pelas *situações ou configurações críticas*. Vista em perspectiva histórica ampla, ao longo dos tempos modernos e em escala mundial, fica evidente que algumas das suas criações mais notáveis resultam da forte impressão, do entusiasmo, da negação ou da revelação que ocorrem com as situações ou configurações críticas. Estes são eventos heurísticos, verdadeiros experimentos, nem provocados nem controlados, que o sociólogo e outros cientistas sociais podem encarar como experimentos ideais ou imaginários. Note-se, no entanto, que esta condição excepcional não elimina a possibilidade de que o pensamento social esteja sempre formulando novos conceitos, categorias, interpretações ou teorias. Vale a pena lembrar que Spencer, Comte, Tocqueville, Marx, Engels e outros estão formulando interpretações que em geral levam em conta as condições e as implicações da Revolução Industrial inglesa e a Revolução Política francesa em seus desdobramentos subsequentes na Europa e em âmbito mundial, assim como Polanyi, Schumpeter, Braudel, Wallerstein, Modelski, Samir Amin, Hobsbawm, Luhmann, Giddens, Jameson e outros estão refletindo principalmente sobre o século XX, um século de guerras e revoluções. Um século no qual se inauguram experiências socialistas nacionais, entre em novo ciclo a revolução burguesa mundial, inclusive

OCTAVIO IANNI

como contrarrevolução, e plantam-se mais algumas raízes da revolução socialista mundial.

Segundo. A sociologia revela-se, portanto, uma *forma de autoconsciência científica da realidade*. Os conceitos, as categorias, interpretações e teorias que se formulam e reformulam, criticam e modificam, abandonam e recriam no curso da história da sociologia podem ser tomados como diferentes expressões da sociologia como taquigrafia, forma de apreender ou decantar condições, tendências e possibilidades da dinâmica social.

Terceiro. A sociologia é uma *linguagem da modernidade*. Nasce, desenvolve-se e transforma-se com a formação e as transformações da modernidade. É possível assinalar, com certa precisão, alguns momentos e épocas da modernidade, quando se formulam algumas expressões, signos, símbolos, emblemas, conceitos, categorias, metáforas ou alegorias que demarcam a trajetória e as controvérsias da sociologia. Vejamos alguns exemplos: evolucionismo, funcionalismo, marxismo, estruturalismo, fenomenologia, sociologia compreensiva, teoria sistêmica e outras; ou ordem e progresso, normal e patológico, racional e irracional, ator social, escolha racional, tipos de dominação, elite e massa, luta de classes, reforma e revolução, alienação e emancipação; ou nacionalismo e tribalismo, colonialismo e imperialismo, globalismo. Enquanto linguagem da modernidade, a sociologia é uma das expressões mais típicas do desencadeamento do mundo. Procura lançar luz sobre o visível e o invisível, a aparência e a essência, a parte e o todo, o presente e o passado, o ser e o devir, a ideologia e a utopia, sempre em busca do esclarecimento; muitas vezes também em busca do reencantamento do mundo.

Quarto. A sociologia é um *estilo de pensamento*. A despeito da diversidade das orientações teóricas presentes e atuais na sua história, é evidente que ela taquigrafa a realidade de maneira diversa da que realiza a história, a geografia, a economia política, a antropologia, a política, a psicologia e outras ciências sociais. É claro que o "objeto do conhecimento" da sociologia é o mesmo das outras ciências sociais, assim como é claro que seu ângulo de análise é ligeira ou radicalmente diverso. Mas é inegável que a sociologia se debruça sobre a realidade, os fatos, as situações ou configurações sociais empenhada em descrever, compreender, explicar ou interpretar relações, processos e estruturas sociais, vistos em suas recorrências e sequências, rupturas e transformações. Nesse percurso, a sociologia caminha da parte ao todo, do passado ao presente, da

A SOCIOLOGIA E O MUNDO MODERNO

aparência à essência, do singular ao universal, sempre vice-versa, em várias e simultâneas direções, de tal modo que ao final ressalta uma visão de conjunto, uma totalidade viva, aberta, contraditória, problemática, em movimento.

Quinto. Por fim, a *metassociologia* pode ser encarada como uma conquista não só teórica, mas também epistemológica. Diante de uma realidade social globalizada, atravessada por tendências simultâneas de integração e fragmentação, movendo-se pelo mundo de maneira desigual e contraditória, recriando problemas sociais antigos e gerando novos, já são muitos os que reconhecem a importância e a urgência da metassociologia. Par em par com as contribuições e sensibilidades evidentes da microssociologia, bem como com as interpretações e teorias que se desenvolvem com a macrossociologia, já são notáveis as contribuições que se constroem em termos de metassociologia. Com a metassociologia talvez se revele algo, ou muito, do *páthos* que povoa as configurações e os movimentos da sociedade global, vista como o novo horizonte da história — no sentido de história universal.

NOTAS

1. Piotr Sztompka, *A sociologia da mudança social*, trad. Pedro Jorgensen Jr., Rio de Janeiro, Civilização Brasileira, 1998, p. 159-62.
2. Ulrich Beck, *Que es la Globalización?* (Falacias del Globalismo, Respuestas a la Globalización), trad. Bernardo Moreno e Maria Rosa Borràs, Barcelona, Paidós, 1998, p. 99 e 111.
3. Norbert Elias, *A sociedade dos indivíduos*, editado por Michael Schroter, trad. Mário Matos, Lisboa, Publicações Dom Quixote, 1993, p. 185-9.
4. Norbert Elias, *A sociedade dos indivíduos*, citado, p. 189-90.
5. G.W.F. Hegel, *Principes de la Philosophie du Droit*, trad. Robert Derathe, Paris, Librairie Philosophique J. Vrin, 1982, p. 61.
6. Charles Bright e Michael Geyer, "For a Unified History of the World in the Twentieth Century", *Radical History Review*, n° 39, 1987, p. 69-91, citação da p. 69. Consultar também Bruce Mazlish e Ralph Buultjens (eds.), *Conceptualizing Global History*, São Francisco, Westview Press, 1993; Paul Costello, *World Historians and Their Goals*, Dekalb, Northern Illinois University Press, 1994; Immanuel Wallerstein, *Unthinking Social Science* (The Limits of Ninete-

enth-Century Paradigms), Cambridge, Polity Press, 1991; Leslie Sklair, *Sociology of the Global System*, Nova York, Harvester Wheatsheaf, 1991; Martin Albrow, *The Global Age*, Cambridge, Polity Press, 1996; Octavio Ianni, *Teorias da globalização*, 7ª edição, Rio de Janeiro, Civilização Brasileira, 1999.

7. Karl Marx, *Elementos Fundamentales para la Crítica de la Economía Política (Borrador) 1857-1858*, 3 volumes, trad. José Aricó, Miguel Murmis e Pedro Scarón, México, Siglo XXI Editores, 1971-76, citação do 1º volume, p. 31.

8. Karl Marx e Friedrich Engels, *Manifesto do Partido Comunista*, trad. Marco Aurélio Nogueira e Leandro Konder, Petrópolis, Editora Vozes, 1988, p. 69-70.

9. Eric J. Hobsbawm, *A era das revoluções*, trad. Maria Tereza Lopes Teixeira e Marcos Penchel, Rio de Janeiro, Editora Paz e Terra, 1977; K.M. Panikkar, *A dominação ocidental na Ásia*, trad. Nemésio Salles, 3ª edição, Rio de Janeiro, Editora Paz e Terra, 1977; Eric R. Wolf, *Europe and the People Without History*, Berkeley, University of California Press, 1982; Fernand Braudel, *A dinâmica do capitalismo*, Lisboa, Teorema, 1986; Immanuel Wallerstein, *O capitalismo histórico*, São Paulo, Brasiliense, 1985.

10. Karl Marx, "Futuros resultados do domínio britânico na Índia", In: Karl Marx e Friedrich Engels, *Textos*, 3 volumes, São Paulo, Edições Sociais, 1977, 3º volume, p. 292-7, citação da p. 297.

CAPÍTULO XVII   Perspectivas da história

O mundo moderno sempre se lança no futuro. Imagina futuros, formulando previsões científicas ou imaginando utopias. São futuros e utopias nos quais revelam-se ideais relativos à resolução, eliminação ou superação de impasses e dilemas com os quais se defrontam indivíduos e coletividades no presente. Em geral, está em causa a realização de ideais antigos e recentes. Podem ser ideais fundamentados em conhecimentos científicos, apoiados em reflexões filosóficas ou imaginados em criações artísticas. Muitas vezes, o científico, o filosófico e o artístico combinam-se na trama dos conceitos e explicações, tanto quanto das metáforas e alegorias.

É como se todas as criações filosóficas, científicas e artísticas mais características da modernidade estivessem sempre caminhando entre as condições e as possibilidades da razão e da fabulação, envolvendo o real e o ideal, o racional e o imaginado, o possível e o impossível.

Esse é um dilema sempre presente, constante e fascinante, colocado pelas criações da modernidade sobre futuros e utopias: par em par com um forte sentido de história, desenvolve-se também uma forte tendência para o mito. Um contraponto permanente e complicado, muitas vezes dramático ou épico, oscilando desde a razão até a fabulação.

Vista em perspectiva histórica ampla, a modernidade pode definir-se como uma longa viagem no sentido do *desencantamento do mundo*, conforme a metáfora de Max Weber, referindo-se aos desenvolvimentos do pensamento científico e filosófico. De fato, desde a Renascença, a Reforma, a descoberta e a conquista do Novo Mundo, par em par com as criações de Maquiavel, Bacon, Galileu, Copérnico, Shakespeare, Cervantes, Camões, Giordano Bruno e outros, está em curso um vasto e fascinante processo de desencantamento do mundo. É como se o mundo começasse a tornar-se inteligível, no que se refere à natureza, à sociedade e ao sobrenatural. Nesse percurso, colocam-se os emblemas propostos por Descartes: "Penso, logo existo"; por Hobbes: "O homem é o lobo do homem"; Rousseau: "O primeiro indivíduo que cercou um terreno e afirmou 'isto é meu' criou a sociedade civil, na qual emergem também misérias e horrores"; Kant: "Orientar-se pela própria razão, este é o lema da Ilustração"; Hegel, formulando a dialética "escravo e senhor", enquanto segredo das formas e possibilidades da consciência e do entendimento; e muitos outros, antes, depois e durante.

Simultaneamente, no entanto, desenvolve-se o compromisso, a luta e a ilusão da emancipação, da resolução dos dilemas, da superação das desigualdades que se criam e desenvolvem por dentro da sociedade civil, isto é, burguesa, capitalista.

Esse é um dos segredos mais importantes, difíceis e fascinantes dos tempos modernos, da modernidade-nação e da modernidade-mundo: a filosofia, as ciências sociais e as artes estão sempre desafiadas pelo contraponto alienação e emancipação. Muitas são as criações de uns e outros, filósofos, cientistas e artistas, nas quais está presente o desafio de esclarecer e realizar o esclarecimento; explicar e resolver; descobrir a trama das relações que constituem a alienação e realizar a emancipação; desvendar os nexos que constituem a realidade, tornando-a transparente.

Esse o clima histórico-social e mental em que a razão parece sempre levar consigo a fabulação, ambas imaginando o futuro e alimentando a utopia, contribuindo, dessa maneira, para o *reencantamento do mundo*.

No curso dos tempos modernos, são diversos os momentos excepcionais nos quais se colocam interrogações importantes ou cruciais sobre o futuro e a utopia, isto é, os futuros e as utopias. Vale a pena registrar, ainda que brevemente, alguns desses momentos mais notáveis — sem esquecer que a imaginação do futuro é algo inerente à modernidade, algo que se reitera contínua e periodicamente, em diferentes perspectivas, em linguagens científicas, filosóficas e artísticas. Talvez se possa afirmar que a persistência e a reiteração de previsões, fantasias e fabulações sobre o futuro seja algo inerente ao processo de "secularização" da história que se desenvolve no curso dos tempos modernos. "Secularização" no sentido de que a história começa a ser reconhecida como produto da atividade humana, dos trabalhos e dias de indivíduos e coletividades. Uma história, portanto, que se pode construir e transformar, reformar e revolucionar.

A SOCIOLOGIA E O MUNDO MODERNO

Esta é a ideia: o mundo moderno está atravessado por várias rupturas históricas de amplas proporções, envolvendo inclusive rupturas epistemológicas notáveis. O Renascimento, o Iluminismo, o relativismo e o globalismo podem ser tomados como momentos cruciais, abrindo outras perspectivas sobre o futuro e os futuros. Com o desenvolvimento do contraponto presente e passado, abrem-se novos impasses, aflições e perspectivas sobre o futuro. Por meio de previsões científicas, reflexões filosóficas e fabulações artísticas, em cada época multiplicam-se explicações, inquietações e fantasias sobre o que poderá ser o futuro, próximo e distante.

O *Renascimento* pode ser visto como um florescimento cultural, isto é, simultaneamente artístico, científico e filosófico, com o qual se inaugura uma era de utopias. Não é por acaso que as utopias de Tomaso Campanella, Thomas Morus e Francis Bacon nascem nesse clima histórico-social. Em *A cidade do sol*, *Utopia* e *Nova Atlântica*, esses pensadores estão, simultaneamente, exorcizando o presente, repensando o passado e imaginando o futuro. Diante das audaciosas criações artísticas, científicas e filosóficas em curso na época florescem explicações e fabulações, por meio das quais se projetam imagens, metáforas e alegorias sobre o futuro.

Mas cabe reconhecer que são também notáveis as criações nas quais o esclarecimento do presente, em termos também científicos, filosóficos e artísticos, implica instituir a ideia de história, o sentido de presente, passado e futuro. No teatro de Shakespeare, em *Os Lusíadas*, de Camões, *Dom Quixote*, de Cervantes, *Novum Organum*, de Bacon, *O Príncipe*, de Maquiavel; e *Elogio da loucura*, de Erasmo, entre outros, encontram-se sugestões mais ou menos notáveis sobre o que se pode denominar de secularização da história, ou desencantamento do mundo; o que envolve implícita ou explicitamente o contraponto presente-passado-futuro. Esse clima histórico-social e cultural em que se desenvolve a "querela antigos e modernos", por meio da qual se buscam e rebuscam raízes antigas, desde os clássicos, ao mesmo tempo que se afirmam e reafirmam inovações com as quais se inaugura a modernidade.

O *Iluminismo* inaugura outro ciclo notável de reflexões sobre a história, o contraponto presente-passado-futuro. Com ele a história se seculariza ainda mais, sem prejuízo dos espaços que se abrem para o mito, este também secularizado, isto é, formulado em linguagens filosóficas e científicas. O Iluminismo institui a primazia do racionalismo, mas também abre espaços para o Romantismo.

OCTAVIO IANNI

Este pode ser um aspecto fundamental do enigma da modernidade, quando se pensam as suas inquietações sobre o futuro: no seio da modernidade desenvolve-se o Romantismo, a preocupação com o povo e o indivíduo. Em diferentes linguagens, inclusive em diferentes perspectivas, são muitos os que querem resgatar, compreender, explicar e emancipar indivíduos e coletividades, isto é, a maioria, a multidão, a massa, os humilhados e ofendidos, os esquecidos dos campos e das cidades, movendo-se erraticamente na sociedade, no curso da história. São muitos os que se empenham em constituí-los como povo propriamente dito, enquanto coletividade de cidadãos. E há os que reconhecem que o indivíduo e o povo constituem as classes sociais hierarquizadas, as categorias com as quais a sociedade civil, burguesa e capitalista se organiza e move, em termos de força de trabalho e produção, riqueza e alienação, movimentos sociais e emancipação.

Algumas dessas preocupações do Romantismo manifestam-se mais ou menos nitidamente nas criações de Herder, Rousseau, Hegel, Goethe e Beethoven, entre muitos outros, em diferentes países. São criações contemporâneas da Revolução Industrial inglesa e da Revolução Francesa, ressoando a descolonização de colônias do Novo Mundo e influenciando também os outros continentes. Assim se clarificam e difundem novas formulações e aspirações sobre o indivíduo e o povo. Desde então, há sempre algo do Romantismo em muitas criações filosóficas, científicas e artísticas realizadas nos século XIX e XX, entrando pelo século XXI.

Esta é a ideia: no seio da modernidade, juntamente com o empenho em conhecer, explicar e redimir o indivíduo e o povo, está presente ou subjacente a intenção de projetar o que pode ser o futuro, a sociedade ideal, a comunidade por excelência, a utopia, em geral com o empenho de exorcizar os males do presente, sublimando o que poderia ser desejável, realizando imaginariamente o que se revela impossível no presente.

Note-se, pois, que o Romantismo fermenta várias tendências, ainda que todas enraizadas em uma visão crítica do presente, das condições sob as quais vivem o povo e o indivíduo, o homem e a mulher, a criança e o adulto, o nativo e o negro, o camponês e o operário. Em alguns há a rejeição do industrialismo, da "fábrica satânica", e a valorização do agrarismo, do pastoralismo. Em outros há o reconhecimento de que é possível extrapolar as potencialidades civilizatórias do industrialismo, da

A SOCIOLOGIA E O MUNDO MODERNO

sociedade de classes, das lutas sociais que se fermentam na fábrica e na cidade. Em uns e outros revelam-se utopias, nostalgias e escatologias.

É no âmbito do Iluminismo que se formula a "dialética do escravo e do senhor", uma das suas mais notáveis metáforas, ou alegorias, conforme se queira desenvolvê-la. Quando Hegel, em *Fenomenologia do espírito*, formula e desenvolve os termos dessa dialética, abre um horizonte de excepcional fecundidade para a inteligência não só das mais diversas formas de consciência social, como também das mais diversas formas de inteligência filosófica, científica e artística da história. É como se fosse uma iluminação universal, por meio da qual aprofunda-se, em escala excepcional, o esclarecimento das formas de sociabilidade; do jogo das forças sociais; das acomodações, tensões e transformações das relações e instituições sociais; do contraponto escravo e senhor, mulher e homem, negro e branco, nativo e colonizador, oriental e ocidental. Algo que estava em gérmen no contraponto Caliban e Próspero, em *A Tempestade*, de Shakespeare, adquire vibração artística no contraponto Mefistófeles e Fausto desenvolvido por Goethe em *Fausto*; realizando-se filosoficamente em *Fenomenologia do espírito* de Hegel. Em seguida, essa dialética ganhará novos desdobramentos em *O Capital*, de Marx, quando a reflexão sobre os nexos contitutivos da sociedade moderna, isto é, burguesa ou capitalista, alcança níveis de paroxismo. Uma dialética que continuará a enriquecer-se nos escritos de Gramsci, Lukács, Adorno, Horkheimer, Marcuse, Benjamin, Sartre, Brecht e outros, cientistas, filósofos e artistas.

Esta pode ser uma hipótese perfeitamente válida: a dialética escravo e senhor é uma das conquistas mais notáveis da modernidade, por meio da qual se torna possível pensar as dependências, reciprocidades, acomodações, cumplicidades, tensões e contradições que constituem os nexos essenciais das formas de sociabilidade, dos jogos das forças sociais, dos processos de integração e fragmentação, isto é, dos movimentos da história dos tempos modernos, compreendendo futuros e utopias.

O *relativismo*, que se inaugura com a fenomenologia de Husserl, a teoria da relatividade de Einstein e a psicanálise de Freud, entre outros filósofos, cientistas e artistas, parece instituir outros sentidos da história; na verdade, parece instituir a ideia de "histórias", no sentido de descontinuidades, reorientações, regressões, incertezas, incógnitas, irracionalismos. É como se a razão iluminista se desse conta de que o pensamento e as diversas formas de conhecimento, ainda que possam realizar muitos esclarecimentos, jamais poderão tornar a realidade plenamente transparente. Em diferentes linguagens, filósofos, cientistas e artistas trabalhando na transição do século XIX para o XX, lidam com a hipótese de que o mundo da cultura, a realidade histórico-social e a natureza são infinitos, erráticos, descontínuos, sujeitos a regressões, rebeldes no que se refere ao conceito, à categoria, à compreensão, à explicação. Partem desde os horizontes que se abrem com o Iluminismo para sugerir, reconhecer ou afirmar que a razão, simultaneamente crítica e instrumental, sempre esbarra no "inconsciente", "irracional", "subterrâneo", "abismo" ou parte submersa do *iceberg* que povoam o mundo da vida.

É claro que o relativismo implica ceticismo, no que se refere às certezas do Iluminismo. No plano epistemológico, implica colocar interrogações pertinentes aos "sistemas", às epistemologias abrangentes, históricas ou totalizantes do Iluminismo. Simultaneamente, no entanto, as criações filosóficas, científicas e artísticas do relativismo implicam a metamorfose da "história" em "mundo da vida", "existência", "cotidiano", "identidade". Aprimora-se e aprofunda-se o esclarecimento das formas de sociabilidade, colocando-se em segundo plano os jogos das forças sociais, os processos de organização e transformação da realidade social. É como se a "história" se dissolvesse em "histórias", nas quais sobressaem múltiplos "presentes". Nesse sentido é que o relativismo implica outra modalidade de imaginar o futuro, a utopia, isto é, futuros e utopias.

O *globalismo* pode implicar uma recriação do sentido de história, sem prejuízo de histórias, descontinuidades, reorientações, regressões, desenvolvimentos desiguais e combinados, não contemporaneidades.

É inegável que o novo surto de globalização do capitalismo abala os quadros sociais e mentais de referência com os quais indivíduos e coletividades estavam habituados a pensar e agir, em todo o mundo. As relações, os processos e as estruturas de dominação política e apropriação econômica que se desenvolvem com a globalização tanto se impõem às relações, aos processos e às estruturas locais, nacionais e regionais, como podem tornar-se decisivos para a interpretação das formas de sociabilidade e dos jogos de forças nos quais se movem indivíduos e coletividades, povos e nações. Algo que já ocorria em tempos passados, com o colonialismo e o imperialismo, adquire novos desdobramentos com o globalismo. Assim, a transnacionalização, a mundialização, a planetarização ou, mais propriamente, a globalização, constitui uma nova e abrangente con-

A SOCIOLOGIA E O MUNDO MODERNO

figuração geo-histórica, uma totalidade simultaneamente social, política, econômica e cultural, na qual se manifestam novos problemas ecológicos, religiosos, linguísticos, étnicos e outros, envolvendo indivíduos e coletividades, povos e nações, culturas e civilizações.

Sim, a história do mundo moderno pode ser vista como a história da modernidade, em termos de modernidade-nação, ou primeira modernidade, e modernidade-mundo, ou segunda modernidade. Elas se mesclam, fertilizam, conflitam, recompõem e transformam, em diferentes gradações e em distintos lugares. Mas são sempre importantes para a compreensão das formas de sociabilidade, dos jogos das forças sociais, das mentalidades e dos horizontes de indivíduos e coletividades. Em larga medida, no entanto, é no âmbito da modernidade que se revelam e desenvolvem as ideias e as práticas, as teorias e as ideologias, com as quais se taquigrafa o que indivíduos e coletividades compreendem ou almejam como sentidos da história: progresso, evolução, modernização, racionalização; ou selvagens, bárbaros e civilizados, povos históricos e povos sem história, sociedades arcaicas e modernas, países desenvolvidos e subdesenvolvidos, do Primeiro Mundo e do Terceiro Mundo, do Norte e do Sul; entre outras classificações produzidas e reproduzidas no curso dos tempos modernos, com as quais se instituem determinadas concepções sobre os nexos presente-passado-futuro, ou previsão científica e alegoria, em busca do futuro e da utopia.

É no âmbito do globalismo que se institui, em uma forma nova, evidente e surpreendente, o significado da história mundial. São tantos e tais os vínculos, as acomodações, as tensões e as fragmentações que se desenvolvem em escala mundial, que já se pode falar em formação de uma sociedade civil mundial; em primórdios de um real cosmopolitismo das coisas, gentes e ideias; na constituição do globalismo como um novo e surpreendente palco da história, em termos de modos de ser e mentalidades, formas de sociabilidade e de pensamento, jogos de forças sociais e luta de classes, guerras e revoluções; em novas modalidades de espaço e tempo; em um novo paradigma das ciências sociais, a filosofia e as artes.

Sim, na época do globalismo abrem-se novas perspectivas histórico-sociais, compreendendo suas implicações políticas, econômicas, culturais, ecológicas, demográficas, religiosas, étnicas, linguísticas e outras. Sem prejuízo das muitas histórias nacionais, locais e regionais, bem como do contraponto biografia e história, abre-se a possibilidade de se pensar e agir em termos de história universal.

Os historiadores não precisam mais inventar a ordem mundial para estudar a história mundial. O mundo existe como fato material e prática cotidiana na organização global da produção e destruição. É este fato, a integração global em curso no fim do século XX, que torna a presente crise da história mundial tão séria.[1]

Trata-se de uma crise, ou ruptura histórica e epistemológica, que abala mais ou menos profundamente os quadros sociais e mentais de referência de uns e outros, em todo o mundo. Daí a formação de novas perspectivas para a inteligência da história universal. "A história universal nem sempre existiu; a história, como história universal, é um resultado."[2]

Esse o cenário em que se abrem outras e novas perspectivas sobre o futuro. Desde as relações, os processos e as estruturas de dominação política e apropriação econômica do globalismo, logo se descortinam outros horizontes, problemáticos e fascinantes, sobre os desenvolvimentos da sociedade global, com implicações mais ou menos profundas nas sociedades nacionais, nas condições de vida de indivíduos e coletividades, em todo o mundo.

Esse o clima em que estão florescendo as utopias da sociedade global, dentre as quais cabe mencionar algumas: "mundo sem fronteiras", "nova ordem econômica mundial", "sociedade informática", "aldeia global", "mundo sistêmico", "terra-pátria", "fim da história", "lúmen 2000", entre outras. Podem ser vistas como utopias, metáforas, alegorias ou mesmo conceitos, explicações, taquigrafias. Em todos os casos, parte-se do presente e projeta-se o futuro. São diversos e complicados os futuros imagináveis, sobre os quais vale a pena refletir, ainda que de modo breve.

O globalismo pode ser tomado como um novo ciclo da história, visto como um ciclo de desenvolvimento intensivo e extensivo do capitalismo, considerado como modo de produção e processo civilizatório. Algo que já se iniciara com o mercantilismo, desenvolvendo-se com o colonialismo e o imperialismo, adquire novo ímpeto com o que tem sido denominado transnacionalização, mundialização, planetarização, mundo sem fronteiras e outras formulações. Trata-se da intensificação e generalização dos processos por meio dos quais o capital, a tecnologia, a força de trabalho, a divisão social do trabalho, o planejamento e o mercado, entre outras forças produtivas, adquirem maior dinamismo, abrem e reabrem fron-

A SOCIOLOGIA E O MUNDO MODERNO

teiras. Esse o contexto em que tanto se desenvolve a integração como a fragmentação, o que se revela tanto no âmbito das relações entre nações como no interior de muitas nações. Redefinem-se os localismos, nacionalismos e regionalismos. Acelera-se a ocidentalização do mundo e desenvolve-se também a orientalização do mundo, processos esses que se mesclam e atritam inclusive com a africanização e a indigenização. Aos poucos se forma uma sociedade civil mundial, uma espécie de Babel surpreendente, em termos de línguas, religiões e etnias, além das classes sociais. Aí manifestam-se movimentos políticos antigos e novos, entre os quais estão o neoliberalismo, o nazifascismo e o neo-socialismo. Assim se abrem dilemas, impasses e perspectivas surpreendentes, no que se refere ao futuro, à utopia.

Primeiro. Já está em curso *o declínio do Estado-nação*. A despeito da ampla gama de sociedades nacionais mais ou menos constituídas e articuladas, é inegável que o Estado-nação está sendo redefinido e realocado, no âmbito de um novo mapa do mundo. Os territórios e as fronteiras, as histórias e as tradições nacionais, as soberanias e as hegemonias, as culturas e as civilizações, são muitas as realidades que estão sendo lançadas em uma configuração geo-histórica mundial, simultaneamente sociocultural e político-econômica, que adquire crescente preeminência sobre tudo o que é local, nacional e regional. Se é verdade que os Estados nacionais continuam a ser atores importantes, é também inegável que as corporações transnacionais transformaram-se em atores ainda mais importantes. As corporações revelam-se não só versáteis, como também ubíquas.

Segundo. Portanto, a sociedade global já está altamente influenciada, organizada e administrada por umas poucas e *poderosas estruturas mundiais de poder*, das quais sobressaem as corporações transnacionais, em geral funcionando em conjugação com as organizações multilaterais, destacando-se o Fundo Monetário Internacional (FMI), o Banco Mundial (Bird) e a Organização Mundial do Comércio (OMC), uma espécie de "Santíssima Trindade" do capital em geral. Assim se garantem as condições para a reprodução ampliada do capital, em escala mundial, propiciando a crescente concentração da riqueza e a crescente expansão da pobreza.

Terceiro. *Desenvolvem-se as classes sociais em escala mundial*. O desenvolvimento intensivo e extensivo das forças produtivas, em escala mundial, globaliza as classes sociais e os grupos sociais, estes formados por etnias, nacionalidades, gêneros, religiosos, movimentos ecológicos, organizações não governamentais e outros.

Quarto. No âmbito do globalismo *formam-se geoeconomias e geopolíticas de diversos tipos e envergaduras*. São formações de alcance regional e mundial, com as quais se fermentam processos de integração e de fragmentação. A União Europeia adquire os primeiros contornos de um poderoso bloco de poder, destinado a disputar hegemonia com o bloco polarizado nos Estados Unidos. Em outra escala, o Japão polariza um bloco econômico também com potencial geopolítico. À medida que realiza a transição para a economia de mercado, a Rússia tende a polarizar as nações da Comunidade de Estados Independentes, oriundas da ex-União Soviética. Além disso, cabe observar o que ocorre na China, a qual tende a tornar-se uma peça importante nas geoeconomias e geopolíticas que envolvem a Ásia, isto é, os blocos polarizados em torno do Japão, da Rússia e dos Estados Unidos. Essas são conjecturas que, no limite, envolvem as ideias de guerra e paz.

Quinto. Por fim, o globalismo tanto se alimenta do *capitalismo* como fomenta o *socialismo*. É verdade que o capitalismo é um poderoso modo de produção e processo civilizatório, influenciando decisivamente a história dos tempos modernos. Mas também é verdade que esse mesmo capitalismo cria e desenvolve desigualdades, tensões e contradições socioculturais e político-econômicas que fermentam o socialismo. Esta é a hipótese: o globalismo pode ser o palco privilegiado da história, no qual o socialismo começa a formar-se como modo de produção e processo civilizatório, constituindo-se assim as condições e as possibilidades de outro ciclo da história universal.

É possível dizer que no futuro esconde-se a utopia. Pode ser uma projeção do presente, aprimorado ou purificado; mas também pode ser uma projeção do passado, idealizado. Há sempre algo de utopia ou nostalgia, quando se pensa o futuro, enquanto mundo possível, almejado. Em alguns casos, a imaginação do futuro envolve não somente a nostalgia, como também a escatologia. Há futuros catastróficos, par em par com futuros paradisíacos. Em todos os casos, o futuro guarda algo de a-histórico ou supra-histórico. Mesmo quando enraizado na previsão científica, o futuro que se desenha adquire algo de suspenso no espaço e no tempo, como fantasia ou alegoria. É por meio da fantasia e da alegoria que se torna possível alcançar o reencantamento do mundo.

NOTAS

1. Charles Bright e Michael Geyer, "For a Unified History of the World in the Twentieth Century", *Radical History Review*, n° 39, Nova York, 1987, p. 69-91, citação da p. 69.

2. Karl Marx, *Elementos Fundamentales para la Crítica de la Economía Política (Borrador) 1857-1858*, 3 volumes, trad. José Aricó, Miguel Murmis e Pedro Scarón, México, Siglo XXI Editores, 1971-76, vol. 1, p. 31.

CAPÍTULO XVIII — Sociologia do futuro

A sociologia está empenhada em refletir sobre o futuro. É óbvio que o futuro é invisível, pode apenas ser imaginado. Mas talvez seja possível sonhar que ele está próximo. Há momentos em que a "máquina do mundo" pode acelerar-se, criar outros e novos dilemas e perspectivas. Ocorre que o futuro, da mesma forma que o presente e inclusive o passado, podem ser vistos como configurações e movimentos da história, de tal modo que um e outros se constituem, imbricados.

Este é um desafio permanente para a sociologia e todas as ciências sociais: o seu objeto está sempre em movimento e transformação; torna-se mais complexo ou mesmo se clarifica; adquire uma configuração compreensível, ou explicável, mas também se altera, adquirindo outras conotações, além dos significados conhecidos; estende-se pela geografia e a história, revelando desenvolvimentos desiguais, contraditórios, simultaneamente articulados e desencontrados; combina diferentes durações, temporalidades e ritmos, produzindo não contemporaneidades; mescla indivíduos e coletividades, classes, castas e estamentos, nações e nacionalidades, etnias, gêneros, formas diversas de organização técnica e social do trabalho e da produção; delimita e confunde o público e o privado, a tirania e a democracia; realiza o progresso e a decadência, a reforma e a revolução, as guerras de nações, as guerras de classes, as guerras étnicas e as guerras religiosas; multiplica as conquistas da ciência, da arte e da filosofia, assim como da técnica, da ideologia e da utopia; promove a criação e a destruição, a riqueza e a pobreza, a alegria e a tristeza.

Diante de uma realidade simultaneamente complexa e movimentada, opaca e infinita, desconhecida e inquietante, viva e fascinante, a sociologia e todas as ciências sociais multiplicam suas linguagens, seus "conceitos" e "categorias", as descrições e as explicações, suas metodologias e teorias. A sociologia e todas as ciências sociais estão contínua e periodicamente desafiadas a criar e recriar meios e modos de interpretar as situações e os acontecimentos, as continuidades e descontinuidades, os processos e as estruturas, as hegemonias e as soberanias. Esse o clima em que florescem as metodologias e teorias, sempre em busca da "compreensão" ou da "explicação", de modo a aprimorar o esclarecimento e soltar a imaginação.

É claro que o futuro pode estar lá longe. Mas também pode-se percebê-lo mais próximo. Há ocasiões em que a "máquina do mundo" parece acelerar-se, criando outros e novos dilemas e horizontes. O futuro, assim como o presente e também o passado, são momentos e configurações dos movimentos da história, de tal modo que uns e outros se constituem, se conformam, desencontram-se e transformam-se.

Vale a pena refletir sobre a história, no contraponto futuro, presente e passado, em suas múltiplas combinações. Essa é a ocasião em que a compreensão e a explicação das realidades e novidades propiciam o conhecimento, principalmente quando se solta a fabulação.

O processo de globalização envolve uma ruptura de amplas proporções, abalando mais ou menos profundamente os quadros sociais e mentais de referência de uns e outros, em todo o mundo. Trata-se de uma ruptura simultaneamente histórica e epistemológica, provocando obsolescências e ressurgências de realidades e formas de pensamento, bem como o desafio de se taquigrafarem as novas realidades, formas de sociabilidade, jogos de forças sociais, formas de vida e trabalho, modos de ser, compreendendo, evidentemente, novos conceitos e novas categorias, com os quais se buscam a "compreensão" e a "explicação" da realidade. Os conceitos de indivíduo e sociedade, sociedade civil e Estado, comunidade e sociedade, mercado e planejamento, alienação e emancipação, assim como as categorias tempo e espaço, passado e presente, parte e todo, aparência e essência, sincrônico e diacrônico, estrutura e história, singular e universal, tudo se altera mais ou menos radicalmente no curso da ruptura simultaneamente histórica e epistemológica que se manifesta com o novo ciclo de desenvolvimento intensivo e extensivo do capitalismo.

Os estudos, as análises de problemas, os debates metodológicos e as formulações teóricas não são unânimes quanto à "globalização". Tanto é assim que há os que privilegiam as "relações internacionais" ou "transnacionais", enquanto que outros reafirmam a prevalência do "Estado nacional", ainda que reconhecendo a globalização em termos político-econômicos. Mas também manifestam-se os que insistem na ideia de que

A SOCIOLOGIA E O MUNDO MODERNO

o "globalismo" é um novo ciclo do "imperialismo", sem esquecer que outros reconhecem a globalização em termos de economia, mas não em termos de política. E cabe lembrar também os que se concentram na cultura, argumentando em termos de "cultura global" ou "cultura da globalização", inclusive manifestam-se muitos dizendo que está em causa a "mundialização" e não a "globalização". Entre uns e outros, fala-se em "internacionalização", "transnacionalização", "mundialização", "planetarização" e "globalização". Mas cabe reconhecer que todos, a despeito de suas diferentes perspectivas teóricas, de suas opções ideológicas ou dó fato de que examinam aspectos, problemas e situações, compreendendo o "local", o "provincial", o "tribal", o "regional" ou o "nacional", sim, todos contribuem para instituir a "sociedade global" como o novo emblema das ciências sociais, compreendendo-se a sociedade global em suas implicações políticas, econômicas, culturais, demográficas, geográficas, linguísticas, religiosas, étnicas, de gênero e outras esferas da realidade. Todos contribuem para instituir a formação social global como uma totalidade histórica e teórica, com importantes implicações epistemológicas.[1]

Esse o contexto em que já se multiplicam as metáforas, os conceitos e as categorias, assim como as ideologias, as utopias e as alegorias; nova ordem econômica mundial, mercado mundial, fábrica global, mercadoria global, corporação transnacional, organização multilateral, mercado emergente, economia-mundo, sistema-mundo, integração regional, sociedade de risco, realidade virtual, desterritorialização, cultura global, estrutura mundial de poder, Cosmópolis, mundo sem fronteira, aldeia global, terra-pátria, sociedade civil mundial, cidadão do mundo.

Esse, também, o contexto em que as ciências sociais ingressam em um novo ciclo de controvérsia e criação. Debatem-se as teorias e as epistemologias, assim como o "nacional" e o "global", o "local" e o "global", a "identidade" e a "diversidade". Tanto multiplicam-se as propostas metodológicas e teóricas como se reafirmam as que estão ou parecem estabelecidas, algumas por sua validade, outras pelas nostalgias que alimentam.

É no contexto da sociedade global que se coloca, sob novas perspectivas, a controvérsia micro e macroteorias, assim como a proposta de que as ciências sociais estão desafiadas a formular *metateorias*. Tanto os conceitos como as categorias de pensamento estão desafiados a lançar-se no âmbito de processos e estruturas de grande envergadura. São processos e estruturas que atravessam territórios e fronteiras, povos e nações, culturas e civilizações, envolvendo múltiplas formas de sociabilidade, diferentes jogos de forças sociais, distintas modalidades de organização técnica e social do trabalho e de produção; compreendendo mercados, fluxos de forças produtivas, estruturas nacionais, regionais e mundiais de poder; meios de comunicação, informação, análise, decisão, ênfase, distorção, fragmentação e esquecimento, apoiados em tecnologias eletrônicas. Esse o cenário em que o "espaço" e o "tempo" multiplicam-se, tanto sistematizando-se em modalidades como complicando-se com outras possibilidades; em que os contrapontos "presente" e "passado" se modificam; as articulações "partes e todo" adquirem outras dimensões; a dialética "singular e universal" lança-se em órbita global.

> A epistemologia contemporânea realizou (...) uma progressiva descoberta do fator histórico e do seu significado teórico dentro da tarefa científica, a ponto de Imre Lakatos ter sido levado a escrever que "a filosofia da ciência sem a história da ciência é vazia; a história da ciência sem a filosofia da ciência é cega".[2]
> A relação entre a epistemologia e o reconhecimento da presença do "fator histórico" na ciência ajuda a individualizar algumas componentes fundamentais da atual reflexão epistemológica mais aguerrida e mais criticamente esclarecida. (...) Todo o conhecimento se encontra sempre historicamente "imerso" num determinado patrimônio cognoscitivo: o conhecimento não é realmente um processo individual de uma teórica *consciência em geral*, mas o resultado da atividade social, uma vez que o patrimônio cognoscitivo já acumulado vai além dos limites a que o próprio indivíduo está sujeito.[3]

Já são muitos, em todo o mundo, os que põem em causa o "ocidentalismo", o "europeísmo" e o "americanismo", este como desdobramento de ambos. Ressurgem o "indigenismo", o "africanismo" e o "orientalismo", em diferentes modalidades. Tanto se redefinem, recriam, desenvolvem ou declinam fronteiras culturais e civilizatórias como se reafirmam, ressurgem ou redescobrem singularidades e universalidades culturais e civilizatórias.

Diferentemente do que já havia ocorrido no âmbito do colonialismo e do imperialismo, no âmbito do globalismo questionam-se o europeísmo e o americanismo, ou o ocidentalismo, de forma radical. Abrem-se

A SOCIOLOGIA E O MUNDO MODERNO

outros e novos horizontes de pensamento, tanto em busca de "diversidades" e "pluralidades" ou "relativismos" como de novos "universalismos". Na África e na Ásia, assim como nos outros continentes, multiplicam-se os debates e as criações relativas a problemas metodológicos, teóricos e epistemológicos. Simultaneamente às ressurgências e recriações, assim como às redescobertas e obsolescências, no âmbito da história e do pensamento, reafirmam-se ou apagam-se territórios e fronteiras culturais e civilizatórios. Torna-se difícil, ou mesmo impossível, delinear as linhas divisórias por meio das quais encontravam-se ou demarcavam-se o Oriente e o Ocidente, a África e a Europa, o Caribe, a América Latina e a América do Norte, a Europa Ocidental, a Europa Central e a Europa Oriental. Os processos e as estruturas em curso de transnacionalização modificam, embaralham, apagam ou recriam em outros termos as fronteiras dos povos e de nações, culturas e civilizações. Está em curso, outra vez, em outros termos, um vasto e complexo processo de "transculturação". Tudo e todos, coisas, gentes e ideias, estão metidos em um imenso, complexo e polifônico processo de *transculturação*.[4]

Mais uma vez, muitos são desafiados a repensar o passado, o que se registrou e esclareceu e o que não se registrou ou esqueceu. Sim, são dilemas e perspectivas que se colocam sobre o passado recente e distante, desde o presente problemático e inquietante. É como se uns e outros se questionassem por que estão onde chegaram; isto é explicável, desde as raízes pretéritas; haveria algo de que não deu conta, evidente ou escondido, que irrompe abrupto e inquietante. Daí a multiplicação das viagens de regresso, rebuscando princípios e desdobramentos, continuidades e descontinuidades: a era das revoluções, a era do capital, a era dos impérios e a era dos extremos; as economias-mundo e os sistemas-mundo; a ascensão e a queda das grandes potências; os impérios transatlânticos; ciclos, períodos, eras e longas durações; as ondas da economia mundial; a ocidentalização do mundo; a racialização do mundo; povos históricos e povos sem história; a gramática das civilizações; o choque de civilizações; a modernidade-mundo; o fim da história.[5]

Cabe reconhecer, pois, que a "sociedade civil mundial" em formação não é simplesmente uma versão ampliada da "sociedade civil nacional", seja qual for. Trata-se de outra formação social, simultaneamente geo-histórica, econômica, política e cultural, compreendendo aspectos demográficos, ecológicos, religiosos, linguísticos, étnicos, de gênero. Sob todos os aspectos, a sociedade mundial pode ser vista como uma formação social original, nova totalidade histórica e teórica.

A "sociedade mundial", vista como um todo, ou tomada em alguns dos seus aspectos, tem sido interpretada principalmente em termos de *Sistema*, *Mundo da Vida* ou *História*. O que já ocorria e continua a ocorrer nos estudos sobre a "sociedade nacional" torna-se frequente e predominante quando se trata da "sociedade global". A rigor, grande parte dos escritos sobre aspectos da realidade social, ou sobre esta tomada como um todo, realiza-se principalmente em conformidade com essas perspectivas teóricas, ou estilos de pensamento. A despeito da complexidade da realidade social e das múltiplas formulações teóricas elaboradas pelos cientistas sociais das diferentes épocas e nações, o que predomina, quando se trata de "compreender" ou "explicar", são essas três perspectivas. Aparecem em distintas verbalizações, línguas e linguagens, desde o princípio dos tempos modernos. É claro que na historiografia, geografia, demografia, economia, antropologia, sociologia, linguística e psicologia encontram-se contribuições notáveis, que escapam a essas polarizações. Inclusive elas, com frequência, combinam-se, anulam-se ou se enriquecem, conforme se pode verificar em estudos e em controvérsias. Mas é possível reconhecer que as contribuições mais notáveis das ciências sociais polarizam-se em termos dessas três perspectivas, que se revelam não só predominantes, mas provavelmente principais.

A rigor, as características dessas polarizações permitem sugerir ou mesmo afirmar que se trata de *três epistemologias distintas*. Cada uma compreende uma determinada concepção da realidade social, em seu tecido e em seus movimentos, em suas composição e sua dinâmica, em sua apreensão das formas de sociabilidade e jogos de forças sociais, em sua forma de taquigrafar os contrapontos, as relações, os processos e as estruturas, em suas possibilidades de articulação e desarticulação no que se refere a indivíduo e sociedade, biografia e história, objetividade e subjetividade. Cada uma compreende uma determinada noção de totalidade, em suas implicações empíricas e lógicas. Os contrapontos parte e todo, aparência e essência, evidência e significado, presente e passado, sincronia e diacronia, singular e universal conjugam-se de modo muito peculiar, conforme se trata de uma perspectiva sistêmica, fenomenológica ou histórica.

Além das três orientações fundamentais da sociologia e de todas as ciências sociais, cabe observar que já é evidente o empenho de uns e

A SOCIOLOGIA E O MUNDO MODERNO

outros no sentido de compreender ou explicar a realidade social desde os dilemas e os horizontes de alcance metateórico. Tudo o que é local, nacional e mundial pode adquirir significado mais límpido, quando se tomam em conta pontos e os imbricamentos, as continuidades e as tensões que germinam todo o tempo em cada uma e todas as configurações da realidade.[6]

Mais do que todas as outras, a *teoria sistêmica* tem sido a que maior presença revela, tanto na universidade como na sociedade, vista em escala mundial e, obviamente, também em escala nacional. A teoria sistêmica está presente e ativa, referente e perspectiva no ensino e na pesquisa de praticamente todas as ciências sociais. Nem sempre a linguagem utilizada é ortodoxa. São diversas e, algumas vezes, até mesmo um tanto ecléticas as linguagens, se pensamos em conceitos, categorias e explicações. Mas são muitos os estudos, as monografias e os ensaios, sem esquecer manuais e tratados, nos quais predomina a visão sistêmica da realidade, a articulação sistêmica da descrição e explicação.

E são muitas, se não todas, as instituições, corporações e organizações que se formam, funcionam e transformam em moldes sistêmicos. Antes, eram principalmente os Estados nacionais, as empresas, os sistemas de ensino, saúde e previdência, assim como as igrejas, os partidos políticos e a mídia, que se organizavam em moldes sistêmicos. Com os desenvolvimentos do ciclo de globalização do capitalismo, dinamizado com as tecnologias eletrônicas, a organização sistêmica das instituições nacionais, das corporações transnacionais e das organizações multilaterais adquire intensidade e amplitude excepcionais. A "sociedade informática", a "revolução digital", a multiplicação das "redes", "teias" e "infovias" estão na base do novo ciclo de globalização do capitalismo, dos mercados mundiais de forças produtivas, da aceleração e versatilidade das comunicações, informações, decisões, controles e mandos das corporações transnacionais e das organizações multilaterais. As coisas, as gentes e as ideias revelam-se desterritorializadas, volantes, migrantes, virtuais, ubíquas.

Todos aqueles que detêm maior poder, em escala mundial, detêm condições para preservar e ampliar ainda mais esse poder, devido ao monopólio de meios, técnicas e tecidos com os quais se formam, conformam e transformam as "redes", as "teias" ou os "sistemas", em termos de mercados e mercadorias, capital produtivo e especulativo, mídia impressa e eletrônica, monopólio da violência e definição de técnicas sociais, ideias e ideais, modos de ser e imaginários. Influenciam-se mais ou menos decisivamente mentes e corações de indivíduos e coletividades, multidões. Esse o contexto em que a mídia eletrônica realiza as figuras e as figurações do "princípio eletrônico", enquanto lugar por excelência da política.[7]

Mais do que todas as outras, a teoria sistêmica tem sido aplicada como a mais abrangente das metateorias. Seria capaz de descrever e explicar não só os mais diversos setores ou segmentos da sociedade local, nacional, regional e mundial, mas também a "natureza" em seus diversos aspectos e como um todo, explicando inclusive as relações e o metabolismo entre "sociedade e natureza". Na época da globalização, quando se intensifica e generaliza mais um ciclo de expansão mundial do capitalismo, a perspectiva sistêmica adquire novos desenvolvimentos, em termos metodológicos, teóricos e epistemológicos. Esse o contexto em que alguns autores empenhados na problemática ambientalista ou ecológica formulam as teses "terra-pátria" e "Gaia". É como se tudo e todos na sociedade e na natureza, compreendendo as espécies vegetais, animais e humana, abarcando inclusive territórios, fronteiras, continentes, ilhas, arquipélagos, rios, lagos, mares, oceanos, atmosfera, tudo e todos se compusessem como um vasto e complexo "ser vivo", um vasto e complexo "sistema telúrico", no qual a espécie humana pode existir, desenvolver-se, transformar-se, declinar ou mesmo extinguir-se.[8]

Cabe ressaltar, no entanto, que a epistemologia sistêmica funda-se na *razão instrumental*. Apoia-se na descrição e explicação da realidade, vista em dimensão micro, macro e meta, mas empenhando-se sempre em apreender as condições e as possibilidades de organização, funcionamento, equilíbrio, desequilíbrio, autorreprodução, autorreferência, auto-organização, *input-output-feedback*, "homeostase" ou "autopoiésis".

A presença e a preeminência da razão instrumental na perspectiva sistêmica revela-se de modo notável não só nas contribuições metodológicas, teóricas e epistemológicas dos seus autores. Revela-se de modo notável inclusive na ampla adoção em curso por parte de organizações multilaterais e corporações transnacionais, sem esquecer sua ampla adoção no âmbito do Estado nacional e todas as suas instituições, desde os Três Poderes aos ministérios e secretarias, aos sistemas de ensino, saúde e previdência, às relações entre o trabalho e o capital, aos aparelhos militares e policiais, aos órgãos de vigilância e repressão, compreendendo

A SOCIOLOGIA E O MUNDO MODERNO

boa parte do desempenho das corporações da mídia, em âmbito local, nacional, regional e mundial.[9]

Note-se, ainda, que a *teoria sistêmica* absorve e desenvolve as contribuições do *funcionalismo, pragmatismo, estruturalismo* e *cibernética*. As noções de totalidade, parte e todo, causa e função, equilíbrio e reposição, *input-output-feedback*, homeostase, autopoiésis, funcionalidade, normalidade, anormalidade, evolução e outras, próprias dessas correntes de pensamento, adquirem sofisticada articulação na teoria sistêmica. Sob a "lógica sistêmica" não cabem a lógica de "causa e efeito", da "conexão de sentido", da "hermenêutica" ou da "contradição", ou seja, estas são reelaboradas em conformidade com o código sistêmico. O que predomina é a lógica que articula o "organismo", compreendendo organismos vivos, vegetais, animais e humanos, assim como o próprio planeta, visto como um organismo — tudo isso em equilíbrio ou em busca de equilíbrio. Os organismos podem ser vistos, literal ou metaforicamente, como "máquinas" mecânicas, elétricas, eletrônicas; modelos estruturados, funcionais, previsíveis, controláveis, montáveis, desmontáveis. Sim, a despeito da impressão de caos e Babel, das diversidades e desigualdades, das continuidades e descontinuidades, das tensões e rupturas, a perspectiva sistêmica empenha-se em apreender o mundo evoluindo como uma nebulosa articulada, vertebrada, comportada.[10]

A *fenomenologia* está presente no ensino e na pesquisa, na universidade e na sociedade, em âmbito mundial e nacional, local e circunstancial. Algumas das ciências sociais, compreendendo principalmente as psicologias, a antropologia, a sociologia e a história, têm sido fertilizadas pelas contribuições de cunho fenomenológico. As noções de "identidade", "alteridade" e "diversidade", "eu" e "outro", bem como "cotidiano", "vivência", "existência", "circunstância", "situação", "vida" e "mundo da vida" traduzem algo ou muito da perspectiva fenomenológica. A ideia de "mundo da vida" impregna também os meios de comunicação, a mídia em geral, bem como criações artísticas. Está presente em romances, contos e poesias, teatro e cinema. Permite desvendar meandros insuspeitados da realidade, vida, modo de ser, agir, sentir, compreender, devanear, fabular, evadir-se.

Em formulações divulgadas e, às vezes, vulgarizadas pela mídia, a literatura de autoajuda e em correntes religiosas, o "mundo da vida" se traduz em "comportamento", "performance", "desempenho", "culto do corpo", "estética", "beleza", "conforto", "liberação física", ou "estresse", "depressão", "fossa", "insegurança", "síndromes", "pânicos", assim como o refúgio no "shopping center", no "condomínio" horizontal ou vertical, sem esquecer que boa parte das informações, imagens, manchetes, dizeres, sons, cores e impactos do noticiário sobre as mais diversas e engenhosas formas de violência urbana, terrorismo, narcotráfico e outros temas contribui, às vezes muitíssimo, para toda uma visão da vida de indivíduos, famílias e vizinhanças em termos de "mundo da vida", "indivíduo", "eu", "identidade", "outro", "estranho", "estrangeiro", que já estão, podem ser ou serão ameaçados ou ameaçadores. Aí mesclam-se *fenomenologia* e *behaviorismo*, em uma vasta e fantástica teatralidade, na qual ocorre a criminalização da sociedade e a intimidação das pessoas: adultos, velhos e crianças, negros e brancos, mulheres e homens, nativos e imigrantes, bem como uns e outros, conforme as condições de cada lugar, país, região, todos pertencentes aos setores sociais subalternos.

A fenomenologia apoia-se na *redução fenomenológica*, com a qual se deixa em suspenso tudo o que se poderia saber ou supor sobre realidade, situação, indivíduo, ser, circunstância, desde aí iniciando-se a observação, a empatia, a intuição, a experiência vicária. Implica a *compreensão* de si e do outro, ser, ator, ação social, relação social, interação; compreendendo atividade, inquietação, ilusão, evasão. Exige a *hermenêutica* dos signos, símbolos e emblemas, das figuras e figurações, metáforas e alegorias que impregnam e expressam o ser, o indivíduo, o ator. Sendo que a compreensão e a hermenêutica debruçam-se sobre as situações, as "linguagens", os "textos", tomando-os como narrativas.

A perspectiva fenomenológica implica intuir, vivenciar ou compreender o indivíduo, suas ações, sua subjetividade, a forma pela qual traduz as condições sob as quais vive em atividade, criatividade, modo de ser, sentir, agir, pensar, compreender, imaginar, sonhar, situar-se, evadir-se. A redução fenomenológica prescinde da história, dos processos sociais abrangentes, das continuidades e descontinuidades, da evolução, do progresso, do desenvolvimento da sociedade, porque tudo isso aparece contínua e reiteradamente no indivíduo, no eu, no cotidiano, na vivência, na existência. Em lugar da "grande narrativa", em busca de processos e estruturas abrangentes, de guerras e revoluções, de épocas e rupturas, tudo isso se capta nos modos de ser de indivíduos, situações, circunstâncias, vivências, subjetividades, aflições, realizações, criações, ilusões. Tra-

A SOCIOLOGIA E O MUNDO MODERNO

balha no nível da "pequena narrativa", elaborada compreensivamente. Desencanta universais desde eventos ou situações singulares, prosaicos, inesperados, recorrentes, surpreendentes.

O que se pretende compreender, em sua originalidade primordial, em seus meandros e em suas circunstâncias, expressões e significações, manifestações e implicações, é o mundo da vida, do ser social, em sua ação, interação, intenção, omissão, memória, lembrança, esquecimento.[11]

A perspectiva fenomenológica permite compreender de modo particularmente sensível as metamorfoses "subjetividade-objetividade", em suas múltiplas modulações. Apreende o fluxo dos acontecimentos próximos, distantes e remotos, no contraponto com a sensibilidade e criatividade do indivíduo, desde a sua subjetividade, formação, biografia, trajetória, memória, surpreendendo os fluxos da memória, devaneios, remorsos, esquecimentos. Apanha signos, símbolos e emblemas, figuras e figurações, traduzindo e recriando o dado e o significado, a biografia e a história, o indivíduo e a sociedade, o lapso e o relapso, a surpresa e a alucinação.

Mas essa perspectiva, realizando a "redução fenomenológica", propiciando a "compreensão hermenêutica" do "mundo da vida", enquanto uma reação à grande teoria, à perspectiva histórica e às explicações abrangentes, revela-se, ela também, uma "grande teoria", uma metateoria. Afirma a universalidade do ser, do indivíduo, da situação, da circunstância, da ação social, do agente, do ator. Confere a tudo o que constitui o mundo da vida a categoria de realidade social presente em toda sociedade e em todos os meandros da sociedade. Elege o singular, desvendando-lhe significações e conotações universais. Traduz o mundo da vida em vibrações, auras e enigmas da realidade-mundo. Nessa perspectiva, seria possível descobrir que Hamlet é o primeiro homem moderno, atravessado pela dúvida do ser e do não ser, assim como o sr. K. e Godot, todos revelando meandros surpreendentes da modernidade, metáfora de todo o mundo.[12]

Mais uma vez, com o novo ciclo de globalização do capitalismo, visto como processo civilizatório e modo de produção, são muitos, em todo o mundo, que se dão conta de que tudo é *história*. A visão histórica da realidade, compreendendo indivíduos e coletividades, classes sociais e grupos sociais, povos e nações, culturas e civilizações, logo se revela presente, efetiva e evidente, quando se levam em conta as relações, os processos

353

e as estruturas que constituem a transnacionalização, a planetarização, a globalização ou o globalismo, enquanto categoria histórica e teórica, a totalidade mais abrangente. Sim, as relações, os processos e as estruturas com os quais se forma, conforma e transforma o globalismo envolvem "dominação" e "apropriação", compreendendo tendências de integração e fragmentação, envolvendo a construção de hegemonias e soberanias, propiciando formas de alienação e lutas por emancipação.

É claro que são diversas as visões históricas do globalismo, das configurações e dos movimentos da sociedade global, em seu todo e em seus diferentes setores e segmentos. São vários os conceitos em uso nos estudos e debates sobre essa problemática, refletindo algo ou muito da historicidade das relações, dos processos e das estruturas que constituem a sociedade mundial: "economias-mundo", "internacionalização do capital", "racionalização do mundo", "dialética do capitalismo" e outras.

Mas cabe reconhecer que a historicidade do social aparece de modo particularmente acentuado e generalizado quando o novo ciclo de globalização do capitalismo não só engendra novas realidades, como também recria as realidades presentes, pretéritas, remanescentes, tornando a sociedade civil mundial o novo e principal palco da história, das formas de sociabilidade e dos jogos das forças sociais.

É possível demonstrar que, com os novos desenvolvimentos intensivos e extensivos do capitalismo, sempre visto como modo de produção e processo civilizatório, desenvolve-se um novo ciclo da "revolução burguesa em escala mundial". Transnacionalizam-se as forças produtivas e as relações de produção, desenvolvendo-se as classes sociais e os grupos sociais, estas compreendendo gêneros, etnias, religiões, ecologismos e outros movimentos sociais. Transnacionalizam-se formas de sociabilidade e jogos de forças sociais, burguesias, proletariados, assalariados em geral, classes médias, par em par com a desterritorialização de coisas, gentes e ideias. Estão em curso os processos de concentração e centralização do capital, atravessando territórios e fronteiras, continentes, ilhas e arquipélagos, mares e oceanos.[13]

É no âmbito da *sociedade civil mundial, vista como o novo palco da história,* que os indivíduos e as coletividades, as classes e os grupos, os gêneros e as etnias, as línguas e as religiões adquirem outros e novos significados, envolvendo movimentos de integração e fragmentação, acomodação e contradição, reforma e revolução.

A SOCIOLOGIA E O MUNDO MODERNO

Esta é a ideia: a dialética da história, quando vista desde os impasses e as perspectivas que se criam com o globalismo, tanto desenvolve a "revolução burguesa em escala mundial" como cria as condições e as possibilidades da "revolução socialista em escala mundial", revolução esta da qual participam diferentes categorias de assalariados, grupos étnicos, de gênero e outros, em todo o mundo; envolvendo mais ou menos amplamente todos os que padecem a "globalização desde cima" conduzida segundo os interesses das classes e dos grupos dominantes mundiais, e lutam pela "globalização desde baixo", movimentada pelas classes e os setores subalternos situados em perspectivas simultaneamente nacionais, regionais e mundiais. A mesma globalização engendra sua contradição, germinando sua negação.[14]

Quando se trata da perspectiva histórica, principalmente em sua acepção dialética, inspirada no pensamento de Hegel, Marx e outros, logo se evidencia que ela se enraíza na *razão crítica*. A interpretação dialética da história, da realidade social vista em sua historicidade, implica possibilidades de apreensão dos nexos e movimentos, das configurações e tensões, com os quais se forma, conforma e transforma a realidade social, em sua complexidade, seus dilemas e seus horizontes.

Quando refletimos mais demoradamente sobre diversas e distintas teorias, tendo em conta não só o modo pelo qual apreendem a realidade social, mas também os seus recursos metodológicos e os seus fundamentos epistemológicos, aparecem alguns novos problemas, também muito importantes. Vejamos alguns desses problemas, ainda que de modo breve.

Primeiro. A despeito de suas especificidades, no que se refere a questões de método e epistemologia, assim como na forma de apreender a realidade, as teorias estão sempre em diálogo umas com as outras, implícita ou explicitamente. Podem trabalhar o mesmo tema e inclusive formular interpretações convergentes ou semelhantes, ainda que em linguagens distintas. Mas esses paralelismos, ou convergências, às vezes muito importantes, não impedem controvérsias nem eliminam diferenças epistemológicas fundamentais. Além do mais, sempre se coloca a hipótese de que uma, por ser mais densa e abrangente, pode subsumir as outras. Esse é um desafio que está posto, quando se constata que a dialética da história pode contemplar tanto momentos de análise funcional, estrutural ou sistêmica quanto momentos de mergulho na vivência, na existência, no ser. A *"visão histórica do mundo" pode subsumir a "visão sistêmica do mundo" e, simultaneamente, o "mundo da vida".* O mundo da vida e a visão sistêmica do mundo podem ser vistos como modulações das configurações e dos movimentos da história.

Segundo. Cada teoria, por sua densidade e abrangência, pela linguagem que inaugura e institui, pelos seguidores criativos ou não que germina e pelos antecedentes que inventa, logo se estabelece como um *estilo de pensamento.* Às vezes é tão evidente o estilo que muitos autores são logo identificados como sistêmicos, fenomenólogos ou dialéticos, nesses termos ou por meio de expressões, e da imaginação, logo se verifica que a perspectiva teórica realmente densa e abrangente, ao mesmo tempo que se institui como estilo de pensamento configura-se como toda uma *visão do mundo.* A recorrência de temas e linguagens, as referências múltiplas, simultâneas e reiteradas, as imagens, figuras e figurações, bem como os conceitos, as categorias e as interpretações, tudo isso logo se desdobra em uma visão do mundo mais ou menos clara, demarcada. É como se a realidade, difícil, complexa, opaca e infinita, aos poucos adquirisse fisionomia e vida, configuração e movimento, como se fosse um ser muito especial, excepcional, cumprindo um destino.

Terceiro. Toda teoria, ao desdobrar-se em estilo de pensamento e visão do mundo, logo aponta para o *futuro.* Revela-se como se fosse uma estrada e um convite à viagem destinada a outra forma de sociedade, ao futuro, à *utopia.* O desvendamento do presente suscita interrogações sobre o passado, quais poderiam ser as raízes do presente, e remete a imaginação, as inquietações e as ilusões para o futuro. A perspectiva sistêmica, com a qual se elabora toda uma arquitetura sistêmica do mundo, logo suscita a ideia de que o futuro pode ser o presente aperfeiçoado, o *status quo* aprimorado. A perspectiva fenomenológica, com a qual se descobre o mundo da vida, logo suscita a ideia de que o futuro pode ser mais vida, muito mais mundo da vida, como realização do humanismo, no qual sobressaem o eu, a vivência, a existência, no contraponto subjetivação-objetivação ou realização e danação. A perspectiva dialética, com a qual se desvendam os nexos, as tensões e as contradições constitutivos da sociedade, das formas de sociabilidade e dos jogos das forças sociais, com os quais se produzem as diversidades e as desigualdades, as hierarquias e as lutas sociais, logo suscita a ideia de que o futuro pode ser um lugar, lá longe ou próximo, um mundo que está sendo produzido pela "máquina do mundo", um mundo no qual os indivíduos e as coletividades encon-

A SOCIOLOGIA E O MUNDO MODERNO

trarão a emancipação e a transparência, enquanto momentos e figurações excepcionais de realização da humanidade.

NOTAS

1. Martin Albrow, *The Global Age*, Cambridge, Polity Press, 1996; David Held, *Democracy and the Global Order*, Cambridge, Polity Press, 1995; Richard Peet, *Global Capitalism*, Londres, Routledge, 1991; Daniel Patrick Moynihan, *Pandemonium* (Ethnicity in International Politics), Oxford, Oxford University Press, 1994; Geoffrey Robertson Q.C., *Crimes Against Humanity* (The Struggle for Global Justice), Londres, Penguin Books, 1999; Paul Ekins, *A New World Order* (Grassroots Movements for Global Change), Londres, Routledge, 1992.

2. Imre Lakatos, *The Methodology of Scientific Research Programmes* (Philosophical Papers, Volume I), Cambridge, Cambridge University Press, 1989, p. 102, citação do cap. 2, "History of Science and Its Rational Reconstructions".

3. Fabio Minazzi, "Epistemologia, criticismo e historicidade", em Ludovico Geymonat e Giulio Giorelllo (orgs.), *As razões da ciência*, trad. João da Silva Gama, Lisboa, Edições 70, 1989, p. 253-91, citações das p. 265-7. Consultar também I. Bernard Cohen, *Revolution in Science*, Cambridge, 1995; Octavio Ianni, *Teorias da globalização*, 3ª edição, Rio de Janeiro, Civilização Brasileira, Harvard University Press, 2001; Nike Featherstone, Scott Lash e Roland Robertson (eds.), *Global Modernities*, Londres, Sage Publications, 1995.

4. Samir Amin, *L'Eurocentrisme*, Paris, Anthropos, 1988; Edward W. Said, *Orientalismo*, trad. Tomás Rosa Bueno, São Paulo, Companhia das Letras, 1990; Charles A. Moore (org.), *Filosofia: Oriente e Ocidente*, trad. Agenor Soares dos Santos, São Paulo, Editora Cultrix, 1978; Ehsan Naraghi, *L'Orient et la Crise de l'Occident*, trad. Brigitte Simon, Paris, Editions Entente, 1977; P.H. Coetzee A.P.J. Roux (ed.), *The African Philosophy Reader*, Londres, Routledge, 1998; Akbar S. Ahmed e Hastinge Donnan (eds.), *Islam, Globalization and Postmodernity*, Londres, Routledge, 1994; Ocatvio Ianni, *Enigmas da modernidade-mundo*, Rio de Janeiro, Civilização Brasileira, 2000, esp. cap. IV, "Transculturação".

5. Marc Ferro, *Falsificações da História*, trad. Cascais Franco e Vitor Romaneiro, Lisboa, Publicações Europa-América, 1994; Fernand Braudel, *A dinâmica do capitalismo*, trad. Carlos da Veiga Ferreira, Lisboa, Teorema, 1986; Immanuel Wallerstein, *O capitalismo histórico*, trad. Denise Bottmann, São Paulo, Editora Brasiliense, 1985; Eric R. Wolf, *Europe and the People Without History*,

OCTAVIO IANNI

Berkeley, University of California Press, 1982; Thomas Sowell, *Concquests and Cultures*, Nova York, Basic Books, 1998; Theda Skocpol, *Social Revolutions in the Modern World*, Cambridge, Cambridge University Press, 1996.

6. Richard A. Slaughter (ed.), *New Thinking for a New Millennium*, Londres, Routledge, 1996; Immanuel Wallerstein, *Unthinking Social Science* (The Limits of Nineteenth-Century Paradigms), Cambridge, Polity Press, 1991; Ervin Laszlo, *La Visione Sistemica del Mondo*, Milão, Gruppo Editoriale Insieme, 1991; Immanuel Wallerstein (org.), *Para abrir as ciências sociais*, São Paulo, Cortez Editora, 1996, sem indicação do tradutor; Roland Robertson, *Globalização*, trad. João R. Barroso, Petrópolis, Editora Vozes, 2000; Leslie Sklair, *Sociologia do sistema global*, trad. Reinaldo Endlich Orth, Petrópolis, Editora Vozes, 1995; Bruce Mazlish e Ralph Buultjens (eds.), *Conceptualizing Global History*, Oxford, Westview Press, 1993.

7. Octavio Ianni, *Enigmas de modernidade-mundo*, Rio de Janeiro, Civilização Brasileira, 2000, esp. cap. VI, "O príncipe eletrônico".

8. James Lovelock, *As eras de Gaia*, trad. Beatriz Sidou. Rio de Janeiro, Campus, 1991; Edgar Morin e Anne Brigitte Kern, *Terra-Pátria*, trad. Paulo Neves, Porto Alegre, Editora Sulina, 1995.

9. Ludwig von Bertalanffy, *Teoría General de los Sistemas*, trad. Juan Almela, México, Fondo de Cultura Económica, 1993; Pierre Delattre, *Teoria dos sistemas e epistemologia*, trad. Teresa Ferrand, Lisboa, A Regra do Jogo Edições, 1981; Norbert Wiener, *Cibernética e sociedade*, trad. José Paulo Paes, São Paulo, Editora Cultrix, 1968; Niklas Luhmann, *Social Systems*, trad. John Rodnarz Jr. e Dirk Baccher, Stanford, Stanford University Press, 1995; Niklas Luhmann, "The World Society as a Social System", *Int. J. General Systems*, vol. 8, 1982; Ervin László, *La Visione Sistemica del Mondo*, trad. Davide Cova, Milão, Gruppo Editoriale Insieme, 1991.

10. Jurgen Habermas, *La Lógica de las Ciencias Sociales*, trad. Manuel Jiménez Redondo, Madri, Editorial Tecnos, 1988, esp. cap. III, "El Funcionalismo en Ciencias Sociales"; Jurgen Habermas e Niklas Luhmann, *Teoría della Societè o Tecnologia Sociale* (Che Cosa Offre la Ricerca del Sistema Sociale?), trad. Riccardo Di Corato, Milão, Etas Libri, 1983; Max Horkheimer, *Crítica de la Razón Instrumental*, trad. H.A. Murena e D.J. Vogelmann, Buenos Aires, Editorial Sur, 1973. Há tradução deste livro de Max Horkheimer, *Eclipse da Razão*, trad. Sebastião Uchoa Leite, Rio de Janeiro, Editorial Labor do Brasil, 1976.

11. Willhelm Dilthey, *Introducción a las Ciencias del Espiritu*, trad. Eugenio Imaz, México, Fondo de Cultura Económica, 1949; Alfred Schutz, *Fenomenologia e relações sociais*, trad. Angela Melin, Rio de Janeiro, Zahar Editores, 1979; M. Merleau-Ponty, *La Fenomenología y las Ciencias del Hombre*, trad. Beatriz B. de González e Raúl A. Piérola, Buenos Aires, Editorial Nova, 1964.

A SOCIOLOGIA E O MUNDO MODERNO

12. Quentin Skinner (ed.), *The Return of Grand Theory in the Human Sciences*, Cambridge, Cambridge University Press, 1990; Irving M. Zeitlin, *Rethinking Sociology*, Englewood Cliffs, Nova Jersey, Prentice-Hall, 1973, esp. caps. IV, "Phenomenology", e V, "Symbolic Interaction"; Jeffrey C. Alexander, *Twenty Lectures* (Sociological Theory Since World War II), Nova York, Columbia University Press, 1987; Jurgen Habermas, *La Lógica de las Ciencias Sociales*, trad. Manuel Jiménez Redondo, Madri, Editorial Tecnos, 1988, esp. cap. II, "Hermeneutica".

13. Ernest Mandel, *Late Capitalism*, trad. Joris De Bres, Londres, New Left Review, 1975; Christian Palloix, *L'Economie Mondiale Capitalista*, 2 tomos, Paris, François Maspero, 1971; Eric Hobsbawm, *Era dos Extremos*: o breve século XX: 1914-1991, trad. Marcos Santarrita, São Paulo, Companhia das Letras, 1995; John Gray, *Falso Amanhecer* (Os equívocos do capitalismo global), trad. Max Altman, Rio de Janeiro, Record, 1999.

14. Samir Amin, *Los Desafíos de la Mundialización*, trad. Marcos Cueva Perus, México, Siglo Veintiuno Editores, 1997; Immanuel Wallerstein, *Despues del Liberalismo*, trad. Stella Mastrangelo, México, Siglo Veintiuno Editores, 1996; Jeremy Brecher, John Brown Childs e Jill Cutler (ed.), *Global Visions* (Beyond the New World Order), Boston, South End Press, 1993; Michael Hardt e Antonio Negri, *Empire*, Londres, Harvard University Press, 2000.

CAPÍTULO XIX   Ciência e utopia

A história do mundo moderno é também uma história de utopias. Em cada sociedade e em cada época, em âmbito nacional e em âmbito mundial, formulam-se utopias sobre a "cidade ideal", a "terra sem males", o "reino da transparência", o "mundo sem fronteiras", a "aldeia global", a "comunidade plena", o "paraíso", o "eldorado". Estão impregnados de elementos sociais, econômicos, políticos e culturais, bem como religiosos, linguísticos, ecológicos, étnicos, de gênero e outros. Projetam o futuro do devir, a realização plena dos ideais, o fim das carências, a harmonia universal, a música das esferas. Em alguns casos, é evidente a significação religiosa, mágica ou mística. Mas predominam as formulações laicas, seculares, de cunho político-econômico, desde as liberais às anarquistas, passando pelas fascistas, nazistas, social-democratas, socialistas, comunistas.

Todas as utopias negam o presente e projetam o futuro, muitas vezes sublimando o que poderia ser, ou ter sido, o aperfeiçoamento do *status quo* ou a sua total negação. Em certos casos, ressoa a do *status quo* ou a sua total negação. Em certos casos, ressoa a idealização do passado, do que teria sido uma "idade de ouro", algo que se perdeu, que seria possível reencontrar, recriar.

Daí por que a utopia sempre leva consigo algo, ou muito, de escatologia. Exorciza e nega os males do presente como deformações, retrocessos, desvios, traições. É como se a realidade não estivesse nunca em conformidade com a possibilidade, a idealidade, sempre contaminada pela desigualdade, alienação, brutalidade.

Vista assim, em termos gerais, a "utopia" sempre rima com "escatologia" e "nostalgia", mesclando o possível e o impossível, a realidade e a idealidade, o sofrimento e a emancipação, a desdita e a redenção.

Mas as utopias não são apenas produtos das faculdades da imaginação ou ilusão, metaforizando o "encantamento do mundo", também "reencantamento do mundo", pela magia, tradição, fabulação. É possível encontrar ressonâncias mais ou menos amplas entre as utopias, nas quais podem mesclar-se elementos geo-históricos e mágico-religiosos, tradicionalismos e modernidades, todas mais ou menos descoladas desta ou daquela "sociedade", sempre reinventando a "comunidade". Mas também é possível reconhecer que há verdadeiras "famílias de utopias", quando se reiteram "instituições" e "valores", "práticas" e "ideais" envolvidos, o que ocorre frequentemente no âmbito do pensamento social dos tempos modernos.

Em especial, cabe reconhecer que *as ciências sociais são notáveis matrizes de utopias*. As mais importantes criações de cientistas sociais estão sempre desdobrando-se em ciência e ideologia, ou melhor, ciência-ideologia-utopia. Desde que se formam as ciências sociais, com Maquiavel, Hobbes, Locke, Rousseau e outros, a utopia está sempre à espreita, de forma aberta ou sub-reptícia. Seja na própria formulação inicial do seu autor ou desdobramentos propostos pelo próprio autor, seja por seus continuadores, discípulos, dissidentes, a utopia está sempre à espreita, sugerindo o depois, o possível, a eliminação das aflições, a emancipação de indivíduos e coletividades, povos e nações.

As ciências sociais sempre deixam ecoar em suas produções algo ou muito do mito da "cidade ideal", vista como uma realidade sociocultural e político-econômica, compreendendo formas de sociabilidade, modos de ser. A reflexão sobre a realidade social, em seus impasses, anomalias, tensões e desencantos, bem como em suas acomodações e funcionalidades, realizações e possibilidades, leva sempre consigo a "cidade ideal", uma espécie de *meta-alegoria*, harmonizando, pacificando e realizando plenamente indivíduos e coletividades, povos e nações, assim como os ideais mais altos do compromisso da razão com a emancipação.[1]

O *liberalismo* pode ser visto como uma teoria, prática e ideologia, levando sempre muitos de seus adeptos, aberta ou veladamente, à ideia de utopia. Os pensadores que se dedicaram a construir o edifício do liberalismo, desde Locke a John Stuart Mill, passando por Alexis de Tocqueville e outros, estavam construindo as bases e as possibilidades da sociedade funcional e produtiva, harmônica e progressiva, com a qual se estaria realizando a cidade ideal, a melhor conjugação entre a cidade dos homens e a cidade de Deus, na qual predominaria o indivíduo e o individualismo, a propriedade e a lucratividade, a competitividade e a racionalidade, tudo

A SOCIOLOGIA E O MUNDO MODERNO

isso como combinação ideal de "livre empresa" e "mercado", da "mão invisível" e "destruição criativa". Assim se realiza a sociedade nacional, a melhor integração sociedade-Estado, compreendendo a soberania, a democracia, a cidadania.

Na época do globalismo, já não impera o liberalismo "clássico", com o qual se buscava a realização do nacionalismo, do capitalismo nacional. Na época do globalismo, recria-se o liberalismo sob a forma de *neoliberalismo*, quando as corporações transnacionais e as organizações multilaterais se tornam os principais e poderosos atores do capitalismo mundial. Trata-se de uma teoria, uma prática e uma ideologia lançadas direta e amplamente em âmbito mundial, promovendo a dissolução de territórios e fronteiras, projetos de capitalismo nacional e projetos de socialismo nacional, de forma a propiciar o desenvolvimento intensivo e extensivo do capitalismo, em escala global. Assim se abalam as bases sociais e mentais de referência de uns e outros, em todo o mundo, todos lançados direta e indiretamente no âmbito do globalismo. Sob o globalismo, o neoliberalismo carrega consigo, de forma aberta ou implícita, a ideia de utopia global. Aí florescem, novamente, em termos de sociedade global, os ideais de "progresso", "evolução", "racionalização", "capitalismo e liberdade", "mundo sem fronteiras", "nova divisão transnacional do trabalho e produção", "mercado", "competitividade", "lucratividade", "mão invisível" e "destruição criativa". São ideais inspirados nos escritos de F.A. Hayek, Milton Friedman, Joseph A. Schumpeter, Raymond Aron e outros, em diferentes linguagens, com distintas ênfases, divulgados aos quatro cantos do mundo.

É no horizonte do globalismo que o neoliberalismo visualiza a "nova ordem econômica mundial", a "aldeia global", a "terra-pátria", a "dissolução da geografia", o "fim da história". Em poucas décadas, o mundo é visto como se fosse uma vasta cidade, um mundo totalmente urbanizado, industrializado, mercantilizado, fábrica global, shopping center global, povoado de cidades globais.[2]

Em diferentes correntes do pensamento social, está presente, ou subjacente, a ideia de um futuro possível, ideal, imaginário, utópico. O *positivismo* de Auguste Comte visualizava as idades "metafísica", "teológica" e "positiva", esta como o clímax aperfeiçoado de tudo o mais: ordem e progresso, lei e ordem, ciência e técnica, saber-prever-poder etc. Algo semelhante está presente no *evolucionismo* de Herbert Spencer, quando

365

distingue "selvagens", "bárbaros" e "civilizados", considerando-se que estes são os mais avançados, plenos e realizados; esquecendo que estes, os civilizados, estão realizando a barbárie, apoiada na ciência e técnica, por meio de formas determinadas de organização da produção-distribuição-troca-consumo; compreendendo não só as guerras de conquista, como também a mutilação ou destruição de outras culturas e civilizações: em nome do ocidentalismo, da europeização do mundo, ou seja, do capitalismo.[3]

O *funcionalismo*, desde Émile Durkheim, leva consigo a possibilidade da crescente e harmônica divisão do trabalho social, desenvolvendo a "normalidade" e a "eunomia" em detrimento da "patologia" e da "anomia"; desenvolvendo as "representações coletivas" em detrimento das "representações particulares"; tudo isso promovendo a integração produtiva e funcional de cada um e de todos, organizados em corporações: sempre tendo-se em conta que o princípio da causação funcional esclarece e orienta a explicação e a prática. Esse o *funcionalismo* que se aperfeiçoa no *estruturalismo*, na *cibernética* e na *teoria sistêmica*, com a qual o globalismo se organiza e funciona, reiterando o progresso e a decadência, a guerra e a destruição, a riqueza e a ruína.[4]

O *marxismo* coloca-se criticamente em face do liberalismo e do neoliberalismo, do positivismo e do funcionalismo, bem como de alguns dos desdobramentos dessas correntes de pensamento social. Coloca-se criticamente, no sentido de que aproveita contribuições dessas correntes de pensamento e as debate, em geral em busca dos nexos constitutivos e dinâmicos da realidade social, em busca das acomodações e mudanças, tensões e contradições que constituem e movimentam a sociedade nacional e mundial. Interroga-se sobre as formas de organização técnica e social do trabalho e da produção, as crises e os ciclos da economia, as guerras e as revoluções, a democracia e a tirania. Aos poucos as contribuições de Marx e alguns dos seus seguidores mais criativos, inspirados na dialética hegeliana, abrem os horizontes da transformação do capitalismo, germinando o "comunismo": sugerem que as criações e as tensões que se engendram com o capitalismo fermentam a sociedade do futuro, a crescente emancipação de indivíduos e coletividades, povos e nações.

Faz tempo que o mundo tem um sonho, do qual basta ter consciência para torná-lo realidade. Não se trata de traçar uma reta do passado ao futuro,

A SOCIOLOGIA E O MUNDO MODERNO

mas realizar as ideias do passado. Veremos, finalmente, que a humanidade não se iniciará em um novo trabalho, mas realizará, desde o princípio, conscientemente, seu trabalho antigo.[5]

Na época do globalismo, quando o capitalismo ingressa em um novo ciclo de desenvolvimento intensivo e extensivo, redesenhando o mapa do mundo, criam-se outras condições de reflexão e fabulação. Quando se abalam as bases sociais e mentais de referência de uns e outros, em todo o mundo, também a imaginação se põe em movimento. São muitos os que imaginam novos horizontes da democracia, em termos políticos e sociais, compreendendo emancipação e redenção de indivíduos e coletividades, povos e noções, em todo o mundo.[6]

Esta pode ser uma das bases das novas utopias, das utopias do globalismo: diante das crescentes dificuldades que se estendem, da violência que se fabrica continuamente, do terrorismo que se industrializa, muitos buscam salvação. Resgatam ideais antigos e inventam outros, de modo a exorcizar o presente e idealizar o futuro, muitas vezes buscando ilusões pretéritas, sonhos antigos. Assim, vista em si, como um todo mais ou menos articulado, a utopia revela-se uma *alegoria*, uma fabulação do que poderia ser o futuro: a região mais transparente, a terra sem males, a comunidade plena, o paraíso, o eldorado.

A rigor, este é um enigma fundamental, quando se formula, põe em prática ou apenas imagina a utopia: ela não resiste à dinâmica da história, ou seja, ao jogo das forças sociais que germinam e manifestam-se contínua, periódica e reiteradamente, envolvendo formas de sociabilidade e modos de ser, objetividades e subjetividades. A história está sempre presente, carregada de passado e potencializada de futuro, aquém e além do conceito e da metáfora, da categoria e da alegoria. Enquanto vida e criação, práxis coletiva e individual, jogos de forças sociais e formas de sociabilidade, modos de ser e ilusões, a história transborda do ideal e do imaginário, do dito e da desdita, surpreendendo os desavisados e os avisados. O pretérito está sempre latente ou explícito, resgatado ou nostálgico, impregnado de presente e ressoando no futuro. O presente jamais se apaga, apenas se transfigura, parcial ou amplamente, ressurgindo conhecível ou irreconhecível no futuro. E o futuro não é o pleno amanhecer, a fundação do novo mundo, de outro mundo, mas o palco de horizontes e tempestades.

367

OCTAVIO IANNI

> No início tudo estava numa ordem razoável na construção da Torre de Babel; talvez a ordem fosse até excessiva, pensava-se demais em sinalizações, intérpretes, alojamentos de trabalhadores e vias de comunicação, como se à frente houvesse séculos de livres possibilidades de trabalho. (...) Argumentava-se da seguinte maneira: o essencial do empreendimento todo é a ideia de construir uma torre que alcance o céu. Ao lado dela tudo o mais é secundário. Uma vez apreendida na sua grandeza, essa ideia não pode mais desaparecer; enquanto existirem homens, existirá também o forte desejo de construir a torre até o fim. (...) Cada nacionalidade queria ter o alojamento mais bonito; resultaram daí as disputas que evoluíram até lutas sangrentas. Essas lutas não cessaram mais; para os líderes elas foram um novo argumento no sentido de que, por falta de concentração necessária, a torre deveria ser construída muito devagar ou de preferência só depois do armistício geral. As pessoas porém não ocupavam todo o tempo apenas com batalhas; nos intervalos embelezava-se a cidade, o que entretanto provocava nova inveja e novas lutas. Assim passou o tempo de primeira geração, mas nenhuma das seguintes foi diferente; sem interrupção só se intensificava a destreza e com ela a belicosidade. A isso se acrescentou o sem-sentido da construção da torre do céu, mas já estavam todos muito ligados entre si para abandonarem a cidade.[7]

A utopia não resiste aos nexos e às tensões que configuram e movimentam a realidade social, as formas de sociabilidade, os jogos das forças sociais, os modos de ser de uns e outros, indivíduos e coletividades, distribuídos, integrados, hierarquizados e dispersos na sociedade, tanto nacional como mundial, tudo isso imerso em continuidades e descontinuidades, rupturas e ilusões, com as quais se tecem os enigmas da realidade, os movimentos da história.

A utopia é principalmente um sonho, produto da imaginação, em busca da liberdade, igualdade e fraternidade, do governo do povo, para o povo, pelo povo. É uma expressão permanente e reiterada de negação do presente, de exorcismo do que se vive e padece, compreendendo nostalgias e escatologias, de tal modo que, no limite, o presente parece tornar-se mais explícito, revelado, mutilado, inacabado.

Sim, no limite a utopia pode ser o mais fino e audacioso exercício experimental, por meio do qual revelam-se as diversidades e desigualdades, as condições e as possibilidades, as tensões e as impossibilidades, as realidades e as ilusões do presente de uns e outros, indivíduos e coletivi-

A SOCIOLOGIA E O MUNDO MODERNO

dades. Pode ser uma alegoria do futuro, com a qual o presente se torna mais evidente, real, inexorável, candente.

NOTAS

1. Roger Mucchielli, *Le Mythe de la Cité Idéale*, Gérard Monfort (ed.), Paris, Presses Universitaires de France, 1960; Armand Mattelart, *História da utopia planetária* (Da cidade profética à sociedade global), trad. Caroline Chang, Porto Alegre, Editora Sulina, 2002; Jean Delumeau, *Mil anos de felicidade* (Uma história do paraíso), trad. Paulo Neves, São Paulo, Companhia das Letras, 1997; Condorcet, *Esboço de um quadro histórico dos progressos do espírito humano*, trad. Carlos A. Ribeiro de Moura, Campinas, Editora da Unicamp, 1993.

2. Francis Fukuyama, *O fim da história e do último homem*, trad. Aulyde Soares Rodrigues, Rio de Janeiro, Rocco, 1992; Edgar Morin e Anne B. Kern, *Terra-pátria*, trad. Paulo Neves, Porto Alegre, Editora Sulina, 1995; Marshall McLuhan e Bruce R. Powers, *The Global Village* (Transformations in World Life and Media in the 21st Century), Nova York, Oxford University Press, 1989.

3. Auguste Comte, *Reorganizar a sociedade*, trad. Álvaro Ribeiro, Lisboa, Guimarães Editores, 1977; Herbert Spencer, *Do progresso, sua lei e sua causa*, trad. Eduardo Salgueiro, Lisboa, Editorial Inquérito, s/d.

4. Ervin László, *La Visione Sistemica del Mondo*, trad. Davide Cova, Milão, Editoriale Insieme, 1991: Ludwig von Bertalanffy, *Teoria General de los Sistemas*, trad. Juan Almela, México, Fondo de Cultura Económica, 1993.

5. Karl Marx, "Carta de Karl Marx a Arnold Ruge", publicada em Karl Marx e Arnold Ruge, *Los Anales Franco-Alemanes*, trad. J.M. Bravo, Barcelona, Ediciones Martinez Roca, 1970, p. 65-9, citação da p. 69.

6. José Seoane e Emilio Taddei (orgs.), *Resistencias Mundiales* (De Seattle a Porto Alegre), Buenos Aires, Clacso, 2001.

7. Franz Kafka, *Narrativas do espólio*, trad. Modesto Carone, São Paulo, Companhia das Letras, 2002, citação de "O brasão da cidade", p. 108-9.

CAPÍTULO XX   Utopia e alegoria

A arte, a ciência e a filosofia podem ser vistas como formas de "conheci-mento", ao mesmo tempo que como formas de "encantamento". Tudo sobre o que se debruçam, realidades ou imaginários, fragmentos ou ple-nitudes, do presente, passado ou futuro, adquire outras e novas significa-ções; esclarece, obscurece ou resplandece. Cada uma a seu modo, tanto clarificam meandros e situações, impasses e perspectivas, ou modos de ser e fantasias, como apontam tendências, imaginam possibilidades, in-ventam horizontes. Sim, as linguagens artísticas, científicas e filosóficas podem ser vistas como narrativas de distintas modalidades e potenciali-dades, com as quais se elucidam, compreendem ou explicam situações e eventos, impasses e crises, transformações e retrocessos, desencontros e tendências, possibilidades e impossibilidades, envolvendo indivíduos e coletividades, povos e nações, culturas e civilizações.

Esta é a ideia: as criações artísticas, científicas e filosóficas sempre levam consigo algo de esclarecimento e encantamento. Ao mesmo tem-po que realizam alguma forma de compreensão ou explicação, envolvem possibilidades de fabulação. Lançam luzes e sombras, cores e movimentos, sons e significados, desvendando modos de ser e fantasias, realidades e virtualidades. Nesse sentido é que as criações artísticas, científicas e filo-sóficas podem levar consigo também "utopias", "nostalgias" ou "escatolo-gias". Esclarecem e iludem, acenando com significados recônditos, guar-dados no presente, herdados desde o passado ou escondidos no futuro.

Talvez se possa dizer que toda utopia leva consigo algo de nostalgia e de escatologia. Exorciza o presente e o passado, esconjurando tudo o que pode ser inquietante ou inextricável, sombra ou sombrio. É como se fosse uma invenção excepcional e experimental, por meio da qual se adquire maior clareza sobre o presente e o passado, bem como clarividência sobre o futuro.

A utopia nasce do "sofrimento" ou da "nostalgia", assim como do "esclarecimento" ou da "fantasia". Está sempre escondida nas coisas, nas situações, nos acontecimentos, assim como nos indivíduos, nas coletividades, nos povos, compreendendo os trabalhos e os dias. Aparece inesperada, ou lentamente, por dentro e por fora dos modos de ser, inquietações, ilusões ou formas de sociabilidade, jogos de forças sociais, rupturas históricas. Pode ser mística, artística, filosófica ou científica, mas sempre combinando elementos de umas e outras origens, desenvolvendo-se, refinando-se, negando-se ou compondo-se em outras e novas modalidades, como criações aquém e além das coisas, gentes, ideias, explicações ou fantasias. Nesse sentido é que a utopia é sempre uma alegoria, exorcizando e sublimando coisas, gentes, ideias e aflições, terrores e ilusões.

> Cada uma das grandes utopias do Renascimento é a expressão de setores sociais desesperados que tiveram que suportar o caos da transição entre formas econômicas distintas. (...) A situação destes setores sociais proporcionou o argumento para a primeira grande utopia dos tempos modernos, dando, por sua vez, nome a todas as posteriores: *A Utopia* de Thomas Morus, de 1516. (...) A utopia salta por cima do tempo. Partindo de uma série de inquietações, determinadas por uma situação real da sociedade e modificações em curso na sociedade, busca-se exigir uma sociedade perfeita com os meios existentes no presente.[1]

Esta é a situação social que impressiona profundamente a sensibilidade e o pensamento de Thomas Morus: são muitos, multidões, os servos e ex-servos, ou trabalhadores rurais, com as suas famílias, que estão sendo expulsos das terras comunais; terras estas que passam a ser utilizadas como pastagens para carneiros, dos quais se extrai a lã para a indústria nascente.

> Esses animais — os carneiros — são, habitualmente, bem mansos e pouco comem. Mas disseram-me que, no momento, mostram-se tão intratáveis e ferozes que devoram até os homens, devastam os campos, casas e cidades. Efetivamente, em todos os pontos do reino onde se obtém a mais fina lã, portanto a mais preciosa, os senhores, os nobres e até santos abades não se contentam mais com os rendimentos e produtos que seus antepassados costumavam retirar de seus domínios. (...) Não deixam nenhuma parcela de terra para ser lavrada; toda ela transformou-se em pastagens.

A SOCIOLOGIA E O MUNDO MODERNO

Derrubam casas, destroem aldeias; e, se poupam as igrejas é, provavelmente, porque servem de estábulos a seus carneiros. (...) Uns saem enganados, outros são expulsos à força; alguns, enfim, cansados de tantos vexames, se veem forçados a vender o que possuem. Enfim, esses infelizes partem, homens e mulheres, casais, órfãos, viúvos; pais com os filhos nos braços. (...) Todos emigram, largam seus lugares, os lugares onde viveram, e não sabem onde se refugiar (...) errantes.[2]

São muitas as utopias povoando o imaginário e a realidade do mundo moderno. Estão presentes, implícitas ou explícitas, nas ideias de "progresso", "evolução", "modernização", assim como nas ideias de "mão invisível", "*Homo economicus*", "destruição criativa", "revolução". Há algo de utopia perpassando continuamente a ideia de "sistema", assim como a de "história". São muitos os que tomam e retomam essas ideias, criticando-se, rejeitando-os, desenvolvendo-as ou aperfeiçoando-as, mas sempre deixando transparecer algo de utopia, de sua utopia. Sem esquecer que toda utopia lança alguma luz sobre o presente e o passado, pelo exorcismo e a sublimação. No limite, pode ser vista como uma espécie de experimento ideal, imaginário, por meio do qual se adquire maior discernimento sobre a realidade.

No curso do mundo moderno, juntamente com as ideias de "progresso", "evolução" e "modernização", entre outras, logo se verifica que a "técnica" é vista como positiva, importante, indispensável. É a filha da ciência transformada em instrumento ativo das atividades sociais, compreendendo instituições e organizações, empresas e corporações, aparelhos estatais, escolas e meios de comunicação. Tanto é assim que "tecnificação" e "civilização" são encaradas como processos que tendem a harmonizar-se e dinamizar-se, promovendo o "progresso", a "modernização". Esta é uma ideia muito frequente nas instituições e organizações públicas e privadas ligadas às atividades científicas e tecnológicas. Em geral, esquecem-se os desastres, as distorções, as guerras e outras destruições, nas quais estão presentes técnicas de todos os tipos, desde as mecânicas, elétricas e eletrônicas às atômicas.

Hoje, após duas guerras mundiais e três grandes revoluções, sabemos que não existe necessariamente correlação entre a avançada tecnologia e a avançada moralidade. Muitos primitivos, cujo controle sobre o meio ambiente era rudimentar, conseguiram ser felizes, virtuosos e, dentro do possível, criativos. Ao contrário, membros de sociedades civilizadas, dotados de recursos tecnológicos para exercer considerável controle sobre o meio ambiente, são incontestavelmente infelizes, desajustados e sem criatividade. No campo das relações internacionais, as diferenças mais marcantes entre os homens do século XX e os antigos assírios é que os primeiros teriam métodos mais eficientes de cometer atrocidades e seriam capazes de destruir, tiranizar e escravizar em escala muito maior.[3]

A verdade, no entanto, é que o "progresso" tem sido também errático, contraditório e destrutivo. Envolve o desenvolvimento desigual, a decadência, a ruína. Sem esquecer que nunca é propriamente geral, mas seletivo, fragmentário, realizando-se de conformidade com os recursos, os poderes e as decisões daqueles que detêm o controle das instituições e organizações político-econômicas e socioculturais.

"Os historiadores, quando descrevem uma determinada era como progressiva, nunca se preocupam em nos dizer precisamente quem experimenta o progresso em causa nem como ele é experimentado."[4]

Este é o desafio: o "progresso", a "evolução", a "modernização" e outros emblemas frequentes na história da modernidade são problemáticos, por suas implicações práticas e teóricas, tanto quanto ideológicas. Podem ser metáforas antes do que conceitos.

O contraponto entre o que se conhece e o que se desconhece faz parte intrínseca da atividade intelectual, seja ela de senso comum ou propriamente filosófica, científica e artística. Todos estão, sempre e reiteradamente, desafiados pelo que se desconhece, bem como pelo risco de que o que parecia conhecido pode revelar-se desconhecido, diverso, transfigurado, demandando outros esclarecimentos. Acontece que o que é desconhecido ou inexprimível parece estar sempre à espreita no que sabemos, no que está explicado. Todos os que explicam, ou seguem a explicação, são desafiados a vigiar o conceito, a categoria, a lei ou outras formas do conhecimento alcançado. Há um momento em que a "democracia" pode transfigurar-se em "tirania", o "trabalho" em "alienação", a "razão" em "danação". É como se o pensamento estivesse sempre à beira do estranho, insondável, inesperado. Há sempre um enigma permeando o fato e o significado, o particular e o geral, o presente e o passado, a aparência e a essência, o singular e o universal. Esse o clima em que nasce a explica-

A SOCIOLOGIA E O MUNDO MODERNO

ção, assim como a fabulação. A mesma busca permanente e reiterada do esclarecimento leva consigo a possibilidade do encantamento. Em muitos casos, a explicação é também uma recriação. É como se o processo de reflexão buscasse desencantar do fato, do acontecimento, da realidade, aquilo que é e o que poderia ser, o devir escondido nas coisas, nas gentes e nas ideias, modos de ser, sentir, agir, pensar, compreender, explicar, imaginar. Daí a frequente conjugação entre explicação e fabulação, ciência e utopia, metáfora e alegoria, desencantamento e reencantamento.

> Enquanto continuar a existir um verbo "ser" que parece funcionar como "comer" e "beber", enquanto tivermos os adjetivos "idêntico", "verdadeiro", "falso", "possível", enquanto continuarmos a falar de um fluir do tempo, de uma vastidão do espaço etc., etc., continuaremos a tropeçar nas mesmas perplexidades e a olhar espantados para algo que nenhuma explicação parece ser capaz de esclarecer. E, além disso, isto satisfaz um desejo de transcendência, visto que na medida em que as pessoas pensam que lhes é possível ver os "limites da compreensão humana", acreditam, evidentemente, que lhes é possível ver para além desses limites (...) o inexprimível (o que considero misterioso e não sou capaz de exprimir) talvez seja o pano de fundo a partir do qual recebe sentido seja o que for que eu possa exprimir. (...) Antes de haver aviões, as pessoas sonhavam com aviões e com aquilo a que se assemelharia um mundo onde eles existissem. Mas assim como a realidade de nenhum modo se assemelhou a esse sonho, também não temos qualquer razão para pensar que o futuro virá a transformar no que agora sonhamos.[5]

São muitas as utopias povoando o mundo moderno, impregnando as coisas, as gentes e os imaginários, as inquietações e as ilusões, demarcando caminhos e descaminhos. Nem sempre deixam transparecer suas raízes, próximas ou remotas, pretéritas ou futuras. Levam consigo algo de inefável, recôndito, submerso, escondido ou inextricável das coisas e das gentes, dos sentimentos e pensamentos, dos modos de ser e agir, de pensar e imaginar. Constituem-se como visões de mundo nas quais se exorcizam, sublimam, metaforizam ou alegorizam o "sofrimento" ou a "nostalgia", o "esclarecimento" ou a "fantasia".[6]

É claro que cada utopia é única, por seu autor, sua perspectiva filosófica, científica ou artística, bem como pelo horizonte histórico-social em que se situa. A utopia é também uma narrativa na qual mesclam-se texto e contexto.

Mas é possível reconhecer que há temas, enigmas e ideais que perpassam umas e outras, ainda que em diferentes linguagens e significados. São elementos mais ou menos comuns, que se criam e recriam em distintas entonações. Há "famílias" de utopias por suas recorrências, seus diálogos e suas controvérsias.

Em *A cidade do sol*, de Campanella, assim como em *Admirável mundo novo*, de Huxley, estão postos emblemas tais como "sofrimento", "nostalgia", "esclarecimento" e "fantasia", par em par com emblemas tais como "individualidade e coletividade", "saúde e eugenia", "propriedade e comunidade", "tirania e democracia", "razão e emancipação", "técnica e alienação", entre outros.

Em *A cidade do sol* perpassa claramente uma idealização de muito do que poderia ser mais próprio e original do helenismo, do romanismo e do cristianismo, como que recuperado e recriado nos primeiros momentos dos tempos modernos, desde o horizonte em que se encontra Campanella. São elementos revalorizados, de modo a evitar que os males do presente persistam e se consolidem. Respondem a aflições e impasses socioculturais, político-econômicos, éticos, religiosos e outros.

> Aquele povo ali se encontra vindo da Índia, por ele abandonada para livrar-se da desumanidade dos magos, dos ladrões e dos tiranos, que atormentavam aquele país. Todos determinaram, então, começar uma vida filosófica, pondo todas as coisas em comum. (...) Afirmo que essa república, como o século de ouro, é desejada por todos e ordenada por Deus, quando pedimos que a sua vontade seja feita assim no céu como na terra. Se não é praticada, isso se deve à maldade dos príncipes, que submetem os povos a si, não ao império da razão suprema. (...) Procuramos, igualmente, para a nossa república, fazer tesouro das observações da experiência e da ciência de toda a Terra. Para isso, estabelecemos até peregrinações, comunicações de comércio e embaixadas.[7]

Em *Admirável mundo novo*, a utopia é simultaneamente escatologia. Revela uma visão não só crítica, mas desesperada, em face dos desenvolvimentos da técnica e da tirania, da racionalidade instrumental determinada pelas grandes corporações e pelas "razões de Estado", em detrimento da individualidade, cidadania, emancipação, humanidade. Aí se acompanham algumas das metamorfoses da ciência em técnica de organização, produção, administração, controle, orientação, de tal modo que a razão instrumental articula as coisas, as gentes e as ideias, compreendendo a afetividade e a subjetividade, como em um mundo totalmente sistêmico.

> Decantamos nossos bebês sob a forma de seres vivos socializados, sob a forma de Alfas ou de Ípsilons, de futuros, carregadores ou de futuros (...) Administradores Mundiais. (...) Os livros e o barulho intenso, as flores e os choques elétricos — já na mente infantil essas parelhas estavam ligadas de forma comprometedora; e, ao cabo de duzentas repetições da mesma lição, ou de outra parecida, estariam casadas indissoluvelmente. O que o homem uniu, a natureza é incapaz de separar. As crianças crescerão com o que os psicólogos chamavam de um ódio "instintivo" aos livros e às flores. Reflexos inalteravelmente condicionados. Ficarão protegidas contra os livros e a botânica por toda a vida. (...) Nas quatro mil salas do Centro, os quatro mil relógios elétricos deram simultaneamente quatro horas. Vozes desencarnadas ressoaram, saindo dos pavilhões dos alto-falantes. (...) Corriam rumores estranhos acerca de velhos livros proibidos, ocultos num cofre-forte do gabinete do Administrador. Bíblias, poesia — só mesmo Ford sabia o quê. (...) Agora temos o Estado Mundial. E as comemorações do dia de Ford, os Cantos Comunitários, os Ofícios de solidariedade.[8]

São muitas e distintas as utopias da modernidade. Cada uma em sua singularidade, sua visão do mundo. Mas todas "alegorias" do outro mundo, de outros mundos, combinando nostalgias e escatologias, nas quais perpassam sofrimento, esclarecimento e fantasia. São alegorias nas quais se exorcizam e sublimam as inquietações e ilusões de indivíduos e coletividades em busca de felicidade, como algo que poderá realizar-se, lá longe.

Sim, cada utopia é uma alegoria. Mas vistas em conjunto, e tendo-se em conta o diálogo aberto ou implícito que realizam entre si, aparecem como fragmentos, esboços, cartografias ou narrações de uma outra e vasta alegoria do mundo moderno, da modernidade. É como se fosse uma imensa e múltipla narrativa, metanarrativa, simultaneamente policrônica e polifônica, na qual encontram-se tanto o paraíso e o eldorado como o caos e Babel. Parece que cada uma e todas as utopias levam consigo tanto os ideais e as ilusões como os fragmentos e as ruínas com os quais se constrói cada uma e todas as sociedades.

Note-se, no entanto, que o sofrimento, a nostalgia, a fantasia e o esclarecimento estão sempre enraizados nas formas de sociabilidade e nos jogos das forças sociais, bem como nas rupturas e reorientações com as quais se forma, transforma, expande e universaliza a modernidade: a crescente tradução de ciência em técnica e da técnica em forma de organização, administração, produção, mudança e controle; a crescente explicação das diferentes esferas da realidade social, natural e sobrenatural; a emergência da sociedade civil e do Estado; a gênese dos princípios de liberdade, igualdade e propriedade, organizados no contrato; a emergência do indivíduo como categoria histórica e de pensamento; a metamorfose do dinheiro em capital, do excedente econômico em lucro e mais-valia, do trabalho em técnica de alienação; tudo isso no âmbito do capitalismo, visto como modo de produção e processo civilizatório; processo civilizatório que tanto incorpora o cristianismo e o islamismo, o budismo e o confucionismo, como engendra o anarquismo, o socialismo e o comunismo, sem esquecer o liberalismo, o fascismo e o nazismo.

Está em curso o "desencantamento do mundo": aos poucos, tudo se compreende, esclarece ou explica; a razão adquire predomínio, elucidando as coisas, as gentes e as ideias, as realidades e as fabulações, os sonhos e as ilusões. É como se ela se revelasse uma luz excepcional e universal, incutindo em tudo e todos realidades e fabulações, formas, cores, sons, movimentos e vibrações, diferentes, novos, transcendentes. Tanta e tal é a força da razão que Nietzsche pôde declarar a "morte de Deus", sendo que Michel Foucault, desde o estruturalismo, e Niklas Luhmann, desde a teoria sistêmica, julgaram que já era tempo de declarar a "morte do homem". Empenhados em questionar a razão iluminista, a modernidade, levaram-na ao paroxismo.

No mesmo clima em que floresce a sabedoria, floresce a utopia. São muitas as utopias, nostalgias e escatologias que se criam e multiplicam no curso dos tempos modernos, influenciando indivíduos e coletividades, em todo o mundo. Começam com as criações de Tommaso Campanella, Thomas Morus e Francis Bacon. Algumas são formuladas como tais, enquanto ficções sobre modos de ser, sentir, pensar, agir, compreender, explicar, imaginar e fabular. Outras estão nas entrelinhas de ensaios e tratados, aforismos e epigramas, digressões ou mesmo explicações. Talvez

A SOCIOLOGIA E O MUNDO MODERNO

uma combinação ideal de *"virtù"* e "fortuna" seja o segredo da utopia de Maquiavel em *O Príncipe*. Há algo de uma utopia do romantismo no argumento de Rousseau em *Do contrato social*, quando discorre sobre a "vontade geral" e "república" ideal, com apenas alguns milhares de habitantes, prenunciando uma versão do que poderia ser a construção de "hegemonia". A metáfora da "mão invisível" implica a utopia de que o crescente desenvolvimento da divisão do trabalho social, em âmbito nacional e mundial, pode produzir a generalização do bem-estar social. Há algo de utopia na tese de Marx de que a "revolução social", enraizada nas lutas de classes, bem como no desenvolvimento desigual e combinado e nos processos de crescente concentração e centralização, resultará na criação de uma sociedade sem classes, a sociedade comunista, simultaneamente nacional e mundial. A ideia de que o *"homo economicus"* e a "escolha racional" são fundamentos da economia e da política, da "livreiniciativa" e do "mercado" também leva consigo algo de utopia. Par em par com a ciência, a explicação, o conceito ou a categoria, vão também a ideologia e a utopia, a metáfora e a alegoria.

A literatura também é pródiga em utopias, por intenção ou implicação. No início dos tempos modernos, em *A Tempestade*, Shakespeare cria a sua versão de sociedade em uma ilha que pode fazer parte do Novo Mundo. Em seguida, cabe a Daniel Defoe, com *Robinson Crusoé*, formular a sua versão da nova sociedade. Nos dois casos, estão presentes o europeu e o nativo, o colonizador e o colonizado, o senhor e o escravo. São alegorias de um mundo desconhecido, no qual se projetam condições e possibilidades de outras, novas, diferentes e semelhantes formas de ser, agir, sentir, pensar, trabalhar, produzir, mandar, repartir. É como se fosse projetado algo totalmente imaginário, no que se inserem, deliberada ou sub-repticiamente, categorias e quadros de referência com os quais se exorcizam e sublimam formas de sociabilidade e jogos de forças sociais nos quais se situa o autor, a perspectiva histórico-social em que se situam indivíduos e coletividades dos quais faz parte o autor. Isto tudo se torna ainda mais evidente quando o Novo Mundo é visto como o lugar do "paraíso" ou do "eldorado". São inquietações com as quais os europeus, descobridores, conquistadores e colonizadores alimentam suas fainas e seus dias. Já estão todos, consciente e inconscientemente, galvanizados pela ideia de que o "ouro" é a riqueza com a qual se funda a inocência do paraíso e a ambição que povoa o eldorado. O que vem junto são migrações, diásporas e holocaustos, formas de trabalho compulsório e destruição de civilizações, de modos de ser, formas de sociabilidade, jogos de forças sociais, realidades, ilusões. Sim, de repente verifica-se que a busca da utopia pode ser destrutiva para os que se encontram no caminho, os que estavam lá, assim como para os transeuntes, aventureiros, conquistadores, caminhantes. Uns e outros modificam-se, mutilam-se ou transfiguram-se.

Talvez se possa dizer que *Martín Fierro*, de José Hernández; *Macunaíma*, de Mario de Andrade; *Canto geral*, de Pablo Neruda; *O Congresso*, de Jorge Luis Borges; *Pedro Páramo*, de Juan Rulfo; e *O general em seu labirinto*, de Gabriel García Marquez, são também antiutopias, derradeiras dissoluções de ilusões sobre o Novo Mundo, o paraíso, o eldorado. São alegorias do desencanto, dos passos perdidos em busca da região mais transparente. Em pleno século XX, já às vésperas do século XXI, essas narrativas ressoam visões pretéritas, antigas, geradas no início dos tempos modernos, mas ressoando ainda lá longe, no fim dos tempos.

Há fragmentos de utopias nas muitas "ruínas" que se espalham pelo mundo, demarcando a geografia e a história, assinalando mitos e mitologias. Independentemente de que tenham ou não sido monumentos vivos de utopias, subsistem no imaginário de muitos como se fossem fragmentos de utopias. Enquanto monumentos inseridos na vida de indivíduos e coletividades, nas formas de sociabilidade e jogos das forças sociais, teriam sido principalmente símbolos de heroísmos e façanhas, envolvendo santos e heróis, histórias e tradições, guerras e revoluções, vitórias e derrotas. Na maioria dos casos, no entanto, as ruínas são recriadas nas crônicas, nos relatos, nas memórias, nas lembranças, nos esquecimentos. Aos poucos ocorre uma espécie de fabulação, recobrindo a ruína com a metáfora do monumento que ela permite imaginar. Ocorre uma espécie de encantamento, como se a ruína se transformasse no segredo dos outros tempos, modos de vida, formas de sociabilidade, jogos de forças sociais, mitos e mitologias. O passado, cada vez mais remoto, longínquo, adquire cores, sons, formas, movimentos, vida. Tudo parece límpido e transparente. São evocações frequentes, possíveis, verossímeis ou inventadas, com as quais se vivificam o Parthenon de Atenas, as pirâmides e a esfinge do Egito, a Muralha da China, as alturas de Machu Picchu, as pirâmides de Theotihuacan, a Biblioteca de Alexandria, o continente submerso de Atlântida, no qual poderia estar escondido o Novo Mundo, a Torre de Babel. São signos, símbolos e emblemas, transfigurados em metáforas e alegorias de outros mundos. Evocam fantasias com as quais se nutre sucessiva e periodicamente o imaginário de indivíduos e coletividades, culturas e civilizações. São metáforas e alegorias que fertilizam utopias, tecendo e retecendo passado e presente, passado, presente e futuro. Assim também é que se foge do presente, principalmente por suas inquietações, seus dilemas e suas aflições. São muitos os que se evadem, mesmo que seja por meio de fragmentos de ruínas pretéritas, longínquas.

Em muitos casos, são fluidas as fronteiras entre "utopia", "nostalgia" e "escatologia", sendo que em alguns elas se mesclam em uma única narrativa, uma complexa alegoria. É como se toda uma vasta gama de inquietações, símbolos e enigmas se reunisse em uma composição densa, tensa, explosiva. Mas subsiste a significação geral predominante de utopia. É como se o que se nega simultaneamente afirma o que se nega. É como se a alegoria do desencanto, das ilusões perdidas, escondesse algo do encantamento das ilusões sonhadas. Esse o clima em que se podem situar narrativas como *Assim falou Zaratustra*, de Friedrich Nietzsche; *O Processo*, de Franz Kafka; *O homem sem qualidades*, de Robert Musil; *Dr. Fausto*, de Thomas Mann; e *Esperando Godot*, de Samuel Beckett. São antiutopias. Situam-se no nível das raízes mais profundas do sofrimento, do que há de padecimentos em indivíduos e coletividades, em suas condições de existência, subjetividades. Traduzem visões trágicas da vida, de modos de ser.

A utopia pode ser uma "sociedade", uma "comunidade" ou uma "cidade". Situa-se lá longe, além da geografia e da história. Sempre leva consigo algo ou muito do seu autor, que pode ser um indivíduo ou uma coletividade, alguns ou multidões. Tanto é assim que uns e outros atravessam os tempos e os lugares, impregnando culturas e civilizações. É como se, sem o saber, carregassem consigo muito do que são, do que foram, em busca do que poderão ser, imaginam que serão.

> Dizem: Eu vou para outras terras, eu vou para outro mar.
> Hão de existir outras cidades melhores do que esta. (...)
> Não acharás novas terras, tampouco novo mar.
> A cidade há de seguir-te. As ruas por onde andares
> serão as mesmas. Os mesmos os bairros, os andares
> das casas onde irão encanecer os teus cabelos.
> A esta cidade sempre chegarás.[9]

A "cidade" impregna o viandante em busca de outro mundo. É como se fosse um estado de espírito, um horizonte de vivência, sentimento e pensamento. Não é visível, pode ser imperceptível, mas está presente; cria-se e recria-se no curso da viagem, conferindo-lhe inquietação, morte e ilusão.

"Para distinguir as qualidades das outras cidades, devo partir de uma primeira que permanece implícita. No meu caso, trata-se de Veneza. Todas as vezes que descrevo uma cidade digo algo a respeito de Veneza."[10]

Este é o insólito e mágico jogo de espelhos: o que se vê adiante é o que está atrás. Parece situar-se lá longe, mas também está aqui, principalmente aqui. Sem o espelho não se exorciza o presente, não se resgata o passado ou se imagina o futuro. São o indivíduo e a coletividade, muito reais e presentes, em seu sofrimento, sua nostalgia, sua fantasia e seu esclarecimento que metaforizam ou alegorizam o que pode ser o futuro, a "terra sem males", a "região mais transparente".

De quando em quando, fala-se em declínio das ideias utópicas. Fala-se em "fim das ideologias" e, por implicação, em "fim das utopias". Há expressões, conceitos e metáforas que podem ser tomados como indicativos desse debate: sociedade pós-industrial, revolução informática, revolução digital, realidade virtual, infovia, capitalismo cibernético e outros qualificativos. Realmente, são notáveis, profundos e generalizados os desdobramentos das tecnologias eletrônicas e informáticas nos processos de trabalho, produção, comunicação, informação, decisão, mudança e controle, assim como de desinformação, fragmentação, manipulação, dominação, censura, esquecimento etc., tudo isso em franco desenvolvimento no âmbito dos mercados nacionais e mundiais, com a dinamização das forças produtivas e a expansão de corporações transnacionais, por dentro e por fora de territórios e fronteiras, povos e nações, culturas e civilizações, levando consigo a tecnificação intensa e generalizada das instituições e organizações, formas de sociabilidade e jogos de forças sociais, compreendendo a formação de estruturas mundiais de poder. Realmente, tudo isso revela-se aparentemente antiutópico. Na realidade, no entanto, logo se formam utopias enraizadas nesse mundo eletrônico, informático, cibernético, sistêmico. Há entusiastas da globalização do capitalismo eletrônico que afirmam e reafirmam o "mundo sem fronteiras", a "aldeia global", o "mundo virtual", o "adeus ao trabalho", o "fim da geografia", o "fim da história". Mais uma vez, as condições e as possibilidades de

A SOCIOLOGIA E O MUNDO MODERNO

existência social fermentam o conhecimento, o esclarecimento e a explicação, ao mesmo tempo que a fantasia, a fabulação e a utopia. Estão sempre em curso as surpreendentes, incômodas ou fascinantes metamorfoses: razão e fabulação; ciência, ideologia e utopia; exorcismo e sublimação; todos, todo o tempo, em busca da perfeição.

Tomadas em conjunto, no entanto, as utopias compõem um vasto e surpreendente mural, uma espécie de ampla cartografia, um atlas de todo o mundo. Inclusive por suas diversidades e contradições, pelos hiatos e continuidades, pelos futurismos e anacronismos, pelos tecnicismos e etnicismos. Seria um atlas polimorfo, policrônico, polifônico, multimídia, atravessado por montagens, colagens, mixagens, bricolagens, simulacros, videoclipes, uma surpreendente mescla de labirinto, caos e Babel. Tudo como se fosse a realidade, as vivências e existências de indivíduos e coletividades, povos e nações, culturas e civilizações. Tudo como se fosse um espelho global, no qual tudo se exorciza e sublima, decanta e encanta.

Vistas assim, em perspectiva ampla, como se fora um atlas da modernidade, são vários e fundamentais os enigmas que se colocam, esclarecem e obscurecem quando refletimos sobre a utopia, vista como esclarecimento e alegoria.

A utopia está presente, explícita ou subjacente, na literatura, na sociologia e na filosofia, isto é, em narrativas artísticas, científicas e filosóficas. A despeito do compromisso fundamental da filosofia e da ciência com a razão, o experimento e a explicação, muitas vezes nelas se revela, explícita ou sub-reptícia, a fabulação. É como se fosse uma metamorfose inerente à reflexão e à imaginação, sempre presente em toda narração científica e filosófica: aos poucos, ou de repente, a explicação pode ser ideologizada ou mesmo transmutar-se em utopia. Mesmo quando o autor resiste a essa tentação, logo algum leitor ou seguidor, individual ou coletivo, pode promover a transfiguração, traduzindo esclarecimento em ideologia e utopia, para embelezar a alegoria.

É evidente que a metamorfose da filosofia ou da ciência em ideologia e utopia logo suscita um sério problema de "epistemologia". Essa metamorfose nega o conhecimento alcançado, o rigor do conceito, da categoria, da lei, da explicação; ou precisa ser tomada em conta como dimensão necessária, inelutável, da própria explicação. É como se a alegorização compreendida na utopia, inspirada ou enraizada na explicação, devesse ser tomada como contingência inexorável da reflexão e da imaginação,

385

OCTAVIO IANNI

com as quais trabalham necessariamente tanto o filósofo como o cientista. Este é o dilema: a reflexão científica, assim como a filosófica, sempre leva consigo a ideia de "limites da compreensão humana", assim como da possibilidade e da necessidade de ir além desses limites. Esse o ponto de inflexão, em que se pode avançar para uma nova explicação ou para uma nova fabulação.

Cabe, ainda, reafirmar a ideia de que toda utopia expressa uma "visão de mundo". Uma visão de mundo que, em geral, tem sido narrada por uns e outros, cientistas, filósofos e artistas, mas que expressa inclusive aflições e descortinos de coletividades, setores sociais, povos, nacionalidades. Se reconhecemos que, em muitos casos, a utopia é um produto da ideologização do conhecimento, da explicação, então será possível afirmar que é no âmbito da utopia que se torna mais evidente, explícita e convincente a visão de mundo que se esconde na explicação.

NOTAS

1. Max Horkheimer, "La Utopía", em: Arnhelm Neususs (org.), *Utopia*, trad. Maria Nolla, Barcelona, Barral Editores, 1971, p. 91-102, citação das p. 91 e 95.

2. Thomas Morus, *A utopia*, trad. Anah Melo Franco, Brasília, Editora Universidade de Brasília, 1980, p. 14-5. Consultar também Tommaso Campanella, *A cidade do sol*, trad. Aristides Lobo, São Paulo, Atena Editora, 1960; Francis Bacon, *Nueva Atlántida*, trad. Margarita V. de Robles, em Eugenio Imaz (org.), *Utopias del Renacimento*, México, Fondo de Cultura Económica, 1956.

3. Aldous Huxley, *Huxley e Deus* (ensaios), trad. Murilo Nunes de Azevedo, Rio de Janeiro, Bertrand Brasil, 1995, p. 100, citação do cap. 10, "Reflexões sobre o progresso".

4. Aldous Huxley, *ibidem*, p. 106. Cabe lembrar também Aldous Huxley, *Admirável mundo novo*, trad. Vidal de Oliveira e Lino Vallandro, 8ª edição, Porto Alegre, Editora Globo, 1980.

5. Ludwig Wittgenstein, *Cultura e valor*, trad. Jorge Mendes, Lisboa, Edições 70, 1996, p. 31-2, 33 e 67.

6. Frank E. Manuel e Fritzie P. Manuel, *El Pensamiento Utópico en el Mundo Occidental*, 3 vols., trad. Bernardo Moreno Carrillo, Madri, Taurus Ediciones, 1984; Roger Mucchielli, *Le Mytho de la Cité Ideale*, Gérard Monfort Éditeur, Paris, Presses Universitaires de France, 1960; Raymond Trousson, *Historia de la Literatura Utópica* (Viajes a países inexistentes), trad. Carlos Manzano, Bar-

A SOCIOLOGIA E O MUNDO MODERNO

celona, Ediciones Península, 1995; Jean Delumeau, *Mil anos de felicidade* (Uma história do paraíso), trad. Paulo Neves, São Paulo, Companhia das Letras, 1997; Sergio Buarque de Holanda, *Visão do paraíso*, 2ª edição, São Paulo, Companhia Editora Nacional, 1969.

7. Tommaso Campanella, *A cidade do sol*, trad. Aristides Lobo, São Paulo, Atenas Editora, 1960, p. 19-20, 97 e 98.

8. Aldous Huxley, *Admirável mundo novo*, trad. Vidal de Oliveira e Lino Vallandro, 8ª edição, Porto Alegre, Editora Globo, 1980, p. 11, 19-20, 30, 32 e 50. A primeira edição desse livro, em inglês, data de 1932.

9. Konstantinos Kaváfis, *Poemas*, trad. José Paulo Paes, Rio de Janeiro, Nova Fronteira, 1982, p. 112.

10. Ítalo Calvino, *As cidades invisíveis*, trad. Diogo Mainardi, São Paulo, Companhia das Letras, 1990, p. 82.

CAPÍTULO XXI   O reencantamento do mundo

Faz tempo que os indivíduos e as coletividades sonham com a humanidade. A despeito das muitas adversidades, sonham com o céu, o paraíso, o eldorado, o nirvana, a terra sem males, a região mais transparente, a utopia. São ideias, noções, sonhos e fantasias que se sucedem no curso dos tempos, das idades ou eras. Estavam na antiguidade dos povos, culturas e civilizações, em suas sabedorias e religiões. E continuam ressoando nos tempos modernos.

Desde os primórdios da modernidade, com a Renascença, a Reforma, o Novo Mundo e Gutenberg, essas e outras ideias, noções, fantasias, metáforas e alegorias povoam o imaginário e os modos de ser de uns e outros, em todo o mundo. A despeito da dissociação entre mitologia e filosofia e da intensificação da atividade científica, multiplicam-se os anseios por outras formas de organização político-econômica e sociocultural da vida de indivíduos e coletividades, povos e nações. Também as artes participam contínua e reiteradamente dessa atividade, colaborando na multiplicação de sonhos, fantasias, metáforas e alegorias do outro mundo. Sem esquecer que as religiões e as mitologias prosseguem e renovam-se nesse empenho de acenar com a possibilidade da "terra sem males", do "reino da transparência".

São muitas as ideias, noções, fantasias e alegorias que se multiplicam no curso dos tempos modernos, traduzindo a busca da sociedade ideal, comunidade, utopia. Vale a pena lembrar algumas: progresso, evolução, mão invisível, divisão do trabalho social, reforma, revolução, Estado positivo, civilização ocidental, mundo sem fronteiras, terra-pátria, aldeia global, fim da história. Nessas e em outras expressões, há sempre algo, ou muito, do sonho de uma sociedade igualitária, uma comunidade mundial, em condições de contemplar a humanidade. Nesse reino da transparência poderiam realizar-se a liberdade, a igualdade e a fraternidade; ou o governo do povo, para o povo e pelo povo. Aí não haveria mais "famélicos da terra", "humilhados e ofendidos", "*los de abajo*", "multidões perigosas", "escravos", "servos", "fugitivos", "banidos", "emparedados"; vítimas da carência, do pauperismo, da violência, do esquadrão da morte, do terrorismo de Estado; brutalidades vitimando crianças, mulheres e velhos, além de homens em geral; brutalidades compreendendo nativos, negros, árabes, asiáticos e latino-americanos, bem como europeus e norte-americanos, todos os que padecem carência e violência.

Esta é a ideia: no curso dos tempos modernos, são muitos os que se movem em busca da humanidade, vista como realização ou redenção, emancipação ou humanização. Esses são ideais presentes na ciência e na filosofia, tanto quanto na religião e na poesia. É como se fosse uma obsessão, algo que vai sempre par em par com o pensamento e o sentimento, como uma danação. São muitos os que buscam a melhor rima, quando se trata de humanidade, liberdade, igualdade e fraternidade, enquanto realizações da comunidade.

Desde o início dos tempos modernos, com os desenvolvimentos da ciência e da técnica, está em curso o "desencantamento do mundo". Desenvolvem-se os horizontes da reflexão, com a pesquisa e a experimentação, compreendendo a formulação de conceitos e categorias, leis e previsões. Nas diversas ciências naturais e sociais, ainda que em diferentes gradações, desenvolve-se o esclarecimento, a compreensão e a explicação, modificando-se mais ou menos drasticamente as formas de sociabilidade, os jogos das forças sociais, as modalidades de organização social e técnica do trabalho e da produção. Aos poucos, grande parte da realidade social, natural e sobrenatural é taquigrafada, codificada, explicada. Cresce a impressão de que as explicações alcançadas em cada época podem servir de patamar para outras e novas explicações, aumentando a convicção de muitos de que a razão tenderia a prevalecer crescentemente no que se refere ao social, ao natural e ao sobrenatural. É como se a luz da razão fosse capaz de esclarecer as linhas mestras e os recantos, os ciclos e os interstícios da realidade. Em um dos primeiros momentos do desencantamento do mundo. Descartes dirá: "Penso, logo existo." Em um segundo momento, Kant dirá: "Tenha a coragem de servir-se de sua própria razão: eis aqui o lema da Ilustração."

Logo virão outros, levando o desencantamento do mundo adiante, demonstrando que a razão pode não só esclarecer ou explicar, como tam-

A SOCIOLOGIA E O MUNDO MODERNO

bém constituir e transformar a realidade, as formas de sociabilidade, os jogos das forças sociais, as modalidades de organização social e técnica do trabalho e da produção, o modo de combinar produção, distribuição, troca e consumo — reduzindo ou eliminando a alienação, propiciando a emancipação. O mesmo processo de conhecer pode ser o processo de desvendar os nexos constitutivos da realidade, conferir fisionomia e movimento a essa realidade e, inclusive, transformá-la. O mesmo processo de conhecimento pode ser um processo de constituição e transfiguração. Como escreveu Hegel: "O que é racional é real e o que é real é racional." Esclarecendo que: "Toda realidade que não é posta pelo próprio conceito é existência passageira, contingência exterior, opinião, aparência superficial, erro, ilusão." Em sequência, Marx traduzirá a lógica dialética em dialética da história, realizando grande parte do desencantamento do capitalismo, visto como modo de produção e processo civilizatório.

Na esteira do Iluminismo, multiplicam-se as teses sobre a organização das sociedades, compreendendo a importância da divisão do trabalho social, a hipótese da "mão invisível", a interpretação funcionalista da sociedade, o estruturalismo, a cibernética da vida social, a teoria sistêmica da sociedade e outras.

Desde que a filosofia e a ciência desenvolveram o esclarecimento de aspectos e nexos, configurações e movimentos do mundo social, natural e sobrenatural, realizando amplamente o desencantamento do mundo, os indivíduos e as coletividades sentiram-se próximos da felicidade. Em escala crescente, adquiriram audácia e desenvolveram a imaginação. Conseguiram compreender ou explicar a realidade e o imaginário, o dado e o significado, o possível e o impossível. Aos poucos, a razão filosófica e científica conferiu confiança e descortino sobre tudo, ou quase tudo, com que se defrontam tantos filósofos e cientistas como indivíduos e coletividades.

Este é o clima em que o desencadeamento do mundo esclarece, compreende e explica, lançando luz sobre o que se sabe e o que se desconhece, o dito e a desdita. Nesse percurso, em um momento de paroxismo, a razão iluminista descobre que Deus está morto. Torna-se desnecessário, dispensável, incômodo. Perturba os desenvolvimentos da razão, seja no sentido da emancipação de indivíduos e coletividades, seja devido às implicações niilistas da razão, descobrindo a impossibilidade de alcançar a emancipação. A morte de Deus adquire o significado de uma surpreendente alegoria, na qual se sintetizam os paroxismos alcançados

OCTAVIO IANNI

pela filosofia, ciência e arte no curso da modernidade. Descobre-se que a alienação e a emancipação encontram-se no domínio dos indivíduos e das coletividades, dos grupos e classes sociais, da sociedade civil. Esse é o momento em que se criam as utopias. Uns e outros, filósofos, cientistas e artistas, compreendendo povos e nações, são levados a imaginar a comunidade, a região mais transparente, a aldeia global.

Na época da globalização, quando se dá um novo surto de desenvolvimento do capitalismo, visto como modo de produção e processo civilizatório, iniciando-se a formação da sociedade civil mundial, outra vez, como em épocas anteriores, o pensamento científico e a filosofia carregam consigo o esclarecimento e a utopia. São várias as metáforas e alegorias que se formulam. Levam consigo a ideia de um novo ciclo da história, um novo mapa do mundo, no qual se pode falar de humanidade e de cidadão do mundo: mundo sem fronteiras, terra-pátria, Gaia, aldeia global, fim da história e outras. Realmente, o novo surto de globalização abala os quadros sociais e mentais de referência de uns e outros, em todo o mundo. Forma-se um novo palco da história, da geo-história, no qual se multiplicam problemas, aflições e horizontes, compreendendo interpretações e utopias. Esse o horizonte em que os historiadores são levados a refletir sobre a história mundial, vista em termos de meta-história. Conforme lembrava Marx, ainda no século XIX: "A história universal não existiu sempre; a história, como história universal, é um resultado."

É muito significativo que as expressões "terra-pátria", conforme Edgar Morin, e "Gaia", segundo James Lovelock, sejam tão contemporâneas entre si e com a emergência da globalização, da formação da sociedade civil mundial, amplamente determinadas pela dinamização e generalização das forças produtivas do capitalismo. Ao redescobrir e reavivar "terra-pátria" e "Gaia", o pensamento científico restitui as articulações entre as espécies e o seu vasto e complexo *habitat*, como um todo vivo, em movimento, em que todos encontram-se em dependência recíproca, reciprocamente determinados. Passa-se da realidade mais imediata, dada, empírica, ao seu ambiente natural, da sociedade à natureza, das espécies animais, vegetais e humana à Terra, todos compondo Gaia. Nesse percurso, mais uma vez, ocorre a metamorfose da ciência em ideologia e utopia, logo contemplando a religião, as religiões, as mitologias. Em Gaia, na terra-pátria, no planeta Terra ou na sociedade civil mundial, todos são desafiados a reconhecer que fazem parte da mesma humanidade. É como se fosse uma revelação inesperada e fascinante: indivíduos e coletivida-

A SOCIOLOGIA E O MUNDO MODERNO

des, povos e nações, são desafiados a reconhecer que se encontram na mesma arca, como se fosse na viagem primordial.

EGAR MORIN:

> Vivíamos numa Terra desconhecida, vivíamos numa Terra abstrata, vivíamos numa Terra-objeto. Nosso fim de século descobriu a Terra-sistema, a Terra Gaia, a biosfera, a Terra parcela cósmica, a Terra-Pátria. Cada um de nós tem sua genealogia e sua carteira de identidade terrestres. Cada um de nós vem da Terra, é da terra, está na terra (...) Um planeta por pátria? Sim, tal é nosso enraizamento no cosmos. Sabemos doravante que o pequeno planeta perdido é mais que um lugar comum a todos os seres humanos. É nossa casa, *home*, *heimat*, é nossa pátria e, mais ainda, nossa Terra-Pátria.[1]

JAMES LOVELOCK:

> Teoria e evidência se acumulam para confirmar a ideia de que a Terra talvez seja um organismo vivo. Pensar que a Terra está viva faz parecer, nos dias felizes, nos lugares certos, que todo o planeta esteja celebrando uma cerimônia sagrada. Estar na Terra traz aquela mesma sensação especial de conforto ligada à celebração de qualquer religião, no momento certo e quando se está preparado para ela (...) Gaia é um conceito tão religioso quanto científico e viável nas duas esferas.[2]

Esse o clima em que muitos empenham-se em esclarecer o que pode ser "identidade", "alteridade", "diversidade", "pluralidade", ou "pobreza", "miséria", "riqueza", "desigualdade", "justiça", "injustiça", "equidade" e até mesmo "humanidade". Esse o clima em que teólogos reabrem o debate sobre as religiões mundiais, suas diversidades, diferenças e convergências. Em diferentes linguagens, empenham-se em esclarecer qual pode ser o "universo da justiça", o "*éthos* mundial", a "moral ecumênica", a "civilização planetária", o "diálogo ecumênico", a "ética para o novo milênio". Todos, em diferentes linguagens, propõem novos entendimentos, em busca de uma ética superior, universal, além das diversidades locais, regionais, nacionais e mundiais presentes nos povos e nas nações, nas culturas e civilizações. Procuram superar os tribalismos remanescentes, reiterados e persistentes em uns e outros, em todo o mundo. São muitos os que participam dessas inquietações, além de Leonardo Boff, Hans Küng e "sua santidade" Dalai Lama.

Em sua busca de uma ética mundial, teólogos e pensadores propõem a superação, a satanização ou o esquecimento da realidade político-econômica e sociocultural que prevalece nas sociedades nacionais e na sociedade civil mundial em formação. Aberta ou veladamente rejeitam, criticam ou satanizam o capitalismo e o socialismo, as ideologias e as utopias, o cientificismo e a secularização. Preconizam o despojamento, o ascetismo, a renúncia, em termos de universais. Tomam alguns valores universais das religiões, das civilizações e também da sociedade moderna, elegendo-os como parâmetros de condutas e sentimentos de indivíduos e coletividades. Criticam, rejeitam ou mesmo satanizam os males do mundo, a concentração da riqueza, as desigualdades sociais, a pobreza, a miséria, os efeitos perversos da globalização, as agressões à natureza, e logo saltam para os valores universais, o *éthos* ecumênico, a civilização planetária, a comunidade mundial, a humanidade sem história, a levitação universal.

DALAI LAMA:
> Acredito que cada um de nossos atos tem uma dimensão universal. (...) Uma das grandes vantagens de desenvolver essa noção de responsabilidade universal é nos tornarmos sensíveis a todos os seres — e não só aos que estão mais perto de nós. Passamos a ver melhor a necessidade de cuidar antes de tudo daqueles membros da família humana que sofrem mais. (...) Houve também em todo o mundo um aumento da conscientização ambiental e um reconhecimento cada vez maior de que nem os indivíduos nem as nações podem resolver seus problemas sozinhos, de que precisam uns dos outros.[3]

HANS KÜNG:
> Cinco grandes mandamentos da humanidade, que permitem incontáveis aplicações também na economia e na política, têm validade em *todas* as grandes religiões mundiais: (1) não matar; (2) não mentir; (3) não roubar; (4) não praticar imoralidade; (5) respeitar pai e mãe e amar filhos e filhas. Para muitas pessoas, estes mandamentos têm validade geral. (...) As religiões (...) quando querem, conseguem com outra autoridade e força de convencimento diversas daquelas dos políticos, juristas e filósofos, conferir valor às máximas elementares fundamentais da humanidade. (...) As religiões podem, se quiserem, conquistar milhões de pessoas nesta Terra, para um sensato caminho do meio. (...) Um tal caminho é muito impor-

A SOCIOLOGIA E O MUNDO MODERNO

tante, com vistas à complexidade de tendências, emoções e interesses individuais e coletivos.[4]

Muitos sabem onde vivem. Dizem que estão em casa, no escritório, na fábrica, no sítio, na cidade, na fazenda, no país, nos campos e em construções. E é isso mesmo, dizem sua verdade. Dão-se conta de que se encontram em algum lugar, em uma nesga de terra, interstício da sociedade, canto do mundo. É desde esse lugar, canto e recanto, que se lançam no tempo, na lonjura, imaginando o continente, o mar-oceano, o planeta, o mundo sem fronteiras, a aldeia global, o fim da história, a terra-pátria, Gaia. Essa é a viagem assinalada na memória e na história, na geografia e na cartografia, por poetas e visionários; em diferentes línguas, desde distintos horizontes, descortinando o visível e o invisível.

Não é fácil soltar-se do presente, ou do passado, como experiência vivida, alegre e sofrida, para imaginar o futuro, uma sociedade diferente, outros territórios, a sociedade mundial, a humanidade. Despojar-se do que se é, do modo de ser, sentir, pensar e agir é uma complexa e difícil aventura. Mesmo porque, em muitos casos, o que se é corresponde ao modo de ser de muitos, gerações, coletividades, multidões. O peso das vivências e gerações presentes e pretéritos institui não só condições e possibilidades, mas também limitações e impossibilidades. É toda uma vivência traduzida em linguagens, vocabulários e gramáticas, bem como signos, símbolos e emblemas, conceitos e categorias, metáforas e alegorias, muitas vezes estabelecidos, sedimentados, ossificados.

São muitos, multidões, os que levam consigo os seus pertences. Partem em busca do desconhecido, levando o que são, o de que se desprendem e o de que não se desprendem, troços e destroços. Imaginam que lá longe, do outro lado do mundo, ganharão outra fisionomia, modo de ser, alegria.

Acontece que a maioria, se não todos, leva consigo seus pertences, vivências e ilusões, vocabulário e gramática. Vai com o viandante o seu modo de ser, pensar, sentir, compreender, explicar. Sua fantasia pode estar totalmente impregnada de seus sentimentos, vivências, alegrias, sofrimentos. Tudo vai consigo, no curso da travessia. A cidade ideal, aquela que se encontra lá longe, está impregnada da cidade vivida. Esta poderá estar escondida naquela.

Essa é uma peregrinação universal. Todos são peregrinos, mesmo os que nunca saem do mesmo lugar. Buscam e rebuscam o diferente, a alternativa, a negação do presente estabelecido, vivido, sofrido. Soltam-se lá longe, em busca da leveza, transparência. Talvez ainda seja possível viajar pelas lonjuras. Mas sempre restará a dúvida sobre a inquietude que move o viandante, com a qual se move o viandante; pode extinguir-se, perdurar ou recriar-se; peregrinos peregrinando.

É longo e difícil o percurso daquele que se lança no futuro, imaginando o possível e o impossível, sonhando o devir. Essa é uma estrada povoada de fragmentos e ruínas de intenções, exorcismos e ilusões. Mesmo nas mais elaboradas e sofisticadas criações sobre o devir, o vir a ser, o futuro, a utopia, mesmo nessas persistem os indícios do presente, a nostalgia do passado.

As amarras que atam as gentes e as suas mentes podem ser não só efetivas, como também sedimentadas, enraizadas. Constituem as condições da vivência e as possibilidades da imaginação. Permitem escassos exercícios sobre o devir, o futuro ou a utopia, uma vez que tudo o que é presente e pretérito, o pretérito mesclado com o presente, tudo isso constitui o modo de ser de indivíduos e coletividades, podendo influenciar decisivamente a sabedoria, a ciência e a poesia.

Mas há aqueles que se lançam total e plenamente no tempo e no espaço, em outros territórios e tempos, como aves-do-paraíso. São poetas da utopia. Imaginam o futuro como o reino do outro mundo, a terra sem males, a região mais transparente. São muitos os que sonham com a lonjura, o continente, o mar-oceano, o planeta das transparências.

Para muitos, a humanidade pode existir, ou já existe, como o reino da liberdade, igualdade e fraternidade, reino esse no qual prevalece o governo do povo, para o povo e pelo povo. Aí não há humilhados e ofendidos, famélicos da terra, *los de abajo*, multidões perigosas, servos, escravos, fugitivos, banidos, vítimas da violência do terrorismo de Estado — compreendendo crianças, mulheres, negros, nativos, colonizados, árabes, asiáticos, latino-americanos, europeus e norte-americanos.

São muitos, a grande maioria, os que querem algum tipo de comunidade, na qual se realiza a humanidade. É como se fosse a realização do futuro. Depois de muitas andanças, já não se almeja a não ser a vida sem carências, a plena transparência. Um mundo sem alienados nem alienações, plural, múltiplo, colorido, sonoro, vivo, em movimento, como se estivesse nascendo novamente.

NOTAS

1. Edgar Morin e Anne Brigitte Kern, *Terra-pátria*, trad. Paulo Neves, Porto Alegre, Editora Sulina, 1995, p. 183 e 185-6.
2. James Lovelock, *As eras de Gaia* (A biografia da nossa Terra Viva), trad. Beatriz Sidou, Rio de Janeiro, Editora Campus, 1991, p. 192-3 e 194.
3. Dalai Lama, *Uma ética para o novo milênio*, trad. Maria Luiza Newlands, 5ª edição, Rio de Janeiro, Sextante, 2000, p. 176, 178 e 186.
4. Hans Küng, *Projeto de ética mundial* (Uma moral ecumênica em vista da sobrevivência humana), trad. Haroldo Reimer, São Paulo, Edições Paulinas, 1993, p. 86-7.

Este livro foi composto na tipografia ClassGaramond BT,
em corpo 11/13,9, impresso em papel off-white
no Sistema Digital Instant Duplex da
Divisão Gráfica da Distribuidora Record.